文化名家暨
"四个一批"人才作品文库

新闻界

榜样的力量

社会核心价值观视阈中的典型报道研究

侯增文 著

中华书局

图书在版编目(CIP)数据

榜样的力量:社会核心价值观视阈中的典型报道研究/
侯增文著. —北京:中华书局,2013.5
(文化名家暨"四个一批"人才作品文库)
ISBN 978 – 7 – 101 – 09148 – 9

Ⅰ. 榜…　Ⅱ. 侯…　Ⅲ. 新闻报道 – 研究 – 中国
Ⅳ. G219.2

中国版本图书馆 CIP 数据核字(2013)第 003281 号

书　　名	榜样的力量——社会核心价值观视阈中的典型报道研究
著　　者	侯增文
丛 书 名	文化名家暨"四个一批"人才作品文库
责任编辑	高　天
装帧设计	毛　淳
出版发行	中华书局
	(北京市丰台区太平桥西里 38 号　100073)
	http://www.zhbc.com.cn
	E-mail:zhbc@zhbc.com.cn
印　　刷	北京瑞古冠中印刷厂
版　　次	2013 年 5 月北京第 1 版
	2013 年 5 月北京第 1 次印刷
规　　格	开本/700×1000 毫米　1/16
	印张 20¼　插页 4　字数 311 千字
国际书号	ISBN 978 – 7 – 101 – 09148 – 9
定　　价	58.00 元

出 版 说 明

实施文化名家暨"四个一批"人才工程，是宣传思想文化领域贯彻落实人才强国战略、提高建设社会主义先进文化能力的一项重大举措。这一工程着眼于对宣传思想文化领域的优秀高层次人才的培养和扶持，积极为他们创新创业和健康成长提供良好条件、营造良好环境，着力培养造就一批造诣高深、成就突出、影响广泛的宣传思想文化领军人才和名家大师。为集中展示文化名家暨"四个一批"人才的优秀成果，发挥其示范引导作用，文化名家暨"四个一批"人才工程领导小组决定编辑出版《文化名家暨"四个一批"人才作品文库》。《文库》主要收集出版文化名家暨"四个一批"人才的代表性作品和有关重要成果。《文库》出版将分期分批进行，采用统一标识、统一版式、统一封面设计陆续出版。

文化名家暨"四个一批"人才

工程领导小组办公室

2012年12月

侯增文

1960 年 4 月生，吉林公主岭人。1982 年毕业于吉林大学经济系。现任吉林日报社（吉林日报报业集团）编务委员会委员、政法部主任、高级编辑。主要作品有《理论坚定是政治坚定的基础》、《从十一届三中全会到十五大》、《中国共产党立于不败之地的根本保证》等理论文章。承担过吉林省哲学社科规划基金项目《报纸理论宣传研究论纲》。发表的报纸理论文章和新闻作品先后获国家专项、省级等各类奖项三十余项。2004 年被评为全国第六届百佳新闻工作者。享受国务院颁发的政府特殊津贴。

题　记：

　　一篇优秀的人物通讯，其所以具有强烈的教育作用和感染力量，重要原因之一，也正由于它写的是真人真事，是人们看得见、摸得着、学得到的榜样。

——穆青《新闻散论》

目 录

引　论

一、典型报道问题的缘起

人们常说"榜样的力量是无穷的"。那么,谁是榜样? 无穷的力量究竟是一种什么力量? 这样的力量对社会有什么意义? 我们现在还需不需要这样的力量?

"榜样"通常是通过新闻媒体传播的,是以典型报道的形式表现出来的。典型报道既是新闻界的老话题,也是近些年来的热门话题,还是眼下新闻媒体面临的现实问题。

上个世纪40年代初,延安的《解放日报》发表了一个普通劳动者"连年开荒多打粮"的事迹,产生了极大的轰动效应。由此,典型报道登上我国新闻的大舞台。

伴随中国共产党领导全国各族人民建立新中国、取得社会主义革命和建设伟大成就,以及进入改革开放新的历史阶段,典型人物报道在各个历史时期都发挥了典型示范、精神激励、舆论引导的重要作用,成为中国新闻媒体一道独特的亮丽风景线。

当历史的脚步迈入20世纪80年代末、90年代初,典型报道引起了人们的议论:似乎典型人物报道这种新闻报道方式过时了,社会不再需要典型人物了;在有些人眼里,那些被载入中华民族英雄史册的典型模范人物似乎失去了往日的光辉……

然而,典型报道的影响力日渐衰弱,这是不争的事实。尽管新时期的典型报道呈现出"繁荣"景象,许多典型人物在社会上产生了比较大的反响,但是已经不能与雷锋、焦裕禄这样的典型效应相提并论了。在信息发达、传播手段先进的今天,为什么典型报道的影响力却大不如以前了呢? 问题出在哪里?

在利益主体多元、思想文化多元的社会条件下,典型人物报道如何更好地体现时代要求? 如何更好地贴近实际、贴近生活、贴近群众,增强亲和力、说服力和感染力? 如何更好地发挥典型人物报道的精神激励作用? 概括起来说,典型人物报道与构建社会主义核心价值观存在怎样的联系?

确实,关于典型人物报道的诸多问题有待进一步思考和探讨。

(一) 典型报道概念的界定

与西方媒体相比较,典型报道是"中国特色",颇具"中国风格"。专家学者对典型报道的概念从多种角度做了如下界定:

《中国大百科全书·新闻卷》认为:典型报道是对社会生活具有代表性的、有普遍意义的事物所做的新闻报道。通过对典型人物、事件、问题、经验的剖析,教育人民,指导工作。典型报道多数是正面宣传先进的人和事,也有对反面典型的揭露和批评。先进典型人物报道是中国新闻传播工具常用的报道方法[①]。

刘建明认为:"典型报道是新闻媒介选择事实、强调新闻事实社会意义的报道方式,多表现为经验新闻、先进人物新闻。典型报道是宣传报道方式,即为了达到宣传推广的目的才在同类事物中选择典型的事例。"[②]

童兵认为:"典型报道是指对具有普遍意义的突出事物的强化报道。普遍意义,是指代表事物的面要宽,影响要大,包含思想意义、教育意义、借鉴意义,有无代表性和普遍教育意义是能否成为典型的基础;突出,主要是指同类事物中最先进的事物,也包含一些转化型的事物,以及少数最恶劣的事物。典型报道的强化,有些是根据上级当时的中心工作或受众的反映,由新闻机构着意形成的;有的是由于某些事物备受青睐,引起各新闻机构共同注意而

---

① 中国大百科全书出版编辑部:《中国大百科全书·新闻卷》,中国大百科全书出版社 1990 年版,第 80 页。

② 刘建明:《现代新闻理论》,民族出版社 1999 年版,第 140—143 页。

形成的;还有的是上级主管部门或主要负责人指定的,认为某人某事某机构具有推广意义而令新闻传媒共同突出报道。"①

张威认为:典型报道是"正面报道最有代表性的形式或曰高级形式","其对象是先进集体和先进人物,其作用是以他们为楷模教育人民;在报道形式上,典型报道篇幅较长,精雕细刻,配合党和国家的中心任务,由于报道者浓郁的教化意识,报道中的议论、宣传等主观色彩异常强烈,鼓呼兴叹,此起彼伏;有时它采用连续报道的样式。典型报道一般代表党和政府在一个时期向人民指引的方向,它有时甚至是自上而下布置下来的政治任务"②。

聂茂、张静认为:"典型人物报道是指对一定时期一定范围内涌现出的最具突出或最具代表性的人物进行的重点的集中的报道,通过对具有普遍意义的个别人物的剖析,彰显普遍性的观念和价值,用以指导工作、教化民众。典型人物报道包括典型个人报道和典型集体报道。"③

"典"者,标准、法则也;"型"者,模型也。从现代语意上讲,所谓典型,即指具有代表性的人或事件,是同类事物具有的、比较完美的、接近"理想"状态的范式。"榜样激励"、"楷模示范"、"规范他人行为"等等是"典型"语意的引申。

新闻典型报道中的"典型"一词,是从文学典型中借用过来的。新闻界普遍可以接受的"典型"定义是:典型是同类事物或人物中具有代表性的个别事物或人物。这个表述和文学典型的定义相同或基本接近。文学典型与新闻典型确有相同之处,都强调典型个性和共性的统一;都强调典型是一定历史条件下的产物,从某个侧面体现时代精神;都强调受众的主体意识对典型的制约,没有得到受众认可的典型就没有生命力。

当然,文学典型与新闻典型的区别也是显而易见的。文学典型是虚构的,新闻典型则必须真实,包括细节的真实;文学典型是塑造的,新闻典型则是以事实为基础的素材选择;文学典型可以是多侧面的,而新闻典型基本是"两极"或主要以正面典型为主;文学典型是指人物(如鲁迅笔下的阿 Q),而新闻典型可以是人物,也可以是工作经验或典型事件;文学典型具有文学的

① 童兵:《比较新闻传播学》,中国人民大学出版社 2002 年 5 月版,第 118 页。
② 张威:《比较新闻学:方法与考证》,南方日报出版社 2003 年 2 月版,第 373 页。
③ 聂茂、张静:《典型人物报道论》,湖南人民出版社 2008 年 2 月版,第 26—27 页。

特性,而新闻典型具有新闻的特征。新闻典型具有真实性、代表性、思想性和时效性的特点①。其实,两者最大的区别就在于,文学典型中的"典型"是艺术形象,而新闻典型人物报道中的"典型"是我们现实生活中真实的、看得见摸得着的、值得敬佩的人。"先进典型"就是人们常说的时代先锋、社会楷模。毫无疑问,宣传先进人物典型也就是树立榜样。

概括起来,所谓典型报道,就是指新闻媒体在一定时期内,对具有代表性和突出意义的人和事进行的重点报道。典型报道包括典型人物报道、典型经验报道和典型事件报道。典型报道的形式主要有通讯、特写、消息、连续报道、组合报道等。

本书讨论的典型人物报道,主要指报纸主流媒体(包括各省党委机关报)的新闻典型人物或先进典型人物的报道(以下简称"典型报道")。

(二) 典型报道的历史演进

作为一种新闻报道方式,典型报道已经走过了近70年的曲折发展历程。每个历史时期,新闻媒体都报道了大量的典型人物,从新闻的视角记录和构建了当代中国的历史。

许多专家、学者对我国新闻界典型报道的发展历程做了梳理,尽管划分阶段的角度不同,但线条基本清晰。这些基础性的研究,为进一步探索典型报道问题创造了条件。本书认为,我国新闻媒体的典型报道经历了上世纪40年代的初兴期、新中国成立后十七年的鼎盛期、"十年动乱"中的畸变期和改革开放三十年的创新发展期。

初兴时期的典型报道

上世纪40年代,被专家、学者称作典型报道的"初创期"、"初兴期"、"崛起期"。1941年,抗日战争进入最艰苦的阶段。由于日军的残酷进攻和国民党的封锁,加之华北连年的自然灾害,抗日根据地物资奇缺,财政经济和军民生活极端困难。为了战胜严重困难,坚持敌后抗战,党中央先后提出了十大政策。在这些政策中,开展整风运动和大生产运动是两个中心环节。

在延安整风运动期间,党中央强调把反映根据地军民艰苦卓绝斗争的报

---

① 李良荣:《关于典型和典型报道》,《新闻战线》1981年第3期。

道放在报纸的重要地位。《解放日报》率先改版,记者纷纷深入群众,调查寻访,一批劳动模范被发现,走上了报纸的版面。1942 年 4 月 30 日,《解放日报》在头版头条刊发了《模范农村劳动英雄吴满有》的消息,反映吴满有响应党中央号召多开荒、多打粮的事迹,这是中国新闻媒体第一篇真正意义上的典型报道,劳动模范吴满有是中国现代新闻史上第一位真正意义上的典型人物。

毛泽东看到报道后,立即发出号召,要求边区农民向吴满有学习。在报纸的广泛报道下,吴满有成为边区大生产运动的一面旗帜。同年 9 月 7 日,《解放日报》刊发了记者张铁夫、穆青采写的通讯《人们在谈说着赵占魁》,赞扬赵占魁在工厂吃苦耐劳、工作负责的精神,他成为当时产业工人的典型人物。《解放日报》还先后宣传了刘建章、王克勤等先进个人和南泥湾大生产、南区合作社等先进集体典型,发表此类消息和通讯达 3000 多篇①,对于发动群众、推动生产发挥了重要作用。仅 1943 年上半年,《解放日报》上出现过的模范人物就多达 600 多名②,并由此掀起了一场持续多年的劳动竞赛运动。

此后,《解放日报》还刊登了大量歌颂八路军、新四军和游击队战斗英雄的战地通讯、特写和战斗故事。新华社也大量报道了战士浴血奋战的英雄事迹,刘胡兰、董存瑞、张思德、狼牙山五壮士就是在这一时期被推出的英雄典型。对这些模范人物和集体的大规模宣传报道,产生了广泛而深刻的影响,典型报道在这一时期开始真正成为党的媒体的重要报道内容。“这种典型宣传规模之大,范围之广,为以前中共党的报刊史上所仅见。”③

综观这一时期典型报道,有这样几方面的特征。

其一,典型报道有着鲜明的目的性和指导性。刊发大量典型人物报道的目的是配合党的中心工作,为当时的政治路线和工作任务服务,树立典型就是树立人们学习的榜样。报道吴满有的记者莫艾在《模范英雄吴满有是怎样发现的》一文中说:“找一个模范的而且是为众所公认的农村劳动英雄,很不是件容易的事。自从春耕运动开始以来,我们就在农村中寻访这样一个对

① 邵华泽主编:《马克思主义新闻观及其在当代中国的运用和发展》,人民出版社 2009 年版,第 61 页。

② 庄曦:《试论新传播环境下的典型报道》,《新闻记者》2004 年第 6 期,第 43 页。

③ 方汉奇主编:《中国新闻事业通史》第二卷,中国人民大学出版社 1996 年版,第 795 页。

象,好介绍出来,让大家向他学习,向他看齐。""典型引路"的工作方法在这一时期得到了充分展现。

其二,典型人物都是普通民众,人物真实可信、亲近可学。典型人物多以普通的劳动模范、战斗英雄为主,他们是革命战争的主体,在他们身上体现出的是吃苦耐劳、勤勤恳恳、任劳任怨、不怕牺牲的精神。这些典型是"党的指示、方针的活模式"。

其三,报道内容单薄,文风质朴,文字朴实无华。穆青回忆当时的人物通讯时说:"现在看来,内容比较单薄,文字比较粗糙。特别是抗日战争和解放战争时期写的那些东西,多是在战地和行军途中采访的,在田头地边于膝盖上急就而成,其中有一些更是作为电讯发出的,实在容不得更多的思考和认真的推敲。"[1]典型报道的形式也仅限于消息、通讯和社论,受当时条件的限制,图片运用得很少。

初创时期的典型报道效果显著、影响广泛,与当时的小生产传统和文化心理积淀密切相关。吴满有"连年开荒多打粮"的事迹,看得见、摸得着,这对信息封闭、文化水平不高,当时还处于小农经济条件下的大多数农民受众来说易于接受,效果明显。但其潜在的"政治图解"、"政策图解"的报道理念、简单化的报道方式,特别是由此形成了由党的主流媒体负责典型报道的推广、组织和发动群众学习的模式,对后来党的主流媒体的新闻实践产生了深刻而久远的影响。

值得深思的是,典型报道真实性的问题在它的初兴时期就暴露出来了。针对当时典型报道出现故意夸大、吹嘘的问题,1944年新华社总社在给各地分社的电报中指出:"新闻的真实性关系党的宣传工作的信用,应引起最大的注意,在新闻宣传上,我们同样应有实事求是态度,无论是发扬成绩或检讨错误,都应老老实实讲求分寸,不应故意夸大吹嘘,尤其是战绩和统计数字的公布,更应可靠和一致。"[2]在典型报道的初兴时期,新闻媒体就严肃地提出新闻真实性的问题,反映了党领导的主流媒体对新闻规律的自觉认识,在今天看来这也是十分珍贵的。

同时,延安整风运动时期典型报道影响力的扩大,增强了党的主流媒体

---

① 穆青:《讴歌我们的时代和人民》,《新闻散论》,新华出版社1996年9月版,第293页。
② 方汉奇主编:《中国新闻事业通史》第二卷,中国人民大学出版社1996年版,第821—822页。

的指导性、权威性。"经过报纸的公布,使大家效法好的经验,对于坏的经验,则有了'前车之鉴'。这样报纸对于运动的指导作用也就加强了。"①随着配合党的中心工作的典型人物的大量涌现和广泛传播,新闻媒体在受众心目中享有崇高的威信,党报的文章成了不盖章的"文件"。

新中国成立后十七年的典型报道

从新中国成立到"文化大革命"前这十七年,是典型报道的"顺利期"和"曲折期"、"鼎盛期"和"探索期"。

中华人民共和国的诞生,揭开了中国历史的新篇章。作为中国人民革命取得胜利的领导者、组织者的中国共产党,成为在全国范围执掌政权的党,肩负起领导全国各族人民建设新生活的重任。伴随着新中国克服了前进道路上的一个又一个障碍,典型报道继承和发扬了延安时期典型报道的传统,延续了初兴时承载的政治功能,既创造了辉煌,也经受了曲折。

与时代背景相契合,典型报道与党和国家的工作重心和政治路线的紧密联系,其顺利、鼎盛集中表现在对抗美援朝、社会主义经济建设克服困难的新闻报道上,曲折和探索集中表现在对上世纪50年代后期"大跃进"的新闻报道上。

抗美援朝时期,涌现出了典型报道的名篇之作。1950年6月25日,朝鲜内战爆发。随后,美军在仁川登陆,截断朝鲜民主主义人民共和国南进部队的后路,将战火烧到我国东北鸭绿江边。10月8日,毛泽东发布命令,将东北边防军组建成中国人民志愿军,雄赳赳、气昂昂,跨过鸭绿江,开赴朝鲜作战。许多新闻记者随军赴朝,进行战地报道。受战争环境、通讯条件的限制,采写和刊发时效性强的战地消息十分困难,而通讯、报告文学等新闻题材得到了广泛运用。短短二三年时间,《人民日报》等全国报刊发表了数以千计的通讯报告作品②。其中,涌现出了典型报道的名篇,如《不朽的杨根思英雄传》、《伟大的战士邱少云》、《祖国的好儿子黄继光》、《不朽的国际主义战士(罗盛教烈士)》、《谁是最可爱的人》等,"最可爱的人"在社会被广为传诵,调动了全国人民的情绪,有效地配合了"抗美援朝,保家卫国"运动的开展。

步入社会主义建设的初期,典型报道创造了前所未有的辉煌。新中国的

---

① 张之华主编:《中国新闻事业史文选》,中国人民大学出版社1999年1月版,第285页。

② 方汉奇:《中国新闻事业通史》第三卷,中国人民大学出版社1996年版,第69页。

成立,人民当家做主,一个期盼已久的、统一的新国家展现在人们面前。崭新的、充满活力的政治制度具有高度的吸引力,执政的中国共产党在民众中享有崇高的威信;胜利的鼓舞、翻身的喜悦,使全社会的广大工农劳动群众、青年学生和知识分子激情燃烧,建设新国家的热情十分高涨,中华大地万象更新。政治上的高度统一、经济上的高度集中、文化上的高度一致,这样的时代背景和社会历史条件,为典型报道创造辉煌奠定了基础。在国民经济第一个五年计划开始后,国家提倡利用典型报道进行大规模的经济宣传。一批先进典型人物大量涌现,如对工业化进程中的孟泰、王崇伦、郝建秀、王进喜、马恒昌、张明山、向秀丽等,农业合作化进程中的耿长锁、李顺达、任国栋、杨显廷、郭玉恩、王玉坤等典型的广泛宣传,产生了广泛而深刻的社会影响。上世纪60年代上半期,"媒体推出了一批有影响的典型人物,雷锋、焦裕禄、邢燕子、吴吉昌等典型个人,南京路上好八连、大寨、大庆等典型集体……"①以雷锋、焦裕禄典型人物为标志,典型报道的社会传播效果达到了一个前所未有的巅峰,雷锋、焦裕禄成为典型报道具有里程碑意义的典型人物。

上世纪50年代后期的几年间,极"左"思潮蔓延,反右斗争扩大化、"大跃进"的发生,给新闻宣传带来了巨大负面影响,突出表现在典型报道夸张、虚假的失实报道上。在政治高压下,典型报道不断放出"粮食高产卫星"、"钢铁产量卫星",对极"左"的思想路线起到了推波助澜的作用。综观新中国成立到"文化大革命"之间十七年的典型报道,呈现的是"U"字形的发展曲线。如果把抗美援朝的典型报道和上世纪60年代初雷锋、焦裕禄的典型报道看作两个高峰的话,那么,"大跃进"、"反右"时期的典型报道则处于两个高峰之间,处于这个曲线的底部。

然而,这一时期"典型引路"的观念却得到进一步强化。1953年1、2月,毛泽东在起草党内指示时,要求在报纸上揭发坏人坏事,表扬好人好事,"凡典型的官僚主义、命令主义和违法乱纪的事例,应该在报纸上广为揭发"。在开展反坏人坏事的广泛斗争达到了一个适当阶段的时候,"就应该将各地典型的好人好事加以调查分析和表扬,使全党都向这些好的典型看齐,发扬正气,压倒邪气"②。同年3月,毛泽东批示:"简报上的许多材料,都应当公开报

① 聂茂、张静:《典型人物报道论》,湖南人民出版社2008年2月版,第52页。
② 《毛泽东新闻工作文选》,新华出版社1983年12月版,第174—175页。

道,并发文字广播,三五天一次,方能影响运动的正确进行。……好事例及各地的不好事例,凡典型性的,都应当公开报道。"①1954 年第二次全国宣传工作会议《关于改进报纸工作的决议》明确提出:"报纸应该积极支持工人阶级和农民群众的一切创举,注意宣传推广生产中的先进典型和重要成就。"②在这些思想的作用下,"这个时期的典型报道从内容到形式上都得到发展,报道观念得到了强化,典型宣传的主要目的是给受众提供一个照着做的范例,可模仿性和可操作性是这种典型的第一要求,因此基本选择了与人民大众贴近的模范人物"③。这一时期的典型报道在党的新闻工作中占据重要位置,典型报道成为衡量媒体宣传质量的重要标准。

这一时期的典型人物基本属于自我修养的道德完善型。新中国成立之初,国家贫穷落后,客观上需要用艰苦奋斗、埋头苦干的精神激励人们建设家园。政治上的高度统一、经济上的高度集中,使人们的思想认识趋于一致,社会的规范和典型示范具有"魔弹"般的效应。正如陈力丹所说:"随着思想挂帅、突出政治的政治形势的发展,其中伦理道德的色彩更加强烈了,原有的典型报道的单一思维,愈发将无产阶级和资产阶级、社会主义和资本主义、革命和反革命等等政治范畴纳入公与私、善与恶、爱与恨的对立和斗争中,道德的观念、标准、义愤日益成了现时代的政治内容。对旧社会黑暗的憎恶和对未来理想的向往,唤起和培养了对革命、道德、自我牺牲精神、集体主义的热情与信任。"④这时期的典型人物大都吃过旧社会的苦,感受到新社会的甜。他们阶级立场坚定,对党和国家充满感情。他们在平凡的工作岗位上勤勤恳恳、任劳任怨、忠于职守、克己奉公,成为道德修养的楷模,新社会倡导的爱国主义、集体主义、公而忘私、利他助人的价值理念在他们身上得到了生动、鲜活的体现。

另外,这一时期的典型报道已经不满足对典型人物"事例"的串联,不再追求质朴和平铺直叙,而是注重对典型人物精神境界的提炼和概括,由此典型人物出现"神圣化"的倾向。如雷锋"新三年,旧三年,缝缝补补又三年"的

---

① 《毛泽东新闻工作文选》,新华出版社 1983 年 12 月版,第 176 页。
② 方汉奇:《中国新闻事业通史》第三卷,中国人民大学出版社 1996 年版,第 119 页。
③ 丁迈:《典型报道的受众心理实证研究》,中国传媒大学出版社 2008 年 8 月版,第 75 页。
④ 陈力丹:《再谈淡化典型报道观念》,《新闻学刊》1988 年第 4 期。

生活俭朴得到了浓墨重彩的描绘,而他有英格牌手表、皮夹克、毛料裤的事实被新闻报道"合理"地舍弃了。

在新中国成立后十七年的典型报道发展进程中,图解政治、公式化、绝对化的弊端已经悄然生成。尽管当时人们还没有警觉,但在而后的"文化大革命"期间,典型报道演化成"高、大、全"和"假、大、空",典型报道的公信力受到重创。

"十年动乱"时期的典型报道。

上世纪 60 年代中期到 70 年代中后期,典型报道进入"畸变期"、"伤痕期"、"悖论期"。

"文化大革命"是中国在特殊的历史条件下发生的,是一场由领导者错误发动、被反革命集团利用,给党、国家和各族人民带来严重灾难的内乱。1957年反右斗争扩大化以来,党内"左"的思潮膨胀,导致阶级斗争严重扩大化。与此同时,"中国的报纸、广播和电视,完成了从新闻到'阶级斗争工具'的演变"[1]。

这一时期的典型报道声势浩大,但宣扬的价值观念却与社会发展的主流背道而驰。典型报道成为"四人帮"兴风作浪的工具,典型人物如"白卷英雄张铁生"、"反潮流英雄黄帅"成为政治风云人物、打人的"政治棍子"。"六厂二校"、大寨的典型报道铺天盖地,营造了浓厚的"阶级斗争为纲"的舆论氛围。"从新闻角度看,典型报道以定型化、'十全十美'化、极端化为特征。以'假、大、空'办法塑造'高、大、全'的典型形象;典型人物完全成了不食人间烟火的神仙;典型被主观地赋予整个阶级的全部精神要素,成为整个社会绝对遵从、永远遵从的样板。"[2]

典型报道的政治极端化、新闻宣传模式化、典型人物完美化,使典型人物的榜样引领作用发生了畸变。"当典型报道的功能被无限夸张脱离了社会生活时,在其表面上的轰轰烈烈、声势浩大、席卷全国的假象之后,是民众对神话人物的冷漠、反感甚至鄙视。如此出现了一种奇特景观:宣传轰轰烈烈,民众虚拟模仿,但典型报道的社会功能基本未能实现,报道宣扬的价值观念与社会主流背道而驰,毫无说服力与感召力,这种典型报道与其说是整合社会,

① 童兵:《主体与喉舌》,河南人民出版社 1994 年版,第 72 页。
② 李良荣:《关于典型和典型报道》,《新闻战线》1981 年第 3 期。

不如说是离散社会。对样板的模仿日益形式化,榜样示范变为榜样扮演。"①错误的思想路线和政治路线,对典型报道的指导性、权威性造成了严重伤害。人们不再被典型人物感动,典型报道的虚假、夸张引起人们对典型报道的怀疑和鄙视,典型报道的公信力消失了。

典型报道在"十年动乱"中跌入谷底,根本原因是当时的特殊历史条件。"高度集中的计划经济体制和高度集中的政治体制决定了政治和道德被混为一谈,人们的政治态度被直接等同于道德品质。"②极"左"思潮泛滥成灾,唯心主义和形而上学猖獗,个人迷信和教条主义盛行,理论是非颠倒,新闻规律与党性原则遭到践踏,典型报道不可避免地陷入面目全非的境地,很难涌现出符合大众精神需求的典型报道。

改革开放三十年的典型报道。

上世纪70年代后期到现在,典型报道经过了"复兴期"、"繁荣期"、"创新期"的阶段。当然,这中间也经历了"反思"阶段。

党的十一届三中全会的召开,是新中国成立以来党的历史上具有深远意义的转折。党总结了正反两方面的经验,解放思想、实事求是,实现全党工作重心向经济建设转移,实行改革开放,开辟了社会主义事业发展的新时期。

上世纪70年代后期到80年代后期,是典型报道的复兴阶段。

新闻战线同全国其他战线一样,从噩梦中苏醒,开始走上正轨。1979年,《要为真理而斗争——优秀共产党员张志新同林彪、"四人帮"进行殊死斗争的事迹》的典型报道,对当时的拨乱反正产生了深刻的社会影响,标志典型报道进入了复兴阶段。据统计,新时期,特别是进入80年代后的六年来,报刊宣传的典型人物多达千人,其中在全国产生一定影响的近百人,产生较大影响的有十余人。

这一时期典型报道的领域拓宽了。此时,典型人物由原来多是工人、农民、军人,扩展到了企业家、优秀知识分子。随着党的知识分子政策的落实,这一时期涌现了一大批知识分子典型人物,如陈景润、蒋筑英、罗健夫、邓稼先等。知识分子出现在典型报道中,这在"十年动乱"时期的新闻宣传是不可想象的。知识分子典型人物的出现,既是拨乱反正、落实知识分子政策的需

---

① 姚福申主编:《新时期中国新闻传播述评》,复旦大学出版社2002年1月版,第459—460页。

② 侯晓艳:《论建国以来不同时期的典型报道》,《新闻知识》2001年第2期,第13页。

要,也是党和国家工作重心转移到经济建设上来,培育社会"尊重知识,尊重人才"浓厚氛围,促进现代化建设的客观需要。同时,经济体制改革由农村转移到城市,一批企业家和改革人物进入典型报道的视野,如步鑫生、马胜利、鲁冠球、关广梅、年广久等。虽说这些典型人物有的在当时就引起了争议,但典型报道已经摈弃了"非黑即白"的绝对化思维模式,虽然报道没有给出简单的是非判断,却对启发人们的理性思考,打破计划经济的陈旧观念,推动经济体制改革,都产生了积极的影响。

典型报道开始注意社会主流价值观的弘扬和引导。针对改革开放初期"一切向钱看"的拜金主义、极端个人主义、自由主义、崇洋媚外等思潮的侵入,社会上有些人对共产主义理想信念发生动摇,对党的领导发生怀疑的状况,党中央把加强精神文明建设提到了重要日程,一批新时期的道德楷模出现在典型报道中,如张海迪、朱伯儒、赖宁、张华、赵春娥,以及第四军医大学华山抢险队、中国女排、中越反击战英雄等。其中,张海迪这一典型社会影响较为广泛。张海迪拖着残疾的身躯,却以常人难以想象的非凡毅力向命运抗争,谱写了感人的生命之歌,震撼了人们的心灵,与当时人们普遍存在的"把十年动乱耽误的时间夺回来"的心理相吻合,起到了激励、鼓舞的作用。应该看到,由于改革开放带来了思想观念的变化,这时的受众不再简单地接受典型人物的"榜样示范"了,而是对新闻报道的典型人物给予多角度的审视,从而反映出广大受众自主意识的觉醒。比如解放军大学生张华,为救一名老农而献身的事迹,就引发了一场"大学生救老农值不值得"的讨论。而个别媒体典型报道引发的讨论,出现了偏离社会主流价值观的倾向,对社会舆论造成了不良影响。

这一时期的典型报道从简单的业绩宣传、事迹叙述,发展到注意揭示典型人物的内心情感世界。典型报道注重用事实说话,有了用细节塑造典型人物的意识。尤其值得关注的是,当年采写《县委书记的榜样——焦裕禄》报道的三位作者——穆青、冯健、周原,20年后再度合作,采写了《人民呼唤焦裕禄》,突出表现反腐倡廉、加强党同人民群众血肉联系的主题,将典型报道的思想内涵引向纵深,表现出老一辈新闻工作者的新闻价值理念。同时,上世纪80年代初的"渤海2号"事件的负面典型报道,说明了新闻宣传在坚持正面宣传为主的前提下,坚持实事求是、解放思想,对社会热点问题给予的关注和探索。负面典型报道的出现,反映了社会变革时期的现实生活,揭示了社会生活中的矛盾。

当然,这一阶段的典型报道还存在着一定程度的弊端。虽说典型报道纠正了"假、大、空",叙述用事实说话,但典型报道中的直接议论较多,说教味道依旧浓厚;典型报道的受众意识还不强,以情动人之处还欠佳。

上世纪80年代后期到90年代后期,是典型报道的反思阶段。

为什么改革开放初期典型报道迎来了"春天"、步入复兴不久,就再度陷入低谷了呢?究其原因在于,当时的社会环境和思想文化基础发生了变化。在上世纪80年代后期,国际局势风起云涌,西方反社会主义势力活动猖獗,国内意识形态领域各种错误思潮泛滥,社会上鄙视远大理想、蔑视崇高精神、热衷崇洋媚外等思想膨胀。"这一时期市场经济在我国获得较快的发展,人们的注意力转移到经济建设上。加之人们价值取向的多元化和自我意识的增强,传统的典型人物报道不可避免地遭受冷遇。"[1]典型报道是否还有存在的必要? 典型报道的舆论引导功能、榜样的力量还能否延续下去? 社会各方面对典型报道的质疑和讨论,实际上已经超出了新闻业务研究的范围,成为新闻宣传乃至意识形态领域遇到的具有理论和实践意义的实际问题。

1987年7月,中央发出《关于加强宣传、思想工作的通知》,要求全党要清醒地认识,我们的改革开放和现代化建设是在复杂的国际环境中进行的。各级党组织都要十分重视和大力加强对宣传、思想工作的领导,切实反对资产阶级自由化,真正让社会主义思想占领意识形态阵地。1989年11月,中宣部举办新闻工作研讨班。江泽民代表中央发表了《关于党的新闻工作的几个问题》的讲话,强调新闻事业是党、政府和人民的喉舌,基本方针是为社会主义服务、为人民服务。李瑞环发表了《坚持正面宣传为主的方针》的讲话,他在讲话中指出:"坚持正面宣传为主的方针,用人民群众自己创造的英雄业绩来教育人民,实质上也是我们党实现领导的一种重要方式。因为人民群众在创造历史的过程中,总有一部分先进的人走在前头,他们创造的较高劳动生产率、先进工作方法,他们在这种创造过程中表现出来的高尚的精神境界、道德风貌,无疑具有极大的示范和引领作用。"从而肯定了典型报道的意义、地位

---

① 韩晓杰、张艳利:《改革开放以来中国典型人物报道的历程》,人民网传媒频道,http://media. people. com. cn/GB/8353598. html。

和功能,对而后典型报道的发展和繁荣产生了重大影响。

进入上世纪 90 年代,新闻宣传推出了一系列典型。这些典型人物有栽树"还账"的马永顺、抗洪殉职的党员干部张鸣岐、领导干部的楷模孔繁森、水电修理工徐虎、公共汽车售票员李素丽、好支部书记王廷江、户籍民警邱娥国、我党我军宗旨的模范实践者李国安、好军嫂韩素云、抗洪英雄李向群等。以新华社 1994 年对先进人物的宣传为例,"从发稿数量到社会影响,可以说是近十多年来罕见的","向全国报道的先进人物有 24 个,平均每月两个"①。这一时期的典型人物报道发生了明显的变化。其一,典型选取的领域、行业更加开阔。典型人物由过去的劳动者,逐渐扩展到知识分子、党员领导干部、农民企业家、公安民警、个体工商户、水电修理工、公共汽车售票员等,典型人物呈现多样性、多类型、多层次的特点。其二,典型人物"神圣化"的色彩逐渐淡化。典型人物的内心情感世界得到揭示,人物个性鲜明。如对孔繁森的报道,不仅展现了他的高尚情怀,而且还涉及了他对老母亲不能尽孝、对爱人不能尽心、对孩子不能尽责的愧疚,超越了以往典型报道仅仅报道业绩、成绩的局限,拉近了与受众的情感距离。其三,典型人物的精神品质得到深入挖掘,折射出时代精神的亮点。如对企业家、改革探索者的报道,把典型人物放在社会环境中、置于改革开放的大背景下,既反映了典型人物的理想信念、拼搏进取的精神品格,也表现出他们勇于改革、更新观念、开拓进取、探索新路的时代精神,社会主义市场经济的观念得到传播,开拓了受众的思路,对多层次价值观的形成产生了广泛影响。其四,传播方式趋于多样化。典型报道由过去的通讯、消息、评论等简单方式,向特写、故事、图片、连续报道、专题、专栏讨论等多种方式转变。传播典型报道的媒介也由报纸、广播为主,发展为报纸、电视、网络多媒体的共同参与。

本世纪初以来,典型报道步入勃发、繁荣阶段。

本世纪初以来,改革开放向纵深方向发展,社会生活发生了巨大变化。党对新闻事业的发展提出了一系列重大理论和理念,如舆论引导能力纳入党的执政能力、"以人为本"、"建设和谐社会"等理念,以及科学发展观重要思想等,对典型报道、典型宣传产生了积极而深远的影响。

---

① 郭超人:《喉舌论》,新华出版社 1997 年版,第 317 页。

党的主流媒体加大了典型报道的力度,陆续推出了一系列产生广泛社会影响的典型人物。其中有:包起帆、李向群、吴仁宝、宋鱼水、牛玉儒、郑培民、冯理达、华益慰、任长霞、王顺友、丁晓兵、杨利伟、潘作良、牛玉新、经大忠、方永刚、张云泉、吴登云、洪战辉、谭东、沈浩等等,一大批典型人物不断涌现,从正面回应了社会上的各种错误思潮,有效引导了社会舆论,树立了党员干部在群众中的威信,坚定了人们走中国特色社会主义道路的信心,弘扬了社会正气,卓有成效地引导了社会舆论。

本阶段的典型报道高潮迭起,呈现典型人物范围扩大、更加关注普通人、典型人物"走下神坛"得到普遍认可的特征,典型人物更具有影响力和感召力。新时期的典型报道推出一系列立党为公、执政为民的党员领导干部。比如,《人民日报》2002年10月14日第一版刊发的通讯《公仆本色——追记湖南省委原副书记、省人大常委会原副主任郑培民》和《情切切意绵绵——亲人眼中的郑培民》,把党的模范干部真正作为既崇高而又平凡的人去解读,更多采用平民视角、突出人文理念,表现典型人物与常人一样的喜怒哀乐,使受众感到可亲、可信。《人民日报》2004年6月3日第五版刊发《百姓心中的丰碑——追记公安局长的楷模任长霞》,既写任长霞对工作的责任心、对老百姓的仁爱之心,也写了任长霞的爱美之心,展现了女性柔弱的一面,反映了新闻工作者对新时期典型报道的理性认识和对典型人物人性光辉的深刻感悟。正如有人评价的那样:"在本阶段,典型报道在可读性、可信性方面有所提升。人物真实,富有人性,不再是高高在上的'神',而是触手可及的'人'。人们可以大致感受到党的十六大以来(2002年)典型报道所出现的诸多变化:更注重报道的精心策划和优化整合,从诠释作者理念转向展示人物本身,努力进行细节化、情节化写作,注重活生生的人具有的情感和心理,典型报道的选取标准趋于多元化。"①也就是说,在这一阶段,典型报道无论在理论上还是实践上,都有积极的探索,可圈可点之处颇多,积累了值得总结的可贵经验。

典型报道媒体联动,逐渐形成报道日常化和规模化的统一,是这一时期典型报道的突出特点。典型报道在形式和手段上,加强了策划,在时机选择、社会反响、受众反响、互动引导等多方面,进行了精心组织和安排,既注重发

---

① 丁柏铨、徐志萍:《报纸典型人物报道的演进》,《青年记者》2007年第17期,第43—45页。

挥主流媒体的主导作用,还吸纳网络媒体、都市报加入到典型报道的行列,使重大典型报道呈现多层次、多侧面的格局。典型传播的方式趋于多样化,除媒体的传播,还创新推出了大型报告会、宣讲团、网络互动等多种形式。

毫无疑问,本世纪初以来的典型报道已经有了许多改进,发生了许多可喜的变化,但是它也有始终不变的方面。"例如:始终体现时代的最强音,体现主流意识形态和社会主义核心价值观对人们思想行为所提出的要求;始终表现为对社会生活中正面因素和积极因素的倡导、弘扬,力图发挥凝心聚力和引导人们见贤思齐的作用;始终包含着比较多的宣传性的成分。"①这些不变的方面构成典型报道的特质,只有对这些特质进行充分的理性分析,才能解读典型报道经过曲折而能够长期存在的原因。

总之,"中国典型人物报道经过数十年的磨炼和洗礼,已渐渐获得新的生机,而不是一些人所预测的'式微'和'消亡'。尤其是近几年,很多典型人物尤其是重大典型人物报道,因报道规模大、覆盖面广、穿透力强,为人称道,成为家喻户晓的典范"②。新时期典型人物的精神品格,代表了时代的进步潮流,是社会主流意识的方向性标志。

综观典型报道近70年发展的历程,可以得到这样几点认识:

第一,新闻媒体报道的许许多多先进典型人物,成为一代又一代人学习的榜样。舍身炸碉堡的董存瑞、用身体堵住敌人枪眼的黄继光、甘当螺丝钉的雷锋、县委书记的榜样焦裕禄、工业战线的铁人王进喜、淘粪工人时传祥、向命运挑战的张海迪、勇攀科学高峰的陈景润、优秀知识分子蒋筑英、把生命献给援藏事业的孔繁森、致富带头人吴仁宝、党员干部的楷模牛玉儒、当代工人的杰出代表许振超、航天英雄杨利伟……成为中华优秀儿女的英雄群像。他们的名字连同他们的事迹一起,清晰地印在了一代人又一代人的脑海中。上世纪四五十年代出生的人就是伴随着这些英雄的名字、唱着"学习雷锋好榜样"的歌曲成长起来的,而六七十年代出生的人,对这些典型人物也是耳熟能详。这些典型人物的精神品质,潜移默化地教育、鼓舞和规范了人们的思想和行为,起到了其他教育方式不可替代的作用。

---

① 丁柏铨、徐志萍:《报纸典型人物报道的演进》,《青年记者》2007 年第 17 期,第 43—45 页。

② 韩晓杰、张艳利:《改革开放以来中国典型人物报道的历程》,人民网传媒频道,http://media.people.com.cn/GB/8353598.html。

第二，典型人物所体现的精神品格和高尚情操，诠释了我们的民族精神和时代精神。典型人物是在不同的历史时期涌现出来的、各方面的杰出代表。为新中国的诞生，为了祖国的繁荣强大，为了中华民族能够屹立于世界民族之林，他们用辛勤劳动的汗水甚至鲜血和生命，谱写了可歌可泣的英雄史诗；他们的事迹所体现出来的自强不息、百折不挠、奋发进取、勤劳勇敢的精神，已经融入到了我们民族意识、民族品格、民族气质之中，熔铸在我们民族的生命力、凝聚力和创造力之中，成为中华民族团结一心、共同奋斗的价值取向和力量源泉，成为我们民族值得珍视的宝贵精神财富。

第三，典型人物报道始终是主流媒体引导舆论的集中体现。在主流媒体的新闻作品中，典型人物报道始终是"重头戏"。这不仅因为典型人物报道社会影响大、影响范围广、持续时间长，主要是由于典型人物报道紧密结合人们普遍关心的社会问题，以典型人物的典型事迹回答人们的各种疑问，从而发挥舆论正面的引导作用，而且典型人物报道往往集中体现了党和国家一定历史阶段中心工作的要求，对全局工作具有巨大的推动作用，常常受到党和国家领导人的重视。当年，毛泽东亲笔题词："向雷锋同志学习"，既是对雷锋典型的肯定，也是对学习雷锋活动的推动。换句话说，典型人物报道常被看作新闻媒体的"拳头产品"，是政治色彩、宣传色彩浓郁的新闻宣传形式。"典型宜多，综合宜少"便一直是我国主流媒体的优良传统。

第四，典型人物报道是党领导的新闻媒体用来推动工作的重要方式。毛泽东十分强调要善于通过典型事例的报道来引导群众、推动工作开展。延安时期《解放日报》对劳动模范的报道，不仅有力地推动了当时的大生产运动，而且后来的典型人物报道一直延续了这种示范带动的功能。在新中国成立初期、社会主义建设时期和改革开放新的历史时期，典型报道在精神激励、舆论引导和典型示范等方面都产生了重要的社会影响，可以说功不可没。

（三）典型报道面临的窘境

自上世纪 40 年代以来，典型报道一直在党的主流媒体新闻宣传中占有重要位置。在新中国成立后的各个历史阶段，以宣传和树立"榜样"为目的的典型报道，曾产生过巨大的影响力。进入 20 世纪 90 年代，经济全球化、信息化浪潮汹涌澎湃，社会价值观呈现出多样化趋势。在新的历史时期，典型报道的"光环"渐渐退去,曾有过的"轰动效应"已很难重现,"曾经的辉煌并不能掩盖典型报道面临的现实困境和潜在危机"①。可以说,典型报道陷入了窘境。

典型报道窘境的理论和实践表征

典型报道的窘境表现在新闻理论和新闻实践两个层面。

在理论上,出现了"典型报道消亡论"、"典型报道淡化论"。1987年《新闻学刊》第一期发表陈力丹的文章,题目是《典型报道之我见》。1988年,他又发表《再谈淡化典型报道观念》。他在文章中概述了典型报道的历史演变过程,提出"典型报道的观念是文明程度不发达的社会条件下的产物,它将随着文明的发展而逐渐消亡"的论断。他认为,从19世纪早期空想社会主义开始,到列宁复兴时代以及我国当代报刊和新时期的典型报道,大都是"失败的"、"短命的"或不成功的。他还认为,我国典型报道的历史传统遵循鲜明的主观意识,具有强烈的宣传色彩,很少有或几乎没有新闻价值;典型报道的观念是建立在单线思维基础上,靠认识简单化、因果明确、社会组织机构信仰同步化而生存的,当"经济基础、社会意识出现大的变化,典型报道的危机便来临了"。因而,他提倡在新闻实践中"逐渐淡化典型报道"。该观点一出,新闻界哗然,由此掀起了关于典型报道的讨论。《新闻学刊》专门开辟栏目,刊发讨论文章15篇。刘磊在《典型报道的挽歌》②中对陈力丹的观点表示赞同。他认为,20世纪90年代后,随着公众获取信息的日渐多元,典型报道"日渐式微"。宣传主管部门并没有感受到这种时代的进步、环境的变化,仍然驾轻就熟地统一部署着典型报道。典型报道好像又进入了一个"春天",但实际上是"虚假的繁荣",其影响与当年的雷锋、焦裕禄不可同日而语。那些以穆青为楷模,期望通过写"典型"而成为"名记"的记者们,也只能"感到失落了"。当然,更多的研究者基本否定了"消亡论"、"淡化论",对典型报道倾向于基本肯定,认为应该加以改革和创新。

在新闻实践上,典型报道的影响力日渐衰弱。针对典型报道越来越难以产生"震撼"的效果,有的研究者认为,"称典型报道已不适合现代中国社会显

---

① 丁迈:《典型报道的受众心理实证研究》,中国传媒大学出版社2008年8月版,第12页。

② 刘磊:《典型报道的挽歌》,西陆观察,http://www.csdn618.com.cn/century/pingtai/011017300/0110173011.htm。

属妄断,但原有的典型报道方式不如昔日那般奏效,则是新闻界内外的共识"①。有的研究者根据统计认为,20 世纪 90 年代以来的典型报道同前几个时期相比,典型报道的数量锐减,"尽管进入新时期以来,各个媒体加大了对典型人物报道的力度,但同辉煌的历史相比,仍然难望其项背"②。还有的研究者用"非典型化"、"典型报道弱化"、"式微现象"来概括典型报道影响力的衰弱现象,认为典型报道正从人们关注的中心走向边缘。其实,典型报道的影响力是一种传播效果,归根结底是对受众产生的影响。典型报道影响力的关键不在报道的数量、规模,甚至不在典型报道刊发的版面位置,而在对社会成员的态度、观念、行为规范等方面的作用。从这个意义上说,受众对典型报道的关注度在降低,对典型人物的反映表现出冷淡甚至怀疑,这才是典型报道衰弱的现实表征所在。

与改革开放初期相比,典型报道的数量和规模都堪称相当多、相当大,但是对受众的影响效果却难尽人意。"尤其与 50—60 年代的巅峰时期相比,其社会影响力的广泛与深刻程度都显得逊色。"③这样的传播效果和影响力,与典型报道的初衷相距甚远。

来自部分受众的看法

上世纪 90 年代以前,每一个典型人物的出现,都会引起社会的强烈反响。人们习惯于"一种标准、一个模式、一种思维"的社会环境,典型报道总会引起一呼百应的效果。而今,无论怎样对典型报道精心策划、周密组织,无论新闻媒体使用怎样的形式和手段,还是难以达到典型报道曾有过的传播效果。问题出在哪里? 这里,不妨听听受众(读者)是怎么说的。

举例之一:

《典型报道的受众心理实证研究》的作者丁迈,在北京、上海、郑州、昆明四个城市共调查了 403 个受众样本,并对个别受众直接进行了深层访谈,其中的一位访谈说:"我要对典型报道质疑,这是受众理性成熟的表现,不是以前那种一灌输,我就接受,我没有任何反应,但现在我会判断,我有这个媒介素养。这个报道很感动我,但我还要质疑一下这是不是真的,不像以前那样

---

①　姚福申:《新时期中国新闻传播评述》,复旦大学出版社 2002 年 1 月版,第 463 页。
②　聂茂、张静:《典型人物报道论》,湖南人民出版社 2008 年 2 月版,第 92 页。
③　姚福申:《新时期中国新闻传播评述》,复旦大学出版社 2002 年 1 月版,第 463 页。

盲目接受了。"①

举例之二：

"飞龙在网"以《榜样的力量是无穷的吗？——致遵从穆青老热衷于搞树立榜样活动的人们》为题发表看法认为，"自从穆青老当年报道县委书记的好榜样焦裕禄、并借焦书记之口说出了'榜样的力量无穷的'伟大名言之后，这一伟大语录就成为后人们时常挂在口头上放之四海而皆准且颠扑不破的真理了。后来，人们就大树特树典型，大树特树榜样；再后来，就成为各级人民政府、各机关部门、各人民团体、各企事业单位一项经常性的活动了。再再后来，榜样也多了，典型也多了，出现了鱼龙混杂的现象，榜样的力量就不再是无穷，而是有穷的，最后则是贻害无穷了"②。

"网易博客景军荣"认为："当一个真正的先进分子的代价实在太大了，大得足以让人望而却步。君不见我们树立的先进模范人物大多数不都是累死在岗位上吗？都是死了以后才被大家发现，这难道不是一种悲哀吗？作为普通人，到这个世界上是为享受生活的快乐，而不是去干惊天动地的事业。这是人存在的根本！看来靠树立先进典型带动面上整体推动的工作方法应该休矣，因为这实在是一个漂亮的谎言！"③

举例之三：

2009 年 11 月 24 日《甘肃日报》文摘，以《榜样的力量是无穷的吗?》为题，摘发 2009 年 8 月 19 日中国新闻网的文章，该文章认为："……示范伦理的'兴'映衬出规范伦理的'衰'。这是一个说教的主题已经用尽的时代，从'五讲四美三热爱'到今日的各种口号，规范虽然仍在提供生活指南，但质疑之声却不绝于耳，这样的困局表明，规范已经被彻底掏空了道德意义和指导生活的功能。也正因如此，示范伦理才成为一些人眼中救治道德困境的一剂良方。""可是问题在于，道德楷模的感染力是随着时空尺度的拓展呈递减趋势的。道德楷模必须活生生地嵌置在每一个具体入微的熟人共同体中，唯独他的善良是你我亲眼所见，他的勇敢是你我亲耳所闻，才有可能因为朝夕相处耳濡目染，近朱者赤。反之，当道德楷模们四下穿梭只为陌生的人群巡回演

---

① 丁迈：《典型报道的受众心理实证研究》，中国传媒大学出版社 2008 年 8 月版，第 85 页。

② 搜狐博客："飞龙在网"，http://bjchyd.blog.sohu.com/4932557.html。

③ 网易博客：景军荣的博客，http://jingjunrong.blog.163.com/blog/static/480519772008220017960/。

讲时,哪怕听者动容闻者啜泣,得到的可能也是虚荣大过光荣。……"

当然,这些观点不一定反映出所有受众对典型报道的态度和看法,也不代表发表这些看法的媒体的观点,但是从中可以发现,典型报道"一呼百应"的传播效应风光不再了。这说明,受众对典型报道的认识已经发生了变化。随着受众认知能力的增强和主体意识的提高,榜样的示范效应在持续弱化;受多种价值观的影响,受众(当然不是所有的受众)对典型报道产生了这样或那样的逆反心理。

典型报道面临窘境的原因

新闻是社会现实生活的反映,典型报道是新闻报道形式之一。典型报道面临窘境的深层次原因,在于社会现实生活发生了巨大变迁。"我国相继实现了从半殖民地半封建社会到民族独立、人民当家作主新社会的历史性转变,从新民主主义革命到社会主义革命和建设的历史性转变,从高度集中的计划经济体制到充满活力的社会主义市场经济体制、从封闭半封闭到全方位开放的历史性转变……。"[①]社会现实生活的巨大变迁,正是在这样的时代背景下发生的。对典型报道面临窘境的解析,也离不开这样的时代背景。

社会现实生活的变迁是典型报道陷入窘境的深层次原因。进入新世纪新阶段,我国发展呈现一系列新的阶段性特征。党的十七大报告对这些特征做出了概括认为,我国的经济实力显著增强,同时生产力水平总体上还不高;社会主义市场经济体制初步建立,同时影响发展的体制机制障碍依然存在;人民生活总体上达到小康水平,同时收入分配差距拉大趋势还未根本扭转;协调发展取得显著成绩,同时农业基础薄弱、农村发展滞后的局面尚未改变,缩小城乡、区域发展差距和促进经济社会协调发展任务艰巨;社会主义民主政治不断发展、依法治国基本方略扎实贯彻,同时民主法制建设与扩大人民民主和经济社会发展的要求还不完全适应;社会主义文化更加繁荣,同时人民精神文化需求日趋旺盛,人们思想活动的独立性、选择性、多变性、差异性明显增强,对发展社会主义先进文化提出了更高要求;社会活力显著增强,同时社会结构、社会组织形式、社会利益格局发生深刻变化;对外开放日益扩大,同时面临的国际竞争日趋激烈,发达国家在经济科技上占优势的压力长

---

① 《中共中央关于加强和改进新形势下党的建设若干重大问题的决定》,《党的十七届四中全会〈决定〉学习辅导百问》,党建读物出版社、学习出版社2009年9月版,第2页。

期存在。这些情况表明,经过新中国成立以来特别是改革开放以来的不懈努力,我国取得了巨大的发展成就,从生产力到生产关系、从经济基础到上层建筑都发生了意义深远的重大变化。

典型报道登上中国新闻大舞台时,当时社会还是处在自给自足的小农经济时代。当典型报道出现辉煌时,我国社会正处于计划经济体制下,经济体制高度集中和统一。在这样的体制下,社会结构简单,社会组织形式单一,利益格局不复杂,人们对信息的需求不旺盛。与之相适应,人们的思想活动缺少独立性,更没有选择性。而在社会主义市场经济体制初步建立之后,典型报道原有的社会条件、社会环境发生了巨变。旧的体制被打破,新的体制在成长,人们的思想观念也必然发生变化,突出显现在人们思想活动的独立性、选择性、多变性、差异性明显增强上。这是因为"具体主体的多样化(包括多层次性)、主体现实利益和需要的多样化、主体现实价值关系的多样性、动态性等基本事实,决定了不同主体的社会价值理想、价值标准不可能完全统一,价值取向、价值选择不可能绝对趋同。换言之,人们的社会价值理想、价值标准和具体价值取向必然随主体不同、随主体发展状况之不同,而呈现出多向化、多维化、多层次、立体化、动态化的面貌。有多少主体就有多少种不同的文化价值观,这些文化价值观之间不可能完全重合,不可能相互代替"[1]。正如有的学者分析的那样,典型在实践的中介作用显著与否,是以社会结构的简单与复杂为前提的。在结构简单、同质性强的社会,典型报道的效果就显著;在结构复杂、同质性弱的社会,典型报道的效果就不显著[2]。这说明,社会生活和社会环境是典型报道生存和发展的前提条件,社会现实生活的巨大变迁,对典型报道产生了重大影响。而现实生活正由社会结构、社会组织形式、利益格局单一的同质性强的社会,向结构复杂、社会组织形式多样、社会利益格局多元的同质性弱的社会转变,是典型报道遭遇窘境的深层次原因。

大众文化的冲击是典型报道陷入窘境的重要原因。20世纪90年代以来,全球化浪潮汹涌澎湃,冲击着世界的每个角落。所谓全球化,通常是指当

---

① 孙伟平:《论社会核心价值观与价值观多元化》,王伟光总主编:《中国社会价值观变迁30年》,中国社会科学出版社2008年9月版,第147—148页。

② 参见吴廷俊、顾建明:《典型报道理论与毛泽东新闻思想》,《新闻与传播研究》2001年第3期,第47页。

代世界经济全球发展的过程和趋势。但是,经济总是与一定社会条件下的文化相关联的,全球化既包含经济的、科技的内容,也包含着文化的、信息的内容。外来商品无论是质量、技术,还是交易方式、贸易规则,甚至到产品的包装、质量标准等等,无不与该产品生产国的生活方式、文化方式和价值理念有着紧密的关联,无不打上文化的烙印。世界范围经济交往的过程,同时是外来文化与本土文化相互交流、融合和碰撞的过程。大众文化的应运而生,体现的正是一种在经济全球化时代形成的带有共同特征的情绪、趣味、感受和体验,是与当代大工业生产密切相关,并且以工业方式大批量生产、复制消费性文化商品的文化形式。大众文化以流行音乐、畅销小说、商业影视剧、时尚休闲报刊、服装模特、MTV 和商业广告等形态出现,以新颖、时尚、媚俗、流行的漂亮外表吸引人们的眼球,以利润最大化为赤裸裸的目的,以批量生产的方式涌向文化消费市场。这些文化产品通过媚俗和滥情迎合大众的平均情趣,以幻想、浪漫、轻柔、缠绵、古怪、离奇等情节和形式做包装,满足大众的娱乐消遣心理,具备典型的世俗性、商业性、娱乐性、快餐式的特征。在现代科技的支持下,大众文化产品更具扩张力和对市场的吞噬力。

当代大众文化在中国出现较晚,但发展迅猛。如今的文化市场基本是大众文化的天下。大众文化的发展丰富了人们的文化生活,给文化市场带来了生机和活力,同时也在影响人们的思想观念。大众文化对典型报道的影响是双重的,"一方面,它的存在和发展使典型报道传播方式更加丰富和多彩,让广大受众喜闻乐见,给典型报道发展带来了契机;另一方面,它又给典型报道带来严重的冲击,极大地削弱了它的传播效果。"①典型报道以树立榜样作为宣传报道的理性诉求,凸显的是现实生活中先进典型人物的高尚思想境界和崇高精神品质,以先进人物的事迹打动受众心灵,达到教育、引导的目的。而大众文化重视的是受众的感性刺激,不强调精神境界,不在乎文化品位,迎合受众的世俗心理和趣味,表现为适合平民、迎合大众的平庸化,提供给受众的是娱乐和消遣。典型报道既反映、维护并服务于社会主流意识形态的要求,同时,还对社会主流意识形态的建设和发展产生重要的影响。而大众文化远离主流意识形态,注重的是文化消费,强调受众的情绪、感觉、消遣和娱乐,迎

---

① 朱清河:《典型报道:理论、应用与反思》,武汉大学出版社 2006 年 11 月版,第 233 页。

合世俗和时尚,在大众的消费中赚取金钱。典型报道倡导正确的世界观、人生观、价值观,努力形成积极向上、奋发有为的价值取向,与大众文化世俗化的价值取向之间产生了巨大的反差。在大众文化的视阈中,主流意识形态被边缘化了。大众文化的扩展和蔓延,给人们带来轻松愉快,但也使人们对生活的感知停留在表面。由于大众文化远离对崇高理想的理性追求,远离主流意识形态的倡导和主张,因而,或多或少地对人们共同价值目标的追求具有消解的作用。大众文化的迅猛发展,对处于主导文化地位的典型报道产生了强大的冲击,典型报道的有效性、传播效应受到影响。

社会文化价值观的个性化、多样化是典型报道陷入窘境的直接原因。进入 21 世纪,经济的全球化、政治的多极化进一步深入,经济成分和经济利益的多元化、社会生活方式的多样化,以及社会组织形式、就业方式的多样化,促成了社会具体主体的多样化、多层次化。随之而来的多元文化带来的碰撞愈加激烈,影响着人们的思想观念和价值取向。"不同的个人更是会随着自己的信念、利益、需要、兴趣、条件、能力的不同,选择不同的社会职业,追求相应的生活样式,培养不同的兴趣和爱好,与不同的朋友交往娱乐,从而表现出自己独特、丰富的个性。"①文化价值观的这种个性化、多样化现象,是一个客观事实。在计划经济体制下,受众的文化价值观念具有浓重的政治色彩。政治体制、经济体制的高度集中和统一,作为党和政府喉舌的新闻媒体对社会生活具有重大的影响力,典型报道直接影响、决定受众的文化价值判断和取向,受众比较容易认同典型报道,认同典型报道倡导的价值理念。社会主体的多元化、多层次化,带来的是受众认知能力、自主独立意识增强,群体意识和趋同模仿意识减弱。受众的道德观念、心理需求、审美意识、价值取向等呈现多层次的结构状态,人们对媒体提供的信息增强了判断力,具有了独立思考和自我选择的意识。在这种情形下,受众对典型报道倡导的社会风尚和学习榜样的舆论引导发生了注意力的转移,对典型人物身上的崇高精神和高尚道德品质提出各种各样的看法,习惯于从自我意识的角度从中取舍和评价。部分受众道德迷失,价值观念扭曲,崇尚英雄的情结淡化。受众文化价值观的个性化、多样化的出现,是社会发展进步的结果,是对中国传统文化强调群

---

① 孙伟平:《论社会核心价值观与价值观多元化》,王伟光总主编:《中国社会价值观变迁 30 年》,中国社会科学出版社 2008 年 9 月版,第 148 页。

体、忽视个体的突破。主体意识的觉醒和显著增强,直接导致典型报道的传播效应、影响力的减弱,反映在受众接受典型报道的心理上,体现为典型报道倡导主流价值观念的共性与受众文化价值观多元化的矛盾冲突,典型报道树立的榜样与受众价值取向多元化的矛盾冲突,典型报道的舆论引导与受众逆反心理趋向的矛盾冲突。典型报道的传播效应、树立榜样的示范效应面临着前所未有的严峻挑战。

传媒结构多元、媒体操作失当是典型报道陷入窘境的主要原因。社会变革对新闻媒体产生了重大而深刻的影响,新闻媒体的结构、传播理念都发生了显著变化。"一个国家的国情——它特殊的政治、经济、文化、社会体制——构成了大众传媒的具体的生态环境,它决定着传媒制度、传媒能够达到的发展水平以及操作理念、运作模式。"①在新的历史时期,中国新闻和整个新闻事业获得历史性大发展。"截止 2006 年年底,中国有近 2000 种报纸,日发行量近 9000 万份,占世界报纸日发行量的 20%,总发行量居世界第一,成为世界报业大国;期刊 8000 多种,期发行总量也居世界首位;广播电台、电视台各有 2000 多个频道,拥有 10 亿多电视观众,成为世界广播、电视大国。至2008 年 2 月,中国网民数达 2.21 亿人,普及率超过 16%,成为互联网上'第一人口大国'。"②新闻事业的发展出现两个方面的效果:一方面,媒体的发展、传媒的多层次性,适应了时代发展的需要,满足了不同层次受众精神文化的需求;另一方面,受众面对主流媒体、都市类媒体、网络媒体的选择性增强,新兴媒体比传统媒体具有更大的吸引力,主流媒体与以往相比受到了一定程度的冷落。在媒体激烈的生态竞争中,媒体向分众化、对象化方向发展,媒体格局发生重大改变。依托主流媒体传播的典型报道在新兴媒体的冲击下,失去了往日传播效应的辉煌。主流媒体传播渠道"独霸天下"的格局被打破,受众根据个人的兴趣、爱好和价值取向自由选择自己喜欢的媒体获取信息,主流媒体原有的受众被分流了。面对媒体格局的变化,在应对社会舆论的多层次特征方面,主流媒体的舆论引导能力出现了许多的不适应,作为传统新闻宣

---

① 李良荣:《社会生态环境和中国新闻改革》,《李良荣自选集——新闻改革的探索》,复旦大学出版社 2004 年版,第 27 页。

② 邵华泽主编:《马克思主义新闻观及其在当代中国的运用和发展》,人民出版社 2009 年 1 月版,第111—112 页。有统计显示,到 2010 年上半年,中国网民数已达 4.1 亿。

传形式的典型报道出现了影响力弱化的现象。在市场激烈竞争的生态环境下,主流媒体出现了被"边缘化"的现象。主流媒体承担着引导社会舆论和保障经济生存的双重压力,为了跟上市场的变化,新闻的信息特征、信息服务功能得到进一步的强化,而政治性强、宣传色彩浓郁的典型报道受到冲击和影响。

媒体报道操作上的失当,造成了受众对典型报道的不信任、怀疑甚至反感。时代的发展进步,对新闻媒体的舆论引导功能提出了更高的要求。如果主流媒体在典型报道的操作上忽视受众接受心理的变化,依旧按照传统的惯性思维方式操作典型报道,就会对典型宣传造成损害。例如,2006 年 12 月 23 日,《农民日报》刊发了《为老百姓多做实事是人生最大的乐趣——记湖北省沙洋县县委书记黄爱国》的典型报道,报道分"铁腕治干"、"百官共廉"、"民为父母"和"各方评说"四个部分,字数近 7000 字。该文作者曾是擅长于做批评性、争议性报道的记者,他原本是想去"找茬",继续做"争议性报道",不承想在采访中却被当事人深深感动,因此破例写出他自认为挖出了"新时期焦裕禄"的典型报道。而参与报道的通讯员也认为自己做了一件"也许是可以载入史册的"工作。孰料,报道在网络上却遭遇了"口水纷纷"。在西祠胡同、天涯社区、沙洋吧、荆门网、凯迪社区等论坛,很多网民都认为该报道"太肉麻了,受不了"。有人说这是"以文媚官",一个网名为"无向羊"的天涯网友甚至讥讽道:"为何不在文尾加———黄爱国书记万岁!?"一石激起千层浪,惹人眼球的帖子引来传统媒体的关注。2007 年 2 月 9 日,《青年周末》刊登《一篇表扬报道竟致报纸遭封杀?》一文,各大媒体纷纷转载,激起强烈反响,一篇典型人物报道遭遇"滑铁卢"事件顿时成为一个议论热点①。复旦大学新闻学教授刘海贵认为,"这篇报道给人感觉是泥不够水来凑。在典型事迹的选择和挖掘上不够深入,写得太全面,又想把他写得十全十美,反而容易引起人反感"。清华大学新闻学教授刘建明认为,造成这篇报道不能感动读者的根本原因在于,目前社会有一种不好的风气,如果传媒表扬了一个人,很多人就是无来由地会反感……现在哪怕出现真实的报道,人们也会认为,这是假的。造成这种现象的根本责任不在于媒体,也不在于被报道的对象,更不在于受

---

① 靖鸣、陆先念:《新时期先进典型人物报道的出路浅探》,《新闻记者》2007 年第 4 期。

众,而在于过去假典型报道的思维惯性①。"黄爱国"典型报道遭遇尴尬的事例,是典型报道窘境的典型案例,其中与媒体典型报道观念陈旧、操作失当不无关系。

应该看到,尽管主流媒体在新的历史时期对典型报道的传播方式、报道理念、典型事迹的挖掘等方面进行了探讨和创新,积累了宝贵的经验,但是,与社会发展、受众需求相比,还存在着差距。具体表现为程式化、模式化,典型缺少个性、千人一面、千篇一律;典型材料挖掘不到位,时代精神没有得到凸显,习惯于"观点+例子"、"人物+事迹"的简单组合,图解政治理念;给典型人物贴"标签",随意拔高、以偏概全,追求典型的完美;缺少人文精神,没有人性关怀,片面烘托典型人物的悲壮,似乎非死即残才是榜样;行文缺乏生动鲜活的语言,典型人物满嘴豪言壮语,假话、空话、套话充斥全篇;报道节奏掌控欠佳、应景之作泛滥等等,媒体操作上的失当对典型报道的传播效果产生了不可忽视的负面影响。

二、典型报道研究的现状

典型报道是中国新闻报道的传统报道方式。那么,典型报道的渊源在哪里? 为什么西方新闻报道没有典型报道这种形式,而在我国却经久不息、历久弥新? 在社会环境发生巨大变迁的今天,典型报道还有没有生命力? 支撑典型报道生存和发展的深层原因是什么? 典型报道到底承担着怎样的社会功能? 等等。关于典型报道的这些问题,引起了国内专家学者浓厚的研究兴趣。

(一)分歧与争论

"相对来说,国内新闻学者对典型报道的研究探讨一直是比较活跃的。"②典型报道研究涉及的主要问题和分歧是:

关于典型报道渊源的争论

中国的典型报道起于 20 世纪 40 年代的观点,得到大部分专家学者的认

---

① 邓艳玲:《一篇表扬报道竟致报纸遭封杀?》,《青年周末》2007 年 2 月 9 日。
② 张威:《典型报道:中国当代新闻业的独特景观》,中华传媒网学术网,http://academic. mediachina. net/article. php? id = 4121。

可。然而,在中国典型报道的历史渊源问题上,理论界大抵有两种不同看法。

一种观点认为,典型报道是师承列宁的"典型宣传",其源头在于早期空想共产主义者的"典型示范",中国的典型报道是对上述传统的继承。持此种看法的代表是陈力丹(《典型报道之我见》,1987 年)。

另一种看法认为,典型报道的理论并非来源于列宁的"典型"宣传的主张,而是毛泽东的典型思想方法在新闻理论中的直接运用。"正是在毛泽东思想的指导与鼓励下,我党的新闻工作者才创造了典型报道,并使它走向繁荣"。持此种看法的代表是吴廷俊、顾建明(《典型报道理论与毛泽东思想新闻思想》,2001 年)。吴廷俊、顾建明认为,"我国的典型报道的理论并不是引借于苏联列宁,它是毛泽东的典型思想方法运用于新闻领域而直接构成的,它是毛泽东在新闻工作上的一个创造,是毛泽东思想的重要内容"。

关于典型报道命运的争论

学者陈力丹在《新闻学刊》1987 年第 1 期发表《典型报道之我见》,文章阐述了典型报道的沿革和历史演变过程,提出"典型报道的观念是文明程度不发达的社会条件下的产物,它将随着文明的发展而逐步消亡"的论点,宣告"典型报道危机"的来临。此观点一出,在新闻界引起轩然大波。不管人们对陈力丹的观点赞同与否,他的文章引起了关于典型报道命运的讨论,客观上促进了典型报道研究的深入。关于典型报道命运的争论形成三种主要观点:

一种意见是对典型报道的肯定。有学者认为,"不能因迷信的可笑而否定了信念和信仰——所谓信仰,就是对某个典型或某种主张、主义极度相信和尊敬,拿来作为自己行动的榜样或指南……绝不能因为典型报道的某些失误而否定其已经发生、正在发生、将要发生的重大作用"(张仲彩,1989 年)。"新闻离不开典型","典型报道还需要加强而不是淡化或取消"(李庆民,1989 年)。"典型报道与时代精神是具体的历史的统一","如果说典型报道观念是文明程度不发达的社会条件下的产物,那么它将随着社会文明的发展而不断得到充实、发展和完善"(刘云平,1989 年)。典型报道的理论支点应该是无产阶级新闻思想,其观念并非独立存在,"它涉及到我们对报纸的性质、任务、作用的认识"(萧体焕,1990 年)。从认识论的角度看,典型报道虽然是针对个别的,但是人们从典型报道的个别来认识一般,领悟共性,获得体验,是完全符合人类的认识规律的(刘国强、朱清河,2005 年)。"典型报道是社会主义新闻事业区别于资本主义的重要特点。"(何光,1998 年)相关研究的主要文献还包括:安岗(《论典型报道》,1982 年)着重对各时期的先进典型和反动典型作了辩证分析;吴庚振(《论新闻典型和典型报道》,1986 年)对典型的基本特性、典型报道的基本原则以及如何搞好典型报道等都作了论述;余小葡(《浅议"典型报道"中的几个问题》,1987 年)对典型的选择问题作了阐述;张芬之(《关于典型报道的讨论综述》,1988 年)对典型报道的几种观点作了概述,评价了典型报道的历史功绩并分析了其中的弊端种种;李良荣(《树立典型》,1989 年)从宣传的角度谈了树立典型的方法;刘建明(《典型报道》,1999 年)则对新闻典型的共性与个性作了辨析,强调了新闻的时代性。

另一种观点是对典型报道的基本否定。陈力丹认为,我国典型报道的历史传统遵循鲜明的主观意识,具有强烈的宣传色彩,很少有或几乎没有新闻价值;典型报道的观念是建立在单线思维基础上,靠认识简单化、因果明确、社会组织机构信仰同步化而生存的,当"经济基础、社会意识出现大的变化,典型报道的危机便来临了"。他提倡在新闻实践中"逐渐淡化典型报道"。还有人为典型报道唱起了挽歌。刘磊认为,20 世纪 90 年代后,典型报道好像又进入了一个"春天",但实际上是"虚假的繁荣",其影响与当年的雷锋、焦裕禄不可同日而语。党报在传媒格局中的日益"边缘化",也加剧了典型报道的式微,缺乏新闻性的典型报道在市场化媒体中是不会有一席之地的。尽管目前媒体的典型还在一个又一个地推出,但典型报道的没落已经呈现不可挽回的趋势。

还有一种观点主张典型报道的改进和创新。比较多的研究成果倾向肯定基础上的改进和创新。代表性的观点有:张威(《典型报道:中国当代新闻业的独特景观》,2005 年)比较全面地梳理了典型报道的渊源,分析了各历史时期典型报道的特征,认为"作为正面报道最高表现形式的典型报道是社会主义政治的产物。……随着多元时代的到来,典型报道趋于走低,其优势逐渐让位于调查性报道、热点报道等。不过,典型报道在中国远没有全面崩溃,它只是失去了在新闻报道中的统领地位。只要社会主义和资本主义还存在,只要阶级和无产阶级专政还存在,只要理想主义还存在,只要正面报道还存在,典型报道就依然会存在"。李良荣(《论典型和典型报道》,2003 年)分析了典型报道的内涵和发展的曲折历程,认为典型本身对人们规范性的榜样作用和现代化进程中人们开放型的心理文化要求产生了冲突,提出"面对新时期的新读者,传统的典型报道必须研究新问题,大胆进行改革"。汪家驷(《论典型报道》,2007年)对典型报道的选择和挖掘、文体和表现、策划和创新进行分析,认为"典型报道是一个具有永恒生命力的新闻宣传手段。如何使之常出常新,影响深远,是新闻工作者需要不懈探索的课题"。丁柏铨、徐志萍(《报纸典型人物报道的演进》,2007年)对改革开放以来的典型报道做了阶段划分,提出新时期典型报道应该注意解决的关键性问题,等等。

对典型报道命运的争论远没有结束,其研究还在不断拓展和深入之中。

关于典型报道社会功能的评析

典型报道的社会功能是研究者比较关注的问题,对此问题的探讨促进了对典型报道意义、地位的认识。典型报道从诞生之日起,就承载着服务政治、引导舆论的社会功能。秦天富(《充分发挥先进典型引导舆论的作用》,1996年)认为,用榜样的力量鼓舞人民、教育群众,能够较好地发挥媒介引导舆论的作用。孙玮(《典型报道的社会功能》,1997年)认为,典型报道"倡导党和政府的价值观念、思维方式",具有社会整合、榜样示范、时代象征的功能。在现实社会条件下,典型报道仍然具有承担这些社会功能的必要性。榜样的示范应该切合、贴近群众的需要,才能有示范的效应。温进玲(《论典型人物报道对社会的教化作用》,1997年)认为,先进典型人物的报道,对社会行为具有感染、激励、调节矫正和陶冶情操的舆论引导作用。龚鹏飞(《从今年来典型人物的宣传看舆论引导》,1997年)对宣传的典型人物进行了分析,提炼出这些典型人物的精神本质,认为这些精神本质特征体现了新闻宣传的舆论导向。还有学者对典型报道实现舆论导向所应具备的要素和遵循的原则进行了论述,认为典型选取不管如何多元,必须将社会主义核心价值体系作为引领方向(参见《典型价值取向的多元化和舆论导向的一元化》,《新闻战线》1995年第9期)。

关于典型报道的新闻务实性研究

如何使典型报道更好地体现时代精神,如何改进典型报道,增强吸引力、感染力、感召力,典型报道的出路在哪里等,是典型报道研究中的重要问题,一直备受新闻界的重视,许多研究成果也相对集中地体现在这些方面。与典型报道理论研究的层面相比,这些探索成果更注重操作层面的务实研究,具有一定的针对性和可操作性。其内容主要包括对典型报道存在问题的分析和反思、对典型报改进的思考、对典型报道成功案例的经验总结等。

上世纪80年代以来，众多学者、研究者对典型报道存在的问题进行了反思，认为随意夸大、任意拔高、追求十全十美，造成典型人物脱离群众；典型人物只有抽象的共性，没有鲜活的个性，千人一面、千篇一律，使受众对典型报道望而生厌；典型报道采访不深入，牵强附会、简单肤浅，图解政治理念，过于体现功利色彩；缺乏新闻性，缺乏鲜明的时代特征和浓厚的生活气息，损害了典型报道的影响力。针对典型报道存在的这些问题，许多研究者提出了改进和创新的意见和建议。从典型报道的选择、典型报道的形式、典型报道的价值、表现手法、情感因素的运用、报道的基本原则等多侧面、多角度进行了探讨。1998年4月，由《新闻界》杂志主办的大型"典型宣传研讨会"召开，与会者围绕"如何提升典型报道的说服力和感染力"这一问题深入展开讨论，使典型报道的新闻业务研究得到进一步延伸，相关研究成果不断涌现。

进入本世纪以来，研究者对典型报道的指导性、代表性有了进一步明确的认识，更加强调提炼典型报道的时代内涵，反映重大时代主题，唱响主旋律。典型报道的可信度、传播效果引起研究者的高度重视，对典型报道要尊重新闻规律、注重社会环境变化、满足受众多层次需求的问题有了清醒的认识，提出应该关注典型报道由"传播者为主"向"受众为主"的转变，从而使受众的地位得到凸显。

近些年来，研究者十分关注改革开放三十年以来典型报道取得的成就和积累的成功经验。有学者将新时期典型报道的演进做了阶段划分，分析各个阶段典型报道的特征，指出典型报道的变化带给人们的启示和思考。与此同时，重大典型报道的成功经验得到及时总结和归纳。2004年中宣部新闻局对许振超典型报道的总结、对任长霞典型报道的总结等，在典型报道的策划组织、传播方式、媒体协作、运作机制等许多方面，都取得突破性进展，为典型报道的改进和创新积累了成功经验，从中体现的典型报道新理念使人耳目一新。

除了新闻业务研究论文之外，近几年还出现了典型报道研究的理论专著。如：聂茂、张静的专著《典型人物报道论》(2008年)，从典型报道的理论渊源、时代意义、式微与缺失的原因、党报与都市报的典型报道之比较、海峡两岸报纸文本比较等角度,做了较全面的阐述。朱清河的专著《典型报道:理论、应用与反思》(2006 年),较全面分析了典型报道面临困境的原因,对典型报道的出路和改进提出了积极的建议和有参考价值的意见。丁迈的专著《典型报道的受众心理实证研究》(2008 年)借助心理学的理论框架,采用实证研究的方法,深入解读受众在接受典型报道时在动机、态度、行为等方面的具体表现,使典型报道的实证研究有了新的突破和创新。

从以上对典型报道研究状况的粗略整理来看,典型报道作为中国新闻界的重要报道方式,始终受到专家学者的关注。研究者对典型报道给予极大的热情,倾注了心血。随着时代的进步、典型报道新闻实践的发展,典型报道研究成果不断得到丰富,学术视野不断拓展,学术研究成果质量不断提高。相比较而言,理论研究较多集中在典型报道的渊源、典型报道的命运之争、典型报道的舆论引导功能、典型报道的受众心理分析等方面,其基础性的学术研究还显得比较薄弱,总体的理性分析框架还不很清晰,数量不多,更缺少厚重的理论研究成果。务实性研究成果比较丰富,较多集中在典型报道理念创新、存在问题分析、表现手法的改进、运作经验总结等方面,显得零乱、分散,且多居于表层。

有的学者在研究中注意到了典型报道的社会功能,并且很敏锐地发现了典型报道与社会主义核心价值体系的关系问题,提出典型报道为构建社会主义核心价值体系服务的观点,但是观点只散见于个别的论述之中,目前还没有研究者对此做比较系统、完整的阐述。

(二)社会核心价值观的视阈

2006 年 10 月 11 日,党的十六届六中全会通过的《中共中央关于构建社会主义和谐社会若干重大问题的决定》,第一次明确提出了"建设社会主义核心价值体系"这个重大命题和战略任务。《决定》指出:"建设社会主义核心价值体系,形成全民族奋发向上的精神力量和团结和睦的精神纽带。"①2007年 6 月 25 日,胡锦涛同志在中央党校省部级干部进修班发表的重要讲话中再次强调,要大力建设社会主义核心价值体系,巩固全党全国各族人民团结奋

---

① 《深入学习实践科学发展观活动领导干部学习文件选编》,中央文献出版社、党建读物出版社 2008 年 9 月版,第 242 页。

斗的共同思想基础。2007年10月15日,胡锦涛同志在党的十七大报告中指出:"建设社会主义核心价值体系,增强社会主义意识形态的吸引力和凝聚力。"①建设社会主义核心价值体系,对于巩固马克思主义指导地位,巩固中国特色社会主义共同理想,巩固全党全国各族人民团结奋斗的共同思想基础,全面推进中国特色社会主义伟大事业,具有重大现实意义和深远历史意义。

《决定》明确指出:"马克思主义指导思想,中国特色社会主义共同理想,以爱国主义为核心的民族精神和以改革创新为核心的时代精神,社会主义荣辱观,构成社会主义核心价值体系的基本内容。"②社会主义核心价值体系的提出以及四个方面内容的概括,在社会上赢得了广泛的认同。

社会核心价值观是一个国家、一个民族占主导地位的价值观念体系,是区别不同文化形态的重要标志。社会主义核心价值体系是社会主义意识形态的本质体现,反映了我国社会主义制度的本质要求,融入于经济、政治、文化、社会建设的各个方面,在所有社会价值目标中处于统摄和支配地位,为我们国家的发展、民族的进步提供了思想根基,是社会主义中国的精神旗帜。

任何一个社会共同体,都存在着占主导地位的核心价值体系。而核心价值观的生成、完善和发展是一个复杂的社会实践过程。在核心价值观构建和完善的过程中,达到对其科学化、系统化的认识,才能形成"体系"上的认识。社会主义核心价值体系概念的提出,是我们党在理论上的重大创新,表明我们党在对执政规律、社会主义建设规律和人类社会发展规律认识上的深化。核心价值体系是一个包容的体系、开放的体系、发展的体系,这个体系会随着建设有中国特色社会主义实践的发展而不断得到完善和发展。

什么是"核心价值观"?什么是"核心价值体系"?

"核心价值观"是指一个政党、国家和民族(社会共同体)的核心价值观念,它承载着共同体的理想和追求,蕴涵着共同体对世界、社会,以及经济、政治、文化、生活等一系列重大问题所持的根本看法,核心价值观强调的是价值观中的核心、主导观念。我们通常提到的社会核心价值观,就是特指社会主

---

① 《深入学习实践科学发展观活动领导干部学习文件选编》,中央文献出版社、党建读物出版社2008年9月版,第318页。

② 《深入学习实践科学发展观活动领导干部学习文件选编》,中央文献出版社、党建读物出版社2008年9月版,第242、243页。

义的核心价值观或中国特色社会主义核心价值观。

"核心价值体系",是指构成核心价值观的各个要素之间的内在结构,它强调的是核心价值体系的内在有机统一。社会主义核心价值体系就是指导思想的灵魂地位、共同理想的主体地位、民族精神和时代精神的精髓地位和道德规范的基础地位的内在结构、内在联系。社会主义核心价值体系,就是关于社会主义核心价值观的体系。

社会主义核心价值观与社会主义核心价值体系两者之间并不存在本质的区别,只是表述各有侧重而已。具体说,社会主义核心价值体系是社会主义核心价值观的基础和前提,没有社会主义核心价值体系,也就无所谓社会主义核心价值观;社会主义核心价值观是社会主义核心价值体系的进一步升华和提炼,是核心价值体系在理论上的系统化。正如有的学者所说:"社会主义核心价值体系与社会主义核心价值观,既有内在联系,又各有侧重,相互区别。社会主义核心价值体系是社会主义核心价值观的基础和前提,是社会主义核心价值观形成和发展的必要条件;社会主义核心价值观是社会主义核心价值体系的内核和最高抽象,体现社会主义的价值本质,决定社会主义核心价值体系的基本特征和基本方向,引领社会主义核心价值体系的建构。社会主义核心价值观渗透于社会主义核心价值体系之中,通过社会主义核心价值体系表现出来。"①

还有人认为:"社会主义核心价值观是社会主义核心价值体系的一部分,也是社会主义核心价值体系的内核和本质。"②

也有的人认为,"我们通常所说的'社会主义主导价值观'、'社会主义主旋律',其实就是指我国社会主义核心价值观或社会主义核心价值观体系。在这里'社会主义核心价值观体系'是指以理论化、系统化、规范化的形态出现的社会主义核心价值观的思想理论及其系统"③。可见,这里是把社会主义核心价值观与社会主义核心价值体系两个概念等同看待的。

许多学者在认识社会主义核心价值体系时,没有严格区分"价值"和"价

① 戴木才、田海舰:《论社会主义核心价值体系与核心价值观》,《中国党政干部论坛》2007年第2期,第36—39页。
② 郭祖炎:《构建中国特色社会主义核心价值观》,《甘肃日报》2008年1月16日第7版。
③ 吴倬:《关于社会主义核心价值观问题的理论思考》,《教学与研究》2008年第6期。

值观"这两个基本概念,认为社会主义核心价值体系是一个完整的"价值体系"(没看作是价值观的体系)。又如,关于社会主义核心价值体系的表述,有人主张用"富强、民主、文明、和谐"四个词来概括,还有人主张用"以人为本"四个字来概括,也有人主张用关于社会主义和谐社会的"民主法治、公平正义、诚信友爱、充满活力、安定有序、人与自然和谐相处"28 字的短语概括,还有人主张用"发展、为民、共富、和谐"等词来概括,甚至可以根据中央文件概括的四个方面内容再进一步扩展。以上提到的诸多词语,明显是价值范畴,而不是价值观。实际上,这与社会主义基本价值、社会主义核心价值层面的问题相混淆了。这表明,在深化社会主义核心价值体系研究的同时,还涉及对社会主义价值,特别是核心价值、核心价值观、社会主义核心价值观的进一步研究①。

笔者认为,社会主义核心价值观是社会主义核心价值体系的内核,是对价值体系的高度抽象和高度概括。从价值、价值观的概念含义看,社会主义核心价值体系四个方面内容的明确概括,即坚持马克思主义指导地位的思想信念观,坚持中国特色社会主义道路的共同理想观,坚持民族精神和时代精神的精神状态观和精神风貌观,以及坚持"八荣八耻"的行为规范观,都属于社会核心价值观的内容。

应该看到,社会主义核心价值观的提出,为典型报道的深入研究开拓了新的视阈:

——社会主义核心价值观作为社会主义意识形态的本质体现,是社会主义制度内在精神之魂,是我们国家和民族的精神支撑。在多样化、多层次的社会价值观中,社会主义核心价值观居于主导地位,对其他层面的价值观起统领、统摄、支配的作用。新闻观、新闻价值观等一系列新闻工作观念,作为新闻宣传报道中的价值观念、价值取向、价值评价标准,必然受社会主义核心价值观的统领、统摄和支配。由此提出的问题是,社会现实生活究竟需不需要典型报道? 典型报道这种传统的新闻报道方式经久不息的价值根源在哪里? 典型报道有着怎样的价值属性? 社会核心价值观是以怎样的方式统领、统摄和支配典型报道的价值选择和价值取向的? 也就是说,典型报道既是新

---

① 参见王勇、宋三路:《关于社会主义核心价值体系基本内涵的认识》,《政工研究动态》2008 年第 13 期,第 23—24 页。

闻宣传现象,也是构建社会核心价值观的有机组成部分。仅仅从新闻传播和政治宣传的维度来认识典型报道,就显得不够了。社会核心价值观的提出,把人们对典型报道的思考引向了深入。

——新闻宣传是社会意识形态的前沿。作为主流媒体的新闻宣传阵地,还是社会核心价值观统领的"关键机构",主流媒体生产的新闻作品是社会核心价值观"文化符号"的载体,天经地义要传播和弘扬社会主义核心价值观。那么,典型报道的意识形态属性是如何体现的? 典型报道的新闻属性与政治属性存在怎样的相互关系? 在典型报道的新闻宣传中如何把握这种关系? 从社会核心价值观的视阈来分析典型报道、提高典型报道的质量,能够更好地体现新闻宣传的时代精神,更好地弘扬主旋律,从而增强典型报道的影响力、引导力。

——在社会核心价值观的视域中,典型报道与社会主义核心价值观发生了密不可分的必然联系。正是这种联系,为典型报道提出了新要求,也为典型报道的发展开辟了广阔的发展前景。那么,典型报道在社会核心价值观的构建中有什么样的价值功能作用? 这些功能作用对人们思考典型报道的改进和创新提出了怎样的启示? 站在社会核心价值的高度来认识典型报道的改进和创新,会给人们带来更多有益的启迪。

三、本书的研究构想

尽管以往典型报道的研究取得了丰硕成果,但总的感觉是缺少坚实的理论支撑。社会主义核心价值体系的提出,为典型报道研究获得理论支撑创造了条件。这里存在理论分析的线索:

核心价值体系的结构层次。社会主义核心价值体系的内部结构分为三个层次:第一层次——是核心价值原则,以信仰、理想、奋斗目标为主要内容,体现社会主体的最高价值追求,通常以理论体系、学说做基础,以"主义"的形式来表达;第二层次就是核心价值观,是制约和影响评判、决策和行动的主导性观念,这部分内容是"主义"表达形式的具体化;第三层次是核心价值规范,表现为具体的道德行为规范,指明应该怎样做、不应该怎样做的方向和要求。因此,核心价值观在整个社会核心价值体系中处于承上启下的地位。

　　新闻舆论在社会意识形态领域中所处的位置。社会核心价值观是社会意识形态的本质体现。社会核心价值观总是由社会主流政治力量倡导,被社会共同体的绝大多数成员所认同所尊崇,并具体渗透到社会的基本制度中。它既是"实然"的,也是"应然"的,既有现实性,又具有理想性。社会核心价值观既与执政党和政府的意识形态相关,又与大众的信仰体系相关。所以,弘扬、倡导、维护、建设社会核心价值观,是社会意识形态运行的主要内容。新闻舆论处在社会意识形态领域的前沿,对社会精神生活和人们思想意识有着重大影响。新闻宣传工作在推动经济发展、引导人民思想、培育社会风尚、促进社会和谐等方面的重要作用越来越突出。

　　先进典型的新闻宣传。先进典型是时代的先锋、社会的楷模。"他们虽然事迹不同,但都以自己坚定的理想信念、崇高的精神境界和高尚的道德情操,诠释了我们社会的主流价值,对广大人民群众有着极大的激励和感召作用。"①广泛宣传各行各业、各条战线的先进典型,为人民群众树立起践行社会核心价值观的楷模,让人们学有榜样、赶有目标,既是实践社会核心价值观的客观要求,也是新时期典型报道承担的使命。深入挖掘先进典型的思想和精神,使先进典型成为鲜活的教科书,能够使社会核心价值观变得更具体、更生动,更容易为人民群众所认同、所接受。

　　上述分析形成三个理论问题:一是社会核心价值观的构建;二是新闻宣传工作的意识形态属性;三是新时期典型报道的使命和创新途径。社会核心价值观属于政治理论层面,新闻宣传属于社会实践中的一个组成部分,典型报道则是新闻报道具体方式的一种。这三条理论线索并不处在同一个理论层面上,但是又相互关联、相互影响、相互交叉、相互作用,构成了内在的体系。

　　本书研究的目的和方法是,在典型报道相关研究的基础上,从价值哲学的维度出发,采用内容分析法、文献研究法、个案举例法和比较研究法,借助价值哲学的概念,分析上述三个理论层面的相互关系,阐述典型报道的价值本质特征、价值取向以及价值功能,从理论上论述典型报道在构建社会主义核心价值观中的地位和作用,探讨典型报道改进和创新的途径。

---

　　① 中共中央宣传部:《社会主义核心价值体系学习读本》,学习出版社 2009 年 1 月版,第 64 页。

本书研究框架示意图：

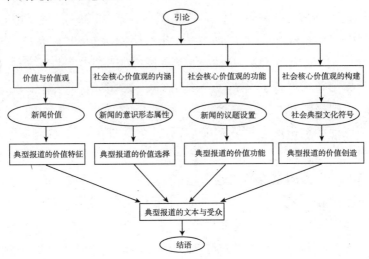

本书分为七个部分:引论、五个章节和结语。具体内容包括:

引论——典型报道的回顾篇。厘清典型报道的概念;把典型报道放在具体的历史环境中,回顾典型报道的历史演进过程,概述典型报道发展中的经验教训,展现不同历史阶段典型报道的特征;通过梳理典型报道研究中争论的焦点问题,导引出本书的研究思路和框架设计。

第一章——典型报道的价值意蕴篇。典型报道具有新闻属性和政治宣传属性的双重特征。典型报道本身既是新闻实践,也是精神价值的创造过程。典型报道的价值创造的意义就在于通过挖掘先进典型人物的思想和精神,为社会广大群众树立榜样。榜样是现实生活中的客观存在,而典型报道塑造(以文本形式作为表达的方式)的典型人物,成为满足社会主体精神需要的价值客体。社会主体的需要与典型报道创造出来的客体之间发生的关系,是一种价值关系。这种关系体现为记者与先进典型人物事实之间、典型报道作品与受众之间、新闻媒体与典型报道形式之间等多重的价值关系。对这些价值关系的看法、评价和选择,形成了关于典型报道的一系列观念,对典型报道的认识、评价和操作,都是典型报道理念产生作用的结果。所以,分析典型报道的价值意蕴,是认识典型报道在构建社会核心价值观中的地位作用的理论前提和逻辑起点。

　　第二章——典型报道的价值选择篇。尽管从新闻报道的意识形态属性角度能够说明典型报道在新闻媒体引导社会舆论中存在的必要性,但是或多或少给人以政治新闻学的空洞说教感,似乎在学理上缺少说服力。如果把典型报道理念置于社会多层次的价值观背景下就会发现,典型报道本身是社会丰富多彩的价值观的一个组成部分,而典型报道所倡导的价值观念,总离不开社会核心价值观的范畴,总会受到社会核心价值观的制约和引领。不管多层次主体呈现的价值观多么丰富、复杂,社会核心价值观总是客观存在。社会核心价值观与社会主流政治力量的倡导密不可分,主流媒体的舆论引导作用当然也在社会主流政治力量的作用之下,所以,典型报道的意识形态属性与社会核心价值观的作用以及典型报道的价值选择,就重合在一起了。这种重合对人们重新给予典型报道恰当的定位,提供了崭新的视角和有益的启示,典型报道有了明确的价值归宿。

　　第三章——典型报道的价值功能篇。社会核心价值观在表述上是抽象的,但它又是具体的,是通过人们的社会关系、生产和生活方式、行为、语言、文化产品等形式表现出来,这些形式正是社会核心价值观观念形态的承载形式。也就是说,从社会核心价值观构建的角度出发,典型报道具有社会先进文化、先进思想和主流价值观的"典型文化符号"的承载功能。构建社会核心价值观的重要内容,表现在意识形态领域中,就是执政党牢牢掌握文化的领导权和主动权,合理运用新闻规律和宣传规律,通过新闻议程设置的方式,培育和维护社会的"典型文化"符号。离开了这些"典型文化符号",社会核心价值观就失去了表现形式,就难以给广大人民群众具体生动的价值观引导,社会核心价值观的社会功能也无从发挥作用。

　　第四章——典型报道的价值创造篇。社会核心价值观的构建既是重大的战略任务,更是一项长期任务。社会核心价值观是在长期的社会实践中形成,必然会随着社会实践的发展不断得到充实、完善和丰富。社会实践活动既是社会核心价值观产生的条件,也是社会核心价值观得以丰富、完善和发展的基础。新闻实践活动是通过认知活动、传播活动来传递新闻信息、满足受众的精神需求的社会活动,新闻实践活动属于精神价值的创造活动。典型报道作为一种新闻报道方式,是认识、反映先进典型人物的新闻实践。典型报道的新闻实践活动渗透着鲜明的价值因素,表现为传播者对先进典型人物、先进典型事迹、先进典型的精神境界等内容一系列的价值评价、价值判断、价值选择,以及对典型报道价值功能的认知过程。典型报道的价值创造过程,就是典型报道新闻符号的创制过程,即通过新闻传播者的采访、制作和传播等环节,以新闻作品的形式满足受众精神需求的过程。典型报道的价值创造过程,是典型报道的价值认知过程、价值选择过程、价值创造过程和价值实现过程的统一。

第五章——典型报道的文本与受众篇。新时期执政党提出的一系列重大理论,对新闻媒体的传播理念产生了重要影响。科学发展观的重要思想、以人为本的理念,以及直接关系新闻宣传的"福祸论"、"舆论引导能力论"等,都清晰地对典型报道发出这样的信号:过去以"传播者为本位"的典型报道,应该向"受众为本位"转变,受众的主体地位需要得到充分的尊重和重视。典型报道是一种以教育和启迪大众为新闻理念,以代表性材料诉求一般性现实的宣传报道样式。受众对典型报道的态度、认可度、接受程度,不仅是典型报道传播效果的直接体现,而且是主流媒体舆论引导能力的直接体现,还是社会核心价值观统领作用的体现。体现社会核心价值观的典型报道宣传样式,是以文本的形式呈现在受众面前的,受众是典型报道文本的"宿众"。那么,从受众心理、认可度来分析典型报道的文本特性,是典型报道研究不可或缺的组成部分,也是社会核心价值观构建的出发点和落脚点。

结语——典型报道的价值展望篇。创新方式方法,使典型报道更加可亲可敬、可信可学,引导人民群众自觉把社会核心价值观的要求融入到日常工作、学习和生活之中,是典型报道在新时期肩负的使命。在构建社会核心价值观的过程中,典型报道占有十分重要的地位,具有其他形式不可替代的教育、引导和激励的社会功能。把社会核心价值观融入典型报道中,是本书研究的核心命题。

本书遇到的难点在于如何把社会核心价值观、新闻宣传、典型报道这三个处于不同层面的问题融合在一起,探索其中的内在联系,并在表述上具有清晰的逻辑条理。三个层面的理论有着各自的逻辑关系:

其一,社会核心价值观的构建问题。构建的关键是由它自身的社会功能决定的,如果它本身没有任何社会功能,再如何构建也没有意义。揭示社会核心价值观的社会功能,就要从科学理解社会核心价值观的内涵说起,而对社会核心价值观内涵的阐述,涉及到正确认识价值与价值观的内在联系。

其二,新闻宣传工作是具体的新闻实践,从事其工作的社会实践主体虽然仅仅是社会一少部分人,但是新闻宣传工作的特点决定,新闻宣传工作对社会的经济发展、社会的和谐进步等方面具有重要的影响作用,它自身有着内在的规律性。新闻宣传属于社会意识形式,具有明显的社会意识形态属性,新闻宣传工作是社会意识形态的有机组成部分。新闻宣传工作与社会核心价值观的构建有着密切的关系,对这种关系需要有正确的认识和理解,否则就很难把握新闻宣传工作的方向。因所处的地位,社会核心价值观对新闻工作发挥着引领、统摄、支配的功能。但是,在具体的新闻宣传工作中,这种引领、统摄、支配的功能表现为多种多样的形式。比如,新闻宣传是以新闻报道的形式出现的,我们的新闻报道具有新闻和政治宣传的双重属性,只不过有的新闻属性更重一些,而有的政治宣传属性更重一些,两者并不总是以并列的分量出现,但有时也表现为单一性,像天气预报、发生自然灾害这样的新闻,很难说有多少政治宣传属性(但抗灾救灾的新闻报道就有一定的政治宣传属性了)。那么,新闻双重属性的背后,是社会意识形态属性发生作用的结果。任何社会形态下的新闻报道都不能脱离该社会主流意识形态的制约和影响,甚至就是该社会意识形态直接作用的结果。所以,主流社会意识形态对新闻的影响,直接表现为"文化的领导权"、"议题设置"权。新闻宣传也正是通过这种"权力"的作用,以自己的独特地位和社会职能,对构建社会核心价值观产生影响的。

其三,典型报道。典型报道这种具体的新闻宣传方式或新闻报道形式,处于上述两个理论层面之下,通常表现为业务研究和操作层面如何具体运作。所以,研究者习惯于从新闻业务的务实研究去认识典型报道,而不习惯或较少从理论的维度去认识典型报道的原因就在这里。而本书力图把典型报道纳入到上述理论层面之中去分析,从社会核心价值观的视阈出发对其重新认识,增强典型报道问题研究的理论支撑,使典型报道的研究能够从"形而下"的认识,变为"形而上"的思考。

本书选择的思路是,以能够说明问题为目的,由社会核心价值观、新闻宣传到典型报道这样的逻辑联系,由理论层面从高到低的顺序,在理论层面上加以梳理,在论述上力图使典型报道的研究既脱离政治新闻学的空泛论述,也摆脱典型报道就事论事的表层化倾向,在增强典型报道研究的理论支撑方面力求有所创新和突破。

第一章

典型报道的价值意蕴

无论是记者采访、写作典型报道,还是受众认知、评价典型报道中的典型人物及其事迹,记者和受众头脑中共同反映的问题可以归结为"有没有报道的价值"和"报道对我(受众)有没有价值"的思考和判断——价值是问题的核心。

典型报道有价值,才有存在的必要。受众认为典型报道中的人和事对自己有价值,典型报道才算有效应。相反,典型报道也就失去了意义。对典型报道的价值问题应该给予理论上的足够关注和研究。

第一节　价值与价值观

人类关于价值的哲学意识渊远流长。随着人类理性思维的充分发展,价值的概念逐渐得到了科学的解释。正确理解价值的本质和特性,是科学理解价值观、社会核心价值观问题的起点和理论前提。

一、什么是价值

所谓"价值",是来自人类生活实践的一种理论抽象①。马克思指出:"'价值'这个普遍的概念是从人们对待满足他们需要的外界物的关系中产生的。"②哲学范畴的"价值"是指客体的存在、作用以及它们对于一定主体需要

---

① 韩震主编:《社会主义核心价值体系研究》,人民出版社 2008 年 9 月第 2 版,第 12 页。
② 《马克思恩格斯全集》第 19 卷,人民出版社 1963 年版,第 406 页。

及其发展的某种适合、接近或一致。

谈到价值,我们所说的总是某一东西的价值,同时也内在地意指着这一东西对谁而言具有价值。因此,价值既不是纯粹外在于人的客观对象,也不是完全内在于人的主观体验,而是人与对象、主体与客体之间的一种关系。与此相对应,哲学的价值概念不是一个实体范畴,而是一个关系范畴,它只有在主客体关系中才能得到科学的规定[1]。只有当主体产生了某种需要,而客体又具有能够满足这种需要的属性时,主体与客体的价值关系才能够形成,客体对主体来说才有价值。

也就是说,价值是反映客体(对象)对主体(个人、组织、共同体)的意义关系的一个基本概念[2]。事物的价值取决于主体与客体双方,是通过两者相互作用而产生的。只要人们谈论价值,就不仅要指明"何物的价值",而且要指明"对谁的价值"以及"何种价值"。价值既是主体评价客体的出发点,又是这一评价活动的结果。

汪信砚教授在论述"哲学视野中的价值"[3]时认为:

在作为客体的属性对主体需要的满足关系中,客体的属性是价值的载体,是价值的基础;没有客体的属性,价值也就无所依附,也就无所谓价值;主体的需要是价值的现实构成要素,它将客体可能的意义予以肯定并将其转化为现实的形态,没有主体需要的肯定和转化作用,也无所谓价值。所以,价值既不单纯是客体的规定,也不单纯是主体的状态,但价值却既依赖于客体又依赖于主体。

虽然主体的需要与客体的属性对价值的构成来说都是必不可少的,但是不能把双方的地位等同看待。在这里,主体的需要具有决定性的意义。一方面,主体的需要决定着客体对主体是否具有价值,亦即决定着主客体之间价值关系的形成和实现。当主体尚未产生某种需要时,客体作为客观对象并不失却其存在,客体的属性作为客观对象的属性也丝毫不会受到影响,但它们却不会对主体具有任何意义,不可能成为对主体有意义的价值客体或价值属性。另一方面,主体的需要也决定着客体对主体具有何种价值,亦即决定着

① 汪信砚:《科学:真善美的统一》(全国宣传文化系统"四个一批"人才作品文库),中华书局2009年1月版,第5页。

② 吴新文:《社会主义核心价值观》,重庆出版社2009年9月第1版,第5页。

③ 汪信砚:《科学:真善美的统一》(全国宣传文化系统"四个一批"人才作品文库),中华书局2009年1月版,第5页。

主客体之间价值关系的性质和类型。客体作为客观对象往往有着多重规定，具有多方面的属性，而它到底成为何种性质和类型的价值承担者，则取决于主体需要的性质和类型。主体多种多样的需要可以归结为两大类型，即物质需要和精神文化需要，与此相对应，主客体之间的价值关系或客体对主体的价值也就可以划分为物质价值和精神文化价值两个基本方面。

价值总是在人类具体的历史的社会实践活动中形成、发展和实现的。人类以实践的态度和实践的方式认识世界、掌握世界，实践中的主体也是社会实践的主体，主体的需要本质上就是主体社会实践活动的需要，主体的需要也是在社会实践中产生的需要，同时，这种需要只能在社会实践中得到满足。事实上，人类的社会实践，就是主体不断产生需要和需要不断得到满足的无限过程。随着人类实践的不断发展，人类的需要也日益丰富化，人类的价值世界也不断地得到扩展。

在人类文明发展史中，凝结着中国古代和西方哲人对价值问题思考、探索的优秀成果。无论是中国古代还是古希腊时代，一些圣贤先哲们对人生的目的、意义、理想以及人的行为准则的辨剖，往往内在地体现着对价值问题的独特理解。中国古代儒家的代表人物就提出了一系列基于人伦关系的价值观念，例如孔孟的"仁、义、礼、智、信"、"三纲五常"、"三纲六纪"，以及"修身、齐家、治国、平天下"等等，不仅在人们的家庭生活、社会生活和社会政治生活中起着规范、引领的作用，而且深深植根于中国人的精神文化价值观念之中，成为中国传统文化的重要组成部分，流淌在每个中国人的血脉中。"在漫长的欧洲中世纪，上帝被视为至高无上的价值创造者，上帝的全智全能被看作是一切价值的源泉，上帝的意志成为一切价值评判的根本标准。例如，圣·奥古斯丁和阿奎那曾反复训诫人们：对价值的理解必须受上帝的指引，善恶判断应该遵从上帝的意志。文艺复兴运动以后，西方近代的思想家又将价值问题的重心从天国的上帝还复于世俗的人事。例如，休谟认为，价值判断应该以人性为基础，以功利之用为准绳，而自由、平等、幸福等等是至高无上的价值；康德在区分真、善、美三种价值的基础上强调，价值评价应该遵循他所谓的'实践理性'的绝对命令；功利主义者边沁则指出，价值以其在促进最大多数人的最大幸福中的有用性的计算结果为基础，等等。"①

---

① 汪信砚：《科学：真善美的统一》（全国宣传文化系统"四个一批"人才作品文库），中华书局2009年1月版，第4页。

虽说人类关于价值的哲学意识渊远流长,但是,直到 19 世纪末和 20 世纪初,价值概念才真正得到深入、系统的阐释,导致价值哲学或价值学的产生,标志人类哲学思维在价值问题探讨上的重大进步。"但是,在价值的含义、基础及性质等一系列重要问题的理解上,现代西方各派价值论仍是众说纷纭、各执一词。新康德主义的弗莱堡学派的实用主义从主观唯心主义的前提出发,认为'对象'有无价值,主要在于关于它的假定能否引起快感;价值是一种'有效'的观念,或是一种主观满意、主观兴趣和占有情感的表达。与此相反,新托马斯主义和人格主义等学派则坚持客观唯心主义的立场,认为价值是一种超现实的规范或理想,或者是人格统一体的对照经验,而上帝就是最高和最真实意义上的人格或人格统一体。因此,现代西方形形色色的价值理论充斥着种种唯心主义的迷雾。"①

马克思主义哲学认为,价值是客体属性对主体需要的满足关系,价值不仅依赖于主体和客体,而且还受制于主体能动地改造客体的历史性的社会实践活动。价值源自客体,决定于主体,价值形成、发展和实现于人类历史性的社会实践过程之中。价值是客观性、主体性、实践性和历史性的内在统一。也就是说,马克思主义哲学从客体的属性与主体需要之间的满足关系来解释价值概念,对什么是价值的问题做出了科学的回答,由此才真正揭示出了价值的本质。

价值作为"客体对主体的意义"或"主体的尺度",是人的本性、目的、利益、需要和能力的反映和表现。价值依主体的不同而不同,依主体的变化而变化。也就是说,在客体属性的存在与主体的需要构成的相互关系中,判断价值的标准和取向的尺度,并不仅仅依赖于主体需要和客体属性本身,而且决定于具体的主体。主体需要的多样性,使价值具有多样性;主体需要的多层次性,使价值具有多维性;主体利益的需要、能力的变化,使价值具有时效性。正因为如此,"理解价值的这种主体性或相对性,是我们理解和把握价值问题,包括社会核心价值共识的关键和突破口"②。

① 汪信砚:《科学:真善美的统一》(全国宣传文化系统"四个一批"人才作品文库),中华书局 2009 年 1 月版,第 4、5 页。
② 孙伟平:《论社会核心价值观与价值观多元化》,王伟光总主编:《中国社会价值观变迁 30 年》,中国社会科学出版社 2008 年 9 月版,第 138 页。

二、什么是价值观

与价值形影不离的是评价。要认识价值，就离不开对价值的判断、评价和选择，由此价值观便诞生了。只有正确认识价值观，才能全面、准确地理解社会核心价值观。

什么是"价值观"呢？所谓价值观，是一种价值意识，是客体的属性对人的需要满足之间关系的反映，是人们对物质世界和精神世界的判断、评价、取向和选择。价值的本质是事物（客体）的属性对人（主体）的需要的满足关系，其中还包括人和人创造的东西对人的需要的满足关系，价值观就是人对这些关系总的、根本的看法。

价值观作为带有一定倾向性的价值意识，是对社会关系的是非判断和选择。"在较深的层次上，价值观就是人生处世哲学，包括社会的理想信念、人生的目的和意义、评价他人行为的准则、社会规范意识等。在较表面的层次上，价值观则表现为对各种事物和现象利弊、得失、善恶、真假、美丑的权衡。"[1]"价值观反映主体的根本地位、需要、利益以及主体实现自己利益和需要的能力、活动方式等方面的主观特征，是以'信什么、要什么、坚持追求什么和实现什么'的方式存在的人的精神目标系统，是人和社会精神文化系统中深层的、相对稳定而起主导作用的部分。具体来说，就是人们关于好坏、得失、善恶、美丑等价值的立场、看法、态度和选择。"[2]价值观体现了主体关于客体的效用和意义的基本观点，回答的是"看重什么、追求什么、珍视什么、信仰什么"这样的问题。

价值观是一切观念的核心。"从宏观的角度说，价值观念是社会文化体系的核心。从微观的角度说，价值观念是人的世界观的组成部分。从根源的角度说，它同主体的需要、理想联系在一起，它受制于人们的经济地位、社会地位。在阶级社会中，它受制于人们的阶级地位，特别受制于人的政治思想意识。由于不同阶级的经济地位、社会地位、阶级地位不同，特别是政治思想意识需要、理想不同，因而他们的价值观念也不同。从功能上说，它为人们的

---

① 秦刚：《社会主义思想道德建设》（全国宣传文化系统"四个一批"人才作品文库），中华书局 2009 年 1 月版，第 109、110 页。

② 韩震主编：《社会主义核心价值体系研究》，人民出版社 2008 年 9 月第 2 版，第 13 页。

正当行为提供充分的理由。"①与世界观和人生观相比,价值观与人的实践、行为、选择、决策具有更直接的关系。

人们的观念是多种多样的,存在于日常生活实践的方方面面,渗透于人们的为人处世、待人接物、学习工作、娱乐休闲等活动中。价值观作为人们对事物是否具有价值、具有什么价值的根本看法,成为人们区分好与坏、真与假、美与丑、善与恶、神圣与世俗等问题的判断尺度,也是人们关于应该做什么和不应该做什么的行为规范。广而论之,一个民族、国家、宗教团体、群体等,都有自己一定的精神、规范、原则和标准,从而构成了一定社会意识系统的有机组成部分,形成了一系列的政治价值观念、经济价值观念、文化价值观念、道德价值观念和宗教价值观念等等,这些观念的理论化、系统化,便构成了一定社会的价值观体系。"价值观不与政治、法律、艺术、道德、科学这些社会意识形式相并列,而是渗透在一切社会意识的形式之中,是通过各种社会意识形式表现出来的更深层的带有一定倾向性的价值意识。"②任何社会中的个体,都是文化积淀的产物,都有自己认同、接受和遵循的价值观;任何一个社会群体,都有社会群体成员认同的价值观和共同追求的理想目标。价值观是社会文化体系的核心,是一种文化体系区别于另外一种文化体系的标志。

中国价值哲学思想与西方价值思想相比,存在着明显的差别。正是这种差别的存在,造就了人类两种不同类型的文化体系。"以古希腊理性主义和希伯来精神为深层意蕴的西方文化和以中国哲学天人合一观念为核心的东方文化是人类历史上形成的两大异域文化体系。两种异质的文化传统缔造了两种不同类型的文明,同时也衍生了两种不同的价值哲学思想体系。"③这种价值哲学体系的差异,通过各种文化形态表现出来,相互之间发生矛盾和冲突。

价值观作为一种观念形态的东西,是与一定的历史、文化和社会经济环境联系在一起的。"人们按照自己的物质生产率建立相应的社会关系,正是这些人又按照自己的社会关系创造了相应的原理、观念、范畴。所以,这些观念、范畴也同它们所表现的关系一样,不是永恒的。它们是历史的、暂时的产

① 袁贵仁:《价值观的理论与实践》,北京师范大学出版社 2006 年 4 月版,第 130 页。
② 韩震主编:《社会主义核心价值体系研究》,人民出版社 2008 年 9 月第 2 版,第 12 页。
③ 阮青:《价值哲学》,中央党校出版社 2004 年 8 月版,第 14 页。

物。"①只要我们"始终站在现实历史的基础上,不是从观念出发来解释实践,而是从物质实践出发来解释观念的形成"②,那么,作为一定社会意识系统的有机组成部分,任何人、任何组织和社会集团的价值观,都是建构在一定的社会经济基础之上的,都是特定的历史条件下社会存在、人们的社会实践和社会生活的时代产物和表现。正如马克思、恩格斯指出的那样:"思想、观念、意识的生产最初是直接与人们的物质活动,与人们的物质交往,与现实生活的语言交织在一起的……意识在任何时候都只能是被意识到了的存在,而人们的存在就是他们的现实生活过程。"③"观念的东西不外是移入人的头脑并在人的头脑中改造过的物质的东西而已。"④

综上所述,价值概念体现的是客体对主体的意义,价值的基本特征是它的主体性、客观性、多样性、时效性、相对性。价值观体现的是主体对价值的基本看法和基本观点,表现为主体对价值目标、价值取向、价值标准、价值创造、价值实现等持有的基本看法和基本观点。价值观一旦形成,便构成社会文化的核心,在价值原则、价值规范和价值理想等方面发挥重要的社会功能。在阶级存在的社会里,不仅价值观始终具有时代性、民族性和阶级性,而且在一定的条件下表现得尤为突出和鲜明。

价值与价值观之间,既相互联系又相互区别。"其联系主要表现为:价值是价值观的基础,没有价值也就无所谓价值观。其区别主要表现为:价值是客观的东西,价值观是主观的、观念层面的东西,它与意识形态具有本质的一致性;价值一般用高度凝练的词组、短语来表示,价值观一般是一个判断、一个命题、一条准则,是目标、理想、观念等;价值的作用方向是由客体到主体,价值观的作用方向是由主体到客体。"⑤

人类的一切活动既是社会实践的过程,也是认识事物的过程,还可以看作是价值活动的过程——人类的价值判断、价值选择、价值追求和价值实现的活动过程。典型报道活动本身既是新闻实践,也是价值发现、价值评价、价

---

① 《马克思恩格斯选集》第1卷,人民出版社1995年版,第142页。
② 《马克思恩格斯选集》第1卷,人民出版社1995年版,第92页。
③ 《马克思恩格斯选集》第1卷,人民出版社1995年版,第72页。
④ 《马克思恩格斯选集》第2卷,人民出版社1995年版,第112页。
⑤ 王勇、宋三路:《关于社会主义核心价值体系基本内涵的认识》,《政工研究动态》2008年第13期,第23—24页。

值选择和价值创造的过程。典型报道的意义就在于通过挖掘先进典型人物的思想和精神,为社会广大群众树立榜样。分析典型报道的价值意蕴,是认识典型报道在构建社会核心价值观中的地位、作用的理论前提和逻辑起点。

第二节 新闻价值与新闻价值观

典型报道是新闻报道的一种形式,是通过新闻媒体向社会传播先进典型人物的事迹、弘扬先进典型人物高尚道德情操的新闻传播方式。毫无疑问,典型报道又是一种宣传,具有很强的政治宣传色彩。那么,典型报道到底是属于新闻,还是属于宣传?

一、新闻与宣传的区别和联系

社会实践是新闻的源头、源泉和动力。新闻活动作为探寻新近发生的事实的信息的活动,是人类社会实践的组成部分。新闻实践"凝聚着人类文明进步的成果。人类社会实践形成的物质文明、政治文明、精神文明促进了新闻和新闻事业的发展"[①]。换句话说,新闻起源于、发展于人类社会实践,决定了它在本质上是一种社会意识形式,新闻在本质特征上是对新近发生的事实的信息的及时传播,在实践方式上是传播最新重要信息的社会实践活动。

新闻因其重要、影响广泛,历来被赋予多重属性和意义。有人统计,关于新闻的定义就达 200 多种。"新闻"一词有时是指狭义的新闻,有时是指广义的新闻,有时是指新闻工作,有时是指新闻事业。在这里,"新闻"是指对新近发生的事实的信息的及时传播。

新闻是一种社会意识形式。社会存在决定社会意识,社会意识是社会存在的反映。新闻作为一种"被意识到了的存在"[②],它与哲学社会科学、文学艺术一样,是社会存在的反映,对客观存在、社会存在、客观事实具有依赖性。新闻意识与哲学意识、道德意识、宗教意识、科学意识、人文意识、审美意识等一样,都是平等并列的精神意识。新闻作品与哲学、道德、宗教、科学、文学、

---

① 邵华泽主编:《马克思主义新闻观及其在当代中国的运用和发展》,人民出版社 2009 年 1 月版,第 110 页。

② 《马克思恩格斯选集》第 1 卷,人民出版社 1995 年版,第 72 页。

美术、影视剧等作品一样,同属于精神产品。新闻是存在的反映,是事实存在、社会存在等"存在"的"被(新闻)意识"。新闻以存在为第一性,以社会存在为基础,集中到一点就是以客观事实为第一性,以社会新近发生的客观事实为基础。所谓客观事实,就是客观存在的事物、现象和事件本身,具有实在性、确定性、可认知性、可陈述性等特点,既包括自然事实,也包括社会事实,既包括整体的社会现象,也包括众多的单个的具体的事实。新闻报道就是对新近发生的客观事实的报道。新近发生的客观事实决定新闻的内容、决定新闻的命运。

同时,新闻具有相对于社会存在的独立性。恩格斯指出:"任何意识形态一经产生,就同现有的观念材料相结合而发展起来,并对这些材料作进一步的加工;不然,它就不是意识形态了,就是说,它就不是把思想当作独立地发展的、仅仅服从自身规律的独立存在的东西来对待了。"[①]就是说,新闻是一种社会意识形式,它被社会存在所决定,是社会存在的反映,但是新闻是又相对社会存在"独立地发展的",是有"自身规律的独立存在的东西"。新闻与哲学社会科学、文学艺术、科学技术等一直保持着非常密切的联系,但是新闻又与哲学社会科学、文学艺术、科学技术等相区别,是其他社会意识形式所不能替代的。新闻在历史长河中有自己的发展历史,具有自身的规律性。忽视新闻相对社会存在的独立性,也就了忽视新闻的独特功能和价值。所以,认识新闻的本质特征、新闻发展规律、新闻运作规律、新闻价值规律、新闻传播规律、新闻的受众接受规律等,就是尊重新闻相对社会存在的独立性的题中应有之义,也是分析新闻与宣传的区别和联系的理论依据。

什么是宣传呢?"宣传"在中国传统中的含义就是传布、宣布、传达的意思。"宣传"概念的现代含义是在戊戌变法和辛亥革命时期由日本传入中国的。《中国大百科全书》新闻出版卷对"宣传"的定义是:"运用各种符号传播一定的观念以影响人们的思想和行动的社会行为。"陈力丹认为,"宣传是运用各种符号传播一定的观点,以影响和引导人们的态度、控制人们行为的一种社会性传播活动"。童兵认为,"宣传是引导人们改变思想观念的一种社会行为"。可见,宣传是一种社会性活动或社会传播行为;宣传的目的是改变人

[①] 《马克思恩格斯选集》第4卷,人民出版社1995年版,第254页。

们的态度、引导人们的思想和行动的社会行为;具有代表性的文化符号是宣传必不可少的载体和依托。社会现实生活存在着大量的宣传行为,不仅宣传的形式多种多样(通过新闻传播达到宣传的目的是宣传形式之一),而且宣传的内容极为丰富,其中包括思想理论宣传、道德宣传、法律宣传、文艺宣传、科普宣传、广告宣传、街头宣传、标语口号宣传、形象大使宣传等等,还可以分为对内(国内)宣传和对外(国外)宣传等等。

"宣传"(propaganda)一词原来是拉丁文,它源于罗马教皇格雷戈里十五世(1621—1623 在位)创办的"信仰宣传圣教会"(拉丁文是"Sacra Congregatio de Propaganda Fide")。该机构的宗旨是维护天主教的统治地位,对抗宗教改革运动。直到第一次世界大战爆发前,"宣传"这个拉丁文词汇并不是大众用语。"宣传"最初是一个中性词,是"植物的嫁接或观点的移植"的意思。18 世纪以后,特别是法国大革命和美国独立战争时期,宣传这个概念得到了普及,而且运用得很广泛。然而,宣传被赋予"不诚实、操纵性的和洗脑子的"[1]含义是在第一次世界大战之后。大战期间,宣传一词的流行和战时宣传的种种实践,引起了欧美不同领域学者的强烈关注。美国学者哈罗德·德怀特·拉斯韦尔以第一次世界大战为背景撰写的博士论文《世界大战中的宣传技巧》,被后来的人们称之为"美国传播学的开山之作"。拉斯韦尔对宣传下的定义是:"它仅仅指通过重要的符号,或者更具体但不那么准确地说,就是通过故事、谣言、报道、图片以及社会传播的其他形式,来控制意见。"一战中的宣传战,完全可以称得上是军事战线以外的另外一条战线,正如拉斯韦尔所说:"过去的这次大战的历史表明,现代战争必须在三个战线展开:军事战线、经济战线和宣传战线。经济战线封锁扼制敌人,宣传迷惑敌人,军事力量给予敌人最后一击。"[2]拉斯韦尔正是把宣传作为现代战争的重要组成部分来看待的。

西方人对"宣传"有一种恐惧心理。第一次世界大战中,美国的宣传机构——公共信息委员会的负责人克里尔出版了《我们如何为美国做广告》,夸

---

① [美]E. M. 罗杰斯:《传播学史——一种传记式方法》,殷晓蓉译,上海译文出版社 2005 年 7 月版,第 211 页。

② [美]哈罗德·D. 拉斯韦尔:《世界大战中的宣传技巧》,张洁、田青译,中国人民大学出版社 2003 年 10 月第 1 版,第 173 页。

大其词地宣扬了该委员会的成果,增加了人们对宣传的恐惧。一战后,英美的记者、历史学家、作家、哲学家等开始回顾和反思大战中的宣传运动。一些参与战时宣传的新闻记者写文章揭露战时宣传歪曲事实、夸大敌方暴行等内幕,并对自己丧失新闻职业道德的行为表示忏悔。于是,西方公众对"宣传"一词开始有了坏语境①。"大多数人倾向于把宣传视为新兴的对美国的强大威胁,认为它在俘获人们的思想和心灵(通常出于邪恶目的)方面具有无穷的力量,它对于传统的民主理论也提出了挑战。总而言之,'宣传成为战后醒悟时期的一个替罪羊'。"②二战初期,德国法西斯成立由戈培尔主管的"人民教育与宣传部",开始全面控制德国人民的精神生活。德国法西斯在"宣传"掩护下实施灭绝人性的战争暴行,加深了西方人对"宣传"的憎恶。尽管二战期间英美都设立政府的宣传机构,但西方人认为官方对信息的垄断,与"信息的自由流通是社会得以存在的基础"的理念背道而驰,战时的宣传虽属必要,但毕竟是一种"邪恶"。在西方人眼里,宣传常与党派私利、偏见等相联系,与客观性格格不入。他们习惯于将事实与观点分开而推崇客观性,绝口不谈宣传。其实,宣传的形式有很多种,通过传播新闻达到宣传的目的只是宣传形式中的一种。应该看到,即使是所谓的最客观的新闻报道,也都或多或少地带有宣传的成分,这是不容否认的事实。

20 世纪被人们称为宣传的世纪。自第一次世界大战掀起前所未有的宣传浪潮之后,冷战与热战、意识形态之战、商战此起彼伏,宣传与新闻传播难分彼此,逐渐发展成国家"软实力"的一种具体表现形态。在当代,西方社会对外发动现代战争、输出西方价值观念时,惯用"宣传"手段。美国阿尔文·托夫勒夫妇所著《未来的战争》一书,就描述了六种战争时期的宣传手段,即控诉暴行、夸大利害关系、将对手妖魔化、非人化、非友即敌(二元化)、将自己的言行合法化(神的旨意)、全盘否定对方(反宣传)的"六种扭转人们思想的扳手";美国国防部的《美军心理战作战条例》提出"三色宣传",即公开表明信息来源的"白色宣传"、不说明消息来源的"灰色宣传"、故意隐蔽真实消息

---

① 展江、田青:译者序《美国传播学的开山之作》,[美]哈罗德·拉斯韦尔:《世界大战中的宣传技巧》,张洁、田青译,展江校,中国人民大学出版社 2003 年 10 月第 1 版,第 9 页。

② 展江、田青:译者序《美国传播学的开山之作》,[美]哈罗德·拉斯韦尔:《世界大战中的宣传技巧》,张洁、田青译,展江校,中国人民大学出版社 2003 年 10 月第 1 版,第 9 页。

来源的"黑色宣传"。可见,无论是战争时期,还是和平时期,宣传战线都是20世纪意识形态领域激烈斗争、激烈争夺的阵地。

宣传本身是中性的,可以为不同的目的服务。宣传的目的与手段的关系,涉及到宣传的道德伦理。而有关大众传播效果的看法、认识恰恰来自对宣传的各种分析。对战争中人们态度的研究、传播效果的研究,正是得益于对宣传的研究。上世纪二三十年代,有关大众传播具有强大效果的"子弹论"、"魔弹论"、"皮下注射论"的说法比较盛行,在很大程度上就是受一战宣传效果影响的启发而得出的结论。西方社会赋予了"宣传"贬义的含义之后,对宣传的研究逐渐被传播研究的体系所取代了,"最终,'宣传研究'这个承载着价值的术语让位于'传播研究'"①。

陈力丹教授在《新闻理论十讲》这部著作中开宗明义地提出了"新闻≠宣传"的论断。他认为,新闻是对客观发生的事实的叙述,新闻传播的目的是让对方了解一件事,只要对方知道了这件事,新闻传播的任务就完成了,新闻传播的归宿是"受者晓其事";宣传是运用各种符号传播一定的观点,以影响和引导人们的态度、控制人们行为的一种社会性传播活动,宣传行为的重心不是接受者,而是传播者,它的归宿是"传者扬其理"②。

展江、田青对新闻与宣传做过如下的区别③:

第一,新闻重信息,宣传重符号。新闻的内容一定要有实在的东西,能够消除人们对某个事情的疑虑或者给人新鲜的信息内容;宣传则不一定,宣传注重的是符号。符号对于特定的反映者而言具有特殊意义的信号(刺激物),宣传通过一定的符号给当事者(受众)留下深刻的印象,宣传的目的就达到了。

第二,新闻重新意,宣传重重复。新闻的内容不是一般的信息,而是新鲜的和异常的信息;新闻忌讳"老生常谈",期待的是"朝朝新世界"。宣传的内容则多数是重复说过的内容,重复既是为了加深印象,也是为了创造一种舆论氛围,长期讲,反复讲,就成为一种社会意识的导向了。

---

① [美]E. M. 罗杰斯:《传播学史——一种传记式方法》,殷晓蓉译,上海译文出版社2005年7月版,第223页。

② 陈力丹:《新闻理论十讲》,复旦大学出版社2008年6月版,第1页。

③ 展江、田青:译者序《美国传播学的开山之作》,[美]哈罗德·拉斯韦尔《世界大战中的宣传技巧》,张洁、田青译,展江校,中国人民大学出版社2003年版,第12—13页。

第三，新闻重事实，宣传重观点。新闻传播的内容一定是具体的事实，而不是概念、政治术语，更不是空话、套话。如果没有事实，即使冠以"新闻"的标志，也不会被受众当作新闻来接受。宣传所传播的总是某种观念，通常表现为一定的理论、纲领、方针、道德主张等，即便传播某事实，这些事实也是为观念服务的；宣传的目的性是十分鲜明的，宣传就是要向受众灌输一种观念、一种对某种事物的认同，久而久之，宣传主体的主张、观点也会随之在人们头脑中落地生根。

第四，新闻重时效，宣传重时机。新闻必须在有效的时间内把一个事实的信息传播出去，失去了"时效"这个点，再重要的新闻也就失去了价值。宣传则不同，宣传需要选择、等待一个恰当的、能产生最大宣传效果的机会才发布某些信息。

第五，新闻重沟通，宣传重影响。新闻传播以环境变化的最新信息来沟通整个社会，新闻传播的目的就是及时传播新近发生的客观事实的信息，受众接受了信息，新闻传播的任务就完成了。宣传则是注重观点、观念对受众的态度、思想、行为的影响和制约作用，要达到教育人、塑造人、引导人的目的。

第六，新闻重平衡，宣传重倾斜。新闻总是注重以全面、翔实的最新事实来勾勒世界的完整图画。一定社会的统治者必然是社会主导价值观的宣传者。宣传则带有明显的倾向性，在操作上会有意识突出某一点或某一方面，或弱化某一点或某方面。

新闻与宣传两者具有紧密的联系。一般说来，新闻通常是与传播联系在一起的，新闻研究常被称之为"新闻传播"研究，其学科被称为"新闻传播学"。但是，"新闻"又常常与"宣传"结合在一起，被人们称之为"新闻宣传"。新闻与宣传存在紧密的联系，就像一对孪生兄弟。新闻属于社会意识形式，新闻事业具有意识形态属性，有的新闻作品会体现出明显的意识形态意义。在许多情况下，新闻实践活动本身还是一种政治活动，是社会政治文明发展和实现程度的体现。实现社会传播是新闻与宣传的共同属性和共同要求，正是这种共性使新闻与宣传结合在一起了。新闻有传达、宣布、引导的功能，宣传需要有一定的新闻性，强调增强宣传效果；新闻借鉴宣传的策划、议题设置、舆论引导等方式，宣传通过新闻事实传播立场、观点和思想。所以，新闻宣传的实质就是"用事实说话"。而所谓"用事实说话",就是用新闻事实说宣传者想说的话,传播宣传者的意识形态主张。新闻中有宣传,宣传中有新闻,是新闻宣传的基本属性。

认识和理解"新闻"与"宣传"的区别和联系,有助于对典型报道特殊属性的分析,有助于探求典型报道之所以在中国的土壤中经久不衰的真正原因。由于典型报道重在树立先进典型,弘扬社会主流价值观念,用来影响人们的态度和行为,所以,典型报道一般被看作是新闻宣传,而不是单独被看作是"新闻"或"纯新闻"。也就是说,典型报道不是"纯粹"的新闻传播现象,而是新闻传播与宣传传播相结合的产物。在典型报道的诞生之日起,其自身就带有这种"新闻宣传"的特质了。直到今日,典型报道的这种"新闻宣传"的特质依然清晰地存在。尤其值得关注的是,片面强调典型报道的宣传属性,典型报道就会走向僵化、模式化,缺少鲜活的要素,失去感召力和影响力;片面强调典型报道的新闻属性,典型报道就迷失了方向,失去了灵魂。魏巍的《谁是最可爱的人》、穆青等的《县委书记的榜样——焦裕禄》、郭超人的《训水记》等新闻作品,既是新闻名篇,也是宣传佳作,还是新闻宣传的代表作。那种以种种借口把新闻与宣传割裂开的认识在道理上说不通,在实践上更行不通。

二、新闻价值与新闻价值观及评析

新闻活动是一项实践性很强的工作。从本质上说是一种社会实践活动,是一门"实践的科学"、"实践的艺术"。

新闻是对新近发生的事实的信息的及时传播。可是,新近发生的事实不一定都是新闻。换句话说,社会现实生活中每时每刻发生的事实层出不穷,但并不是所有新近发生的事实都能成为典型报道的对象。具体的新闻报道总是实践探索、经验积累的结果,是依靠新闻自身特有的一系列方法、理念作为支撑的。什么样的事实的信息值得作为新闻传播,什么样的事实则不能成为新闻,其中蕴涵着对客观事实的主观判定。而新闻价值就是新闻背后起着重要判定作用的尺度和衡量标准之一。尽管新闻从业人员都对新闻价值的存在有一种基本的认同,但是,对新闻价值概念内涵却存在着多种多样的理解。

1. 新闻价值

什么是新闻价值呢？"一件事实所具有的足以构成新闻的特殊因素（对媒体来说是可以实现交换价值的对事实的选择标准，对读者来说是使用价值）叫新闻价值。"[①]在新闻传播者看来，新闻价值是从满足接受者享用新闻信息效用的目的出发，选择事实予以报道的职业衡量标准。在市场经济条件下，最大限度地满足读者的需要，媒体可以获得最大限度的交换价值和宣传效果。在接受者看来，新闻价值是一种即时性信息效用。它满足接受者对外部事物的好奇心、兴趣、认同感的需要，或有助于接受者对利益相关问题（物质利益、情感需要、安全需要等等）做出决策。陈力丹教授对新闻价值的界定是明晰的，是与新闻实践的具体活动相吻合的。他对新闻价值十要素的概括，也有助于人们对新闻价值的理解，这十个要素是[②]：1. 事实发生的概率越小，便越有新闻价值；2. 事实或状态的不确定性越大，减少不确定性的事实或信息，便越具有新闻价值；3. 事实的发生与受众的利益越相关，越具有新闻价值；4. 事实的影响力越大，影响面越广，越能立即产生影响力，这三个条件同时出现，便越具有新闻价值；5. 事实与接受者的心理距离越近（兴趣、生活地域、性别、年龄、教育程度和专业、经济收入、民族或种族或宗教的心理距离），便越具有新闻价值；6. 越是著名人物，其身上发生的事实，越具有新闻价值；越是著名地点，那里发生的事实，也越容易引起受众的关注；7. 凡是含有冲突的事实，多少都有新闻价值；冲突越大，越具有新闻价值；8. 越能表现人的情感的事实（悲欢离合），便越具有新闻价值；9. 越具有心理替代性的故事性事实（各种成功者、英雄母题、撒旦母题、大团圆母题等等），越具有新闻价值；10. 事实在比较中带有的反差越大，越具有新闻价值。有人把新闻价值要素概括为时新性、重要性、显著性、接近性、趣味性；也有人概括为及时性、冲击性、显赫性、接近性、冲突性、异常性、当下性、必要性等等，这些都是对新闻价值要素的归纳和总结。

新闻价值表现的是对新近发生的事实（包括观点事实）的一种价值判断。哲学视野中的价值是客体属性对主体需要的满足关系。价值源自客体，决定于主体，价值形成、发展和实现于人类历史性的社会实践过程之中。也就是

---

① 陈力丹：《新闻理论十讲》，复旦大学出版社 2008 年 6 月版，第 35 页。

② 陈力丹：《新闻理论十讲》，复旦大学出版社 2008 年 6 月版，第 35—45 页。

说,事实是客观的,人们对新近发生的事实的价值判断却是主观的。对某一件事,不同环境条件的人会有截然不同的判断和取舍。传播者与受众之间存在一种信息上的位差,传播者拥有大量的新近发生的事实的信息,受众感兴趣、想知道却又不知道、不晓得,于是,便产生了这样一种关系:

传播者 A——(信息 X)——接受者 B

即传播者 A 传播的信息 X 是新闻价值的客体,X 以新闻报道(文字、图片等)的形式承载着新闻价值,对信息产生需求的受众 B 是新闻价值评价、选择的主体,X 从 A 至 B,B 接受了,对 B 来说 X 就具有了新闻价值。传播者的"已知"与受众的"未知"的共同认可,即无论对 A 还是对 B,X 都可能、可以、应该作为新近发生的事实的信息,这是新闻价值理念得以产生的前提条件。受众的"未知"在获得传播者的信息时转变为"已知",新闻价值得到了实现。传播者的"可知、能知、应知"与受众的"想知、愿知、须知"的判断重合在一起,才能谈得上新闻价值。所以,新闻价值表达的是一种相互关系。

新闻价值表现的是一种社会实用意义的社会关系。对新闻从业人员来说,社会生活中某人(或群体、社会整体)、某事(现象、事实、观念等)是否可以作为新闻报道的素材,这种关系或这种评价直接影响着新闻从业人员对新近发生的事实的信息的选择和取舍。

新闻价值始终是传播者与受众之间的一种关系,是一种需要与满足需要的关系,新闻价值使传播者(媒体、新闻从业人员)与受众之间达成一种共同的"默契"。新闻传播者从满足受众对信息的需要的目的出发,从职业责任、职业衡量标准角度,选择新近发生的事实的信息及时传播出去。

追求新闻价值是新闻传播者的职业习惯和职业自觉,新闻价值意识是职业新闻从业人员必备的专业素质。而受众往往从兴趣、爱好、满足需要出发,从媒体获取对自身有用的信息,如股票行情、房价涨跌、文化娱乐、餐饮时尚等实用性信息,如果获取的信息能够满足受众的需要,受众就认为新闻有价值,相反,受众会认为没有新闻价值或新闻价值不大。追求新闻价值是媒体的职责。使传播的新闻信息对受众具有某种效用,满足受众对信息的需要,是新闻传播的目的。新闻媒体传播的信息对受众没有效用,这样的信息就没有新闻价值,没有新闻价值的东西,受众是不会接受的。

其次,通过传播有价值的信息获得经济利益是媒体的另一个目的。在信息传播手段发达的当代社会,媒体的作用越来越突出,影响力也越来越大,媒体的赢利功能也得到了充分体现。在计划经济体制下,新闻媒体没有经营的目的和理念,只有单一的新闻宣传功能。随着改革的深入,市场经济体制下的新闻媒体承载着新闻宣传和经济赢利的双重职能,新闻传播已经不是唯一的目的了。通俗地说,市场经济体制下的新闻媒体可以利用传播有新闻价值的信息获利,新闻价值从一定程度上演变成了一种赚钱的手段。

再次,媒体新闻从业人员的管理者、领导者的职业素质、业务素质以及个人的偏好,对新闻价值理念也产生这样或那样的影响。所以,新闻价值涵盖了新闻传媒与受众、新闻从业人员与社会生活实践、媒体内部的管理者与新闻从业人员等等多重的社会关系。

新闻价值表现的是一种文化价值观。新闻价值与新闻实践活动相联系,是指导新闻实践或对新闻实践发生重要影响作用的观念,但是,它又不是孤立的、绝对的、封闭性的观念。一定的观念总是社会环境下的产物,新闻价值观念也不例外。

上世纪的五六十年代,人们对新闻价值持一种回避态度。原因很清楚,在政治高度统一、经济高度集中的体制下,新闻规律被有意识地忽略了。在政治运动接连不断、极"左"思潮泛滥的年代里,尤其在"中苏论战"的背景下,社会意识形态被置于特殊的地位,由此形成的政治高压,使新闻媒体成为简单的政治工具,谈论新闻价值自然成为一种离经叛道的行为。

其实,如果把新闻价值观念放在社会实践活动中来观察,并作为一种社会文化价值观来对待,就会发现,对新闻价值的认识同样是特定的历史条件下的时代产物和表现,是"被意识到了的存在",同样"不外是移入人的头脑并在人的头脑中改造过的物质的东西而已"。新闻价值观必然受到社会政治、经济、文化等方面各种因素的制约和影响。所以说,不能把新闻价值绝对化、抽象化,不能以强调新闻价值为由,排斥社会政治、经济、文化等历史条件因素对新闻价值认识的制约和影响作用。脱离一定的社会历史环境,或脱离社会实践的决定性基础作用去片面地理解和强调新闻价值,难免会走进唯心主义、形而上学的死胡同,对新闻实践和新闻事业的发展不会有任何积极的意义。

新闻价值是新闻本质特征的价值体现。新闻价值必然涉及事实、新闻选择、受众三个方面,缺一不可。其一,关于事实。社会生活千变万化,新近发生的事实层出不穷,只有"足以构成新闻的特殊因素"的事实,才是新闻事实。其二,关于新闻选择。新闻选择体现的是一种价值选择,新闻从业人员遵从新闻职业的衡量标准选择新闻,注重事实的引人瞩目,接受者从满足需要出发选择新闻,传播者与接受者对新闻选择达成一种内在的、持续的共同"默契",这种所谓的"默契"就是传播者与接受者的共同认可。没有传受双方认同的"默契",就谈不上新闻价值。其三,关于受众。受众从"享用新闻信息效用"的角度接受新闻,与传播者形成了"生产"与"消费"、"供应"与"需求"的关系,只有受众接受的新闻信息,才能实现新闻价值。

新闻价值是一种社会价值。新闻报道与社会现实生活发生深刻而紧密的联系,深入挖掘新闻事实的意义,把受众未知、应知、能知、欲知的信息展现出来,才能体现新闻价值。新闻价值不是新闻媒体的自我标榜、自我欣赏,而是社会生活实践的反映。接受者根据实践经验,对新闻价值进行判定、评价,检验新闻价值的标准最终归结为社会实践活动。深刻认识新闻价值,有助于对新闻本质特征的把握,也有助于提高新闻媒体的核心竞争力,有助于更好地发挥媒体的社会功能。同时,新闻价值越来越成为分析新闻媒体现状、判断媒体能否生存与发展、有无发展前景的衡量尺度。

因此,新闻价值可以被看作是新闻事实满足社会需求的特殊要素的总和。新闻传播者向接受者提供有新闻价值的新闻,是新闻传媒首要的职责。认识新闻价值的意义在于,承认新闻价值是一种客观存在,新闻价值包含在客观事实之中,而新闻传播者的职责就是根据新闻构成要素的要求,先于接受者发现这种价值,并通过新闻技术手段(写作、编辑、出版等)制作成新闻作品传递给接受者。在新闻传播过程中,传播者以公开的或隐蔽的方式向接受者传递着对某些事实的判断、意见和价值取向,使接受者在接受新闻事实的同时,自觉或不自觉地接受传播者对事实的判断、意见和价值取向,新闻价值在新闻传播中得到实现,从而使新闻报道这种"物质的力量"转化为巨大的"精神力量"。

典型报道作为新闻报道形式的一种,毫无疑问,同样包含着新闻价值,具备新闻价值要素的基本要求。先进典型人物的精神风貌、典型报道所弘扬的主流价值观,凝聚在典型人物发生的新闻事实中。典型报道在新闻传播中被受众所接受的过程,就是传播者的判断、倾向性意见和价值取向被传播的过程。典型报道的新闻价值特征越明显、越突出,受众接受起来就越自然,典型报道传播的价值实现得就越大。所以,新闻传播本身就是价值判断、价值选择的显示,新闻价值实现的过程,首先是新闻价值观的表达过程。

2. 新闻价值观及评析

世界每时每刻发生的事实丰富多彩。新闻传播者在用新闻价值构成要素来衡量新闻报道时,必然反映出新闻传播者对事实的判断和取舍,受众在接受新闻信息时也有这样或那样的衡量准则。

在新近发生的浩如烟海的事实中,总有一些事实或多或少地包含新闻价值构成的要素。新闻传播者根据长期的社会实践体验和积累的专业经验,逐渐形成了对新闻价值判断、取舍的倾向性意见,成为相对稳定的新闻价值观。

所谓新闻价值观,就是指新闻主体判断新闻价值的主观准则、倾向性看法和意见。新闻价值观作为带有一定倾向性的价值意识,在深层次上,是作为最高价值追求的理想、信念、信仰在新闻传播中的表达和体现;在表层上,表现为新闻传播者的个人或群体对新闻稿件质量高低、新闻传播效果好坏、新闻报道得失、新闻的社会影响等具体问题的立场、看法、态度和选择。梅尔文·门彻说:"一位记者或主编应如何判断什么事件是如此不同寻常,什么信息是如此必要,以至于公众应该知道? 新闻记者总结出一些指导原则来回答这些问题,称其为新闻价值观。"[1]"从根本上说,新闻价值观是人们在新闻实践中形成的一系列基本价值准则、价值取向、价值理想等在新闻价值追求中的体现和反映,是人们总体价值观的重要组成部分。"[2]新闻价值观首先是新闻工作者判断新闻价值的主观标准,虽然在一定程度上受到个人因素的影响,但它不是由新闻从业人员的个体或群体单方面条件所决定的,而是受一定社会条件下的政治、经济、文化等因素影响和制约的结果。

从价值哲学的角度看,新闻价值观体现的是新闻主体关于新闻客体(新闻事实、新闻文本)的新闻价值效用和意义的基本观点和看法。社会实践中的主体——传播者主体和接受者,面对新闻客体(新闻事实、新闻文本)同样是新闻主体,对新闻价值判断的倾向性意见和看法却有很大的差异。新闻传

---

① [美]梅尔文·门彻:《新闻报道与写作》,展江主译,华夏出版社 2003 年 8 月版,第 79 页。
② 姚劲松:《新闻价值观与发展观的关系分析》,《新闻界》2009 年第 6 期,第 47—49 页。

播过程分为新闻事实从社会实践活动中来、新闻从业人员的搜集和新闻媒体的传播、受众对新闻信息的接受(包括选择、使用)三个阶段。新闻事实以及经过新闻从业人员加工后形成的新闻作品的文本,是承载新闻价值的新闻客体。在新闻信息的搜集、整理、加工阶段,新闻媒体和新闻工作者是新闻第一主体。在新闻信息传播到受众阶段,受众面对新闻事实、新闻文本,是第二主体。新闻事实的发生是客观真实的,第一主体由认识客观事实形成的新闻报道,是对社会实践活动客观真实的反映。第一主体传播者在选择事实的过程中始终受到新闻价值理想、新闻价值准则、新闻价值追求的制约和影响,最终把自己的价值取向和价值判断渗透、凝聚、包含在所传播的新闻作品中。传播什么、不传播什么,是传播者价值取向的表现,对新闻传播具有决定性作用;但是,接受什么、不接受什么是受传者的价值取向,对新闻价值的实现、媒介能否实现社会教化功能起决定性的作用。所以,新闻信息的传播过程,就是新闻传播者价值观和价值判断的表达过程,是一个社会价值观的传递过程,实际上是社会价值观教化、同化过程。对新闻信息的受众来说,受众认识新闻客体、把握新闻客体的认同过程,就是媒介实现社会教化功能、实现社会价值观传递的过程。

新闻价值观是新闻传播观念的核心,对具体的新闻传播活动起着支配和调节的作用。新闻价值观作为判断新闻价值的立场、态度和倾向性看法,本身就是一种价值选择。新闻传播者依据新闻价值观选择新闻事实、判断新闻信息的价值,从而使新闻价值观贯穿于新闻事实的采集、制作、传播的全过程。新闻传播选择新闻信息、挖掘信息、传播信息,使传播的内容被赋予了明确的或隐蔽的价值取向,以持久反复、潜移默化的传播方式引导受众的价值认同。受众依据传播者提供的新闻信息了解现实、认识现实,新闻传播对受众的价值取向产生影响。媒体的传播功能决定了新闻传播是社会价值观传播的重要渠道,是社会核心价值观构建的重要途径。新闻传播对受众价值取向的影响如何、传播效果如何,传播者传递的价值观能在多大程度上赢得受众的认同,以及在构建社会核心价值观中发挥怎样的作用,都在一定程度上取决于新闻价值观的实践效果,需要新闻实践来检验。

新闻价值观受社会主流价值观的统领、支配,又以新闻传播的培养、涵化的功能塑造,构建着社会主流价值观。新闻价值观,是价值观"大家族"的成员,受到其他价值观的影响。新闻价值观反映的是社会主体对新闻信息的需要和满足的关系,是社会新闻实践活动方面的价值意识。一定社会的政治、经济、文化等因素,对新闻价值观产生制约和影响,新闻价值观只能是一定社会条件下的"媒体生态环境"的产物。其他同等层面的价值观如科学价值观、道德价值观、审美价值观等都与新闻价值观相区别,同时又影响着新闻价值观。新闻价值观是社会意识形态中的价值意识,直接受到社会意识形态性质、结构模式、社会功能的影响,受社会主流价值观的统领、支配。同时,新闻价值观对社会意识形态也具有影响作用。由于新闻传播是在新闻价值观主导下完成的,同时又具有价值观的传播功能,那么,新闻价值观实际上发挥了营造社会舆论环境的功能作用,通过营造社会舆论环境,影响、塑造并构建着社会价值观。媒介新闻信息传递价值观,影响人们对社会现实的认识和理解,影响社会价值观,塑造、构建主流价值观和社会核心价值观。在新闻价值观与社会主流价值观取向一致的情况下,新闻传播以议题设置、新闻策划等方式,在整合价值观念、凝聚精神力量、引导社会文化、树立道德典范等方面,维护、培养、塑造、构建着社会主流价值观。

从新闻价值观与社会主流价值观的关系中不难发现,我国主流新闻媒体关于典型报道的传统理念,是党和政府调控下的新闻传播历史文化积淀的结果,是社会主义新闻价值观的有机组成部分,是我国社会意识形态性质、结构模式、社会功能发生作用的结果。在中国特色社会主义新闻价值观的主导下,典型报道能够被主流新闻媒体所传承、发扬,不仅是历史发展的必然,而且是现实的迫切需要。从价值哲学的角度来说,典型报道是一种新闻报道方式,其中十分凸显地传达着传播者的新闻价值理念,明确地向受众直接传递社会主流的价值观念。典型报道作为新闻文本,是受众认识、接受的新闻客体。典型报道具有新闻客体的价值属性,包含着的传播价值(新闻价值、宣传价值、舆论引导价值、道德示范价值、社会文化价值等)具有社会价值功能。正是典型报道具有的价值功能,才使得典型报道在构建社会核心价值观中具有不可替代的作用。

认识新闻价值观需要澄清一种模糊观念:西方媒体没有典型报道这种形式,似乎是因为西方媒体注重以新闻的客观性为准则,因而摈弃了新闻传播中具有浓郁价值观意味的典型报道。言外之意,中国媒体的典型报道只是宣传,与公认的新闻报道的客观性、新闻价值观相背离。其实,这是一种错觉。新闻价值观的差异,是中国新闻媒体与西方媒体存在差异的集中体现。社会制度不同、意识形态不同,新闻价值观必然存在差异,这一点不用过多论述。西方媒体以尊重新闻的客观性、追求新闻价值作自我标榜,而不采用典型报道的形式,并不是西方的新闻报道就没有意识形态的倾向,就不传播价值取向和价值观了。表面看,西方媒体的新闻价值观强调,新闻从业者通过客观性与超然的追求使个体的自主权正当化,试图借助客观性、忽视新闻事实的价值意蕴和拒绝意识形态,将有意识的价值摈弃在新闻报道之外。但实际上,新闻传播过程就是价值观的传递过程,也是媒体的社会价值观培养、"涵化"、塑造、构建功能的实现过程。任何社会制度下的媒体都是如此,概莫能外。美国社会学者赫伯特·甘斯(Herbert J. Gans)分析了美国新闻传播中的"客观性、价值、意识形态"之间的关系,承认美国的新闻从业人员在新闻报道中存在"价值摈弃(力图在专业实践中将价值排除在外)"和"价值卷入(有关国家和社会的偏向性的论述)"的现象,他认为:"新闻从业者力图客观,但是无论是他们还是任何其他人,最终都不可能离开价值行事。"[1]"最频繁地、最有规律地进入新闻中的价值乃是恒久价值(民族优越感、利他的民主、负责任的资本主义、小城镇的田园主义、个人主义、温和主义、社会秩序及国家领导权——引者注)。如前所论,它们被无意识地纳入进来,因为它们就内嵌于重要性判断之中;因此,它们与客观性并不冲突——实际上,正是它们使得客观性成为可能。"[2]他所说的"恒久价值"其实就是国家的意识形态,就是西方的社会核心价值观。我国新闻媒体的典型报道形式,是新闻传播形式之一,在坚持新闻事实的客观真实前提下,从社会生活中发现典型先进人物可歌可泣的事迹,挖掘其中的时代精神和民族精神,以新闻叙述的方式向社会传播,在新闻传播过程中实现价值观传递的社会功能,影响、塑造和培育社会核心价值观的形成。

因此,典型报道与新闻价值、新闻价值观并不存在背离的问题。问题的

---

① [美]赫伯特·甘斯:《什么在决定新闻》,石琳、李红涛译,北京大学出版社 2009 年 9 月版,第 49 页。

② [美]赫伯特·甘斯:《什么在决定新闻》,石琳、李红涛译,北京大学出版社 2009 年 9 月版,第 251 页。

核心在于,新闻传播不是要不要传递价值观,而是传递什么样的价值观和如何有效传递价值观。如何使社会核心价值观自然而然地纳入、"内嵌"到典型报道的新闻事实的选择、判断中来,正是中国特色社会主义新闻价值观需要解决的问题。正确对待典型报道,分析典型报道的价值属性,理所当然是中国特色社会主义新闻价值观的有机组成部分。

第三节　典型报道的价值属性

典型报道之所以存在,就因为它有价值。否则,它就没有存在的必要了。社会生活是丰富多彩的,被人们赋予"价值"的对象也是五花八门的。那么,典型报道的价值是什么? 典型报道的价值是如何形成的?

一、典型报道的价值形成

价值哲学对价值的分类说法不一。根据价值存在的不同形态,有人分为物质价值、精神价值和人的价值,也有的分为自然价值、社会价值和人的价值等等。典型报道是一种新闻报道形式,是以新闻作品(文字、图片、图像、声音、电视专题片等)形式出现的,它总是新闻工作者脑力劳动的成果。所以,典型报道是一种文化产品,是属于精神活动的成果。典型报道是用来满足人们的精神生活需要的文化产品。所以,典型报道的价值属于精神价值,或者说是一种(与自然价值相对应的)社会价值。

什么是精神价值呢? "精神价值是指客体与人的精神文化需要之间的效用关系,具体表现为客体以其精神内容丰富主体的精神世界,提高主体的精神品味,拓展主体的精神境界,活跃主体的精神生活。"[1]从形态上看,精神价值相对物质价值而言,它不是满足人们的物质需要,而是满足人们的精神需要。从价值实现的形式上看,物质价值随着人们需要的满足会有耗费或被消耗掉,而精神存在于物质的载体(纸张、碟片、磁带等)中,在人们满足精神需要的过程中,精神价值被人们"吸收"、"消费"了,而精神价值的物质载体依然存在。从价值的创造上看,物质价值的创造需要耗费物质资源,精神价值

---

① 阮青:《价值哲学》,中央党校出版社 2004 年 8 月,第 203 页。

的创造主要是一种精神活动。典型报道的价值属于精神价值,它既是精神活动的结果,也是满足社会实践主体精神需要的精神产品。

价值哲学认为,价值是指客体的属性与满足主体需要的效用关系,客体的属性是价值得以形成的客观条件,主体需要是价值形成的基础。主体是社会的主体,主体需要就是社会实践中的人的需要。需要是人的本性。马克思曾说过:"我们的需要和享受是由社会产生的;因此,我们在衡量需要和享受时是以社会为尺度,而不是以满足它们的物品为尺度的。"①马克思、恩格斯认为,人首先是自然存在物,生存需要是人的第一需要,"人们为了能够'创造历史',必须能够生活。但是为了生活,首先就需要吃喝住穿以及其他一些东西。因此第一个历史活动就是生产满足这些需要的资料,即生产物质生活本身……"②人还是社会性的动物,具有相互交往的需要,马克思、恩格斯指出:"一开始就表明了人们之间是有物质联系的。这种联系是由需要和生产方式决定的,它和人本身有同样长久的历史……"③"由于他们的需要即他们的本性,以及他们求得满足的方式,把他们联系起来(两性关系、交换、分工),所以他们必然要发生相互关系。"④从这些经典论述中可以看到,"需要"是人的本性,人的需要具有社会性,人的需要是人的实践活动的内在动因。

1. 典型报道的价值源于主体的需要

笼统地说,典型报道价值的主体是指具有思维能力并运用一定物质和精神手段去认识和改造世界的人,根据社会分工,主体是工人、农民、知识分子、工商业者等等,还可以根据社会结构分为个体主体、群体主体和人类主体。典型报道的传播主体和受众主体,是典型报道价值的共同主体。典型报道的传播主体和受众主体,都是新闻活动的主体,都是社会主体的构成部分。典型报道的传播者和受众,都是具有一定认识能力和社会实践能力的人,具有一定的理想、信仰、信念和情感,都是社会实践中的处于一定经济地位的利益主体。在新闻活动中,都具有积极的、主动的创造性。传播主体的新闻创造活动集中体现在对典型报道的新闻事实的发现、选择和新闻文本的创制上,

---

① 《马克思恩格斯选集》第1卷,人民出版社1995年版,第350页。
② 《马克思恩格斯选集》第1卷,人民出版社1995年版,第79页。
③ 《马克思恩格斯选集》第1卷,人民出版社1995年版,第81页。
④ 《马克思恩格斯全集》第3卷,人民出版社1960年版,第514页。

受众主体的新闻创造活动则集中体现在对典型报道新闻文本的解读、接受活动中,体现在参与、反馈、监督报道事实的真假等方面。传播主体和受众主体都受到新闻客体——新闻事实或新闻文本的制约,都必须以尊重新闻客体的客观属性为前提,都受到传播环境和接受环境的制约。

共同主体对典型报道的需要是一种新闻需要。"人的需要是人对其生存、享受和发展的客观条件的依赖和需求,它反映的是人在现实生活中的匮乏状态,可以理解为人反映现实的一种特殊形式,积极行动的内在动因。"[①]人的需要根据不同的角度有多种划分,如自然需要和社会需要;个体需要、群体需要和社会主体需要;生活需要、劳动需要、知识需要、交往需要、信息需要等等。美国心理学家马斯洛把人的需要分为五个不断上升的层级:生理需要→安全需要→社交需要→心理需要→自我实现需要,或概括为"生存需要、享受需要和发展需要"。"在人的需要结构中,新闻需要是一种普遍需要。"[②]马克思曾说过,报纸是工人的必要生活资料。新闻需要是人类生存与发展中对新闻信息需求的产物。共同主体的新闻需要是一种精神需要,是多样性、多层次性精神需要中的一种。这种新闻需要是与社会的经济、政治、文化和传播技术等多种因素相关联的需要。典型报道传播先进典型人物的事迹,揭示典型人物先进事迹蕴涵的时代精神和民族精神,为社会树立道德楷模和榜样,是共同主体新闻需要的一个有机组成部分。

从总体上说,共同主体对典型报道的需要,是对社会实践中新近发生的事实的信息需要,通过信息的获取,达到满足认知上的精神需要。正如英国学者托马斯·卡莱尔所说:"人们需要的不是美丽动听的寓言和讨人完美的想象,而是要知道:对这个世界应该抱有什么信念,人生应该奔向何方,在人们奇妙的生命中,什么是希望,什么是忧虑,什么应该做,什么不该做。"[③]典型报道是一种新闻报道方式,受众接受典型报道的内容,解读新闻文本并认同典型报道的价值观、理念,并转化为自己的行为规范,这是一个复杂的过程。因受众个体的差异,典型报道产生的效应也不尽相同。但是,传播主体与受

---

① 袁贵仁:《价值学引论》,北京师范大学出版社 1991 年 8 月版,第 51 页。

② 杨保军:《新闻理论教程》,中国人民大学出版社 2005 年 3 月版,第 64 页。

③ 〔英〕托马斯·卡莱尔:《论英雄、英雄崇拜和历史上的英雄业绩》,周祖达译,商务印书馆 2005 年 3 月版,第 6 页。

众主体对典型报道的需要,是典型报道价值形成的基础,是典型报道这种新闻报道形式长期存在的根本原因。共同主体对典型报道的新闻需要是典型报道生存、发展的原动力。

那么,共同主体对典型报道的新闻需要是如何体现的呢? 作为新闻活动的主体——传播主体和受众主体,可以归结为共同主体。杨保军在《新闻理论教程》中把新闻主体进一步划分为:① 作为新闻传播者的传播主体(本位主体);② 作为新闻收受者的受众主体(后位主体);③ 作为控制新闻传播活动的控制主体(高位主体);④ 作为新闻信息拥有者和提供者的新闻源主体①。这种划分为分析新闻主体对典型报道的新闻需要提供了方便。

高位主体对典型报道的需要。高位主体是典型报道传播的主导者、决策者。高位主体是指新闻资产的所有者、经营者和管理者。对主流媒体来说,高位主体是新闻宣传的领导机构、管理部门。典型报道从诞生之日起,就始终在新闻传播的高位主体的调控下运作。高位主体从全局出发,掌控典型报道的审定、把关,以及调控典型报道的时机和节奏。高位主体代表着占统治地位的、主流的意识形态,对典型报道这种报道方式倍加推崇。换句话说,新闻主管部门从国家利益、民族利益着眼,从广大人民群众的根本利益出发,积极主张把典型报道作为引导舆论、弘扬主旋律的重要报道方式,是推进中国特色社会主义伟大实践的需要,是增强社会主义意识形态的吸引力和凝聚力的需要。

本位主体对典型报道的需要。本位主体是典型报道新闻制作质量的主要责任者、新闻报道的操作者。本位主体主要从传播新闻信息的功能出发产生新闻报道的需要。尤其是主流媒体,只要是定位在主流媒体上,就会从坚持社会效益第一位的角度出发,把集中体现社会主流意识、反映主旋律、符合主流意识形态的典型报道放在重要的地位倍加重视。本位主体是典型报道的主要生产者。穆青说过,"讴歌我们的时代和人民",就通俗、形象地表达了本位主体对典型报道的需要。

后位主体对典型报道的需要。相对典型报道传播主体"前在"的位置,受众主体出现在典型报道传播阶段"后半程"的位置,决定典型报道价值的实

---

① 参见杨保军:《新闻传受主体》,《新闻理论教程》,中国人民大学出版社 2005 年 3 月版,第 62—85 页。

现。受众主体的需要是决定典型报道获得生存、发展的终极动力。受众主体是典型报道价值得以最终实现的主体基础。典型报道由传播主体完成生产的"前半程",到了受众的接受阶段的"后半程",才完整地形成了新闻传播的过程,才形成了典型报道传播的全过程。正因为有受众主体的参与,才使典型报道的价值得以最终实现。传播主体与受众主体共同完成了创造典型报道价值的过程。典型报道的受众可以涵盖社会各阶层、各个群体的所有成员。根据不同情况,受众主体还可以划分为不同的类型,如单一型和复合型、现实型和潜在型、目标型和边缘型等等。丁迈在《典型报道的受众心理实证研究》中,分析了受众接触正面典型报道的动机(需要产生动机,动机付诸行动,从而产生使用与满足的过程)认为,"受众接触正面典型报道的动机主要有两个,一个是现实关注动机,一个是主动学习动机"[①]。许多受众接触典型报道都是在"看其他新闻的过程中接触到的",虽然不是主动性的接触,但是从中反映出受众希望通过获取现实信息,把握社会生活的脉动。有的受众表示希望通过典型报道"看到一些高尚的东西,来增强我对国家的信心",这就是一种十分珍贵的主动性需要。当然,受众的精神需要和心理需要是复杂的,也是多层面的和不断变化的。其中,受众获取所处社会环境的信息,从而寻找关于自身生存、发展可借鉴的信息资源,总是一种普遍的需要。

社会主体的实践需要,是典型报道长期存在的真正原因。对典型报道的需要来说,无论是高位主体的需要,还是本位主体的需要,还是后位主体的需要,集中到一点,就是建设中国特色社会主义伟大实践的需要。伟大的时代需要伟大的精神,而伟大的精神正是从实践中产生的。反映这样的精神,讴歌这样的时代,是实践的呼唤,是新闻宣传工作承担的神圣使命。而典型报道正是以讴歌时代精神为主题的报道形式,对典型报道的需要正是社会实践主体多种需要结构中的有机组成部分。如果不清醒地认识到这一点,那么,典型报道的存在与发展问题,也就成了主观臆想。当然,对典型报道需要的程度分析,应该通过深入细致的实证研究才能得到准确的答案。从新闻宣传实际运作的方式来看,对典型报道的需要程度存在着高位主体→本位主体→后位主体这样依次递减的现实。而后位主体的需要,才是对典型报道具有决定性意义的需要,才是典

---

① 丁迈:《典型报道的受众心理实证研究》,中国传媒大学出版社 2008 年 8 月版,第 128 页。

型报道价值实现的决定性因素。因而,了解后位主体的需要、满足后位主体的需要,是典型报道改进、创新路径的着眼点和出发点。

2.典型报道的属性是价值生成的条件

所谓典型报道的属性,即典型报道作为客体具有的能够满足受众需要的特定结构或功能。典型报道是一种精神产品,它的价值属性蕴涵在所报道的新近发生的事实的信息之中。典型报道到底从哪些方面能够满足社会主体的精神需要呢?

典型报道为时代发展确立航标。典型报道是通过新闻媒体传播的新闻报道方式。典型报道的内容常常报道的是不平凡的事件和不平凡的人物。由新闻宣传的理念决定,典型报道所涉及的新闻事件和先进人物,基本上与社会主流价值观(社会核心价值观)相契合,能够反映当下社会的发展脉络。受众主体在满足对社会发展的信息需求中,自然而然地接触到典型报道,从中了解社会发生的重大事件和舆论关注的重点人物,掌握社会未来的发展方向。典型报道在内容上、思想性上,具有鲜明的指向,往往是针对社会的热点和焦点问题,以典型事例或先进典型人物的事迹对社会倾向或社会思潮做出的正面回应,因而,典型报道体现的时代气息就比其他报道更浓烈,也更鲜明①。穆青曾说:"全国解放后,我国人民群众(工农兵和知识分子中的先进人物是他们的代表)在革命和建设实践中的伟大创造作用,他们的精神境界、思想风貌,就是他们作为国家、社会主人翁那种历史主动性的最本质的表现。这种精神和思想,应该成为人物通讯的基本的主题。""他们的优秀品质,集中了我们共产党人的特质,熔铸了我们民族精神的精华,他们是中国人民的脊梁。"②在改革开放和社会主义现代化建设中涌现出来的孔繁森、牛玉儒、任长霞、王顺友、包起帆、袁隆平等先进典型人物,他们虽然岗位不同,个人的事迹不同,但是都体现出坚定的理想信念,忠于祖国、热爱人民的根本立场,淡泊名利、无私奉献的高尚情操,他们用自己的言行和崇高品德,诠释了时代精神和社会主流价值观。先进典型人物还是各个领域的杰出代表,他们在本职工

---

① 需要说明的是,时代主题是客观存在,典型报道仅仅是对时代主题能动的反映,而不是对时代主题的杜撰和创造。新闻意识只是社会意识的一种,典型报道只能是作为新闻意识的形式来反映社会存在,而不能是相反。否则,就背离了历史唯物主义的基本观点。

② 穆青:《新闻散论》,新华出版社1996年9月版,第173页。

作中敢于创新、敢于突破并取得显著业绩,往往是所在领域的"领跑者"、"开拓者",因而被誉为"时代先锋"。所谓时代先锋,就是走在时代发展前列的人,先进典型人物的精神风貌和思想境界是时代精神的体现。弘扬这种精神和思想,始终是典型报道的主题。

典型报道为思想进步提供先导。新闻是一种社会意识形式,典型报道是新闻报道形式之一。新闻以传播新近发生的事实的信息为主要特征,其中必然包含对社会新思想、新观念的反映与评价。与一般的新闻报道不同,典型报道不仅以先进典型人物的客观事实为依据,而且鲜明地表达出倡导什么样的思想理念、反对什么样的思想理念的价值选择倾向。典型报道以报道正面先进典型人物的事迹为主,能够敏锐地发现和捕捉到先进典型人物身上最本质的思想核心,或突出或隐约地通过先进人物事迹的故事性叙述表达出来。比如,上世纪70年代末,穆青等在《人民日报》发表了《为了周总理的嘱托》的人物通讯,描写农民科学家吴吉昌在"文化大革命"中的遭遇。报道的结尾处大胆地写上了这样的一段话:"历史翻开了新的一页,像吴吉昌这样的遭遇,连同产生它的时代背景,都一去不复返了……"在冤假错案堆积如山、"文革"还没有得到彻底否定的情况下,这样的呼声和表达在社会上引起了强烈反响和共鸣,后来被称为"最早公开发表的对'文化大革命'持否定态度的人物通讯"①。穆青后来回忆说,"人物通讯的这种作用,要求我们不能把它简单地写成一部'好人好事录'。因此,能否高瞻远瞩地提炼出能够反映时代特征的主题,并且从这个高度来表现人物的革命精神和思想风貌,就成为决定人物通讯成败、优劣的关键"②。典型报道以叙述先进典型人物的事迹为主要内容,其中包含大量的信息,而典型人物事迹蕴涵的思想观念、价值取向,一直是典型报道关注的核心内容。比如,2006年11月1日,《人民日报》第10版推出对天津港(集团)有限公司煤码头公司一队队长孔祥瑞的典型报道。孔祥瑞从一位原本只有初中文化的工人,靠着边干边学,成长为生产一线的"蓝领专家",由他主持的技术创新项目达到180多项,为企业节约增效过亿元。该报道实际揭示的思想内涵,用孔祥瑞用自己的话来表达就是:"干一行,爱

---

① 穆青:《〈为了周总理的嘱托〉发表前后》,《当代名记者与代表作》第一册,工人出版社1989年4月版,第18页。

② 穆青:《新闻散论》,新华出版社1996年9月版,第174页。

一行，学一行，钻一行，一个人仅有工作热情还不够，必须要有知识，做知识型员工是我的追求。"典型报道所倡导的思想理念就是——知识工人有力量，这正反映出时代发展的新需要、新理念。诸如罗东元、包起帆、许振超、陈刚毅等等典型人物，都属于知识工人有力量的杰出代表。新时期的典型报道涉及各个领域、各个战线、各个层次涌现出的先进典型人物，如果把这些典型人物置于市场经济、社会价值观多元的大背景下，典型报道所倡导的世界观、人生观、价值观、权力观、利益观、荣辱观、享乐观等，都通过对典型人物的真实、感人的事迹叙述得到揭示、肯定和赞扬。典型报道倡导社会主流价值观，体现较强的思想性、政治性，而常被人们看作是社会主导意识的"晴雨表"、社会主流价值观的"风向标"。

典型报道为社会群体树立榜样。恩格斯曾说："在社会历史领域内进行活动的，是具有意识的、经过思虑或凭激情行动的、追求某种目的的人；任何事情的发生都不是没有自觉的意图，没有预期的目的的。"[1]人的社会活动是有意识、有目的的活动，对各种目标的追求，使社会成员产生对实现目标有帮助的信息需要。典型报道作为新闻传播的形式之一，报道各领域成功者的故事性事实，反映他们的人生经历、内心情感世界，具有一定的新闻价值构成要素。人都有追求美好、追求成功的愿望，都具有内心的情感世界，而典型报道所传播的先进典型人物的故事性事实，恰恰能够满足受众的替代性心理需要，为社会成员实现各自追求的目标提供有价值的参照。而且，由于先进典型人物来自社会生活、来自社会各个层面，与各个层面的社会成员在工作岗位、思想情感、生活环境等方面有接近性，所以，先进典型人物便具有了影响力、感召力，成为一种示范性、典范性的榜样。社会需要榜样，而榜样来自社会生活，典型报道以自己特有的大众传播优势，满足了社会的这种需要。新时期的典型人物不断涌现，如郑培民、谭竹青、吴仁宝、陈景润、蒋筑英、罗健夫、钱学森、杨利伟、丁晓兵、方永刚、许振超、林秀贞、宋鱼水、谭彦等等，他们以优秀的个人品质、高尚的道德情操、坚韧不拔的毅力、爱岗敬业的不懈追求、感天动地的大爱情怀、为国家为人民荣立的卓越功勋等等，成为社会群体称颂的楷模、学习的榜样。先进典型人物身上凝聚着中华儿女的优秀品格，

---

① 《马克思恩格斯选集》第4卷，人民出版社1995年版，第247页。

体现着中华民族的精神风貌,是社会各阶层的优秀代表。奋发有为的时代、波澜壮阔的事业,造就了一大批杰出的中华儿女。也正因如此,典型报道才有了令人乐观的发展前景。

典型报道为文化认同提供符号。典型报道是一种大众传播,而传播是需要媒介的。媒体是指专门从事新闻传播的机构及传播的方式,如报纸、广播、电视、网络等,而媒介是指信息的载体。在社会传播活动中,信息是符号和意义的统一体,符号是信息的外在形式或物质载体,意义是信息的精神内容。考察符号与意义的性质和作用,对于把握典型报道传播的特性,尤其对于思考典型报道的价值功能具有重要意义。在这里只想简单地说,符号就是文化,新闻传播也是一种文化活动。在传播学看来,正是丰富多彩的符号构成了社会群体每个人的"生命空间"。所谓"生命空间"主要是文化背景、文化积淀形成的内心精神世界,"它是一个人内心在一定文化和经验作用下的知识、经验和体验之总和"①。一个人的生命空间结构中最基本的要素是所属的文化信仰(文化信仰的差别是不同民族相区别的标志),还包括思维方式、价值取向、人性认知、自我感觉以及对社会组织的看法等等。如果说对共同约定意义的认同是符号传播的前提,那么,在受传过程中"每个人都用自己全部生命空间去体验符号的意义,包括情感、印象及相关的生理心理活动。用传播学者奥斯古德的话说,是一个系统通过操纵可选择的符号去影响另一个系统"②。每个社会成员都从属于一定的社会文化、群体和组织,而不同的群体和组织都有特定的价值目标、行为方式,这就是共同的意义约定。"一个人要肯定自己在世界上还有一份独特的价值,还值得活下去,就必须向他人获取主要是关于自己的信息,这种信息自然构成了个体生命空间的一部分。"③典型报道值得研究的一个重要功能,就是能够给社会成员提供"关于自己的信息",这种信息是通过对信息符号的解读、理解符号的意义来获取的。典型报道提供先进典型,受众在解读时思考"他(或她)为什么成为典型? 他(或她)为什么受到媒体的报道? 他(或她)的事迹说明了什么道理? 他(或她)做得有意义吗?"等等一系列问题,获取的是关于自己的信息,由此完成对自己"生

---

① 王政挺:《传播:文化与理解》,人民出版社 1998 年 6 月版,第 121 页。

② 王政挺:《传播:文化与理解》,人民出版社 1998 年 6 月版,第 162 页。

③ 王政挺:《传播:文化与理解》,人民出版社 1998 年 6 月版,第 189 页。

命空间"的修正、构建和完善。典型报道就是"一个系统通过操纵可选择的符号去影响另一个系统"的新闻传播活动。那么,影响的"另一个系统"是什么"系统"呢? 说到底,就是社会文化系统、社会价值观系统。典型报道以语言符号作为信息媒介得以传播,典型报道所传播的典型人物,又成为社会主流价值观的文化"符号"积淀下来,形成了一个"系统",发挥着榜样示范、精神激励、道德楷模的引导功能作用。所以,典型报道在培育社会主流文化、构建社会核心价值观上,具有重要的不可替代的功能作用。

二、典型报道的价值实质

由上述分析可见,典型报道价值不是一个实体范畴,它不表示在传播主体、接受主体与典型报道(客体)之外的第三种实体,不能把典型报道的价值理解为一种独立存在物。典型报道的价值也不是一个属性范畴,在孤立的传播主体、受众主体或典型报道新闻客体上都不存在着"价值"这种属性。不能把典型报道的价值理解为与生俱来的固然属性:典型报道价值是一个关系范畴,它表明传播主体、受众主体与典型报道之间特定关系方面的质、方向和作用。

从典型报道价值生成的条件看,需要具备三个条件:

一是主体具有某种需要——典型报道的传播主体、受众主体存在着需要。其中高位传播主体代表国家、民族的利益,有维护国家意识形态、构建社会核心价值观、增强民族凝聚力、培育社会主流文化的需要;本位传播主体受高位传播主体的调控和制约,不能不体现和反映高位主体的需要。作为主流媒体的本位传播主体,与高位传播主体具有根本利益、价值取向上的一致性,有传播新近发生的重要事实信息的需要;后位主体(受众)有了解社会现实的信息、向他人获取关于自己的信息,从而完善自己"生命空间"的精神、心理上的需要。也就是说,社会实践主体具有的需要是真实的需要、具体的需要。

二是典型报道具备了满足主体需要的属性。典型报道反映时代精神,反映社会先进思想潮流,以先进典型人物的事实体现社会主流价值观,先进典型人物的精神追求、高尚情操、道德典范行为,具有精神激励、榜样鼓舞和示范引导的功能,满足受众了解社会环境、构建自己精神家园的心理需要。

三是具有把主体和客体联系在一起的媒介。新闻媒体是联系传播主体、受众主体与典型报道新闻客体之间的桥梁和纽带。从传播者→典型报道→受众者之间的联系看,高位传播主体和本位传播主体首先要将需要付诸新闻活动中,然后生产、制作出典型报道,再经过媒体的传播,使受众能够有可能接触到它,这样的联系环环相扣,缺一不可,否则,就谈不到典型报道的价值。

从典型报道价值存在的状态看,典型报道价值存在的状态是即时性的、有局限的。典型报道的属性在满足各层次新闻主体的需要时,典型报道的价值就实现了。主体的需要是多层次、多方面并不断发生变化的,主体根据自身的"生命空间"文化积淀背景的不同,使典型报道的价值实现程度因人而异。况且,在人们的精神需要得到满足之时,也就是典型报道价值的实现之时,传播者→典型报道→受众者之间的链条便终结了。然而,实践的发展产生新的需要,社会实践无止境,社会主体的需要就无止境。典型报道不断被生产、不断被消费的符合规律性和合目的性的统一过程,也就是典型报道价值不断生成、不断消解的动态过程。典型报道价值动态生成的状态告诉人们,典型报道既是新闻主体与典型报道新闻客体之间关系的反映,同时也是新闻主体与典型报道新闻客体之间效用关系的不断挖掘、开拓、丰富、发展、深化的过程。

从典型报道价值变化的内部机制来看,价值表现为主体的需要与客体属性之间的关系,价值具有很强的主体性特征。新闻主体不是消极、被动地得到满足,而是积极主动地发现需要、认识需要、掌握需要、创造需要,新闻主体对典型报道新闻客体需要的丰富、深化和发展过程,也就是典型报道发展的过程。社会各层次主体根据自己的需要认识典型报道,深入探索典型报道满足需要的属性,使典型报道更加符合时代潮流、更加丰富多彩,从而促进典型报道的改进和创新。在新闻主体需要与典型报道新闻客体属性的效用关系中,新闻主体的主动性需要具有决定性的作用。新闻主体的积极主动的需要,使典型报道的发展呈现出新闻主体探索价值、发现价值、享用价值、创造价值的过程。

因此,典型报道价值的实质是新闻主体需要与典型报道属性之间的动态的效用关系。社会实践是理解价值本质的关键。作为新闻活动主体的传播者、受众不是被动的、消极的,在社会实践中能够主动发现自己的需要、掌握自己的需要和创造自己的需要。对典型报道价值实质的探讨,能够帮助新闻活动的主体确立在典型报道价值关系中的主体地位,从动态的、发展的角度去认识典型报道的价值,探索典型报道的价值取向、价值选择、价值功能等一系列基本问题,掌握典型报道价值创造的规律性,使典型报道更好地满足主体的实践需要。

三、典型报道的传播价值及延伸

典型报道的价值包含两层含义:一是典型报道的新闻价值。典型报道具有新闻价值的构成要素,并以新闻的形式传播,它首先实现的是新闻价值。二是典型报道的传播价值。"新闻的传播价值总是大于新闻价值,它除了新闻价值之外(这是最基本的价值效应),还有信息价值、宣传价值、审美价值、知识价值等多种价值效应。"①典型报道的价值首要的是传播价值,其余方面的价值都不过是传播价值的延伸、演化而已。

典型报道的信息传播价值

值得强调的是,典型报道具有新闻价值,否则,也就否定了典型报道的传播价值。典型报道首先传播的是一种新闻信息,它传播的是先进典型人物的事实的信息。信息是所有事物的存在方式和运动状态及其表述,新闻信息具有新异性强、公信力强、时效性强、取材面广、传播面广等特点。典型报道具有新闻信息的特征。

一是,典型报道传递的信息具有广阔的认知空间。从社会环境的变化到时代背景的变迁,从先进人物的人生阅历、悲欢离合的情感经历,到先进人物内心精神世界的真实写照,从某个领域先进人物的突出业绩、显著成就,到对国家发展繁荣的期待,从先进人物的价值取向、价值追求到社会价值观的多元引起的冲突等等,都成为构成典型报道的新闻价值要素。典型报道传递的信息,能够帮助受众了解社会环境变化,从而获取"关于自己的信息",调整、修正、完善自己的"生命空间",实现价值追求的目标。

二是,典型报道传递的信息是具有心理替代性的故事性事实的信息。心理替代性满足是相对真实性满足而言的、想象中的心理满足。每个社会群体中的个体都有被重视、被尊重的心理愿望,由于受种种条件的制约而不能实

---

① 童兵:《理论新闻传播学导论》,中国人民大学出版社 2000 年 1 月版,第 52 页。

现,而从传播渠道获取的关于成功者的真实故事可以得到心灵的安慰和激励。"通过讲述真实感人的故事,表现某种善良、真诚、正义和无私等品质,典型人物报道也就实现了受众对社会风气改善、英雄主义回归的心理愿望的替代性满足。"①

三是,典型报道传递的信息是与人们通常的认知和印象具有反差的事物的信息。与受众的认知具有差异性的信息能够吸引人们的注意力,从而具有新闻价值。比如,社会上存在对领导干部不信任的情绪,固然反腐倡廉的力度在不断加大,许多腐败分子被惩处,但是领导干部的形象受到损害和影响。孔繁森、牛玉儒、郑培民等典型报道,展示了新时期领导干部忠诚党的事业、心系人民群众、廉洁从政、无私奉献、忘我工作的高尚品质,赢得了社会的广泛赞誉,取得了较大的传播效应,反映出典型报道具有的新闻价值。所以,典型报道传播的信息包含他人的社会体验,从较深层次揭示社会变化及个人适应的方式、感受和成效,使受众引起情感的共鸣,领会其中的道理,为受众提供价值取向的参照。典型报道所揭示的先进人物的思想、价值观念、人生追求和精神境界,一直是主流媒体最为关注的。传播价值大于新闻价值的原理说明,如果典型报道脱离了对先进人物的新闻事实的叙述,脱离了有用信息的提供,那么,先进人物所表现的先进思想、高尚的道德情操也就成了无源之水、无本之木。在典型报道的认知上,应该是先进人物的新闻事实在先,思想内涵在后,先进思想和观念寓于先进人物的新闻事实之中。过分强调典型报道的宣传价值而忽视典型报道的新闻价值,是造成典型报道传播效应衰弱的认识根源。

典型报道的舆论引导价值

舆论是有一定的共同利益基础的人们对其所关注的现实问题的意见和看法,有公开性、评介性、倾向性、自主性等特点。新闻传播者对所传播的新闻事实是有选择的,选择就是"把关"。新闻舆论作为社会的"看门人"、环境的"守望者"、民意的"表达者",反映社会舆论、引导社会舆论、营造舆论氛围。坚持正确的舆论导向始终是主流媒体的灵魂。典型报道就是经过选择的对先进人物事迹的新闻报道,具有重要的舆论引导价值。正面典型人物是

---

① 聂茂、张静:《典型人物报道论》,湖南人民出版社 2008 年 2 月版,第 87 页。

不同时期、不同岗位上为国家和民族作出突出贡献的代表人物,他们或是以身殉职,或是为国家和民族呕心沥血,或是积年累月为他人无私奉献,他们用自己的实际行动诠释了社会主流价值观,谱写出时代的英雄史诗。他们是中国共产党的优秀儿女,是中华民族的杰出代表。他们是爱党的典范,是爱国家、爱人民的典范,一个先进典型就是一座不朽的精神丰碑。典型报道是弘扬正气、激浊扬清、扶正祛邪主旋律中最有力的音符,是最生动、最鲜活、最直接的正面教材。典型报道从诞生到发展的历程证明,典型报道是主流媒体发挥舆论引导作用的重要方式方法。

典型报道的道德示范价值

时代需要航标,思想需要先导,社会需要榜样,群体需要楷模。任何时代、任何社会都需要时代的杰出代表。我们所处的时代是英雄辈出的时代,先进典型就是时代的先锋、社会的楷模、大众的榜样。先进典型人物是理想信念的践行者、崇高思想的弘扬者、高尚精神的塑造者、崇高品格的示范者。在战争年代,先进典型人物表现出为国家独立、民族解放不惜抛头颅洒热血的英雄气概,谱写出人民英雄的壮丽篇章;在国家建设时期,先进典型人物以国家利益、人民利益为重,艰苦奋斗、自强不息,以不怕困难、不怕牺牲的精神,为国家强盛、民族富强、人民幸福奉献一切;在改革开放新的历史时期,先进典型人物表现出崇高的精神品质,他们理想信念坚定,不懈追求真理;他们热爱党、热爱国家、热爱人民,在自己的岗位上为社会作出了贡献;他们淡泊名利,具有崇高的道德品格;他们锐意进取、不屈不挠、开拓创新,在不同领域为国家和民族赢得了荣誉、立下不朽的功勋;他们以博大胸怀关爱他人,任劳任怨、扶贫济困、无私奉献。先进典型人物的精神品格就是"一盏盏灯",积极向上、充满人格魅力的光芒,给人们精神上的鼓舞和激励。正如一位参加"100位为新中国成立作出突出贡献的英雄模范人物 100位新中国成立以来感动中国人物"评选活动的网友留言所说:"每个时代都有自己的榜样、楷模、标杆,这是一种激扬人心的力量,是社会向前的动力!他们或当官或为民,或伟大或平凡,但在他们的身上,都让我们感到了一种爱国的力量,一种正直的人生,一种善良的人性!"①在社会主体多元、价值观多元的条件下,典

---

① "双百"评选活动组委会编:《100位为新中国成立作出突出贡献的英雄模范人物 100位新中国成立以来感动中国人物》,人民出版社、学习出版社2009年10月版,第412页。

型报道的道德示范价值进一步得到了凸显。

典型报道的社会人文价值

"新闻传播中价值传递的实现,是新闻信息接受者对新闻信息传播者的价值观认同。""新闻媒介的社会教化功能的实现,主要是通过新闻传播的价值传递完成的。"①先进典型人物的个人情感、人生体验、价值追求、理想信念,经过媒体的传递成为社会的文化意识,成为社会文化的积淀,对社会成员产生追求真善美的教化作用。各个历史时期的先进典型人物,以时代主题为坐标,以震撼人心的故事性事实,绘就了中国革命、社会主义建设、改革开放的历史画卷,他们的事迹就是新中国历史足迹的缩影,典型报道就是新中国的历史记录。先进典型人物具有撼人心魄的人格力量,展现出人性崇高的精神品格,他们的精神构筑了人性最美好的精神世界,诠释了真善美的世界观、人生观、价值观,是中华民族宝贵的精神财富,是人们汲取精神力量的源泉。

总之,典型报道作为一种新闻报道方式,传递出新闻媒体的价值选择。在受众接受新闻信息的过程中,典型报道实现着、放大着自身价值。社会主体能动的实践赋予典型报道的价值意蕴,为典型报道的价值选择明确了方向。

---

① 童兵:《理论新闻传播学导论》,中国人民大学出版社2000年1月版,第50页。

第二章

典型报道的价值选择

典型报道的传播价值是一个系统,具有自身的特征和作用机制。然而,典型报道的价值系统仅仅是社会丰富多彩的价值系统的一个组成部分,它必然与社会其他价值系统发生密切的联系,并相互影响、相互作用。新闻媒体既反映社会丰富多彩的价值观,又受社会核心价值观的统领和支配,同时,新闻传播事业以自身的传播优势,对社会核心价值观的构建发挥积极的影响作用。在这种关系的作用下,主流新闻媒体的传播本质就与社会核心价值观的统领、支配作用重合在一起了。这种重合对人们给予典型报道恰当的定位提供了有益的启示,对认识典型报道的价值归宿具有重要意义。

在社会核心价值观的视阈下,主流新闻媒体是社会核心价值观的传播者、倡导者和建设者。社会核心价值观为典型报道提供价值评价的尺度,明确价值取向和价值选择的方向。典型报道是倡导、弘扬社会核心价值观的一个有效载体,是构建、完善社会核心价值观的途径之一。

第一节 社会核心价值观的内涵

社会丰富多彩的价值观构成一个复杂多变的价值体系。而价值观又是由许许多多、形形色色的具体观念组成的。多种多样的价值观念可分为两大类:一类是核心价值观,一类是非核心价值观。居于主导性、决定性地位的价值观是核心价值观,那些受核心价值观支配的价值观则属于非核心价值观。社会核心价值观属于社会意识的范畴,是社会意识的本质体现。

一、社会核心价值观的概念

什么是社会核心价值观？这是一个基本的概念问题，更是本论题研究的一个逻辑起点。经查阅所能见到的理论研究成果资料，感觉在"社会核心价值观"的概念上，目前还没有形成比较一致的意见，但是，学者们从不同角度对核心价值观内涵的分析，对本书的研究确有启示：

有学者认为，"核心价值观是一个社会中居统治地位、起支配作用的核心理念，也是一个社会必须长期普遍遵循的基本价值准则，具有相对稳定的特点"[①]。

有的学者认为："核心价值观念是一个社会占主导地位的价值观念体系，是一种文化形态与其他文化形态相区别的内在根据。价值观念是文化的核心，一种文化形态就是一种价值观念体系，而核心价值观念更是文化的灵魂之所在。因此，对于一个人、一个政党、一个民族、一个国家、一个社会，核心价值观念都是至关重要的。"[②]

还有的学者提出：社会的核心价值观不是官方的意识形态。它是大众的信仰体系，就是社会中大多数人认同的这种价值[③]。

也有的学者认为："社会核心价值观是关于基本社会关系的是非判断。基本的社会关系是社会的'骨架'，骨架散了，'社会'就崩溃了。社会价值观分'核心'和'非核心'两大类。反映基本的、需要长期稳定的社会关系的价值观，或者说，能维持社会基本团结的价值观，就是核心价值观。"[④]

也还有学者说："如果一个共同体的核心价值体系是由核心价值原则（经常以'主义'来表述）、核心价值观念（对'主义'的进一步细化，对评判、决策和行为的主导性观念）和核心价值规范（表现为具体的道德行为规范）组成的，那么核心价值观在这一体系中就居于承上启下的地位，它旨在为社会提

---

①　戴木才、田海舰：《论社会主义核心价值体系与核心价值观》，《中国党政干部论坛》2007 年第 2 期，第 36—39 页。

②　韩震主编：《社会主义核心价值体系研究》，人民出版社 2008 年 9 月第 2 版，第 78 页。

③　王绍光：《三十年来的社会价值观》，潘维、玛雅主编《聚焦当代中国价值观》，三联书店 2008 年 12 月版，第 193 页。

④　潘维：《重建我们民族"精神的骨架"》，玛雅：《战略高度——中国思想界访谈录》，三联书店 2008 年 12 月版，第 310 页。

供超验纽带和终极意义,以弥合无所不在的利益冲突所带来的社会分化。"①

有人将基本的社会关系分为七种:个人与他人的关系、个人与自然的关系、个人与群体的关系、群体与社会的关系、人民与政府的关系、人民与民族国家的关系,以及民族国家与国际体系的关系。与这些社会关系相对应,共有七种核心价值观:道德观、自然观、群体观、社会观、政治观、民族观和国际观。核心价值观体系就好似一个以道德观为核心的七层同心圆,由内向外发生的辐射效能依次递减②。

将上述观点做一个综合归纳,所谓社会核心价值观,是指一个政党、国家和民族(社会共同体)的核心价值观念,它承载着共同体的理想和追求,蕴涵着共同体对世界、社会以及经济、政治、文化、生活等一系列重大问题所持的根本看法。核心价值观强调的是价值观中的核心、主导观念。本书提到的社会核心价值观,就是特指社会主义核心价值观或中国特色社会主义核心价值观。

社会主义核心价值观对非核心、非主导的社会价值观发生统领、支配的作用。它是社会主义社会意识形态的本质体现,它对社会的经济制度、政治制度、文化制度的稳定和发展起着保障的作用,承载着一个政党、一个国家和一个民族的文化特质和社会共同体大多数成员认同的价值理想和追求,关乎社会共同体的成败兴衰。所以,"一个社会的核心价值观,反映社会意识的本质,决定社会意识的性质,涵盖社会发展的指导思想、意识形态、价值取向,影响人们的思想观念、思维方式、行为规范,是引领社会前进的精神旗帜"③。中国特色社会主义核心价值观,是当代中华民族安身立命之本。

社会核心价值观的生成、完善和发展是一个复杂的社会实践过程。在核心价值观构建和完善的过程中,达到对其科学化、系统化的认识,才能形成"体系"上的认识。引论中已经说明了"社会核心价值观"与"核心价值体系"的区别,在这里用一个比喻,如果把社会核心价值观比作"恒星",那么,其他价值观(人生观、利益观、财富观、平等观、民主观、政绩观、权力观等等)就是

① 吴新文:《社会主义核心价值观》,重庆出版社2009年9月版,第8页。
② 潘维:《重建我们民族"精神的骨架"》,玛雅:《战略高度——中国思想界访谈录》,三联书店2008年12月版,第311页。
③ 评论员文章,《人民日报》2006年12月20日第1版。

环绕"恒星"运行的"行星",每个"行星"又会有自己的"小行星",受"恒星"的制约和影响,或近或远地环绕"恒星"运行,那么,行星环绕恒星运行形成的体系,就是"社会主义核心价值体系",而处于"恒星"位置的价值观就是"社会核心价值观"。正是在这个意义上说,社会核心价值观涵盖了社会的指导思想、意识形态、价值取向,回答"我们需要一个什么样的理想社会,需要什么样的信仰,需要什么样的精神状态,需要有什么样的社会行为规范"等根本性问题。

二、社会核心价值观的特质

在概念的界定中,社会核心价值观的一些特质尤其值得关注:

其一,社会核心价值观是社会共同体(一个政党、一个国家和一个民族)大多数成员在社会重大价值问题上的共识。社会核心价值观是从深层次反映"建设一个什么样的社会"、"什么样的社会才是理想的社会"等反映社会本质属性的价值理念。"我们今天所说的核心价值观,实际上就是我们这个民族大多数人,我们大多数中国人对一些重大的是非问题,或者是基本的是非问题所形成的共识。"[①]这种共识体现了社会成员共同的价值需要和根本利益的要求,反映了社会共同体的意志、理想、愿望、行为规范、文化特质和价值追求,体现了社会共同体对未来的价值取向。从这个意义上说,社会核心价值观就是一个政党、一个国家和一个民族的"主心骨"和"精、气、神",是精神旗帜,是灵魂之所在。

其二,社会核心价值观为社会主体提供超验纽带和终极意义,成为社会共同体的"黏合剂"。超验纽带和终极意义,就是指社会共同的最高信仰、信念理想和最高的价值追求目标。在由个体汇聚成的社会中,社会成员之间存在着交换、合作、竞争、强制、冲突等社会关系。这些关系有的对社会起着积极的作用,有的发生负面的作用,如强制、冲突等[②]。如何增强社会关系的积极作用,减少负面作用,是任何一个民族、国家都必须认真面对的现实问题。

---

① 房宁:《三十年来的政治价值观》,潘维、玛雅主编:《聚焦当代中国价值观》,三联书店 2008 年 12 月版,第 113 页。

② [美]戴维·波普诺:《社会学》(第 10 版),李强等译,中国人民大学出版社 1999 年版,第 130、133 页。

"人类从诞生之日起,就开始了对这些问题的探讨。所得出的答案可以归纳为三个层次:第一,以社会制度实现社会整合。社会制度由一系列规定、行为准则组成,当人们按这些规范行事的时候,就能够让'社会'结构完整,活动有条不紊,各部分配合默契。第二,以社会组织实现社会整合。各种制度的实施都是由一定的社会组织来完成的,组织通过法律、惩戒等方式控制越轨行为,维持社会的整合。第三,以意识形态实现社会的整合。在社会成员中形成共同的价值体系、共同的意志和目标,包括统治阶级的意识形态宣传、教育以及宗教等。"①"一旦社会失去了超验纽带和终极意义,或者说当它不能继续为它的品格构造、工作和文化提供某种'终极意义'时,这个制度就会发生动荡。"②社会核心价值观就是社会成员的共同价值体系、共同的意志和价值目标,成为一种超验纽带和终极意义,有了它社会就有了凝聚力量的内在机制,就会阻止社会共同体发生分裂。这一点,也是本论题将要论述到的典型报道具有的价值功能的理论依据之所在。

其三,社会核心价值观是现实性与理想性的统一。一个社会共同体的核心价值观,总是社会一定的历史发展阶段的产物,又总是文化积淀和历史传承的结果,它不仅是区别文化形态的显著标志,而且还在社会的经济制度、政治制度、文化制度等多个层面中体现出来。同时,共同体的核心价值观还为社会未来的发展明确指向,具有强烈的目标激励、目标导向功能,成为社会成员为之奋斗的最高价值追求。社会核心价值观之所以具有现实性和理想性,是因为它的形成和发展凝聚了人们对社会发展规律的探索,在探索和实践中实现了科学的提炼和总结。因而,社会核心价值观不是空想和杜撰的结果,而是真理性和价值性的融合,是现实性与理想目标的统一。在现实与理想目标之间,社会核心价值观成为社会发展、社会变革的强大精神动力。这一点,还是本论题论述典型报道具有重要新闻宣传价值的理论依据之所在。

其四,社会核心价值观还是包容性与排他性的统一。社会价值观是多层次的、多元的,这是社会的常态,甚至是在一定条件下社会充满活力的源泉。在社会核心价值观的内部,非核心价值观必然受到核心价值观的支配和导向

---

① 石秀印、许叶萍:《社会核心价值体系的本质特征与社会成员共享的核心价值观》,王伟光总主编:《中国社会价值观变迁30年》,中国社会科学出版社2008年9月版,第159页。

② 丹尼尔·贝尔:《资本主义文化矛盾》,赵一凡译,三联书店1992年版,第67页。

作用,核心价值观渗透到非核心价值观中,在核心与非核心价值观的相互作用中,非核心价值观的部分因素,会被核心价值观吸收和消化。就是说,核心价值观的存在,并不排斥非核心价值观的存在,在相互影响、相互作用中保持和谐共存。但是,由于社会价值观的不同地位所决定,社会核心价值观必定是社会共同体中具有统领、支配、主导地位的价值观,它又是社会占统治地位的集团意志的体现。正如马克思、恩格斯所指出的:"一个阶级是社会上占统治地位的物质力量,同时也是社会上占统治地位的精神力量。"①社会核心价值观总是社会占统治地位的政治力量所倡导的、被社会共同体成员所普遍接受的并通过社会的经济制度、政治制度和文化制度体现的价值观念,它具有的权威性、排他性不容挑战。尽管一个社会共同体的核心价值观可以正视其他社会共同体核心价值观的影响,但是,没有一个社会共同体能够从对其他社会共同体的核心价值观的简单模仿和全盘照搬中获得成功。现代西方哲学重要奠基人尼采曾直截了当地说:"一个民族若没有能力先行评价价值,就不能生存;一个民族要自我保存,就不能依傍邻族评价的价值。"②从这个意义上说,社会核心价值观还是"内"与"外"功能的统一。对内,它是凝聚精神力量的源泉;对外,它是保持社会独特性的根本性标志。社会共同体核心价值观的迷失,很可能就是社会共同体崩溃的前兆;一个社会共同体对另外一个独立的社会共同体核心价值观的蔑视、丑化和贬损,是一种有失人类尊严的行为,这种行为构成对该共同体存在合理性的挑衅和侵犯。

其五,社会核心价值观以社会典型的文化符号作为传承和传播载体。社会核心价值观是观念形态的东西,在形式上对它的表述可能是抽象的,但是,它又不仅仅是停留在抽象表述上的观念,而是自觉或不自觉地通过制度、规范、行为方式、语言、文化产品等载体体现出来。"金字塔是埃及政体的象征符号,遍布全国的孔庙是传统中国政体的象征,……庄严的华盛顿纪念塔和杰弗逊纪念堂稳稳地耸立在美国首都的中心。当列宁和斯大林被妖魔化了,苏联的价值观体系必定无以为继。……核心价值观是依赖一些符号才能被社会传承的。那些符号背后的故事,当然有事实根据,也包含了浪漫的想象。但是那些故事全部是事实,或者说应该全部是事实,因为那故事比事实更壮

① 《马克思恩格斯选集》第1卷,人民出版社1995年6月版,第98页。
② 尼采:《扎拉图斯特拉如是说》,黄明嘉等译,华东师范大学出版社2009年版,第108页。

丽,更动人,是我们人类和民族的精神遗产,是学校里人文教育的核心。人们由此懂得,当他们为做人的尊严,为科学的探索,为社区的利益,为社会的团结,为政治的正义,为祖国的安全,为世界的公正而奋斗的时候,即使牺牲了,也会博得永恒的纪念,为世世代代的同胞树立榜样。"①在中华民族悠久的历史文化积淀中,那些代表中华民族核心价值观的"文化符号"比比皆是;在中国共产党领导的中华民族为争取民族独立和民族解放的斗争中,无数先烈用生命和热血铸造了那个时代的"文化符号",至今让人难以忘怀;在社会主义建设时期和改革开放大潮汹涌澎湃的时期,许多先进人物和弄潮人谱写了代表时代精神和民族精神的"文化符号",如今历历在目。这些"典型的文化符号"都凝结着中华民族的精神追求和共同理想,都生动体现了我国社会核心价值观的演进过程。苏联解体后,作为十月革命的领导人、世界第一个社会主义国家的缔造者列宁,以及作为列宁的继承者、苏联卫国战争的领导人斯大林,其业绩和人格都遭到污蔑和诋毁,他们的塑像遭到了野蛮的损毁。据《参考消息》报道,格鲁吉亚将位于库塔伊西市的卫国战争烈士纪念碑拆除。俄罗斯与格鲁吉亚有正义感的公众和老战士组织都对破坏纪念碑的行径表示愤怒。认为"这一举动是不尊重所有为保卫祖国而与法西斯作战的烈士们的功勋,是企图从人们的记忆中抹去曾与其他民族并肩作战的数十万格鲁吉亚儿女的丰功伟绩"②。事实说明,社会核心价值观赖以存在的政治、经济、文化制度消亡了,体现这样的社会核心价值观的"文化符号"必然会遭到毁灭性的破坏。而有意识地培育代表社会核心价值观的典型"文化符号",使这些典型符号鲜明地体现社会核心价值观的内在要求,是社会主体价值意识自觉性增强的表现,是维护社会稳定,促进社会和谐、健康发展的基础性条件。

由此可见,社会核心价值观的特质决定其在社会意识形态里不是一般的、可有可无的组成部分,它的性质直接决定着社会意识形态的性质、结构模式和社会功能,它的变化直接影响着社会意识形态的变化。也就是说,社会核心价值观对该社会的意识形态的其他组成部分(哲学、艺术、语言、文化产品等)起着统率、支配、导向的作用。社会核心价值观的演变,遵从社会意识

---

① 潘维:《论当代社会的核心价值观》,王伟光总主编:《中国社会价值观变迁 30 年》,中国社会科学出版社 2008 年 9 月版,第 73、74 页。

② 新闻报道《格拆除卫国战争纪念碑》,《参考消息》2009 年 12 月 19 日第 2 版。

形态变化的规律,一方面,它具有历史继承性,传承着历史文化的积淀。这种历史传承成为核心价值观重要的思想来源之一。另一方面,社会核心价值观具有一定的稳定性,作为文化系统的深层结构,社会核心价值观在相当长的时间内影响和支配人们的思想和行为,成为价值选择的原则、决定着价值取向、化作价值评价的标准。但是这种稳定性是相对的,任何社会共同体的核心价值观都是一定历史阶段上的产物,都是一定的历史阶段上社会生活实践的表现,它必然会随一定社会生活实践的发展变化而发展变化。在社会平稳发展的时期,人们甚至感觉不到社会核心价值观的存在,但是,在社会变革时期,不同的价值观会发生剧烈碰撞和冲突,这时候,对社会核心价值观的维护、构建、完善就显得十分重要,社会核心价值观的比较、反思、变革也就随之发生。社会核心价值观的历史继承性也好,社会核心价值观的相对稳定性也好,社会核心价值观都客观地与其他层面的价值观发生相互影响、相互作用,对社会生活实践、社会关系、社会的政治制度、经济制度等发生着能动的反作用。如何发挥社会核心价值观的能动作用,维护社会的和谐稳定,是任何一个社会共同体的执政阶层都必须认真思考的大问题,古今中外概莫能外。从这个意义上说,注重社会核心价值观的理论和实践,准确把握社会核心价值观变化的广泛性,清醒认识社会核心价值观变革的复杂性,科学引领社会核心价值观变革的深刻性,既是一定的社会共同体发生变革的内在需要,也是一个社会共同体执政阶层执政能力、执政水平的体现,是代表社会进步方向的价值自觉意识的集中体现。

当然,社会核心价值观在社会价值观系统中居于主导、支配的地位,并不等于说要强求社会价值观的整齐划一,也不等于说要追求社会价值观的一致性。因为,任何共同体的社会成员都属于不同层次的主体,主体是多层次的,社会生活也是复杂的、多样的。受历史、地域、民族、风俗习惯、宗教信仰等多种因素的影响,社会主体的需要也是多样的、多层次的。主体多样,主体需要多样,主体需要得到满足的手段和途径就会各不相同,那么,价值观念作为人们对主客体之间某种效用关系的把握,作为人们评价和选择的内在标准也就会各不相同。正如马克思所说的那样:"在不同的占有形式上,在社会生存条件上,耸立着由各种不同的、表现独特的情感、幻想、思想方式和人生观构成的整个上层建筑。整个阶级在它的物质条件和相应的社会关系的基础上创造和构成这一切。"①也就是说,社会价值观的差别,反映社会经济关系的差别,是经济基础等社会关系在人们观念意识上的深刻表现。从大的方面说,社会意识形态中既存在着反映和服务于在社会中占统治地位的经济制度、政治制度的价值观,也存在着曾服务于已经消亡的旧有社会制度的价值观,还存在着新的历史条件下生长着的、新的价值观,以及来自共同体外部价值观的影响和冲击。

承认主体和主体需要的多样,也就承认了社会价值观的多样。社会核心价值观的主导与社会价值观的多样之间正是相互依存、相互联系、相互区别的矛盾统一。离开了社会价值观的多样,就难以形成社会核心价值观,也就无所谓社会核心价值观,价值观的多样,是核心价值观形成的基础和前提;同时,核心价值观为多样价值观的存在创造了条件。核心价值观毕竟是对社会重大问题、重要选择的根本性看法,而多样的、多层次的价值观在社会核心价值观的渗透、引导、支配下,可以满足主体的多样化的需要。比如,社会核心价值观相对新闻价值观来说,前者对后者起着决定性的引导、指导的作用,但是社会核心价值观不能简单地替代新闻价值观,社会核心价值观为新闻价值观开辟了广阔的领域,指明了方向;同时,新闻价值观以自己特有的规律性,通过新闻传播的方式使社会核心价值观得到生动具体的表现,两者相辅相成,相得益彰。所以,社会核心价值观的主导性与社会价值观的多样性,既矛盾又统一,这种矛盾的对立统一,使社会意识形态呈现出生机和活力。

从动态的角度看,任何社会共同体的核心价值观都是一个逐渐形成、不断完善的发展过程。同时,它还是一个被社会共同体逐渐接受、认同,逐渐成为主流社会意识形态的过程。一方面,社会核心价值观广泛地"内化"为社会共同体大多数成员的价值取向、价值评价标准、行为规范,赢得普遍的认同。另一方面,社会核心价值观还深刻地、清晰地"外化"在政治制度、经济制度和文化制度的方方面面。在社会核心价值观被确立、认同的过程中,社会共同体的主流政治力量始终是该社会核心价值观的倡导者、推崇者。社会知识阶层、社会意识形态的相关机构(如社科研究机构、大专院校、大众传媒等)、社

---

① 《马克思恩格斯选集》第 1 卷,人民出版社 1995 年 6 月版,第 611 页。

会活动场所(城市、社区、乡村有人群聚集的地方,以及各种集合人群的地方)和各个社会阶层,都是社会核心价值观生成为社会意识"主流"、赢得认同的必备条件。"知识精英选择和界定了核心价值观。若要使之被'公认',成为社会主流价值观,就需要通过知识精英与人民大众的强大交流能力,使这个观念体系掌握关键的机构、关键的人群、关键的场所。"①可以肯定地说,构建社会核心价值观的路径很多,而社会的主流媒体(由执政党直接领导的传播媒体,如报社、通讯社、电台电视台、刊物、网络等)就是实现知识阶层与大众"强大交流能力"的平台和渠道,主流媒体既是社会核心价值观体系掌握的"关键机构",也是社会核心价值观必然掌握的"关键人群"、"关键场所"。

三、社会主义核心价值观的提出

2006 年党的十六届六中全会第一次提出建设社会主义核心价值体系的命题,得到社会各界的广泛认同。提出建设社会主义核心价值体系的战略任务,表明我们党对执政规律、社会主义建设规律和人类社会发展规律的认识已经从理论层面、制度层面进一步深化到价值层面,已经从真理性认识深化到真理性认识与价值性认识相统一的高度。社会各界普遍认为,对社会主义核心价值体系内涵的科学界定,明确了社会主义核心价值体系所包括的马克思主义指导思想、中国特色社会主义共同理想、以爱国主义为核心的民族精神和以改革创新为核心的时代精神、社会主义荣辱观这四个方面的基本内容,在全社会树立起了团结奋进的精神旗帜,有力凝聚了社会共识。

近年来,思想理论界对社会主义核心价值观的提炼和概括表现出极大的热情。社会各界也普遍反映,应在社会主义核心价值体系的基础上,提出简明扼要、便于传播践行的社会主义核心价值观。提炼科学准确、简明通俗的社会主义核心价值观,可以从价值层面深入回答社会主义的本质特征,为社会长远、稳定发展提供根本价值遵循,为制度设计、决策部署、法律制定提供最终价值依托,使中国特色社会主义始终沿着正确方向全面健康发展。

2012 年 11 月 8 日,中国共产党第十八次全国代表大会在北京召开。党的十八大对社会主义核心价值体系建设提出了新部署、新要求,强调"社会主

---

① 潘维:《论当代社会的核心价值观》,王伟光总主编:《中国社会价值观变迁 30 年》,中国社会科学出版社 2008 年 9 月版,第 72、73 页。

义核心价值体系是兴国之魂,决定着中国特色社会主义发展方向。要深入开展社会主义核心价值体系学习教育,用社会主义核心价值体系引领社会思潮、凝聚社会共识"。"倡导富强、民主、文明、和谐,倡导自由、平等、公正、法治,倡导爱国、敬业、诚信、友善,积极培育和践行社会主义核心价值观。"①这一重要论述,是我们党立足社会主义核心价值体系建设实践作出的重大理论创新,反映了我们党对社会主义核心价值观问题的最新认识。

"富强、民主、文明、和谐"是立足国家层面的价值理念,是改革开放新时期以来我们党的基本主张,是我国在社会主义初级阶段的奋斗目标。"富强、民主、文明、和谐",反映了近代以来中国历史发展的根本要求,符合近代以来中华民族寻求民族伟大复兴的共同愿望,体现了社会主义核心价值观在发展目标上的规定。

"自由、平等、公正、法治"是立足社会层面的价值理念,是我们党和国家奉行的核心价值理念。"自由、平等、公正、法治",反映了社会主义社会的基本属性,体现了社会主义核心价值观在价值导向上的规定。

"爱国、敬业、诚信、友善"是立足公民个人层面的价值理念,是中国这个社会主义国家的公民应当确立的基本价值追求和应当遵循的根本道德准则,是公民基本道德规范的核心要求。"爱国、敬业、诚信、友善",体现了社会主义价值追求和公民道德行为的本质属性,体现了社会主义核心价值观在道德准则上的规定。

党的十八大报告关于社会主义核心价值观三个层面的概括,涵盖了社会主义社会最基本、最核心、最重要的价值理念。这样的表述反映了我国社会主义制度的本质规定,体现了中国特色社会主义事业发展的要求,继承了中华优秀传统文化的精华,汲取了人类文明的优秀成果。三个层面的价值理念相互联系、相互贯通,既坚持了马克思主义的共性,又涵盖了中国特色社会主义的个性;既有深厚的传统底蕴,又体现出鲜明的时代特征;既坚守了国家目标,又张扬了人的主体个性;既兼顾了国家、集体、个人三者的价值愿望和价值追求,又实现了政治理想、社会导向、行为准则的有机统一,国家、集体、个人价值目标的和谐统一。这三个层面价值理念的概括和提炼是一种开放式

① 《中国共产党第十八次全国代表大会文件汇编》,人民出版社 2012 年 11 月第 1 版,第 29 页。

的表述,体现了马克思主义与时俱进的时代特色和旺盛生命力,也展示出中国共产党在新的历史条件下进行实践探索、理论创新的勇气和智慧,为培育和践行社会主义核心价值观提供了基本原则。

当然,社会核心价值观的培育、完善是一个漫长的历史过程。社会核心价值观是一个由实践发展与理论概括相互推进,再到社会化、大众化的逐渐完善、逐渐成熟的过程。党的十八大关于社会主义核心价值观的概括和提炼,一方面,为培育和践行社会主义核心价值观提供了基本范畴,必将有力推动社会主义核心价值体系建设,另一方面,为社会主义核心价值观的实践发展和理论创新开辟了广阔的空间。随着中国特色社会主义伟大事业的推进,社会主义核心价值观的提炼、概括和表述,将会更加科学准确、更加简明通俗。

至此,有必要对"社会核心价值观"与"社会主义核心价值观"概念做简要的梳理,明确其内涵与区别,避免相互混淆。

什么是社会核心价值观? 社会核心价值观是一定社会的性质、本质和发展趋向的集中体现,是在一定社会中居主导地位、起支配作用的价值理念,是一种社会制度、社会形态普遍遵循和相对稳定的根本价值准则。"核心价值观蕴含着人们对世界、人生、社会等一系列重大问题的价值共识,深刻影响每个社会成员的思想观念、思维方式、行为规范,是人们思想上精神上的灵魂旗帜。"[1]社会核心价值观决定着社会制度、社会运行的基本原则,制约着社会发展的基本方向。社会核心价值观是在一个国家、民族长期社会实践的发展中孕育形成的,反映着一定国家、民族的文化积淀、思想结晶。社会核心价值观相对社会"非核心价值观"而言,侧重强调社会价值观的"核心"位置、主导地位和支配作用。

什么是社会主义核心价值观? 社会主义核心价值观是社会主义的社会制度、社会形态的性质、本质和发展趋向在价值层面的集中体现,是社会主义社会最基本、最核心、最重要的价值理念和价值原则,是社会主义核心价值体系的精神内核和遵循的根本原则,是这个体系中的精髓。"社会主义核心价值观首先是社会主义的。社会主义社会作为人类社会的一个发展形态,与其

---

① 王晓晖:《积极培育和践行社会主义核心价值观》,《十八大报告辅导读本》,人民出版社 2012 年 11 月第 1 版,第 252 页。

他社会形态相比有自身的本质属性,而社会主义核心价值观必须是这种本质属性在价值层面的集中反映。"①党的十八大报告从国家、社会和公民个人三个层面对社会主义核心价值观作出概括:倡导富强、民主、文明、和谐,倡导自由、平等、公正、法治,倡导爱国、敬业、诚信、友善,这是对社会主义核心价值观内容的最新表述。这三个层面的价值理念和价值原则,体现并渗透在中国特色社会主义的经济、政治、文化、社会和生态文明等各个方面,决定着社会主义在精神和价值层面的本质规定性,为人们描绘出未来社会物质生活方面的目标,也为人们指出未来社会精神价值的归宿,不仅符合广大人民群众的期待和愿望,而且集中体现了社会主流的价值取向、价值目标和价值追求。在我国经济转轨、社会转型的加速期,在社会思想领域日趋多元、多样、多变,各种社会思潮起伏跌宕、价值观念相互交融交锋的形势下,培育和践行社会主义核心价值观,能够使全体社会成员在价值认同上找到"最大公约数",形成团结奋斗、凝聚力量的精神纽带。

社会核心价值观与社会主义核心价值观,是既有内在联系又相互区别的两个概念。社会核心价值观,是泛指在一定的社会中居主导地位、起支配作用的价值理念,是一定的社会性质、本质和发展趋向在价值层面的集中体现。一定的社会都会有自己的核心价值观,是一定的社会形态和社会性质的集中体现,这样的社会价值观在社会众多的思想观念中处于主导地位,引领着社会其他价值观念,决定着社会发展的基本方向。社会主义核心价值观,是特指社会主义的社会制度、社会形态性质、本质和发展趋向在价值层面的集中体现,是社会主义社会最核心的价值理念和价值原则,是对价值观、价值体系和核心价值体系的高度概括和抽象提炼,是价值观、价值体系和核心价值体系中的灵魂。社会主义核心价值观既有社会核心价值观的共性,也有自身的个性。在人类发展史上,无论是封建社会还是资本主义社会,都总结出适应各自制度发展需要的社会核心价值观,成为长期维系社会运转的精神支柱。科学社会主义理论在中国的实践,使中国由一个半殖民地半封建的社会,走上了社会主义道路。建立了社会主义制度的新中国,作为一种社会形态,在半个多世纪的社会发展进程中形成了适合自身社会制度需要的、体现自身社

① 王晓晖:《积极培育和践行社会主义核心价值观》,《十八大报告辅导读本》,人民出版社 2012 年 11 月第 1 版,第 254 页。

会形态本质的社会核心价值观,这就是社会主义核心价值观。社会主义制度的确立和中国特色社会主义的实践,为深化社会主义在价值层面的认识提供了根本前提。党的十八大对社会主义核心价值观内涵的概括表明,"社会主义"是对我国社会形态中的社会核心价值观的最基本也是最重要的界定,是社会主义核心价值观最显著的特征,是区别于人类历史上其他社会形态的社会核心价值观,是体现社会主义本质属性的价值理念。中国特色社会主义是全面发展、全面进步的社会主义。社会主义核心价值观既吸收了人类一切文明成果,包括资本主义社会在内的人类文明成果,也反映了我们国家、民族的文化积淀,烙上了中华文化的印记,彰显出浓郁的中国风格和中国气派。提出培育和践行社会主义核心价值观的战略任务,充分反映出我们党和国家在建设社会主义核心价值体系上的自觉性和坚定性。

简而言之,社会主义核心价值体系是社会主义制度的内在精神之魂。社会主义核心价值观是社会主义核心价值体系的灵魂和基石。确立社会主义核心价值观,有利于引领、整合多样化的社会思潮和多层面的价值观念,形成广大人民群众的共同价值追求;有利于提升我国文化软实力和国际竞争力,抵御西方腐朽思想文化的侵蚀,推动中华文化进一步走向世界;有利于社会主义核心价值体系的通俗化、大众化,推进社会主义核心价值体系的理论建设、宣传教育和学习践行。培育社会主义核心价值观,是建设社会主义核心价值体系的重要举措,两者是相辅相成、有机统一的过程。

四、当今社会价值观的多元趋势

上个世纪 80 年代,改革春风吹遍神州大地,社会变革如火如荼。伴随社会主义市场经济体制的建立和逐渐完善,人们的价值观念发生了巨大转变。

回顾改革开放 30 年的进程,我们既切身感受到了社会物质生活发生了翻天覆地的变化,也深刻体会到了来自精神生活层面上价值观念的巨大变迁。改革开放中的成就既体现在社会制度的变革、社会物质生活条件的改善上,也体现在人们价值观的巨大转变上。离开了人们价值观的转变来谈改革开放所取得的辉煌成就,是难以想象的。

进入 21 世纪以来,世界多极化、经济全球化深入发展,成为新的时代背景。全球科技进步日新月异,世界经济格局发生新变化,国际力量对比出现新态势,东西方之间的思想文化交流、交融、交锋呈现新特点。随着我们国家社会变革向纵深发展,带来了人们价值观念的剧烈震荡。与此同时,社会物质生活条件的改善也促进了人们对精神文化的需求。一方面,给新思想、新文化、新观念的培育创造了良好的机遇。另一方面,也带来了如何对待中华民族传统价值观的拷问。

有的学者认为,"在长期的历史发展过程中,中华民族形成了对待世界和人生的独特的价值思维方法,这就是道义先于利益、情理先于理性、内省先于欲望、关系先于个体、和合先于同异、天下先于国家。这些思维方法在先秦时期基本成型,并在以后的岁月中得到了进一步强化,它是中华文化的核心和灵魂,是中国走出一条独特的生存和发展之路的价值哲学基础"①。可以肯定地说,面对东西方思想文化的交锋,面对民族国家"软实力"的较量,理性判断、科学整合、合理汲取传统价值观中的精华,对促进中华民族实现伟大复兴目标的实现,不失为一种智慧的、战略选择。

当今世界正处在大发展、大变革、大调整时期,也是人们的价值观发生剧烈变革的时期。正如恩格斯所说:"随着每一次社会制度的巨大历史变革,人们的观点和观念也会发生变革。"②"人们的观念、观点和概念,一句话,人们的意识,随着人们的生活条件、人们的社会关系、人们的社会存在的改变而改变……"③那么,该如何看待当下的价值观多元化的趋势呢?

从社会经济成分来看,我国单一的公有制格局被打破之后,形成了公有制为主体、多种所有制共同发展的新格局;从组织形式来看,出现了各式各样新的社会组织和经济组织,如各种行业协会、个体劳动者协会、消费者协会、商会以及大量的学会、联合会、研究会;从就业方式来看,传统的"铁饭碗"、"统包统配"的做法已经改变,形成了劳动部门介绍就业、劳动者自主择业和自主创业互相结合、互相补充的新方式;从利益关系和分配方式来看,平均主义、"大锅饭"式的分配制度基本被打破,按劳分配为主体、多种分配方式并存的格局不断发展,劳动、资本、技术和管理等要素参与分配的新制度已经形成。正是社会经济成分、组织形式、就业方式、利益关系、分配方式日趋多样

---

① 吴新文:《社会主义核心价值观》,重庆出版社 2009 年 9 月第 1 版,第 46 页。
② 《马克思恩格斯全集》第 7 卷,人民出版社 1959 年版,第 240 页。
③ 《马克思恩格斯选集》第 1 卷,人民出版社 1995 年版,第 291 页。

化,使不同社会群体在经济地位、社会角色、职能分工等方面的差异日益明显,人们的思想活动越来越出现独立性、选择性、多样性和差异性,从而引起人们价值追求和价值观日趋多元化。开放带来的国内外各种思想文化的相互激荡、相互影响,以及新兴媒体带来的思想传播和个体价值取向表达的方便、快捷,都对价值观的多元化趋势起到了推波助澜的作用。还应该看到,由社会主义初级阶段的国情决定,社会发展具有不平衡性,人们在经济政治、思想文化、科学教育等方面存在着较多、较大的差异,这也是导致人们价值选择呈现多样性的因素。

目前,我国社会出现价值观多元化的趋势已经是无可争辩的客观事实。承认和认同这样的事实,并不意味着同时承认和认同目前社会存在的所有价值观的正确性、科学性和合理性。像极端个人主义、拜金主义和享乐主义等价值观,就与社会的发展、文明的进步相背离,更与社会核心价值观背道而驰,尽管这些价值观还不是社会大多数人的价值选择,但是它们会在一定程度和范围对社会共同目标的实现起着消解、腐蚀的作用。

当然,价值选择的多样性是正常社会条件下的正常现象。在一个正常的社会环境下,人们的价值选择应该是多层次的、丰富多彩的。企望回到用统一尺度去衡量一切事物的旧体制时代,这样的想法和做法是不正确的,也是不切实际的。但是,一个正常社会的价值观也应该是多样性与统一性的有机结合。一方面,肯定社会成员价值选择多样化的合理性;另一方面,还应该积极倡导社会核心价值观,坚持正确的价值导向,防止社会出现整体性的价值观迷失。这是因为:"我们坚持正确的价值导向,当然不是要以一种统一的尺度去度量复杂多样的事物,试图造成一个纯而又纯的大一统的价值世界。那样只能是有了统一性,湮没了多样性;树立了一个高层次的价值境界,堵塞了通往这一境界的多层次阶梯。没有了多样性,没有了差别,也就没有了功能上的相互配合、相互制约、相互促进,没有了价值观上的从低级到高级的运动和发展。"①

所以,在价值观趋于多元的社会环境下,维护、传播和弘扬社会核心价值观,离不开新闻媒体的传播功能。社会主流新闻媒体既是社会核心价值观的

---

① 秦刚:《社会主义思想道德建设》(全国宣传文化系统"四个一批"人才作品文库),中华书局2009年1月版,第118页。

文化载体之一,也是构建、传播社会核心价值观"文化符号"的重要平台。社会核心价值观与典型报道塑造、传播先进典型"文化符号"的这种相互联系、相互关系,是我们理解典型报道在构建社会核心价值观中的地位和作用的关键环节。

第二节　新闻传播事业的本质

相关典型报道的许多研究成果都注意到了新闻媒体的政治性、宣传性。有的学者认为,阶级性是典型报道最显著的特点。新闻典型的阶级性决定了典型报道具有鲜明的政治色彩,它"是活化了的时代精神、社会规范或政治主张"[①];也有的学者认为,"典型报道的政治性和宣传性决定了它是一种权力高度集中的社会条件下帮助国家统一思想、稳定局势、维持一定的道德规范的舆论工具",典型报道的"实质是社会主义条件下的为无产阶级政治服务的新闻特写。这完全可以看作是典型报道定义的精髓"[②],等等,这些观点都涉猎到了新闻传播事业的意识形态属性。

但是,有的研究成果对新闻传播事业意识形态属性的分析似乎没有给典型报道带来新的认识,反而却成为典型报道"挥之不去的阴影"。比如,有的研究由典型报道的政治性、宣传性,进而说明典型报道的主观色彩,并由此推断典型报道"强烈的政治性和主观性构成了典型报道的宣传性,同时也使典型报道中的新闻性降到了较低的程度、次要的地位",进而得出"典型报道是社会主义计划经济的产物,是以一种榜样的力量来教育群众的社会主义条件下的新闻形式,然而认定谁是榜样不是由受众说了算,而是由社会的权威机构说了算,也就是说党和政府说了算。所以在本质上,典型报道是一元化的意识形态,是排斥多元思维的"这样的结论。对新闻传播事业意识形态属性的分析,涉及到如何看待典型报道"政治性、宣传性"的问题。典型报道的"宣传性"是不是"由强烈的政治性和主观性构成的"? 典型报道的宣传性是不是造成典型报道"新闻性降到了较低程度、次要地位"的真正原因? 还有,如果离开社会实践中新近发生的先进典型人

---

① 李良荣主编:《宣传学导论》,福建人民出版社 1989 年 8 月版,第 249 页。
② 张威:《典型报道:渊源与命运》,《新闻与传播研究》2002 年第 2 期。

物的事实,"认定谁是榜样"还有没有客观依据？回答这些问题,离不开对新闻传播事业本质的清醒认识。

中国新闻传播的发展史表明,典型报道并不是"社会主义计划经济的产物",它诞生在抗日战争年代的延安,兴盛于社会主义建设的初期。尽管在不同的历史阶段典型报道表现出不同的特征,但典型报道有一点是不变的——它始终倡导的是社会主流价值观。表达、倡导、传播社会主流价值观是典型报道与生俱来的特质,不仅典型报道没有排斥社会的"多元思维",恰恰相反,典型报道把多层次的价值观的存在作为前提,而且在承认价值评价、价值取向存在差异的条件下,倡导社会的主流价值观。所以,问题的实质涉及到如何认识和理解新闻传播本质的问题。也就是说,只有揭示出新闻传播事业的本质,才能对典型报道的"政治性"、"宣传性"给予恰当的阐述,上述有关典型报道的种种质疑才能得到正确的解答,典型报道在构建社会核心价值过程中应有的功能和作用才能得到说明。

一、多维视角中的新闻传播事业

在马克思主义哲学看来,一切观念形态的东西,既不能从它们的本身来理解,也不能从所谓人类精神的一般发展过程来理解,应从源于它们的物质生活关系中去探寻。新闻传播事业是社会大系统中的子系统,它与社会政治、经济、文化以及人们的社会生活发生直接、密切的联系。因此,认识和理解新闻传播事业的本质,也就具有了哲学的、政治的、经济的、文化的等多种分析问题的角度[①]。

在哲学视野中,新闻传播事业是意识形态领域的重要组成部分。"意识形态是一定社会组织对人类历史和现存社会关系的认知体系,一定社会组织的经济政治利益的系统化、理论化的思想观念,也是这个社会组织的纲领、信念、价值取向、思维方式、行为方式的思想理论基础。"[②]新闻事业源于社会存在和经济基础,是社会存在和经济基础的反映。新闻事业主要是一种文化事

[①]　参见童兵:《理论新闻传播学导论》,中国人民大学出版社 2000 年 1 月版,第 121—123 页;杨保军:《新闻理论教程》,中国人民大学出版社 2005 年 3 月版,第 261—262 页。

[②]　邵华泽主编:《马克思主义新闻观及其在当代中国的运用和发展》,人民出版社 2009 年 1 月版,第 174 页。

业,新闻传媒主要是一种精神文化传媒,新闻是作为主体的人通过新闻手段对作为客体的自然、社会中发生的最新变化的反映。新闻舆论处于意识形态的前沿,新闻传播受主流意识形态的影响,在思想上层建筑具有一定的地位。新闻舆论渗透人的思想和心理,改变人的思维方式和价值观念,调控人的思想和行为,在传播信息、引导舆论、监督社会环境的过程中具有教化的功能、涵养和培育价值观念的功能。正因如此,新闻传播一直受到执政党的重视。把社会主义新闻事业看作是社会主义事业的一部分,是社会主义意识形态的重要组成部分,新闻事业具有阶级性和党性,这成为马克思主义新闻观的基本观点。

在政治学视野中,新闻传播事业是政治性很强的舆论工具。政治是国家上层建筑、公共权力的集中表现。马克思指出:"统治阶级的思想在每一时代都是占统治地位的思想。这就是说,一个阶级是社会上占统治地位的物质力量,同时也是社会上占统治地位的精神力量。支配着物质生产资料的阶级,同时也支配着精神生产资料……"①在政治学看来,新闻事业就是一种"精神生产资料",政治体制、政治权力、政治环境决定新闻传播事业的性质、地位、方向、价值取向、价值选择,甚至决定新闻传播媒体的主要领导者。"新闻事业的意识形态属性集中体现在政治属性上,既受政治的支配,又是政治的工具、手段、载体和途径。"②新闻事业受政治决定,又服务政治。在一定条件下,新闻传播就是一种重要的政治传播,新闻活动本身就是一种政治活动。"马克思主义经典作家把新闻媒介看成是武器、旗帜、阵地,都是从这一视角考察的结果。"③

在经济学的视野中,新闻传播事业具有经济属性。新闻媒体既是执政党领导下的新闻宣传机构,也是具体的经济实体。新闻传播从事精神产品的生产活动,新闻作品是脑力劳动的成果,以某种商品的形态(如报纸订阅等)进入消费领域。改革开放后,新闻媒体的经济属性得到承认,媒体实施企业化管理,具有独立法人资格。与新闻传播的政治属性相比,经济属性从属于政

---

① 《马克思恩格斯选集》第1卷,人民出版社1995年6月版,第98页。
② 邵华泽主编:《马克思主义新闻观及其在当代中国的运用和发展》,人民出版社2009年1月版,第177页。
③ 童兵:《理论新闻传播学导论》,中国人民大学出版社,2000年1月版,第122、123页。

治属性,新闻传播事业的社会效益在先,经济效益在后。

在文化学的视野中,新闻传播是社会大文化中的子系统。文化由物质文化、制度文化和意识文化所构成。新闻传播具有物质文化、制度文化和意识文化的属性,是社会大文化的有机组成部分。新闻传播过程包括信息符号的物化过程,以物质形态作为载体,实现循环的再生产过程;新闻传播不仅体现制度文化、传播制度文化,而且自身就是制度文化的产物;新闻传播的意识文化属性就尤其明显,新闻传播是精神生产、精神消费和精神创造的活动,新闻产品用来满足人们的精神文化需要,新闻传播活动是一种文化产业活动。

由此可见,新闻传播事业具有意识形态属性、政治属性、文化属性和经济属性。这些属性同时存在,并在传播中交织在一起,共同发挥作用。新闻传播事业是一个复杂的系统,与社会大系统发生着广泛、密切的联系。认识新闻传播事业的本质,既要明确判别新闻传播事业在社会整体系统中所属的领域,也要在判别它与社会其他子系统的关系中的个性特征。

二、新闻传播事业的本质及特征

新闻传播事业是社会主义事业的组成部分。在社会整体系统中,新闻传播属于思想意识形态的范围,是以传播新闻为主、反映社会客观存在的社会信息系统、社会传播系统、社会舆论系统。正确理解新闻传播事业的本质,是有效发挥典型报道榜样示范、舆论引导、道德规范、情感激励等功能的理论前提。

根据马克思主义的观点,新闻传播事业是意识形态领域的重要组成部分,不属于政治上层建筑。上层建筑分为政治上层建筑和思想上层建筑两个部分。政治上层建筑是指由政治制度决定的政府、法庭、警察、军队等带有一定国家权力的机构和组织,属于国家机器。而新闻传播活动属于一种社会认知活动,新闻媒体不属于国家权力机构,不具有上层建筑的权力。"新闻传播事业作为'批判的武器',无法代替国家机器,它是观念形态的东西,不是暴力机关。对于广大的新闻传播受众来说,新闻传播事业没有强制作用。过去有人提出用新闻传播事业来搞'全面的思想专政',也有人简单地把新闻传播事业视为'阶级斗争的工具',把报刊、广播和电视当成类似法庭、军队的专政工具,实践已经证明,这种认识不仅在理论上是极其荒谬的,对社会生活的破坏也是十分严重的。"①强调新闻传播事业是意识形态领域的重要组成部分,是指新闻传播事业源于社会存在和经济基础,是社会存在和经济基础的反映。新闻舆论处于意识形态的前沿,通过渗透人的思想和心理、改变人的思维方式和价值观念、调控人的思想意识和行为,对社会精神生活和人们的思想观念产生重大影响。如果把政治上层建筑比作"硬控制",具有"硬实力",那么,思想上层建筑就是"软控制",具有"软实力"。新闻传播事业正是这种"软控制"、"软实力"的有机组成部分。

社会意识形态是一个庞大的领域,主流意识形态始终居于意识形态的核心,对社会意识和社会实践产生全面的、深刻的、决定性的影响作用,并对哲学社会科学、文学艺术、新闻传播产生引领、导向、支配、统领的作用。思想上层建筑的意义突出体现在阶级性和政治性上。作为思想上层建筑及其意识形态领域的重要组成部分,新闻传播事业主要体现政治上层建筑的思想路线和政策主张,并以新闻传播的影响力对社会整体系统发生作用。新闻传播事业的意识形态意义也主要体现在阶级性和政治性上。这正是新闻传播事业具有阶级性、政治性、倾向性的主要根源,是人们把新闻传播看作是阶级舆论工具的客观依据。

马克思主义新闻观认为,社会主义新闻传播事业是党和人民的耳目和喉舌。"党性是阶级性的最高表现,也是新闻事业的阶级性的最高表现。中国社会主义新闻传播事业,是中国共产党领导的新闻事业,具有坚强的党性和明确的党性原则。"②"新闻工作的党性和党性原则,主要体现在四个方面:一是在思想上体现党的意识形态主张,二是在政治上代表党的立场,三是在组织上接受党的领导,四是在宣传上体现党的宣传意图。"③新闻工作的党性原则是社会主义新闻事业的根本原则。相关社会主义新闻传播的政治原则、社会责任、工作目标,以及国家对新闻媒体的调控、要求等等已有定论,在此不做更多阐述。

从新闻传播事业在社会整体系统中所属位置的分析来看,新闻传播事业

---

① 童兵:《理论新闻传播学导论》,中国人民大学出版社 2000 年 1 月版,第 124 页。
② 邵华泽主编:《马克思主义新闻观及其在当代中国的运用和发展》,人民出版社 2009 年 1 月版,第183 页。
③ 邵华泽主编:《马克思主义新闻观及其在当代中国的运用和发展》,人民出版社 2009 年 1 月版,第188 页。

属于意识形态领域,是思想上层建筑及其意识形态领域的重要组成部分,主要以传播新闻反映社会存在和经济基础,体现政治上层建筑的思想路线和政策主张,并以新闻传播的影响力对社会整体系统发生作用。新闻传播事业是构成社会信息传递系统、舆论系统的主要实体机构。

主流意识形态是社会意识形态的主导力量,对新闻传播具有引领、支配的作用。什么是主流意识形态呢?"在新世纪新阶段,我们所说的主流意识形态,一是中国特色社会主义理论体系,就是包括邓小平理论、'三个代表'重要思想以及科学发展观等重大战略思想在内的科学体系;二是社会主义核心价值体系。"[1]新闻舆论是社会意识形态的有机组成部分,新闻事业在推动经济发展、引导人民思想、培育社会风尚、促进社会和谐等方面发挥着重要作用。因此,新闻传播业既是社会主流意识形态的重要载体,还是传播主流意识形态的重要渠道,也是构建社会核心价值观必须掌握的"关键机构"。

从新闻传播事业与其他社会子系统的关系来看,新闻传播事业具有自身的特征。新闻传播事业与社会政治制度系统和社会文化系统相比较,其特征表现为:一是它与社会政治制度联系更为紧密,与社会政治上层建筑具有很强的接近性,受政治制度的影响大,体现出较强的政治性;二是它比其他意识形态表现形式对社会群体和个体社会活动的影响面更广泛、传播幅度更宽阔、传播速度更迅速;三是它"主要运用新闻手段反映社会生活,为社会服务"[2]。这种新闻手段就是以新近发生的事实的信息来解释、说明、揭示社会现实,突出表现为"用事实说话"。"用事实说话"就是用看得见、摸得着的真人真事,表达看不见、摸不着的价值观念,这是新闻传播事业的独特方式和独特优势,也是其他意识形态形式所无法替代的形式。"一般说,新闻传播者在报道新闻时,通常只是朴素地叙述事实,向公众客观地陈述,而实际上,他却通过这种对事实的选择和对事实的客观陈述,巧妙地渗透着、表现着自己的思想、感情,体现着一定的立场和倾向。"[3]这正是把新闻传播看作是社会主流意识形态的传播者、倡导者和建设者的依据之所在。典型报道作为新闻主流

---

[1]　邵华泽主编:《马克思主义新闻观及其在当代中国的运用和发展》,人民出版社2009年1月版,第211页。

[2]　童兵:《理论新闻传播学导论》,中国人民大学出版社2000年1月版,第125页。

[3]　童兵:《理论新闻传播学导论》,中国人民大学出版社2000年1月版,第125页。

媒体的"重头戏"、"拳头产品",主要源于新闻传播的这种独特性。

所以,新闻传播事业共性、新闻传播事业在党和国家工作中所处的重要地位,以及新闻传播自身发展的历史和现实状况,都决定了新闻传播事业的本质就是以新闻手段反映社会生活的信息传播系统、舆论系统,是社会意识形态领域的重要组成部分;它具有很强的阶级性和政治性,是为社会存在和经济基础服务的舆论工具。新闻传播"用事实说话"的显著特征与典型报道的价值属性、价值功能等,完全吻合在一起,这种吻合与新闻传播的本质属性也是完全一致的。

对新闻传播事业本质及特征的认识,目的是从深层次认识为什么"新闻传播＝新闻＋宣传",为什么"新闻宣传一定要无条件服从政治的需要",为什么"新闻舆论要成为传播和弘扬核心价值观的主渠道"等等诸如此类的问题。因而,也就从理论上回答了这样的问题:典型报道为什么会成为主流媒体传播主流意识形态的重要形式? 典型报道为什么在构建社会核心价值观中具有重要的地位和作用? 这些看起来很清晰、很明确的问题,从学理上说却是本书不能舍弃的逻辑上的重点。分析问题本身并不是目的,但是分析问题能够为寻找解决问题的办法扫清道路。然而,试图厘清和说明新闻传播与社会意识形态的关系决非想象的那么容易。

三、西方哲学对意识形态功能的解读

传统新闻理论不乏对新闻传播意识形态属性的论述,新闻宣传的阶级性、政治性也早已是尽人皆知的基本常识。如果仅仅采用传统理论的结论性论述,而缺少宏观意识形态综合学术研究成果的支撑,那么,对新闻传播意识形态属性的认识就难免苍白无力,也就很难解释典型报道为什么一定要受社会意识形态影响和制约的问题。

新闻传播总是与一定社会环境中的受众、社会和国家发生紧密的联系,并与此相适应形成与受众、社会和国家三组关系,新闻传播的功能作用也主要体现在这样三个层面上。对典型报道与社会核心价值观引领和构建的研究,恰好涉及新闻传播与受众、社会和国家这三组关系的全部内容。然而,"在我国的现实语境下,新闻传播与国家权力机构的关系,是其间政治性最强、意识形态属性最明显的一组;而同时,相关学者也较少就此问题进行探

讨,或仅仅是笼统地、大而化之地提及新闻传播活动中的'国家利益至上'原则。"①这种状况表现为,哲学社会科学从各自学科层面对马克思主义关于意识形态论述的解释性论述很多,而对现实社会意识形态综合状况、运行机制以及各组成部分内在结构、功能进行的研究缺少学术关照。

如果从社会意识形态的内涵、功能、作用来反观新闻传播,就似乎陷入了一个巨大的宇宙"黑洞",让人感到无所适从。新闻传播既需要宏观理论方向性的指导,也需要针对实际问题务实性的、操作性的指导,两个方面相辅相成。在经济全球化、社会价值观多元化、信息传播国际化的当今社会,从更宽阔的学术视野审视新闻传播的意识形态属性,尤其具有重大的理论和实践意义。

马克思主义的意识形态理论是一个整体,是在费尔巴哈的宗教批判的基础上形成的。"它不仅包括马克思、恩格斯在历史唯物主义立场上对旧意识形态的分析和批判,包括对产生虚假意识形态的社会现实的分析和批判,同时还包括科学的意识形态与社会存在之间的联系;科学意识形态的理论基础和现实基础;科学意识形态的性质、特征、功能等一系列问题。所以,从某种意义上说,马克思主义意识形态理论贯穿于从《德意志意识形态》到《资本论》的完整体系中。只有从这样全面的范围中,我们才能真正领会和把握这个理论。"②马克思主义的意识形态理论是指导社会意识形态领域问题研究的思想武器,为分析西方意识形态学说提供了科学的世界观和方法论。

"意识形态"概念的出现早于马克思主义意识形态理论,是由法国思想家特拉西正式提出来的。"'意识形态'一词于1796年8月出现在英语中,那时《每月论坛》(*Monthly Review*)报道说,'特拉西宣读了一篇有关形而上学命名术的论文,提出要唤醒心智哲学,即意识形态'。"③这里的"意识形态"是一个中性概念,是哲学认识论的范畴,意指"观念学说"或"观念科学",其使命在于研究认识的起源与边界,认识的可能性与可靠性等认识论中最基本的问题。特拉西的意识形态概念"没有超出自古希腊以来的哲学认识论的窠臼,

① 杜俊伟:《新闻传播与国家的关系的四个维度》,《新闻与信息传播研究》(华中科技大学新闻与信息传播学院主办)2009年第1期,第5页。

② 徐海波:《意识形态与大众文化》,人民出版社2009年7月版,第14页。

③ 季广茂:《意识形态》,广西师范大学出版社2005年5月版,第26—27页。

而对认识和知识的坚实性、可靠性的关切贯穿了西方哲学史的全部过程"①。意识形态最初只是学术概念,尔后被广泛使用。由于使用者赋予了意识形态太多的含义,使它承载的内涵十分繁杂,超越"自由"、"民主"、"权利"、"平等"等许多重量级的概念而后来居上。从意识形态概念的发展过程来看,西方哲学对意识形态概念在语义、内涵、使用、表述等许多方面因人而异、千差万别,以至于使意识形态成了一个飘忽不定、语义含混的概念:它时而是虚假意识的信仰体系,时而是乌托邦幻想的思想体系;时而是系统化、体系化、制度化的思想体系,时而又是某种利益驱使下形成的包含欲望、情感、表象的知识体系;时而是理性的,时而是情感、情绪的;时而是褒义的,时而是贬义的;时而是认识论意义上的,时而是社会心理和文化心理上的;时而判断意识形态是社会科学最重要的概念,时而宣判"意识形态的终结"。而且,使用者经常用语义相近的概念,如观念、信仰、思想、理论、价值、学说、主义、神话,巫术、宗教等术语来界定意识形态,甚至直接把意识形态看成是这些术语的集合体。所以,有研究者认为,意识形态概念是"20世纪西方思想史上内容最庞杂、意义最含混、性质最诡异、使用最频繁的范畴之一"②。西方的学者(格尔茨)也不得不承认:"'意识形态'一词本身被彻底意识形态化了,这真是现代知识史上一个小小的讽刺。""这个术语一度意指政治建议的总和,或许多少有些唯智主义和不切实际的色彩,但无论如何都是唯心主义的……用韦氏词典的话说,它现在居然成了'被整合的断言、理论和构成了政治—社会纲领的目标,通常还包括着人为的宣传这样的含义'……即使冠以科学名义,表示要在中性意义上使用这个词的著作中,使用这个术语显然也会导致明显的争议。"所以,概括西方哲学关于意识形态的完整概念、确切内涵几乎是不可能做到的事情。

现代西方哲学十分重视意识形态的政治功能,这一点反倒给人们提供了一定的启示。尽管西方哲学对意识形态的表述五花八门、千奇百怪,但是,现代西方却十分看重意识形态的政治功能,并大量使用"政治意识形态"概念。政治意识形态就是人们对政治体制和政治制度持有的观念和信仰,它是人们对社会政治体制、政治制度根本性的看法和态度。针对意识形态与社会生活

---

① 季广茂:《意识形态》,广西师范大学出版社2005年5月版,第27页。
② 季广茂:《意识形态》,广西师范大学出版社2005年5月版,第1页。

形影相随的事实,西方马克思主义研究者阿尔都塞说:"意识形态因此是一切社会总体的有机组成部分,种种事实表明,没有这种特殊的社会形态,没有意识形态的种种表象体系,人类社会就不能生存下去。"①阿尔都塞甚至直截了当地认为,人生来就是意识形态的动物。现代西方哲学对意识形态政治功能的看重,出于维护自身利益的需要。这种功能主要体现在:"一个意识形态就是为许多人信奉的观念和信仰。它要阐明什么是有价值的,什么是无价值的;什么必须保留,什么必须改革。因此它信奉这种意识形态的人的态度。"(麦克里狄斯)②抛开西方哲学的立场不说,对意识形态政治功能的这种定位在一定意义上反映了不同社会制度下意识形态的共性。

　　赋予意识形态贬义色彩的是马克思。在马克思看来,意识形态的虚假性来源于它的阶级性,意识形态在本质上是阶级社会中统治阶级借以维护统治的观念体系,是阶级社会的"观念上层建筑"。意识形态必然随阶级社会的消亡而消亡,随着共产主义制度的建立,人类将彻底摆脱意识形态的虚假性,实现人的自由全面发展。马克思揭示出资本主义社会的意识形态是占统治地位的资产阶级的意识形态,是为资本主义生产方式服务的。西方启蒙运动提出的"自由、平等、民主、博爱"等观念,直到现在依旧是西方社会的主流意识形态,它表现为极强的"公共性"外表,掩盖了资本主义生产方式的实质,具有很强的虚假性,这种"旧意识形态"在现代社会表现得更加明显。马克思对意识形态虚假性的揭露和批判,是马克思对历史唯物主义的重要贡献。从马克思、恩格斯到列宁,马克思主义意识形态理论实现了对传统意识形态的超越,使意识形态完成了从"虚假性"到"科学世界观"的跨越。

　　任何社会制度都对意识形态给予极高的关注和重视,主要源于意识形态的社会功能。西方学者对意识形态社会功能从多角度进行研究,主要包括认识论意义的意识形态研究、社会学意义的意识形态研究、一般心理学意义的意识形态研究和文化心理学意义的意识形态研究等等,其中葛兰西的"文化领导权"和格尔茨的"文化符号体系"观点不乏理论参考价值。

　　"文化领导权"说——葛兰西认为上层建筑由"两个社会"构成,一个是"政治社会",主要指政治集合体,以军队、法院、监狱为支撑物,是专政的暴力

---

① 阿尔都塞:《保卫马克思》,商务印书馆1984年版,第201页。
② 季广茂:《意识形态》,广西师范大学出版社2005年5月版,第6页。

机构。政治社会以"政治治理权"为核心；另一个是"市民社会"，主要指民间集合体，以政党、工会、教堂、学校、传媒为支撑，其威力在于广泛的社会舆论，以"文化领导权"为核心。"政治治理权"是一种"硬控制"，"文化领导权"是一种"软控制"，国家就是"政治治理权"和"文化领导权"的融合。葛兰西认为，社会意识形态表现为一个被社会广泛共享的知识集合体，而知识是由最核心的"绝对权威区域"生产出来的，被共同体广泛传播成为知识，"知识成为常识，意味着正确和有力"。国家以其自身的统治地位通过思想与意见的广泛一致维持对社会的控制，形成广泛的"认可体系"。这种体系一旦扩展到全部社会生活和政治生活领域，就可以把它视为知识的、道德的、政治的领导权秩序。在葛兰西看来，文化领导权是支撑国家的合法性和权威性的强大力量。在这里，葛兰西已经揭示了意识形态为政治行为提供合法性的依据功能。处于执政党的意识形态不仅具有维护现存政治秩序、社会秩序的职能，而且可以借助各种文化和思想的形式，将执政党的思想和意识形态转化为社会普遍认同的社会主流意识形态，既为执政党的政权提供合法性的依据，也为提高执政党的社会动员能力提供可靠的社会思想基础和保证。

"文化符号体系"说——从文化心理学意义研究意识形态的代表人物有狄翁（Leon Dion）和格尔茨（Clifford Geerts）。狄翁把意识形态定义为"具有一定整合性的文化和精神结构"，这个结构是指一定价值规范的模式。狄翁说："我们的假定是这样的，政治意识形态是文化与精神的合成体，它居于调停两种规范之间，一种是与既定的社会态度、社会行为相联系的规范，一种是由政治制度、政治机构自愿明确和宣传的规范。换言之，政治意识形态是根植于社会中的，具有一定整合性的价值规范体系，个人或团体以它为基础设计政治蓝图，以便实现他们那些在社会生活中高度评价过的抱负和理想。"①如果说狄翁所提到的"文化精神结构"还是一种理论抽象，那么，格尔茨则赋予"文化和精神结构"操作层面的意义。格尔茨的基本假定是：思想是由符号体系的建构与操纵构成的。符号体系，不论是认知性的还是表情性的，都是信息的内在资源。人类生活就是根据符号体系予以模式化的，之所以如此，部分原因在于人类的内在资源十分贫乏，符号体系是感知、判断、操纵世界的非个

---

① 季广茂：《意识形态》，广西师范大学出版社 2005 年 5 月版，第 21 页。

人性的机制。文化模式，无论是宗教、科学还是意识形态，都是一些纲要，它为社会或心理过程提供蓝图。在这个意义上说："正是意识形态和社会秩序的图解性意象的构建，人使自己或好或坏地成为一个政治动物。"①也就是说，意识形态是指导人类政治生活的文化符号体系。格尔茨从文化心理学的角度对意识形态的分析，说明了意识形态具有的价值引领和教育的功能。执政党意识形态工作的重要职能就在于把社会共同理想转化为广大群众的创造性社会实践，把执政党的思想主张、典型示范转化为社会的主流意识形态和行为规范，凝聚社会各方面力量为实现共同的社会理想和目标而奋斗。

由此可见，对相关社会意识形态领域实践问题的理论分析，一般总会与意识形态社会的、政治的显著功能联系在一起，以至于不通过对意识形态社会的、政治的功能分析，就无法使相关的理论与实践统一起来、联系起来。一方面，这恰恰证明了意识形态对现实社会生活影响的深度、广度，反映出社会生活与社会意识形态的密切关系；另一方面，也说明对社会意识形态以及各构成部分、表现形式进行分析的理论难度。如果脱离了思想上层建筑，就很难说明现实社会生活；如果脱离了现实社会生活来解释思想上层建筑的实践问题，就会变得空泛而毫无意义。正像有的学者指出的那样："仅就意识形态的社会—政治功能而言，意识形态是连接理论与实践、观念与行动的桥梁，任何理论要想具有实践性，任何观念要想具有行动性，都必须经过意识形态的'翻译'和'催化'。"②对新闻传播意识形态属性的认识和分析，对典型报道的具有意识形态属性的认识，同样离不开这样的"翻译器"和"催化剂"。

有的研究对新闻传媒与社会意识形态之间关系的阐发还仅仅停留在政治伦理口号式的表达层面，认为新闻媒体受意识形态的制约和影响是一种被动的关系，存在将新闻报道的政治性、宣传性与新闻报道的新闻性截然对立起来的倾向性意识，对意识形态的影响和作用似乎有一种排斥心理。对正确认识和理性把握典型报道在构建社会核心价值观中的引领功能和巨大潜能来说，这种把新闻报道与意识形态截然对立的新闻宣传理念是一种认识上的障碍。

对典型报道的"政治性"、"宣传性"不加具体分析而一概予以排斥的观

---

① 季广茂：《意识形态》，广西师范大学出版社 2005 年 5 月版，第 21—22 页。
② 季广茂：《意识形态》，广西师范大学出版社 2005 年 5 月版，第 4 页。

点,将典型报道的"政治性"、"宣传性"简单归纳为"主观性"的观点,以及将之与典型报道的新闻性对立起来的种种观点,都显得过于简单。仅从上述对西方哲学相关意识形态的论说来审视新闻传播的本质也可以清楚地说明,新闻传播以典型报道的形式为载体,弘扬社会核心价值观,引领社会成员形成共同的理想信仰、共同的价值追求目标,正是社会主义意识形态的功能的体现,也正是社会主义新闻传播意识形态属性的集中体现,是典型报道所承载的社会主义意识形态意义之所在。

第三节　典型报道的价值选择

典型报道的新闻传播是精神生产活动,也是价值活动。它既包括对先进典型人物的评价和报道方向的把握,也包括对先进典型人物的采访、先进事例的整理和取舍。什么样的人和事能够成为典型报道的素材,什么样的人和事则不能,这既是新闻报道过程中的观念性活动,也是实践性活动。典型报道正是这种观念性活动和实践性活动的统一。分析典型报道的价值选择,目的是说明典型报道作为构建社会核心价值观的传播载体和"文化符号"的可能性和必要性。

一、典型报道价值选择的可能性与必要性

马克思主义社会发展理论既是决定论也是选择论,是两者的有机统一。人类社会的发展是人类认识的发展过程,也是社会实践的过程。社会发展由客观规律决定,社会主体在认识规律、把握规律的基础上,对发展道路、发展目标和具体途径作出符合社会发展规律的选择,推动社会发展。所以,社会的发展是决定的结果,也是选择的结果。

新闻报道是社会实践活动的组成部分。社会先进典型人物及其感天动地的事迹是客观存在,典型报道作为社会存在的客观反映,对先进典型人物的新闻价值和宣传价值有一个发现、选择的过程。典型报道的价值选择是观念性活动和新闻实践性活动的统一。

所谓典型报道的价值选择,就是在新闻规律和宣传规律的作用下,根据新闻传播本质属性的要求,对社会先进典型人物和事迹报道的价值活动所进

行的鉴别、判断、筛选和取舍。典型报道价值选择的内容十分丰富,主要包括先进典型选择的依据、尺度、报道方式、原则、报道分寸的把握等等。价值哲学认为,价值选择是人们按照某种价值取向在价值评价的基础上对自己价值活动所进行的选择过程。价值选择包括价值目标、价值创造、价值实现等一系列的选择。分析典型报道的价值选择,离不开对典型报道价值评价和典型报道价值取向的说明。

1. 典型报道的价值选择与价值评价的关系

价值评价是根据一定的价值标准对价值关系的一定程度上的肯定或一定程度上的否定的认识。评价有个体评价和群体评价之分,个体评价是指平常的个人的评价,群体评价是指政治组织、集团、社会团体等代表人物的评价,群体评价往往比个体评价具有更大的影响力。典型报道的价值评价包含个体评价和群体评价的辩证统一。

首先,价值评价是价值选择的基础。在价值活动中,先有价值评价而后有价值选择。对典型报道活动来说,什么样的人和事具有典型报道的价值,什么样的人和事没有典型报道的价值,这是一种价值评价。没有对先进典型的价值评价,就不会有典型报道的价值选择;正确的价值评价会对价值选择具有重要的指导意义。有时,价值评价“不当”,也会带来价值选择的“不当”,典型报道的传播效果就会受到影响。

其次,典型报道的价值选择是价值评价的实现。价值评价毕竟是观念形态的活动,观念形态的活动只有经过实践形态的活动才能实现自身的意义。同时,也只有经过实践形态才能检验观念的正确与否,并在后续的价值选择中得到丰富和发展。价值评价最终要在价值选择中得到落实和确认,离开了价值选择,价值评价就会落空。

再次,价值评价的水平层次与价值选择的水平层次具有一致性。下意识水平层次的评价、情感水平层次的评价、理智水平层次的评价,相应地体现在下意识水平层次的选择、情感水平层次的选择、理智水平层次的选择上。下意识水平层次的评价、情感水平层次的评价一般不会体现出理智水平层次的价值选择。回顾以往的典型报道,停留在下意识水平层次评价和情感水平层次评价上的典型报道较多,而随着社会的发展、文明程度的进步,尤其在社会价值观多元趋势的条件下,应该对典型报道理智水平层次的评价给予充分的重视,通过理智水平层次的评价影响典型报道的价值选择,从而发挥典型报道应有的社会影响力。

以刘汉俊对优秀党员领导干部——牛玉儒先进事迹及其个人品格的分析为例:

2004 年 11 月,中央新闻单位集中推出的全国重大典型,内蒙古自治区原党委常委、呼和浩特市委书记牛玉儒就是一个具有典型品格的示范性人物。牛玉儒是近年来继孔繁森、郑培民之后推出的又一个党员领导干部典型。但是近年来随着反腐败力度的加大,不少贪官纷纷落马,随之产生的另一种效应是党员领导干部的信任危机。那么在这样一种社会风气、社会心理和社会情绪中,如何体现他的社会价值,达到好的宣传效果呢? 我们从社会学角度进行了思考。首先是分析牛玉儒事迹宣传的相关社会因素:

因素之一,社会角色。他的个人业绩主要体现在他的社会活动中,对权力的行使和运作中,能否做到权为民所用,这是社会关注的焦点和热点问题。

因素之二,社会距离。牛玉儒是党的高级领导干部,在社会群体中是特例,与普通人有距离感,一般人对他的工作生活情况不熟悉,缺乏社交接近性。

因素之三,社会关注。牛玉儒本身不是社会热点人物,一般人不容易感兴趣,也不像任长霞等其他人物一样富有传奇色彩和曲折情节,很难吸引人的注意力。

因素之四,社会期望。社会上对领导干部的要求和期望值很高,做好了是应该的,做不好不满意,不容易得到承认,很难引起共鸣。

因素之五,社会心理。很长一段时期以来,一些腐败分子的行为严重败坏了党的形象,导致人们对领导干部的不信任,引发对正面形象宣传的将信将疑,因此可信度低。

因素之六,职位角色。牛玉儒虽然很优秀,但许多政绩是他与几套班子的同事一同取得的,不能集功劳于一人,而且他的班子成员仍然坚守在岗位,如何根据他的职位角色,客观、准确、公正、实事求是地评价他,必须把握好分寸。

这六个因素要把握好,是难点,也是关键点,是牛玉儒的社会意义和社会价值。要突出他的典型意义,就必须突出他的个人品质,使他的个人品质得到社会的认可。

牛玉儒个人品质的社会价值,主要表现在以下几个方面:

1.从牛玉儒对党忠诚、对人民忠诚的言行中,表现共产党人的政治本色和优良品质,让人民群众看到党员领导干部队伍的本质和主流。

2.从牛玉儒抓住机遇加快发展所取得的实际业绩中,表现一位领导干部的敬业精神和执政能力。

3.从牛玉儒全心全意为人民服务的具体事例中,表现党员领导干部与人民群众保持血肉联系的爱民品质。

4.从牛玉儒处理公与私、大家与小家的矛盾冲突中,表现他大公无私、廉洁从政的高风亮节和道德情操。

5.从牛玉儒真诚、热忱、富有激情的个人魅力和性格特点中,表现一位领导干部强烈的事业心和良好的精神状态。

上述五方面基本上涵盖了牛玉儒的精神品质,也体现了他作为新时期党员领导干部楷模的党性观念、世界观、人生观、价值观,发展观、政绩观、群众观,权力观、地位观、利益观,等等,是社会普遍推崇的高贵品质,也是对领导干部形象的社会要求。①

由此可见,对牛玉儒典型的六点社会意义的分析就是一种价值评价,而由此反映出的五个方面的个人品质就是一种价值选择。没有评价也就很难准确地选择。如果仅仅从下意识水平层次的评价、情感水平层次的评价来认识典型报道的价值选择,那么,典型报道也就会停留在下意识水平层次和情感水平层次上。当然,典型报道的价值评价与典型报道的价值选择既相互联系,也相互区别,两者的区别就在于前者属于观念性活动,后者不仅是观念活动,而且是新闻实践活动,是典型报道如何实现价值创造、如何实现价值目标的新闻实践活动。

---

① 刘汉俊:《典型宣传的社会价值》,《新闻实践》2006年第12期,第3—5页。

2.典型报道的价值选择与价值取向的关系

价值哲学认为,价值取向是人们对价值目标系统的观念性把握和为了实现价值目标所进行的实践过程,是观念性活动与实践性活动的统一过程。

首先,价值取向引导和规范价值选择。人们在价值活动中表现出一种价值追求,这种价值追求的理想性的存在就是价值目标。价值目标对人们的价值活动起到定向、引导和规范的功能作用。价值取向则表现为围绕价值目标而形成的一系列观念的、实践的活动,是一个变化的动态过程,价值取向受价值目标的决定,价值取向的终点是价值目标的实现。

其次,价值取向通过人们的一系列价值选择来实现。在价值活动中,人们围绕价值目标的观念性把握,通过动态的把握过程向理想目标一步一步迈进。"如果说价值取向体现为向着价值理想前进的过程,那么这个过程中的每一步前进都是通过价值选择来实现的,二者是不可分离的同一个过程。"①价值取向和价值选择的区别在于,"价值取向是基于对价值理想的追求而形成的一种先在性的观念性活动,价值选择是实现性的观念性活动与实践性活动的统一"②。

这里,以一位生活在塔克拉玛干沙漠边缘的维吾尔族老人记日记成为全国双拥模范的典型为例:

新疆库车县栏杆村老人卡德尔·巴克,怀着一颗虔诚的心写了39年的日记,记录了当地驻军为乡亲们所做的事。"炕燃热了,电灯亮了,孩子们可以读书了……""战士手冻裂了,电话线把乡亲跟部队的距离拉近了……"朴实的话语、日常生活中的点点滴滴,见证了解放军与乡亲的鱼水深情。当地媒体对卡德尔老人的事迹做过零星的报道,取得了比较好的社会效果。但是,真正把卡德尔推向全国、产生重大影响的,体现在2006年1月23日全国双拥晚会前后中央媒体的报道上。2005年12月底,卡德尔老人为参加双拥晚会应邀来到北京。解放军报从社领导到总编室、政工部领导和有关编辑记者,夜以继日,跟踪卡德尔进京的活动进行了报道。1月16日,总政宣传部专门组织中央新闻媒体的领导,召开了"库车综合仓库与栏杆村开展双拥共建、促进民族团结先进事迹采访暨宣传协调会",有关卡德尔的新闻也从此前的

---

①　阮青:《价值哲学》,中共中央党校出版社2004年8月版,第120页。

②　阮青:《价值哲学》,中共中央党校出版社2004年8月版,第120页。

静态走向了动态,《卡德尔大叔的日记》在中央媒体的宣传拉开了大幕。从 1 月 17 日至 25 日,《解放军报》刊发新闻稿件 14 篇、文化副刊文章 2 篇。其中, 头版头条刊登的《"共产党好,解放军亲"———胡锦涛会见维吾尔族老人卡 德尔侧记》、一版配《卡德尔喜登天安门城楼》消息而发的老人与记者在金水 桥上的合影,以及 1 月 20 日以《特别的日记特别的情》为题,刊登了体现军民 共同维护边疆民族团结真情的三分之二版的图片,都大大增强了这一典型的 宣传效果。卡德尔老人先后三次受到党和国家领导人的接见,他的事迹在社 会上引起了强烈反响。卡德尔的日记被中国军事博物馆收藏;解放军文艺出 版社出版了从维吾尔文译成汉文的《卡德尔日记》;卡德尔老人的故事走上了 舞台、银幕、屏幕,也走进了千家万户。

　　对卡德尔老人的成功报道,是典型报道价值选择与典型报道价值取向相统一 的最好说明。王庆厚在总结报道经验和启示时认为:"卡德尔的千余篇《解放军爱 民日记》,不仅仅是解放军为民办实事、做好事的简单汇集,更重要的是人民军队 始终忠于党、忠于人民、忠于祖国、忠于社会主义的历史见证,是人民群众永远热 爱党、热爱祖国、热爱人民军队的历史见证,是少数民族群众在党的领导下不断走 向繁荣富裕的历史见证。"[1]"解放军报敏锐地意识到,在新疆这个多民族地区,宣 传好卡德尔这一典型,对于激励广大官兵热爱边疆、热爱各族人民,进一步促进军 政、军民和民族团结,维护边疆的社会稳定,促进构建社会主义和谐社会,具有十 分重要的意义。"[2]由此可以做这样的具体分析:

　　其一,新闻事实的客观存在为典型报道的价值选择提供了前提。《解放 军报》曾在 2003 年对卡德尔老人做过报道。记者的深入采访得出结论:一个 年过古稀的维吾尔族老人,如果没有对党的无限忠诚,没有对子弟兵的深厚 情谊,就不会执著地坚持记日记 39 年。新疆是一个拥有 47 个少数民族的地 区,军政军民关系大量地、经常地表现为民族关系,军政军民团结实质上就是 民族团结。

　　其二,对卡德尔典型报道的价值选择其中包括了对典型人物的观念性活

---

[1]　王庆厚:《准确把握人物典型的宣传价值——〈卡德尔大叔的日记〉成功宣传的回眸与启示》,《军事记 者》2006 年第 4 期。

[2]　王庆厚:《准确把握人物典型的宣传价值——〈卡德尔大叔的日记〉成功宣传的回眸与启示》,《军事记 者》2006 年第 4 期。

动和具体新闻实际操作性活动的统一,并体现在报道的依据、把握的尺度、报道方式等方面的选择上。在老人作为全国双拥模范应邀参加晚会时,《解放军报》紧跟事态发展,借助动态事件深化主题,层层揭示典型内涵,以其特有的方式、特有的风格、特有的关注,对《卡德尔大叔的日记》给予了特别的报道。

其三,宣传党的军政军民团结、民族团结,是卡德尔典型报道的价值取向。《解放军报》之所以超常规报道卡德尔老人进京的活动,其着眼点就在于,宣传卡德尔老人就是宣传子弟兵与维吾尔族同胞同呼吸、共命运、心连心的鱼水情谊,就是宣传军民携手共建社会主义新农村、共赴小康社会的伟大实践,就是宣传党的军政军民团结、民族团结的方针政策。这一典型报道的成功案例,十分清晰地揭示了典型报道价值选择与典型报道价值取向的关系,可以形象地、具体地感受到典型报道的价值选择是实现性的观念性活动与实践性活动统一的过程,没有典型报道价值取向的引领、规范,就不会有对卡德尔老人的成功报道,而军政军民团结、民族团结的价值取向,正是通过对卡德尔老人典型事例的价值选择体现出来的。

所以,典型报道的价值选择与典型报道的价值评价、典型报道的价值取向之间存在着复杂的关系。价值评价、价值取向、价值选择之间相互依存、相互影响、相互作用,共同构成典型报道传播社会效果在操作层面上的决定性因素。换句话说,如果没有典型报道正确的价值评价,也就失去了典型报道价值选择的基础;如果没有典型报道明确的价值取向,典型报道的价值选择也无法实现。

3. 典型报道价值选择的可能性和必要性

从一般价值哲学的意义上看,回答价值选择的问题应该解决三个方面的问题:一是客体有没有选择的可能,二是主体有没有选择的能力,三是有选择能力的主体是怎样实现对客体的选择的。

由先进典型的发现到新闻从业人员的采制、由新闻媒体的播发到受众的阅读,典型报道的传播是一个完整的新闻传播过程。同时,这个过程也是一个典型报道价值的实现过程。无论是新闻从业人员还是受众,都自然而然地在这样的传播过程中扮演着各自的角色。提出典型报道的价值选择问题似乎是一个不言自明的问题。那么,提出典型报道的价值选择的可能性和必要性的问题,意义究竟在哪里呢?

　　价值在本质上是实践的。这是因为,实践是人类特有的对象性的感性活动,是人类生存发展的特殊本质形式。人类的实践活动,也是有目的的、有意识、能动性、创造性的社会活动。在实践中,人不是消极、被动地适应自然,而是将自己的本性、目的加之于实践对象上,按照自己的意志和要求改造对象,使对象能够满足自己的目的和需要。人使对象发生变化,也变革了自身。人的活动体现了自己的目的、需要和意志,便使自身从动物中脱离出来。从这个意义上说,人的实践活动,本质上就是人特有的变革世界的价值活动,是人自我提升、自我塑造的创造性活动,是社会主体的自觉的能动的创造性活动。

　　在实践中人们面对两个尺度:一是"外在的尺度",即客体的本性、规定性和规律性的表现,它规定客体的自身和变化,也是主体在实践—认识的活动中所要反映、遵从的尺度。外在尺度以强制的力量规定和要求主体实践活动的合规律性、合历史性,规定和促使主体向客体的本性、规律靠拢。科学的认知论在这个方面做了大量的探索,揭示了"世界是什么"、"不是什么",回答了"可能怎样"和"不可能怎样"的问题。二是"内在尺度",即主体的本性、目的、需要、能力、结构等规定性,它内在地构成和制约主体的自身,从主体方面规定、制约主体的实践—认识活动,规定、制约主体对客体的作用,促使客体向主体靠拢。价值论就是在这样的层面使人们懂得"什么有意义"、"什么没有意义","什么是值得的"、"什么是不值得的",回答"什么是必要的"、"什么是没有必要的"的问题。价值哲学提出人的实践的"内在尺度",表明人的活动的主动性、能动性、创造性、理想性和超越性。

　　所以,人的实践活动是这两个尺度的统一。"实践是人的一种对象性活动,是主客体之间相互作用的运动,它既要遵从'客体的尺度',也要遵从'主体的尺度'。遵从'客体的尺度'意味着人要了解、掌握对象的本质和规律,获得关于世界的经验、知识和真理,即意味着遵循'真理原则';遵从'主体的尺度'意味着人要依照自己的目的、需要和能力去评价对象,选择、决定'应该'如何,从而创造和实现一定的价值,即意味着要遵循'价值原则'。"①如果说科学认知论主要侧重的是"真理原则"的探讨,那么,价值哲学主要侧重的是

---

① 　孙伟平:《价值哲学方法论》,中国社会科学院出版社 2008 年 5 月版,第 108 页。

"价值原则"的探讨,两者都是以人的实践做基础的。

生活中存在这样的奇怪现象:在虔信宗教、迷信和邪教的人中,并不都是愚昧无知的文盲,他们有的就是科学家、哲学家。这说明科学的认知论并不能说明人的信仰、理想、情感、人生观等方面的价值选择问题。这是因为,"人的价值思维、价值评价与选择是否恰当、合理,并不是一个纯粹思辨的问题,而是一个实践的问题,即人们只有在价值实践中才能证明自己思维的恰当性、合理性"①。所以,关于典型报道的价值选择的可能性和必要性问题的提出,并不是想从以往的"纯粹思辨"的角度去揭示"真理原则",而是试图从"应该如何"的角度去说明典型报道所遵从的"价值原则",即回答"典型报道有没有价值"、"典型报道究竟该如何实现价值、如何创造价值"及相关的问题。这正是分析典型报道价值选择的可能性和必要性的意义所在。

由上述思路的梳理,回过头再看典型报道价值选择的可能性问题,可以得出这样的认识:

其一,典型报道价值客体的可选择性。人们所面对的物质世界是丰富多彩的,作为价值客体的可选择性也是多种多样的。绿水、青山、碧海、蓝天、矿藏等等,都可以是价值的客体。而就新闻传播而言,典型报道的价值客体是什么?典型报道的价值客体呈现出复杂性、多样性、多维度的特征,这是由新闻传播过程的复杂性、多样性决定的。

新闻传播分采集、制作、传播三个阶段,在不同的阶段上,价值客体发生不同的变化。在采集阶段,新闻从业人员使用各种工具、设备等,是工具性的价值客体;获取的新闻事实(先进典型事迹),不是价值客体本身,而是实现新闻信息传播的手段,新闻事实不可创造、不可改变,只能去认知和反映。在制作阶段,新闻从业人员的劳动对象是稿件、版面等,稿件、节目频道是价值的客体。在传播阶段,典型报道的社会反响是新闻媒体追求的目的,但是,新闻媒体在传播新闻信息过程中,还有其他的价值要实现,如政治宣传价值、新闻信息的经济价值等等。所以,典型报道的价值客体确实需要分析、确定。在传播的不同阶段价值客体的不同存在形态主要有手段性、工具性的价值客体、创造的对象性(如稿件)价值客体,以及传播效果上的目的性价值客体,等等。

---

① 孙伟平:《价值哲学方法论》,中国社会科学院出版社 2008 年 5 月版,第 81 页。

其实,在这些价值客体中,新闻信息是典型报道真正的、核心的价值客体,即典型报道所叙述的新闻事实所表达的观念、思想情感、倡导的价值观等,正是这些内容满足了人们在信仰、理想、信念、目标等方面的精神需要。"新闻信息作为传播主体的直接劳动成果,是传播主体获得目的性价值客体的中介性价值客体,是既具有手段性又具有一定目的性的价值客体。"①而其他方面的价值客体,都是为这样的占主导地位的价值客体服务的。

其二,典型报道价值主体有没有选择的能力。能力是主体在价值选择中的自主性、主动性、能动性的外在表现。新闻媒体在传播中处于"把关人"的位置,决定着哪些新闻信息可以向社会传播、哪些则不能向社会传播。社会每时每刻都会发生新的新闻事实,大众传媒并不是也不可能是"有闻必录,有闻必报"。所以,"把关"就意味着选择。

新闻选择的"把关人"并不只是一个人,而表现为多重的、群体的、有组织的选择。其中,记者在典型事实的采集中决定哪些素材该写入稿件、哪些素材不该写入稿件;编辑决定哪些内容该刊发、哪些内容不该刊发;媒体的总编辑、编审决定报道的意义重大不重大、什么时候刊发以及刊发在什么位置等。传媒的内部具有完善的体制和机制,履行着"把关"的职责。新闻媒体的"把关"不是作为个人的行为,而是一种有组织的行为,是一种"组织把关"。也就是说,典型报道传播主体不仅具有选择的能力,而且这种选择具有体制和机制的保障。

典型报道作为主流媒体的重要报道方式,是"把关人"的一种有目的的取舍和加工活动,也是主流媒体发挥意识形态导向作用的集中体现。传播主体的"把关"是典型报道价值选择的关键性环节,是传播主体主动性、自主性、能动性的重要表现。从传播主体分为高位传播主体(新闻资源的拥有者、管理者)、本位主体(新闻媒体本身)、后位主体(新闻信息的广大受众)来看,本位主体的选择与高位主体、后位主体的选择息息相关。一是本位主体的选择体现高位主体的意向、意志、立场、方向、方针和指向,本位主体的选择是高位主体选择的具体体现;二是本位主体的选择为后位主体的选择创造条件,引导后位主体的选择;三是后位主体根据自己的需要来取舍,后位主体的选择体

---

① 　赵国政:《试论新闻传播主体与其客体的价值关系》,《新闻界》2008 年第 1 期,第 67—69 页。

现的是对典型报道新闻信息的获取和对典型报道信息的解读,从中获得精神上的满足。如果从动态的角度来看,这三个方面的传播主体的选择存在相互依存、相互影响的关系,其相互之间的作用决定最终的选择结果。由此,使得传播主体价值选择的尺度、标准成为关键性的问题。如果没有共同认可的选择取向,那么,选择就意味着冲突、意味着差异。在社会传播功能的作用下,这种冲突和差异会直接导致社会群体之间的冲突和差异,这与社会意识形态相背离。因此说,社会核心价值观的特质及其内在要求,为传播主体的价值选择提供了方向性的、引导性的参照。

无论是从新闻舆论的意识形态属性来看,还是从新闻传播主体的"把关人"角度来看,都使典型报道的价值选择不能不与社会核心价值观发生紧密的关联。在价值观呈多元趋势的条件下,传播主体能否自觉地将社会核心价值观纳入、融入、渗透到传播主体的价值选择中,既是社会核心价值观特质对传播主体的要求,也是对传播主体价值选择能力的考验。

其三,典型报道价值主体对客体选择的实现。新闻传播主体是有能力的主体,而面对可选择的典型报道价值客体是如何实现选择的呢? 价值哲学认为,价值是作为"客体对主体的意义"、"世界对人的意义",是以人的本性、人的目的、人的需要(主体的内在尺度)为依据的,价值表现出鲜明的主体性。"即是说,价值的具体内容取决于价值与主体之间的特殊本质联系,取决于主体自身的结构、特性,取决于主体独特的实践经验、生活阅历,通过主体的特殊利益和需要、特定能力和习惯(包括行为习惯和思维习惯、定势等)、特定的兴趣和偏好表现出来。"[①]典型报道的价值选择体现的正是这种主体性,具体表现为多样性、多维性、动态性。

传播主体的"把关人"表现为个体,也可以归结为有组织的群体;受众表现为个体,受典型报道传播效果影响的却是超越个体的社会群体;传播主体(本位主体中的记者、编辑、总编辑等)在一定条件下也是受众,是整个社会舆论环境中的个体;社会历史环境的变迁会给新闻媒体报道思想、新闻理念带来影响,等等。所以,主体的复杂结构、利益和需要的多层次、多维度,以及传播主体的能力和素质等因素,都使典型报道的价值选择呈现

---

① 孙伟平:《价值哲学方法论》,中国社会科学院出版社 2008 年 5 月版,第 194 页。

出多样性、多维性、动态性的特征。典型报道传播主体的能力越强、素质越高,典型报道价值选择的多样性、多维性、动态性的特征也就会越明显。进一步说,典型报道价值选择实现的程度如何,还取决于主体的本性、目的、利益和需要在典型报道价值生成中究竟起到了怎样的作用。主体的本性、目的、利益和需要在典型报道价值生成中所占的分量越重,典型报道价值选择实现的程度就越高。所以,新闻主体对新闻信息包括对先进典型的价值选择是一个复杂的过程,"把关"是多环节的、有组织的传播过程,尽管处于这个环节中的个人的活动在媒体内部体制和机制的作用下,个人因素会起到一定的作用,但是起到的作用是有限的,"把关"也好,选择也好,都是诸多综合因素作用的结果。

下面再来看典型报道价值选择的必要性问题。选择的必要性是由价值主体、价值客体以及两者之间的矛盾运动决定的。典型报道的新闻实践是人的一种对象性活动,是主客体之间相互作用的运动。一方面,典型报道要遵从"客体的尺度",要了解、掌握报道对象的本质和规律,获得关于世界的经验、知识和真理,遵循"真理原则",坚持新闻的真实性;另一方面,典型报道要遵从"主体的尺度",要依照自己的目的、需要和能力去评价、选择报道对象,决定"应该如何"、"不应该如何",遵循"价值原则",从而创造和实现传播价值。典型报道传播实践中的主体是典型报道价值赖以存在的基础,典型报道价值的生成、创造和实现,表现为传播主体和受众主体的相互联系、相互作用,无论是传播主体遵从"客体的尺度"还是"主体的尺度",典型报道的传播都表现为以人为中心的传播价值的演进过程。典型报道价值选择之所以必要,原因在于:

其一,人们面对的缤纷世界是复杂的、变化的、运动的,各种事物相互联系、相互转化,呈现出多姿多彩的价值空间。对典型报道来说,什么样的人和事具有典型意义,什么样的人和事不具备典型意义,哪些典型的人和事能够经得起历史的检验,哪些只是昙花一现的表面现象,等等,不仅要求传播主体要有选择,而且应该是在充分的价值评价、可靠的价值判断基础上做出的审慎选择。

其二,主体需要的多层次、多维度、动态性,要求典型报道做出满足主体需要的选择。传播主体同时也是社会中的成员,传播者仅仅是社会成员中的一小部分,传播者对典型报道的选择怎样能够体现大多数社会成员的愿望、需要？典型报道传播主体的选择是体现主体的自然属性的选择，还是体现社会群体的社会属性的选择？同样作为传播主体的受众，如何在满足个体的喜好、兴趣、需要中认同和接受典型报道信息所传达的价值理念？可见，典型报道的新闻实践对主体的价值选择提出了多方面的要求。

其三，典型报道新闻实践的主体与客体之间的多样性、复杂性的关系，决定着典型报道的价值选择。典型报道的价值客体以新闻信息的形态表现出来，而新闻信息具有反映社会生活直观具体、传播速度快、覆盖范围广、社会影响力强等特征。新闻信息的传播对社会的影响作用可能是正面的，也可能是负面的。新闻传播事业在社会意识形态中的地位和作用，决定了新闻传播主体对典型报道新闻信息选择的重要意义。

另外，新闻传播主体中的高位主体、本位主体、后位主体站位不同、需要不同，表现出对典型报道价值选择的不同着眼点和出发点。这几个方面的因素都说明典型报道价值选择存在着必要性的问题。

二、典型报道价值选择的依据和原则

典型报道的新闻价值，是先进人物典型的新闻信息所具有的直接影响受众的属性或功能，它表现为对新闻主体（高位主体、本位主体、后位主体）的效应。先进人物典型的新闻事实在客观上可能是政治性的新闻事实，也可能是经济性的客观事实，也可能是教育性的客观事实，它对主体潜在的价值不是单一的而是多项的；同一个先进人物典型的新闻事实、同一条新闻事实的信息、同一篇典型报道的新闻文本，对不同层次的受众来说，完全可能具有截然不同的价值意义。

典型报道新闻价值客体的构成可能包括信息价值、舆论价值、政治价值、文化价值、审美价值、知识价值、教育价值等等多种价值，而绝不会是单一的某一种价值，这些不同的价值要素在典型报道的新闻文本中会体现在不同的层面上，在不同程度上满足受众的需要。典型报道新闻价值构成要素属性的多样、结构的多层次，决定了典型报道的新闻价值是多项价值的统一系统。也就是说，典型报道的价值选择具有复杂性、多样性和可变性。典型报道的价值选择是新闻实践中主观与客观、主体与客体、可能与需要之间相互作用、相互协调的结果。

　　合规律性与合目的性的统一是典型报道价值选择的根本依据。

　　"如果说合规律性讲的是人类活动的科学性,而合目的性讲的则是人类活动的价值性。人们在进行价值选择时,必须把这两个尺度统一起来,既要考虑到事物发展的客观规律,又要考虑到主体的需要或目的,即把客观规律与主体目的统一起来。"①典型报道作为一种价值活动,其价值选择同样是合规律性与合目的性的统一。自然世界是人类赖以存在的基础,它为人类的实践活动提供范围和可能。人类的实践活动又是有目的、有意识能动性、创造性的社会活动,人不是消极、被动地适应自然,而是将自己的本性、目的加之于实践对象上,按照自己的意志和要求改造对象,使对象能够满足自己的目的和需要。毫无疑问,典型报道的新闻实践活动也不是毫无根据、毫无目的的,新闻传播本身是一种价值活动,是通过新闻传播的方式达到传播思想观念、精神价值的目的。典型报道不仅要报道先进人物典型的事实信息,还要用这样的新闻信息去"说话",说出传播者、宣传者想要发表的意见和表达的倾向,表现为以人为中心的传播价值的创造。

　　与人类的所有社会实践活动一样,典型报道的新闻实践既要遵从"客体的尺度",也要遵从"主体的尺度";既要遵循"真理原则",也要遵从"价值原则"。典型报道遵从"客体尺度"、"外在的尺度",遵循"真理原则",意味着典型报道传播者的实践首先应该合乎新闻传播规律,还应该合乎宣传规律,需要了解、掌握实践对象的本质和规律,清醒把握典型报道新闻实践活动的范围、程度和运行轨迹,把握新闻实践活动的"可能怎样、不可能怎样";典型报道遵从"主体尺度"、"内在的尺度",遵循"价值原则",意味着典型报道传播者的实践应该有明确的目的,应该依照传播者的目的、需要和能力去评价实践对象,清醒把握新闻实践活动的"什么是必要的、什么是不必要的"。典型报道价值选择合规律性与合目的性的统一,表现为新闻实践活动的科学性和价值性的统一。从典型报道的发展历程可以看出,什么时候典型报道坚持了这样的统一,什么时候典型报道就会获得较好的传播效果;而当典型报道滑入"假、大、空"、"千篇一律、千人一面"、"模式化、脸谱化、神圣化"的泥潭时,都能从背离这样的统一中找到原因。

---

①　阮青:《价值哲学》,中共中央党校出版社 2004 年 8 月版,第 127 页。

在新闻实践活动中,典型报道价值选择坚持合规律性与合目的性的统一,不是一蹴而就的,不能靠一次的选择来完成。典型报道的目的就是以新闻传播的形式弘扬先进人物典型的精神品质,为社会提供思想的先导、行动的方向,为社会群体提供真实、鲜活的典范。新闻是一种社会意识形式,新闻舆论处于社会意识形态的前沿。典型报道是主流媒体的"拳头产品"、"重头戏",典型报道是新闻宣传工作中的重中之重,其意识形态属性十分突出。所以,新闻传播的本质属性通过典型报道的目的性得到直接的体现。同时,典型报道的价值选择是一个复杂的过程。此次合规律性与合目的性的结合,既是此次价值选择的实现,又是下一次选择的起点。只要社会存在对典型报道的需要,典型报道的价值选择就是一个动态的、发展的过程。

什么是典型报道的价值选择原则呢?"客体尺度"和"主体尺度"在新闻实践中的具体化就是典型报道价值选择的原则。坚持"客体尺度"和"主体尺度",成为指导典型报道价值选择"可能怎样、不可能怎样"、"什么是必要的、什么是不必要的"所遵循的原则。典型报道的价值选择应该遵循的原则是:

其一,坚持典型报道满足受众需要与有效引导舆论的统一。受众是新闻传播服务的对象,是典型报道新闻产品的消费者,也是典型报道新闻传播过程的终端和归宿,还是典型报道传播效果的最终评价者。受众的需要,就是受众对信息、知识的不满足感和必须感,是典型报道发挥典型示范作用、引导受众对典型人物所反映的高尚品质和精神境界产生认同的基础。应该看到,以受众为本是社会主义新闻传播事业的根本要求,是"以人为本"理念在新闻传播实践中的必然体现。典型报道满足受众需要,就是满足受众在提高人的素质、实现人的全面发展方面的精神需要。典型报道既应该充分尊重受众的知情权、表达权和参与权,把基层的呼声、受众的愿望、社会的反响作为重要的参照依据,自觉接受受众对典型报道的舆论监督;还应该通过贴近实际、贴近生活、贴近群众,改进新闻传播方法、手段和不断创新等途径,提高典型报道的质量和传播效果,满足受众提高思想素质、精神境界、政治觉悟、价值观念、道德修养、知识水平等方面的需要。

典型报道新闻传播对受众的引导,目的是通过对先进典型人物高尚精神品质、精神境界的弘扬,赢得社会的广泛认同,从而改变受众的态度、观念和行为,使之符合社会核心价值观的要求和规范,达到思想的超越和升华。典型报道应该根据新闻传播发生的"受众分化"的趋势,把握受众需要,加强典型报道的针对性和实效性;重视受众心理,增强典型报道的吸引力和感染力,做到以理服人、以情感人、情理交融、潜移默化、润物无声。吸引受众广泛参与到典型报道新闻传播中来,通过多方面的、多种形式的互动,打造与受众平等交流沟通的平台,是实现满足受众需要与有效引导舆论相统一的重要选择。那种认为凡是受众需要和感兴趣的,就可以随意传播的"受众决定论",和那种认为导向正确就可以不顾受众接受不接受,都可以传播的"导向决定论",都不利于满足受众需要与有效引导舆论的统一。

其二,坚持先进典型事实的真实性与还原典型人物"人的本性"的统一。真实是新闻的本质特征。真实性是典型报道安身立命的根基,也是典型报道价值选择的根本立足点。所谓"人的本性",就是人所具有的正常的情感、理性和需要的表现。典型报道中的先进典型,不管来自哪个领域、从事何种职业,都以其真实的、已经发生的特殊行为的事实,表现出崇高的思想境界和时代精神,成为时代的先锋、社会的楷模、学习的榜样。"榜样在其具有特殊性的行为中所表现出的崇高的思想风貌和时代精神,对于任何行业、任何人都是有示范作用的。但是,这些思想风貌和时代精神毕竟又是在特定的工作和生活环境中表现出来的,具有自身的特殊性。这种特殊性可能成为人们理解、模仿榜样的心理障碍。"①典型报道深度挖掘先进典型的思想信念、精神实质,突出典型"这一个"的特殊性,突出先进典型的冲击力和震撼力,这是可以理解的。但是,强调先进典型的特殊性、先进性、时代性的同时,不能脱离"人的本性",不能把先进典型表现为"天外来客"和不食人间烟火的"圣人"。先进典型越是被渲染得崇高、无与伦比,就越脱离典型报道的初衷,就越失去受众的认同感。应该看到,先进典型来自社会生活,来自现实生活中普通的人。先进典型既有"闪光"的不平凡之处,也有普通人所具有的正常感情和理性。而人所具有的正常的情感和理性,正是人的本性所在。还原先进典型"人的本性",是指典型报道应该实事求是、遵循生活逻辑,不能违背真实可信的原则把先进典型描绘成"画中人"、"水中月"。在典型报道的价值选择上,既应该看到先进典型的不平凡、特殊性和伟大,也应该从正常的人的情感、理性和

---

① 邵华泽主编:《马克思主义新闻观及其在当代中国的运用和发展》,人民出版社 2009 年 1 月版,第 425 页。

需要的角度,把先进典型置于社会发展和矛盾冲突的具体环境中表现先进典型的思想境界和时代风采,把先进典型还原为可亲、可敬、可信、可学的人。越来越多的平凡而普通的人能够具有良好的道德修养和崇高的思想境界,能够体现出时代精神和民族精神,这才是社会道德追求的最高目标。还原先进典型"人的本性",既是新闻传播本质的要求,也是拉近先进典型与受众心理距离、争取典型报道最大社会传播效果的手段。把握先进人物事实的真实性与还原先进人物"人的本性"的统一,是做好新时期典型报道新闻宣传应该树立的重要理念。典型报道发展历程中正反两个方面的经验教训都反复证明了这一点。

其三,坚持典型报道弘扬社会核心价值观主旋律与兼顾多样化的统一。当代社会条件下,伴随社会组织的结构、形式发生的变化,信息传播方式也发生了重大变化。其中,主流意识形态已经不再仅仅依赖各种社会组织和行政力量,而是越来越多地通过大众传媒来实现功能作用,社会政治的"媒体化"趋势已经十分明显。典型报道承担着新闻信息的传播功能,更重要的是还承担着弘扬社会核心价值观主旋律的政治宣传功能,这是新闻舆论的地位和作用决定的,是新闻传播本质属性的体现。在典型报道履行对社会核心价值观宣传传播功能的同时,应该处理好社会核心价值观与社会意识多样化的关系,正确对待社会个体、社会群体的思想独立性、选择性、多变性、差异性。典型报道宣传既应该侧重宣传先进典型人物的高尚情操、崇高思想境界、高尚的道德修养和可贵的时代精神、民族精神,使社会群体能够有实践社会核心价值观的学习榜样,同时,还应该反映与改革开放和发展社会主义市场经济相适应的法律意识、诚信意识、效率意识、公民意识、责任意识等等,用社会核心价值观整合越来越多样化的社会意识,并从动态、变化、多样的社会意识中吸取丰富的养料,丰富社会核心价值观。既应该注重具有重大影响的、全国性的典型,也应该注重各领域、各条战线的典型;既应该有事迹轰轰烈烈的典型,也应该有默默无闻、平凡中见伟大的典型;既应该体现典型报道的导向性、权威性、指导性,也应该体现典型报道的新闻性、服务性和可受性,从而实现典型报道弘扬社会核心价值观主旋律与兼顾多样化的统一。

三、社会核心价值观与典型报道价值选择的关系

社会核心价值观涵盖了社会发展的指导思想、价值取向和价值目标,影

响着人们的思想观念、思维方式、行为规范,是社会进步的精神旗帜。作为意识形态本质反映的社会核心价值观,必然对典型报道这种新闻宣传模式产生更为直接的统摄性、引领性、导向性的作用。毫无疑问,处于意识形态前沿的新闻舆论既是社会核心价值观的直接传播者、宣传者,也是社会核心价值观的构建者、培育者、塑造者。典型报道既是弘扬社会核心价值观的重要传播渠道,也是构建社会核心价值观的重要舆论载体和平台。社会核心价值观对典型报道的价值选择存在相互影响、相互作用的关系。

从社会核心价值观所处的主导地位来说,社会核心价值观为典型报道价值选择提供目标和方向,为典型报道价值选择提供政治标准和价值尺度,同时,社会核心价值观为典型报道价值选择提供新闻实践的坐标。相对社会核心价值观体系而言,典型报道价值体系是社会价值体系中的子项体系,自然受到社会核心价值观的统领、引导和渗透。社会核心价值观具有赢得社会认同的、"普遍化"的内在驱动力,正是这种"普遍化"使之成为适用于相关价值评价、价值判断、价值选择的合理依据与理由。

当然,典型报道的价值系统也具有自身的能动性,对社会价值观系统产生影响。先进典型人物是时代先锋、社会楷模,他们的言行是对社会社会核心价值观的生动诠释,是时代精神的具体体现。典型报道的传播,使社会核心价值观得到生动、鲜活的展示,以情感认同、文化认同、价值认同的方式,引导社会群体的价值观向社会核心价值观所要求的方向靠拢,并以动态的、图景式的新闻符号方式,扩大和增强社会核心价值观的社会影响力和感召力。

应该认识到,典型报道的价值主体只是一个理论抽象,现实中是多层次、多样化的个人。每个人都有自己的文化背景、利益追求、情感需要、价值目标,又都处在一定的群体、民族、阶层、地域、职业之中,况且,每个人的需要是动态的、变化的,不同主体之间必然存在价值评价、价值选择的冲突和差异。与此同时,典型报道的价值客体是多层次的、多样化的价值系统,即使是单一的典型报道价值客体,如一个先进典型人物身上某一个真实的细节,在不同的人看来,也会有截然不同的评价和结论。也就是说,典型报道的价值选择总会存在着一种局限,它不会通过一次选择或一个过程就能够满足新闻传播主体的需要,更不能说社会核心价值观只能把典型报道当作唯一的新闻传播形式来实现自身的内在要求与构建。所以,典型报道的价值选择只能从作为社会意识的层面来实现。

多样性、个性化的价值追求是社会发展的动力,也是文化进步的源泉。社会核心价值观与典型报道价值选择之间的张力,为典型报道价值功能的实现提供了广阔的空间。

第三章

典型报道的价值功能

　　典型报道是新闻报道形式之一,是社会先进文化、先进思想和社会核心价值观的文化载体。社会核心价值观既是抽象的,又是具体的。社会核心价值观通过人们的社会关系、生产生活方式、行为、语言、文化产品等形式表现出来。在意识形态领域,执政党通过掌握新闻宣传的领导权和主动权,尊重新闻规律、传播规律和宣传规律,主动设置议题,提高新闻舆论的引导能力,典型报道被赋予了传播社会核心价值观的神圣使命。

第一节　社会核心价值观的地位和功能

　　社会核心价值观是一个国家、一个民族占主导地位的价值观念体系,是区别不同文化形态的重要标志。社会主义核心价值观是社会主义意识形态的本质体现,反映了我国社会主义制度的本质要求,融入于经济、政治、文化、社会建设的各个方面,在所有社会价值目标中处于统摄和支配地位,为我们国家的发展、民族的进步提供了思想根基,是中华民族的精神旗帜。

一、社会核心价值观的地位

　　党的十七大报告明确指出:"社会主义核心价值体系是社会主义意识形态的本质体现。"这个论断对深刻理解社会主义核心价值观在社会主义意识形态中的地位和作用具有重要意义。

　　社会主义核心价值观是社会主义制度在价值层面的本质规定。社会主义核心价值体系反映了我国社会主义基本制度的本质要求,体现了最广大人民群众的根本利益。社会主义核心价值体系把我们党倡导的基本理论、思想观念和价值取向系统凝练地整合在一起,构成社会主义意识形态的核心内容和最重要的组成部分,决定着社会主义意识形态的性质和方向。人是社会实践的主体,人的行为需要正确的思想指引,社会实践正是在科学理论指导下自觉的社会行为。在社会行为中,人们的价值观念起着支配行为的作用。因为人们的"理性活动既受理智形式和逻辑规律的规定,也受人们的价值取向的规定"①。改革开放以来,我们党成功探索出一条中国特色社会主义道路,实践证明,只有这条道路能指引古老的中华民族走向世界民族之林。我们坚持走中国特色社会主义道路,从经济制度上,就是坚持和发展社会主义市场经济,坚持和完善公有制为主体、多种所有制共同发展的基本经济制度,坚持和完善按劳分配为主体、多种分配方式并存的分配制度;在政治制度上,坚持党的领导、人民当家做主和依法治国的有机统一,坚持和完善人民代表大会制度、中国共产党领导的多党合作和政治协商制度、民族区域自治制度以及群众自治制度,这些都是我国社会主义的基本制度。与这些制度的要求相适应,客观上必须要有主导全社会思想和行动的价值观体系。

经过 30 年改革开放的实践,我们形成了建设有中国特色社会主义理论体系。中国特色社会主义道路之所以完全正确,之所以能够引导当代中国社会的全面发展和进步,关键在于我们既坚持了科学社会主义的基本原理,又根据我国实际和时代特征赋予其鲜明的中国特色。同时还应该看到,国际格局变化和科学技术发展都发生了巨大变化,中国特色社会主义建设面临难得的发展机遇,也面临着前所未有的严峻挑战。伴随我国社会的快速发展,社会转型过程中的思想多样化提出了许多新问题。在错误的、腐朽的、落后的思想观念影响下,在境外敌对势力的文化渗透下,社会上出现了价值迷失、价值混乱、价值扭曲的现象,成为社会主义和谐社会建设必须面对的障碍性问题。社会主义核心价值体系的提出,对社会核心价值观的关键构成要素给予明确的界定,这就为社会建设和社会文化建设提供了思想指南,为激励全国各族人民为实现中华民族伟大复兴的共同理想而奋斗提供了强大的思想动

---

① 韩震:《思考的痕迹:文化碰撞中的理想主义》,北京师范大学出版社 2006 年版,第 379 页。

力,为中华民族大家庭的团结和睦、兴旺发达提供了坚强的思想纽带。

社会主义核心价值观是全党全国各族人民团结奋斗的共同思想基础。党的十七大报告中指出:"要巩固马克思主义指导地位,坚持不懈地用马克思主义中国化最新成果武装全党、教育人民,用中国特色社会主义共同理想凝聚力量,用以爱国主义为核心的民族精神和以改革创新为核心的时代精神鼓舞斗志,用社会主义荣辱观引领风尚,巩固全党全国各族人民团结奋斗的共同思想基础。"①共同的思想基础是一个政党、一个国家、一个民族赖以存在和发展的根本前提。没有共同的思想基础,政党就会分裂,国家就会解体,民族就会消亡。在中国共产党领导下,走中国特色社会主义道路,实现中华民族的伟大复兴,是现阶段我国各族人民的共同理想。这一共同理想,集中反映了全体人民对国家和民族未来发展美好前景的向往,代表了全体人民的根本利益,揭示了国家富强、民族振兴、人民幸福、社会和谐的必由之路。这一共同理想,具有令人信服的必然性、广泛性和包容性,具有强大的感召力、亲和力和凝聚力,应当成为全体人民团结奋斗的崇高追求。

我们党历来重视共同理想的建设。今天我们之所以有对共同理想做出清晰概括的需要,原因在于,在社会思想观念、价值取向的多样化的趋向下,社会核心价值观有时会被自觉不自觉地疏忽或淡化,一些社会思潮对核心价值观产生这样或那样的影响和冲击。所以,社会思潮越是纷繁复杂,越需要主旋律,越需要用一元的指导思想引领多样化的社会意识,最大限度地凝聚社会共识,从而维护社会的稳定,保证中国特色社会主义伟大事业顺利推进。建设社会主义核心价值体系,就是在社会价值观多样、多元的趋势下确立主导,在交流交融中谋求共识,在变化变动中一以贯之,既肯定主流,也正视支流,有利于形成既有国家统一意志又有个人心情舒畅、既包容多样又有力抵制各种错误思潮和腐朽思想、既坚守基本的社会思想道德又向着更高目标前进的生动局面。社会主义核心价值体系就是一座指引全国人民沿着中国特色社会主义道路前进的精神灯塔。

社会主义核心价值观是实现科学发展、社会和谐的推动力量。社会主义核心价值观回答了"我们要建设一个什么样的社会"、"怎样建设这样的社

---

① 《深入学习实践科学发展观活动领导干部学习文件选编》,中央文献出版社、党建读物出版社2008 年 9 月版,第 318 页。

会"、"什么样的社会才是理想的社会"这些深层次的重大问题,反映出我们这个国家、民族大多数社会成员的共识。这样的共识体现了社会成员共同的价值需要和根本利益的要求,反映了社会共同体的意志、理想、愿望、价值追求和对未来的价值取向。所以,社会主义核心价值体系是一个政党的行动指南,是一个国家和民族的精神支撑。

拥有了位居主导地位的社会核心价值体系,我们的社会就有了凝聚力量的内在机制。社会核心价值观既为人们提供了完整的观察世界的思想方法、判断大是大非的价值评价标准和追求未来的价值取向,同时,社会核心价值观还为人们提供了超验纽带,可以使社会成员超越民族习惯、地域特点、血缘关系、语言习俗等方面的差异,消除彼此之间的分歧、隔阂,增强社会共同体成员的归属感和向心力、凝聚力,促进社会的团结稳定。实现社会的科学发展、和谐发展,离不开社会主义核心价值体系的引领。"社会主义核心价值体系倡导一切有利于国家富强、社会和谐、人民幸福的思想和精神,一切有利于民族团结、祖国统一、人心凝聚的思想和精神,一切用诚实劳动创造美好生活的思想和精神,提供了经济社会全面发展的思想保证。"①建设社会主义核心价值体系,构建社会主义核心价值观,有助于增强人们对科学发展、社会和谐的认同,有助于凝聚全体社会成员的共同意志和理想,有助于激发社会成员积极进取的精神状态,有助于形成促进社会发展、和谐进步的文化氛围,有助于规范社会的道德秩序,使各方面的力量凝聚到科学发展、社会和谐上来。

社会主义核心价值观是增强国家软实力的根本。一个国家、一个民族要想屹立于世界民族之林,离不开凝聚力和创造力,而文化就是凝聚力和创造力的源泉。国家文化软实力越来越成为综合国力竞争的重要因素,越来越体现在民族的凝聚力和创新力上。民族的凝聚力主要通过统一的指导思想、共同的理想信念、强大的精神支柱和基本的道德规范体现出来,这就是民族团结和睦的精神纽带和发展动力;民族的创新力既是一种精神追求,更是一种精神状态,还是一种文化氛围。文化影响力的强弱,越来越成为一个国家文化软实力的主要标志。"人类历史的发展表明,一个国家和民族的伟大不仅在于提供多少廉价产品和劳动力,也不只在于提供资本,而且也在于提供核

---

① 中宣部:《社会主义核心价值体系学习读本》,学习出版社 2009 年 1 月版,第 9 页.

心价值观,提供对世界、人生、社会和政治生活的最高理解。"①"世界各国的政治、法律、道德意识和生活方式,随着经济贸易的过程、机制和产品的进入进行了传播与渗透。经济利益的冲突,具体表现为物质资源、人力资源、市场份额等方面的竞争,这种竞争、争夺具有直接、具体、分散的特点,表面上是法人经济利益,实质上是国家利益,分散看是经济利益,集中看是政治利益,它关联着价值取向、政治制度的根本问题。"②所以,社会主义核心价值观是国家文化软实力的核心内容,是增强国家软实力的根本。

社会主义核心价值观向人们提供了认识世界、解决问题的科学方法,成为整个社会精神文化的思想内核;向人们提供了未来社会的价值目标,成为整个社会崇尚的价值取向;向人们提供价值评价的准则,并通过健全各种制度以及法律规范、行为准则,指导和约束各种不良的社会行为,倡导"科学"、"进步"、"先进"、"文明"、"和谐"的基本价值导向,成为民族的"主心骨"和"精、气、神"。构建和培育社会主义核心价值观,有利于形成全社会的共同理想信念,有利于形成良好的社会道德风尚,有利于营造科学发展、社会和谐的社会舆论氛围,有利于民族凝聚力、创新力的塑造和培育,有利于增强中华文化的国际影响力。

二、社会核心价值观的功能

任何社会的意识形态都是由该社会的经济基础决定的。社会主流意识形态对社会的经济制度、政治制度具有能动的维护作用。"统治阶级的意识形态具有精神价值的导向功能、统治秩序的维护功能、社会矛盾的批判功能以及大众素质的教化功能。"③社会主义核心价值观作为社会主义意识形态的本质体现,其本身必然具备社会意识形态的价值导向功能、社会思潮的批判整合功能、社会秩序的维护功能、大众行为的规范等功能。

世界观方法论的整合功能

马克思主义指导思想是社会主义核心价值体系的灵魂,解决的是"举什么旗"的问题,是整个社会主义核心价值体系的理论基础,在社会主义核心价

---

① 吴新文:《社会主义核心价值观》,重庆出版社 2009 年 9 月版,第 14、15 页。
② 童世骏主编:《意识形态新论》,上海人民出版社 2006 年 11 月版,第 88 页。
③ 童世骏主编:《意识形态新论》,上海人民出版社 2006 年 11 月版,第 87 页。

值体系中居于统领地位。树立中国特色社会主义共同理想、弘扬培育民族精神和时代精神、树立社会主义荣辱观，都必须坚持以马克思主义为指导。马克思主义是关于自然界、人类社会和人类思维发展普遍规律的科学，是关于工人阶级、劳动人民和全人类解放的科学，是关于建设社会主义和最终实现共产主义的科学。马克思主义是我们立党立国的根本指导思想，是社会主义意识形态的旗帜和灵魂。马克思主义为我们提供了科学的世界观，是我们认识世界和改造世界的立场、观点和方法，是我们行动的指南和思想理论基础。马克思主义与中国革命和建设实践相结合，形成了毛泽东思想、邓小平理论、"三个代表"重要思想和科学发展观，这些思想理论都是中国化的、时代化的和大众化的马克思主义，是我们建设中国特色社会主义的指导思想。经过30年改革开放，马克思主义在当代中国始终处于指导地位，是社会意识形态的主流。当然，在各种因素的作用下，非马克思主义的社会思潮也在滋长，封建主义残余思想和封建迷信等落后的思想意识有时会沉渣泛起，海外资本主义腐朽思想观念乘机而入，各种思想观念、两种制度的文化相互碰撞、相互影响。在价值观多样化的趋势下，社会主义核心价值观强调马克思主义的灵魂地位，就是坚持用发展着的马克思主义指导改革开放和现代化建设实践，用科学发展观统领经济社会发展的全局，确保马克思主义在社会意识形态领域的根基不动摇。只有用中国化的马克思主义分析前进道路上遇到的障碍、问题，我们就能够揭示问题的实质，就能够看清楚事情的本来面目，就能够识别事物发生、发展、变化的规律性，也就能够找到解决问题行之有效的办法。坚持马克思主义的指导地位，并不排斥社会价值观的多样性。马克思主义就是在与各种不正确的思想观念的相互激荡和斗争中发展起来的。在与各种错误的社会思潮和错误观念的碰撞和激荡中坚持马克思主义在社会主义意识形态中的指导地位，我们就有了旗帜和方向，社会进步、民族团结就有了统一的指导思想。巩固和坚持马克思主义的指导地位，既是国家统一意志的需要，也是肯定主流又正视支流、包容多样又有力抵制错误思潮和腐朽思想的客观需要，更是在多样中巩固主导，从而最大限度地凝聚社会思想共识的需要。马克思主义能够为社会主义核心价值观的构建提供正确的立场、观点和方法，具有思想基础和理论支撑的作用。坚持马克思主义的指导地位，就是把握了社会主义核心价值观的灵魂。

政治思想的凝聚和导向功能

中国特色社会主义共同理想作为社会主义核心价值体系的主题,解决的是"走什么道路、实现什么样目标"的问题。坚持马克思主义指导思想、弘扬培育民族精神和时代精神、树立社会主义荣辱观,都是为了引导和激励全体人民努力实现中国特色社会主义共同理想。振兴中华是中国近现代历史的主题,也是全体中华儿女的共同愿望。在中国共产党领导下走社会主义道路是历史和现实的必然选择。中国共产党从诞生之日起,就自觉担负起振兴中华的历史使命。党领导全国各族人民完成了民族独立和人民解放的历史任务,为实现中华民族的伟大复兴创造了前提。中华人民共和国的成立,社会主义制度的建立,实现了中国历史上的最伟大深刻的社会变革。进入改革开放的历史新时期,党领导全国各族人民找到了建设中国特色社会主义道路,谱写了中华民族自强不息、顽强奋进、锐意进取的壮丽篇章,取得了举世瞩目的成就,中国以崭新的形象巍然屹立于世界民族之林。中国特色社会主义共同理想,是现实目标和远大理想的有机统一。党的最高理想和最终目标是实现共产主义,共同理想是远大理想和最终目标的必经阶段,是远大理想和目标的现实体现。以中国特色社会主义理论体系为指导思想,以中国共产党为领导核心,以中国特色社会主义道路为正确的价值选择,以建设富强、民主、文明、和谐的社会主义现代化国家,实现中华民族伟大复兴为价值目标,构成了中国特色社会主义的共同理想。富强、民主、文明、和谐,就是对中国特色社会主义共同理想的高度概括。这样的共同理想体现了我国工人、农民、知识分子和其他社会主义劳动者、社会主义事业建设者、拥护社会主义和祖国统一的爱国者的根本利益和共同愿望,是社会全体成员的共同价值追求和目标,是我们党治国理政的方向,是全国各民族为之奋斗的行动向导。这一共同理想,具有令人信服的必然性、广泛性和包容性,更以辉煌的实践成果体现出强大的感召力、亲和力和凝聚力,日益成为保证全国各族人民在政治上、思想上团结一致,共同创造美好未来的重要精神纽带。尽管人们所处的社会阶层不同、利益群体不同,但都与对共同理想的认同密不可分,都与实现这样的共同理想发生密切的联系。牢固树立共同理想,把群体、个体融入到实现共同理想的奋斗过程中,就能够凝聚起各方面的力量和智慧,形成强大的社会力量,促进中华民族伟大复兴的早日实现。

文化形态的引导和认同功能

民族精神和时代精神作为社会主义核心价值观的精髓,解决的是"应当具备什么样的精神状态和精神风貌"的问题。它是坚持马克思主义指导思想、树立中国特色社会主义共同理想、弘扬社会主义荣辱观的精神条件。中华民族在长期的历史发展中形成了以爱国主义为核心的团结统一、爱好和平、勤劳勇敢、自强不息的伟大民族精神。民族精神是民族文化最本质、最集中的体现。民族精神和时代精神相辅相成,时代精神需要从民族精神中汲取营养,民族精神需要用时代精神丰富内涵,民族精神和时代精神统一于民族的精神品格之中。改革开放的实践催生了伟大的时代精神。在改革开放的实践中,中华民族孕育和形成了以改革创新为核心的时代精神。解放思想、求真务实、锐意改革、开拓创新的时代精神,既继承了中华民族革故鼎新的优良传统,又体现了当代中国紧跟时代、奋力进取的进步要求,成为时代的强音、社会进步的潮流。民族精神与时代精神相互融合,贯穿于改革开放伟大实践的全过程和各个方面,是我们国家和民族精神风貌的主流。30 年改革开放取得的辉煌成就证明,改革创新是我们国家和民族发展进步的活力之源、动力之源。一个国家、一个民族,如果不是一个文化大国,不是一个具有鲜明文化特质的民族,就很难说是一个伟大的强国、一个伟大的民族。中华文化作为古老的东方文明,富有独特魅力,是人类文明中重要的组成部分。中华民族大家庭对中华文化的认同,是一种融入到血液中的文化传承,是超越时空的向心力和精神纽带。只有反映了时代要求、具有时代气息的民族精神,才能激发出民族文化的活力,才能增强民族文化的凝聚力和感召力、影响力。构建社会核心价值观,挖掘和弘扬中华传统文化的价值,以改革创新精神保持我们民族文化的民族性、时代性、先进性,是中华民族以昂扬向上的精神状态和精神风貌屹立于世界民族之林的"精神骨架"。

道德观念的激励和规范功能

以"八荣八耻"为主要内容的社会主义荣辱观作为社会主义核心价值观的基础,解决的是"人们的行为如何规范"的问题。"八荣八耻"的基本行为规范,涵盖了坚持马克思主义指导思想、树立中国特色社会主义共同理想、培育和弘扬民族精神、时代精神的内容,这些行为规范使社会主义核心价值观的践行具有实际的落脚点和行为载体。荣辱观是对"怎样做是光荣的、怎样做是耻辱的"的根本看法,是道德范畴。道德是人们各种行为规范的总和,道德通过教育感化、社会舆论引导和自觉修养等方式,发挥维护社会秩序、调整行为规范、保证社会稳定的功能。社会主义荣辱观是当代中国社会最基本的价值取向和行为准则,体现了社会主义道德建设的与时俱进。一方面,它集中反映了马克思主义的世界观、人生观、价值观的根本要求,是马克思主义世界观、人生观、价值观基本原则的具体化;另一方面,还反映了发展社会主义市场经济的客观要求,是抵御市场经济消极因素的客观要求。社会主义荣辱观贯穿于社会生活的各个领域,涵盖个人、集体、国家三者关系,涉及人生态度、公关行为、社会风尚等方方面面。它确立了人们行为的价值尺度,既有先进性导向,又体现广泛性要求,是人们最基本的价值取向和行为准则。另外,社会主义荣辱观继承了中华民族的传统美德,有着鲜明的社会主义道德的民族吸引力和感染力。"荣辱观总是具体的、现实的人的荣辱观,人是荣辱观的主体。荣辱观对人的思想行为具有鲜明的动力、导向和调节作用。"[1]荣辱观是人们明辨是非、判断美恶丑的基本价值取向,有了正确的荣辱观,人们就有了选择正确行为的导向,也就有了基本的个人道德修养的"自觉"和自我评价尺度。因而,社会主义荣辱观强化了人们的规范认同,能够从基本的道德价值评价层面凝聚更广泛的道德共识,成为构建社会核心价值观的基石。

三、社会核心价值观的构建机制

社会核心价值观一旦被社会大多数成员认可、尊重、信仰,便成为一种强大的社会凝聚力量,对利益多元、价值观多元、特征多样的社会个体发挥整合的作用,这正是社会核心价值观格外受到重视的根本原因所在。然而,社会核心价值观从来就不是自发、盲目形成的,而是国家意识形态自觉主动、大力倡导、积极培育、有意识构建的结果。社会核心价值观更多的是以文化的形态表现出来,文化成为传播、推广和构建社会核心价值观的重要渠道和平台,社会核心价值观是文化的本质内核。

一般说来,社会核心价值观总有形成、丰富、完善的过程。这个过程是漫长的、复杂的,有时甚至表现为一种强烈的社会需求。当社会处于相对封闭

---

[1]　韩震主编:《社会主义核心价值体系研究》,人民出版社 2007 年 10 月版,第 213 页。

的、平稳的状态下,人们可能感觉不到社会核心价值观的存在,因为它已经融入到社会日常生活的方方面面了,成为社会成员判断是非、决定价值取向和价值选择的观念尺度和标准了。而当社会处于变革的历史条件下,原有的利益格局被打破,多元的利益主体必然带来多元的价值观,这时的社会意识形态表现出多种文化观念、多种社会思潮的碰撞和冲突。于是,构建社会核心价值观就成为一种维护经济持续发展、社会和谐的强烈需求。社会核心价值观就从维系社会基本制度、为国家制度提供法理、伦理支撑的功能中彰显出其极端重要性,从而满足维护社会稳定、整合社会关系、凝聚社会力量的需求。社会核心价值观既是人们对于客观世界和社会本质的正确认识和把握,是对客观事物和客观规律的正确反映;它还具有满足人们的社会整合需求的价值功能。社会核心价值观是真理性和价值性的统一,是价值现实和价值理想的统一。自觉构建和培育社会核心价值观,发挥其功能作用,是社会意识形态的内在要求。

社会核心价值观的构建离不开生成、传播、认同三种机制:

社会核心价值观的生成机制

知识分子是构建和培育社会核心价值观的有生力量。知识分子是社会阶层中用头脑感知社会,习惯从社会伦理层面认识社会现象,对社会现实和未来发展提出意见和建议,倡导先进思想和优秀文化,有正义感和社会责任感的知识群体。知识分子既是社会实践的参与者,也是社会实践的反映者、思考者,更是社会核心价值观的提炼者、概括者和推广者。他们不断地与社会其他群体进行沟通、交流、对话,围绕一定社会条件下发生的某些具体事件表达对社会的意见和看法,并力图上升到理性层面做出富有体系和逻辑性的阐述,从知识、理论的层面直接参与社会核心价值观的生成过程,对社会核心价值观进行界定、概括、整理和表达,是构建社会核心价值观的生力军。

有的学者认为,"核心价值观是由知识精英界定的。这些精英自上而下地界定本民族文明的各层核心价值观,最终形成一个社会主流价值观体系。在当代社会,这些知识精英包括以下四大类人:1. 主要大学的人文和社科类教师;2. 主要政党的领导人和政府中高级官员;3. 主流大众媒体的管理者和从业人员;4. 大型企事业机构的管理者。社会主流价值体系形成后,知识精英们会自觉地群起围攻挑战这个价值体系的企图,甚至以彻底忽略抵制之"①。教师、社会科学工作者、文化工作者和文化从业人员,以及社会管理阶层中的有识之士,都是人类灵魂的工程师,对社会核心价值观的生成肩负着义不容辞的神圣使命。

知识分子群体是构建、培育社会核心价值观的"核心群体"。与知识分子群体相适应的一些社会机构,如学校、大学的人文研究院所、哲学社会科学研究机构、新闻出版部门、大众传播媒体、文艺演出团体等等,是构建、培育社会核心价值观的"核心机构"。"核心群体"与"核心机构"是社会核心价值观生成的"核心要素"。

社会核心价值观的传播机制

传播是信息的交流和分享,是人类实现思想、观念和情感等社会信息传递和交换的过程。尽管当代科技为传播插上了腾飞的翅膀,传播的技术手段先进了,传播的速度加快了,传播的内容丰富了,人们获取信息的渠道和方式发生了巨大变化,但是,传播的本质并没有改变。传播始终是借助文字、影像、图画等中介,来表达某种思想或理念的社会活动。

新闻传播是信息传播的一种。新闻传播传递的信息是新近发生的被公众所关注的具有新闻价值的社会信息。在这里,新闻信息就是用符号传递的新闻报道,是关于事物发展过程所处状态的消息。新闻传播是人类社会传播活动中的重要传播行为之一。"如果说,传播是个人或团体主要通过符号向其他个人或团体传递信息、观念或情感的活动的话,那么,新闻传播则是人们借助被称为'延伸的人体'——新闻媒体——所进行的寻求与获取新闻信息,以适应生存发展需求的能动的社会行为。"②任何行为都有明确的动机,而动机是由满足某种需要引发的。新闻传播活动既有明确的动机,含有明确的目的性和方向性,同时,还是为满足人们了解、把握所处的社会环境的变化,为提高生存质量而产生的满足精神需要的一种新闻信息传递和新闻信息收受活动。新闻信息具有时新性、显著性、重要性、接近性和趣味性的特征,新闻传播是由职业新闻工作者进行的有组织的、有秩序的传播,因而新闻传播是

---

① 潘维:《论当代社会的核心价值观》,王伟光总主编:《中国社会价值观变迁 30 年》,中国社会科学出版社 2008 年 9 月版,第 71 页。

② 童兵:《理论新闻传播学导论》,中国人民大学出版社 2000 年 1 月版,第 12 页。

一种组织化的社会传播行为。新闻传播由于影响面广、影响力大，与社会政治、经济及人们的日常生活联系十分紧密，处于意识形态的前沿，是社会意识形态的有机组成部分。

"用事实说话"是新闻传播的主要特征。新闻传播在传递新闻信息的同时，也在或公开或隐蔽地传递着价值观念和价值取向。"事实"是新闻信息的内容，而"事实"背后所表达的思想、观念，才是新闻传播者想要说的"话"。社会主义条件下的新闻传播组织有着明确的传播价值取向和价值目标，即通过新闻信息的"把关"选择，体现政治和意识形态的导向作用，旗帜鲜明地表明新闻传播组织的政治立场。社会主义新闻媒体的新闻传播过程，既是新闻信息的传递过程，也是一种宣传活动，是新闻媒体依据一定的政治准则、价值标准对新闻信息有目的的取舍和加工活动，因而它也是价值观念的传递过程。尽管不是所有的新闻信息都渗透着价值观念和价值取向，但是新闻传播的意识形态属性是十分鲜明的。"这种价值观的传播和价值判断的显示，实际上是对社会的一种价值教化即媒介的社会规范功能。"①也就是说，新闻媒体传播的意识形态属性及新闻传播的本质，与社会核心价值观功能的诉求得到了契合。

社会核心价值观功能的彰显离不开传播机制，自然也离不开新闻传媒。而新闻传媒受社会意识形态属性的制约，必然以传播社会核心价值观为己任，以构建和培育社会核心价值观作为自己的价值取向和价值目标。所以，新闻媒体作为构建社会核心价值观的重要传播渠道，发挥着其他传播不可替代的功能作用。

社会核心价值观的认同机制

价值认同表明的是一种关系，即"自我"与"他者"的关系。只有在个体的"自我"与"他者"之间存在区别的前提下，才能谈到价值认同的问题。推而广之，在"我们"与"他们"相区别的前提下，才有社会的价值认同。价值认同关系的特征说明，有差异才有认同，有认同就有差异；差异产生冲突，冲突形成认同，差异与认同相辅相成，冲突与认同相伴相生。

价值认同寻求的是某种文化的一致性或同一性，是人们对所处的社会文化环境产生的认可和归属感。文化认同是价值认同的表征，价值认同是文化

---

① 童兵：《理论新闻传播学导论》，中国人民大学出版社 2000 年 1 月版，第 50 页。

认同的核心。对社会核心价值观的认同既是一种文化认同,更是一种价值认同。社会个体层面的价值认同是指社会成员个体对身处的社会文化和社会所确立的价值观念的认可、接受或赞同;社会层面上的价值认同是指某社会共同体成员对社会文化所确立的价值理想、价值取向和价值标准的认可、接受和共享。无论是社会个体还是社会群体,都需要解决这样问题:即回答"我"、"我们"是谁,"他"、"他们"是谁,"我"、"我们"究竟往何处去的归属问题。正是在这个意义上,价值认同以文化认同的形式表现出来,体现的是文化"黏合剂"的社会凝聚功能。

自我认同是价值认同所要解决的核心问题。个体的自我认同是每个人生存、发展的前提条件,贯穿于人生的不同阶段。个体必然在明确获得社会文化的规定性之后,才能成为社会中的人,才能成为社会成员。个体自我认同的过程也就是个体的社会化过程,个体社会化的过程也就是个体自我认同的过程,这是一枚硬币的两个面,是同一个过程的两个不同侧面的反映。价值哲学认为,价值认同有四种方式:

1. 自觉认同。自觉认同是价值主体清醒的理性价值判断、价值选择活动,是对自身价值观念有意识的补充、修正和完善,是价值主体对"他者"价值观念的理性接纳、认可和赞同。当价值主体能够自觉地意识到"自我"价值观念的缺欠和不足,并通过社会实践意识到"他者"的价值观念可以修正、弥补自身价值观念的缺欠和不足时,才具备了自觉认同的条件,自觉认同才能够实现。

2. 盲目认同。盲目认同是价值主体缺乏理性的价值判断、价值取向活动,是价值主体对"他者"价值观念下意识地认可、接受。既没有理性地对待"自我"的价值观念,也缺乏对"他者"价值观念的正确判断和鉴别,是盲目认同的显著特征。

3. 诱导认同。诱导认同是在诱导者温和的方式作用下,诱使价值主体改变原有的价值观选择,使"被诱导者"不知不觉地、自觉自愿地接受、认可和赞同诱导者所倡导的价值观念的过程。这种认同的特征是和风细雨、潜移默化,看似漫不经心,实则是"润物细无声"。诱导认同注重动之以情、晓之以理、寓教于乐,而非"劈头盖脸"、"急风暴雨"、"大水漫灌"式地强迫价值主体接受。在建设社会主义和谐社会的条件下弘扬社会主义核心价值观,应该以这种诱导认同的方式和方法来推进。

4.强制认同。强制认同是在武力、强势等外力作用下,威逼价值主体强迫接受、认可某种价值观念的过程。上世纪三四十年代,德国纳粹实行灭绝人性的种族歧视政策、日本侵略中国鼓吹的"大东亚共荣圈"等行径,均属于此类。戈培尔曾扬言,"如果宣传要真正发挥效力,它的背后必须有一把利剑",就是对强制认同方式的典型注解。一个国家、一个民族的核心价值观,就是这个国家和民族的成员自愿接受、认可的精神支柱。构建社会核心价值观,并不能理解为确立无条件的、普遍有效的绝对真理,不是追求一种绝对的价值观念上的同一,而是坚持核心价值观的主导性与社会价值观多样性、多层次的动态统一。主导不意味着唯一,多样不能否定和排斥主导。所以,国家意识形态不应该以简单粗暴的方式推行某种价值观念,即便是社会核心价值观,也不能采取强制认同的方式去普及,而应通过树立全社会的共同理想来引导个体的价值取向和价值选择,引导个体的需要与社会的需要保持同一方向。

当"我"的价值认同扩大为"我们"的价值认同,就形成了社会的共同价值认同,而共同价值认同是社会成员的一种共同身份的认定,是社会成员对共同利益和共享的价值观念的一种自觉维护。将个体的认同凝聚成社会的共同价值认同,是文化的基本功能之一,是文化凝聚力的集中体现。"价值认同程度决定了文化凝聚力、民族凝聚力的强弱。价值认同程度越高,文化的凝聚力就越强,相反,价值认同越低,文化的凝聚力就越弱。"[①]通过文化认同升华为价值认同,是构建社会核心价值观的主要途径。

生成机制、传播机制、认同机制相互作用、相互影响,成为构建社会核心价值观的培育机制。

第二节　大众传播的议程设置

大众传播的高度普及和广泛渗透是现代社会的主流特征。无论是社会经济、政治、文化和消遣娱乐,无论是社会活动还是家庭生活,都与大众传播

---

① 韩震主编:《社会主义核心价值体系研究》,人民出版社 2007 年 10 月版,第 85 页。

发生着紧密的联系。社会上发生的哪些事件是重要的,哪些则不那么重要? 对发生的新闻事件如何看待? 这些新闻信息对人们的现实生活究竟有什么样的意义? 等等。大众传播都在以公开的或潜隐的方式提供"参考框架",影响着社会舆论和人们的价值选择。

典型报道作为对现实生活中有普遍性和特殊性的先进代表人物和典型性事例进行突出报道的一种新闻宣传方式,一直是大众传播的重要内容。那么,典型报道的传播对个人和社会产生怎样的影响和效果? 对社会核心价值观的构建通过怎样的机制发生作用? 有关大众传播效果的研究,为分析和回答上述问题提供了许多有益的启示,大众传播的议程设置理论就是其中的一项重要内容。

一、大众传播议程设置理论的内容

许多关于典型报道的研究认为,典型报道的新闻宣传方式忽视了受众在传播过程中的决定性主体的地位,一味强调传播者的主观倾向,才使典型报道遭遇冷落的尴尬。这样的结论有一定道理,但不是问题的根本所在。

应该明确的是,典型报道毕竟是新闻报道的一种方式,受众对典型报道接受的程度,实质是新闻传播效果问题。在以往的典型报道宣传中,由于人们赋予了典型报道太多的期待,使典型报道脱离了新闻报道所能够承载的范围,导致典型报道变成了纯粹的"政治图解",难免使典型报道走向了它的反面。为了使典型报道能够健康成长、发展,典型报道应该从"圣坛"上走下来,还原它作为新闻报道方式或新闻宣传方式的本来面目,这样才能找到典型报道遭遇窘境的真正原因,使典型报道焕发出新的光彩。忽视受众在新闻传播中的决定性主体地位,将受众置于被动接受的地位,固然是以往典型报道宣传存在的弊端,但是,新闻传播始终是有目的性的传播,受众始终是新闻传播活动的归宿,大众传播在社会生活各个领域发生的作用又越来越不可小视,在这种情形下,探索典型报道的传播效果就成为不可回避的问题焦点。

如果把典型报道置于新闻传播的背景下分析,就不能不思考这样的观点:"报纸或许不能直接告诉读者怎样去想(how to think),却可以告诉读者想些什么(what to think about)。"①(科恩)大众传播通过对某件或某些新闻事件的报道程度,会影响受众的认知和态度;受众按照大众传播所表达的对某件或某些新闻事件的重视程度,调整自己对这些问题重要性的看法;受众对某件或某些新闻事件的重视程度,会同大众传媒的报道程度、重视程度保持正比关系。这种理念就是对大众传播议程设置理论最简洁的概括。

议程设置理论是研究大众传播效果和影响的一种理论假设。20世纪70年代,美国传播学者M.E.麦库姆斯和D.L.肖在一项关于新闻报道与总统竞选的相关研究中发现,选民对当前重要问题的判断与大众传播反复报道和强调的问题之间,存在高度的对应关系。议程设置也称"议题设置",它是指大众传播在一定的时期内选择某个或某些议题,强调其重要性并进行重点报道,使这些议题受到社会舆论的关注,从而影响受众的认知和态度,使受众的判断、看法与媒体之间保持高度的对应性。议程设置理论研究表明,大众媒体所强调的关于某些新闻事件的重要性,反映在受众的意识当中也同样具有重要性,媒体对某些新闻事实强调得越多,受众对该问题的重视程度也就越高。议程设置理论的提出,得到了许多实证研究的证实。同时,这一理论再次把大众传播对受众环境认知活动的影响问题摆到了重要位置。

其实,关于大众传播对社会的影响,并不是因"议程设置"理论的提出才受到研究者重视的。所谓大众传播,是指专业化的媒介组织运用先进的传播技术和产业化手段,以一般大众为对象而进行的大规模的信息生产和信息传递、信息收受活动。大众传播的产生,是社会文明和现代传播技术发展到一定阶段的结果。从远古时代原始人口耳相传的信息传播,到大众传播媒介的出现,这中间经历了漫长的历史过程。文字的出现是人类最伟大的发明,标志着人们可以通过符号来代表周围的事物,使沟通和交流成为可能。书写工具的出现、印刷术的发明,成为人类文明进步的"杠杆",促进了传播的发展。近代、现代的科技发展,使传播借助工业化的成果得以突飞猛进。机械化印刷技术的完善,为真正意义上的报纸的诞生创造了条件。直到上世纪的二三十年代,随着通讯技术的迅猛发展,电影、无线电广播和电视的发明,人类社会步入了传播的新时代。如今,书籍、报刊、广播、电视等大众传播媒介日益

① 转引自陈力丹:《舆论学——舆论导向研究》,中国广播电视出版社1999年7月版,第78页。

成为人们生活中不可或缺的一部分,广泛普及到社会的每个角落,渗透到社会生活的方方面面,对社会产生了广泛深刻的影响。大众传播作为近代史以来最重大的社会现象,引起了诸多学者的关注。

　　上世纪 20 年代,美国新闻工作者李普曼比较早地研究了现代社会大众传播对社会环境的影响问题,他认为,现代社会发生越来越巨大和复杂的变化,使人们不可能对与他们有关的整个外部环境和众多的事物保持经验性接触,对超出自己亲身感知以外的事物,人们不得不依赖"新闻供给机构"提供的信息帮助。人的行为已经不再是对客观环境和变化的直接反应,而成为对新闻机构提示的某种"拟态环境"的反应,这种"拟态环境"就是信息环境。信息环境是社会中由个人或群体接触的信息及其传播活动总体构成的环境,是由专业传播媒介组织将对象征性事件或信息进行有目的性的选择、加工,经过再整理以后向社会展示的情景,它构成了人们感知的外部世界。这种"拟态环境"不仅制约了人的认知和行为,而且通过影响人的认知和行为来影响客观现实环境①。

　　上世纪 40 年代末,传播学的奠基者之一的 H. 拉斯韦尔提出了大众传播具有环境监视、社会协调、社会文化遗产传承的功能,揭示出人际传播、群体传播和组织传播在内的所有社会传播活动的基本功能。五六十年代,美国政治学家 B. C. 科恩在考察报刊的国际报道的影响时提出,在许多场合,报刊在告诉人们应该"怎样想"时并不成功,但是在告诉读者"想什么"方面,却是惊人地成功。所以,大众传播议程设置理论的提出,是对大众传播媒介功能研究的进一步深化,是考察大众传播对社会影响的重要理论依据。

　　议程设置理论从考察大众传播对人的认知环境的影响作用入手,有力反驳了关于大众传播影响的"无力论"和"有限论",重新揭示了大众传播对社会的影响力。人们可以深切地体会到:大众传播为人们提供新闻、信息和知识,帮助人们安排日常生活;大众传播快速便捷地反映外部世界的动向和变化,帮助人们把握所处的生存和发展环境;大众传播提供文化娱乐,丰富人们的文化生活;大众传播以信息传递、信息收受的方式沟通"你、我、他",把各个阶层、不同地域、相互陌生的人联系在一起……大众传播日益成为社会个体

---

　　①　参见郭庆光:《传播学教程》,中国人民大学出版社 1999 年 11 月版,第 126—127 页。

和群体离不开的"精神食粮"、"课本"和"纽带"。"在大众传播的时代,那些为人们共同遵守的社会规范,我们如何确定它的稳定维系和随着社会的发展而变迁,都离不开大众传播来提供'参考框架',通过有选择的信息来突出某些问题,使人们意识到什么是社会上所赞同或认可的价值、信仰与行为规范,以保证采取社会认可的行为,在社会变动的时代,大众传播可以形成社会发展的最大合力。"①在现代社会,大众传播越来越成为一种维护社会稳定和维系社会秩序不可忽视的、不可或缺的重要力量。

实际上,透过大众传播的信息服务、知识传播、舆论表达、文化娱乐等表层的功能,议程设置理论突出强调了大众传播对现代人的意识和行为产生的重要影响。大众传播的主要内容是新闻传播。新闻传播是新闻专业媒介在一定的价值标准、价值选择机制作用下,从事新闻信息的采集、制作、传递,满足受众适应生存和发展需求的社会活动。新闻传播也是一种大众传播。新闻传播以新异的事实吸引人,同时又以其自身形成的新闻舆论引导人的意识。"引导人的意识,就可以影响人的行动;引导社会意识,就可以引导社会思潮和社会行为;引导社会舆论,就可以影响社会实践和社会运动。引导人、引领社会意识和社会舆论,就可以激发、激励动员人民群众为实现自己的利益和目标而奋斗。"②这种力量是构建社会信息环境的能动性和主动性的体现,是通过构建信息环境来影响人们的认知活动从而制约人的行为的力量,这种力量是"一种改造的力量"③,是大众传播发挥其社会影响力的主要机制。

二、议程设置理论与典型报道研究的接点

"议程设置"理论假说提出之后,引起了传播学者的极大兴趣与关注。对这一理论的探讨和验证不断得到深入和展开,相关的概念及功能研究趋于明确化、精细化。根据对相关研究成果的分析与比较,其中与典型报道的深入研究有如下几个接点:

---

① 王政挺:《传播:文化与理解》,人民出版社1998年6月版,第240页。
② 邵华泽主编:《马克思主义新闻观及其在当代中国的运用和发展》,人民出版社2009年1月版,第219页。
③ 郭庆光:《传播学教程》,中国人民大学出版社1999年11月版,第121页。

——"谁设置了议程?"

大众传播是信息环境的主要构建者,这是议程设置理论传递的一个重要理念。

在议程设置理论假说提出的同一时期,英国和美国的传播学者提出的"社会现实构建理论"认为,客观现实反映在媒介上,变成了"媒介现实",而"媒介现实"有意无意地构建了一种与现实差距很大的"社会现实"。这里的"媒介现实"的提法与李普曼的"拟态环境"的提法基本相同。而后,日本学者藤竹晓进一步明确了"拟态环境的环境化"问题,他认为许许多多的"拟态事件",包括语言、观念、价值、生活或行为方式等等,最初并不见得有代表性或普遍性,但一旦进入了大众传播渠道,很快就演化为社会流行现象,变成社会随处可见的社会现实。在现实生活中,信息环境与社会现实的客观环境往往交织在一起,现实环境的"拟态"化越来越明显,有时很难对信息环境和现实环境加以区分。

议程设置理论假说从深层次涉及到大众传播、信息环境、人的行为三者之间的关系问题。在传统社会条件下,人与客观环境的互动关系是:

客观环境→环境认知→人的行为→客观环境

在大众传播时代,人与客观环境的互动发生了变化,其关系表现为:

客观环境→信息环境→环境认知→人的行为→客观环境

正如李普曼所说的那样,我们必须注意到一个共同的因素,这就是在人与他的环境之间插入了一个拟态环境,他的行为是对拟态环境的反映。但是,正因为这种反映是实际的行为,所以它的结果并不作用于刺激引发了行为的拟态环境,而是作用于行为实际发生的现实环境。在大众传播时代,人们依赖信息环境来实现对客观环境的认知,并以这种认知来支配自己的行动。信息环境是客观环境的反映,不管这种反映是正确的还是有偏差的,都对人的行为产生重要影响。大众传播对现实生活产生的影响效果,看似是媒介的功能发挥,其实是大众传播巨大影响力的体现。

大众传播是信息环境的主要营造者。"由此我们不难理解:第一,构成信息环境的基本要素是具有特定含义的语言、文字、声音、图画、影像等信息符号;第二,一系列的信息符号按照一定的结构互相组合便构成具有完整意义的讯息,大部分讯息传达的并不仅仅是消息或知识,而且包含着特定的观念和价值,它们不仅仅是告知性的,而且是指示性的,因而对人的行为具有制约作用;第三,当某类信息的传播达到一定规模时,便形成该时期和该社会信息环境的特色和潮流。"①现代社会的大众传播是大批量、大规模、大面积的传播,是借助先进科技手段的快速传播、复制传播。大众传播可以将任何信息瞬间传播到地球的每个角落。同时,大众传播具有信息传播及时、影响范围广、公开性强的特征,大众传播通过各种表现手法表现出某个或某些信息的重要性和重要程度,使之形成舆论的焦点。因而,大众传播具有其他传播类型无法比拟的强大优势,这种优势使其成为信息环境的构建者、舆论的引导者。大众传播营造的信息环境,对人的认知、人的意识和社会意识产生重要影响,从而对人的行为、社会舆论、社会思潮、社会活动产生制约作用。

典型报道是一种带着明显传播目的性的报道方式。新闻传播的目的性,就是通过一定的新闻传播媒介和传播手段预想实现的传播效果。典型报道所反映的先进典型人物,常被赞誉为"时代先锋"、"社会楷模"。先进典型人物那些感人肺腑的事迹是真实的,先进典型人物体现的时代精神是可歌可泣的。那么,在社会上传播他们的事迹、弘扬他们的精神,带动更多的人向榜样学习,就是典型报道"预设"的传播效果。典型报道能否实现这种预想的传播效果、实现传播的目的性,取决于两个重要因素:一是先进典型人物事迹的真实性,即事实的真实以及真实的事实中所蕴涵的巨大精神力量;二是大众传播的那种无处不在的巨大影响力,大众传播的影响力对典型报道的传播效果客观上起到了"放大"、"扩大"、"播撒"、"传递"的作用。典型报道所预想的传播效果,在很大程度上需要大众传播媒介功能的支持和介入,离开了大众传播媒介,典型报道的社会影响效果将会大打折扣,其传播的目的性难以实现。

从对"谁设置了议程"的问题的分析中不难得到这样的启示:

大众传播是典型报道的直接"经营者"。大众传播是信息环境的构建者、营造者,也是舆论的引导者。大众传媒传递的是信息,传递信息是传播媒介的本质属性。但是,信息是多种多样的、方方面面的,传播什么样的信息、不

---

① 郭庆光:《传播学教程》,中国人民大学出版社 1999 年 11 月版,第 126 页。

传播什么样的信息,直接取决于大众传播媒介的选择。这种传播功能,赋予大众传播以信息的"把关人"、"守望者"的社会角色。大众传播通过"议程设置",使信息自然而然地包含了传播者的价值选择和价值判断,以此构建和营造有利于传播者传播意图的信息环境,对受众解读信息、解构信息发生影响,从而制约受众对客观环境的认知,进而影响受众的行为。典型报道既是对社会现实生活的能动反映,也是中国特色社会主义主流媒体弘扬主旋律、坚持正确舆论导向常用的方式、方法。大众传播媒介成为典型报道的直接"经营者"的角色,蕴涵着社会主义意识形态对中国新闻事业的传播本质、社会功能、主要任务、社会责任等多层面的意义规定。典型报道作为大众传播的一项重要内容,它的诞生、成长和发展,具有鲜明的中国特色,体现出十分明显的"中国风格"和"中国气派"。我国主流媒体成为典型报道直接"经营者"的缘由,从新闻传播的一般规定性中找不到答案,也不能单纯用宣传学来解释,而是我国新闻媒体在特定的社会经济基础、上层建筑之间关系的作用下,新闻传播与宣传相互融合的结果。

——"议程是怎样设置出来的?"

传播效果是传播活动的中心。从传播的起始阶段就关注传播的效果,这是"议程设置"传递的又一个重要理念。

所谓传播效果,是指受众接受信息后在情感、认知、态度和行为上的反映和变化。传播效果是传播者与受传者之间关系的反映,是双方共同努力的目标,是传播活动的最终归宿。虽然传播效果在受众接受信息传播后才可能出现,但是在传播的起始阶段,传播者就已经将传播预想的效果、可能的效果、理想的效果"设置"在传播过程的各个环节之中了。传播者对传播效果的关注,则贯穿于传播活动的全过程。

"议程设置"所考察的传播效果是大众传播媒介的整体传播效果,是指受大众传播影响所产生的那种长期的、宏观的、综合的社会效果。这一理论的创始人提出的假设是:大众媒介通过日复一日的新闻选择和发布,影响着公众对什么是当前最重要问题或事件的感觉;在媒介内容议题的排序与公众的议题排序之间,存在着一种因果关系,即经过一段时间,媒介的优先议题将成为公众的优先议题①。所以,这种传播效果不是某媒介的某一次报道所产生的效果,而是众多媒介经过一段时间、对众多报道内容进行排序所产生的效果,可以说是整体媒介、整体报道基础上的效果。大量实验证实,议题设置的效果是一种普遍现象,尽管它存在着歪曲"影像"的可能,但它确是一种客观的功能效果。这种客观功能存在于大众传播媒介日常的、大量的对信息的采集、加工、传播的全过程。

考察传播效果的起点是传播者,即信息的传播主体(本位主体)。传播主体掌握传播工具和手段,决定信息内容的取舍,在信息采集、筛选、加工中作为"把门人",发挥着信息控制者的作用。从宏观方面说,作为传播主体(本位主体),大众传播媒介的信息"把关"通常受到传播环境和传播控制等多种内外因素的制约。什么是传播环境?"传播环境包括媒介生态和传播生态两个方面。媒介生态指媒介生存与运作的外部经济、政治、文化及国际环境,如经济的繁荣与贫瘠、政治的民主与专制、文化的进步与落后、社会的开放与保守、国际关系的紧张与缓和等。传播生态指新闻体制、法制、规章、社会心理等与传播密切相关的社会条件及交通、通讯、物资供应等同信息物化过程相关的物质条件。"②什么是传播控制? 所谓传播控制,是指来自传播组织的所有者、管理者、传播行业组织、媒介内部组织等因素的外部约束,以及媒介内部相关管理者、媒介从业人员的内部自我约束。从媒介的信息采集和加工的具体环节上说,"影响和制约报道内容取舍选择的因素主要有三个:第一是时空因素,即在一定的时间之内需要一定量的内容来填充版面和节目时间;第二是媒介的办报宗旨和报道方针、传播人员的新闻价值和倾向;第三是社会文化规范,即传播内容必须符合社会和受众的一般文化规范和价值标准"③。大众媒介的传播是日复一日的连续传播。媒体的从业人员要根据媒介的特点和相关要求,在日常发生的大量信息中筛选值得传播、有必要传播的信息向受众发布。而媒介从业人员信息选择的标准、指导原则,已经内化为职业习惯,渗透到信息采集、加工的环节中。"直接影响新闻传播者进行新闻选择、已内化为中国传播者习惯依据的各项因素是:第一,党性原则要求和党的

---

①　陈力丹:《舆论学——舆论导向研究》,中国广播电视出版社 1999 年 7 月版,第 205 页。

②　童兵:《理论新闻传播学导论》,中国人民大学出版社 2000 年 1 月版,第 58—59 页。

③　郭庆光:《传播学教程》,中国人民大学出版社 1999 年 11 月版,第 217—218 页。

新闻宣传工作纪律;第二,法律、法规和有关新闻传播的专门法律文件;第三,社会主导价值观;第四,新闻价值与宣传价值取向;第五,行业规范;第六,本媒介编辑方针与风格特征;第七,社会公德水准与社会心理承载力;第八,相关媒介新闻选择惯例的比较把握。"①从这些引述中可以发现,我国大众传播媒介与一定条件下的媒介生态和传播生态相关联,究竟构建什么样的信息环境、以什么样的舆论引导人们的意识,决不完全取决于媒介自身,而是取决于多种社会机制的作用,受多种条件的影响,是社会政治、经济、文化、体制、机制等多种力学关系综合作用的结果。凡是符合传播者选择原则、标准和习惯的信息,凡是符合传播媒介所有者、管理者整体利益需要、实现传播目的需要的信息,总能够获得优先安排并排在议题顺序的前列。

从对"议题是怎样设置出来的"的问题的分析中可以得到这样的启示:

弘扬社会核心价值观的新闻传播,始终处在新闻选择要素的前列,始终是大众传媒尤其主流媒介选择新闻的重要价值取向和选择标准。这从一个侧面反映了典型报道在我国新闻传播界的诞生、成长和发展过程,是由媒介所处的媒介生态和传播生态所决定的。弘扬社会主旋律、倡导社会核心价值观,既是中国共产党领导下的大众传播媒介的使命和责任,也是典型报道与生俱来所追求的传播效果。如果把典型报道纳入"议程设置"的背景下去思考,就会发现典型报道的传播者、传播内容、讯息载体、传播技巧、传播渠道、传播对象等要素和环节,都会对传播效果产生影响。典型报道的传播效果最终是这些要素、环节相互联系和综合作用的体现。简而言之,典型报道的宏观传播效果,既是社会核心价值观的功能作用在传播领域的体现,也是社会核心价值观传播机制多种作用方式的一种。

——"议程设置的本质说明了什么?"

大众传播是具有社会控制功能的信息系统,这是"议程设置"理论隐含的一个重要提示。

传播效果是一个由浅入深、循序渐进的显现过程。传播效果的形成需要经历认知、态度和行动三个阶段。认知是受众对信息的最初印象和感觉;态度是受众对信息的判断和评价,表示赞同或不赞同、认可或不认可、同意或不

① 童兵:《理论新闻传播学导论》,中国人民大学出版社 2000 年 1 月版,第 59 页。

同意等的选择；行动则表现为受众接受信息后在具体行为上的反映。传播效果形成的不同阶段，基本符合人的认知活动的基本规律，它表现为一个过程。"议程设置"理论假说所着眼的是传播效果的认知阶段，具体表现为："在认知层面，公众因为媒介的报道而意识到议题的存在；在次序层面，媒介所安排的议题顺序一般会影响公众考虑这个问题的顺序；在显著性层面，媒介赋予议题的意义（包括给予的版面位置或节目中的时间先后）一般会影响公众对这个议题重要性的认识。"①这表明，首先是公众不可能直接获得关于客观外界发生事实的所有复杂信息，只能依赖大众传播媒介。而大众传播的信息是经过筛选的、含有了传播者的价值取向和价值观念的信息，传播者的价值取向和价值观念通过对议题的先后排序表达出来，从而吸引受众把注意力引导到传播者所设定的问题上。受众在认知上有了感受，就可能影响态度；态度上的变化，就可能影响到行动。

与此同时，议程设置是还是舆论引导的起始阶段。社会主义社会的大众媒介尤其是主流媒体，肩负着引导舆论的使命和责任。而舆论引导是广泛的，既包含对信息流量的引导，也包含对信息流向的引导；既包含对受众认知、态度背后的价值观、价值取向、价值目标的引导，也包含对人的行为规范的引导。议程设置使大众传播的影响力转化为舆论引导力，通过有选择地报道新闻并通过先后排序，强调某些信息的重要性，把受众的注意力和社会的普遍关心引导到传播者特定的方面，对舆论的形成和发展方向产生影响。所以，大众传播成为具有社会控制功能的信息系统，是实现社会控制的一个不可忽视的重要因素。

议程设置暗含了大众传播媒介在社会结构中的位置及功能作用的问题。这一问题涉及大众传播媒介与社会结构的关系，与社会发展的关系等宏观的、综合性的理论问题。所谓社会结构，泛指某社会制度下各基本成分之间的关系，具体说就是社会的生产力、生产关系（经济基础）、上层建筑等基本要素组成的统一体。媒介功能理论研究认为，作为一种组织而存在的大众传播媒介，已经在现代社会结构中占据了"神经中枢"的位置。在现代社会，"大众传播可被列为社会结构中不可或缺的组成部分。没有这一组成部分，我们所

---

① 陈力丹：《舆论学——舆论导向研究》，中国广播电视出版社 1999 年 7 月版，第 79 页。

知的现代社会将无法继续"，它"不仅影响我们社会的每日运转"，而且还能够对"社会平衡做出某种贡献"①。在今天看来，没有大众传播的社会简直是不可想象。

　　大众传播对社会具有构建的力量，这种力量主要来自大众传播的功能。大众传播媒介采集信息、加工信息和发布信息，表现为对信息的垄断和掌控。信息是现代社会的一种资源，对信息的掌控，就是对资源的掌控。大众媒介通过对信息的掌控，使自身处于社会结构中的"牵一发而动全身"的位置，其功能在于通过信息的流通促进社会互动，进而构建社会关系。"传播是互动和社会过程的实际工具，它使互动和社会关系成为可能，并进而使社会成为可能，它既是社会延续的机制，又是社会变革的机制。因而此基本机制的社会职能部门大众传播媒介则是'促进社会互动的唯一权威组织'。"②也就是说，大众传播看似为相对独立的行业，但它的功能作用已经广泛渗透到了社会各基本要素的机制之中。大众传播的机制能够使社会各基本要素、各组成部分之间互动、沟通，使其整合在一起。现实生活中的社会力量往往以大众传播的力量表现出来，从而掩盖了社会各要素之间运作机制的本来面目。正因如此，任何社会占社会统治地位的执政集团，都对大众传播给予特别的重视，"政治媒体化"与"媒体政治化"就成为现代信息社会一种必然的传播现象。

　　问题还在于，大众传播并非以强制的手段逼迫受众接受，而是使受众以自愿接受、有选择接受、定向接受、固定接受等多种接受方式，获取信息。受众对信息的主动需求，为大众传播提供了不竭的动力。受众对信息的需要，是确定自己的社会角色、获取社会认可的社会实践需要，表现为个体的自我认同过程。如上所述，个体自我认同的过程也就是个体的社会化过程；个体社会化的过程也就是个体自我认同的过程。这是社会实践或社会现实生活在每个社会成员思想意识中的必然反映。毫无疑问，议程设置在有针对性地满足受众需要的基础上，潜移默化地渗透进了社会控制的要素。这些要素以什么方式、什么程度、什么方向体现在大众传播功能的运作之中，完全是社会

　　① ［美］梅尔文·德弗勒、鲍尔·洛基奇：《大众传播学绪论》，杜力平译，新华出版社1990年版，第36页。
　　② 申凡等：《传播媒介与社会发展——媒介功能理论研究》，人民出版社2008年12月版，第253页。

政治、经济、文化等多种因素关系发生复杂作用的结果,并非以大众传播媒介本身的传播意志为转移。

从对"议程设置的本质说明了什么"的问题的分析中可以得到这样的启示:

大众传播是具有社会控制功能的信息系统,这个系统的功能的发挥对维护社会的稳定与正常秩序具有十分重要的意义。仅从对受众认知层面的影响来说,有了认知才能形成态度,而有了态度才能有行动,而大众传播正是在认知层面直接影响受众,进而影响受众的态度,再进而影响受众的行动。当然,由认知到态度,再到行动,是一个复杂的反映过程,是以基本的逻辑常识来作为假设的。"思想是人类行为之本,感情是人类思想的根源;而决定人类躯体和存在的乃是人类的无形的精神世界。"①具体到社会的每个成员、每个群体,甚至在不同的社会发展阶段,这个过程所体现出的特征会存在差异,但是,人的行动总是靠思想支配的,行动的背后是思想意识的能动作用,而思想意识则由社会环境决定,其中包括社会经济、政治、文化等环境因素的影响和制约。

议程设置强调的是对受众认知层面的影响,通过大众媒介引领、疏导、吸引受众的注意力,引导社会的个体、群体以至社会整体的认知走向趋同。而这一传播趋势,正与社会核心价值观功能的要求相契合,成为社会核心价值观传播机制中最重要的组成部分。况且,议程设置理论假说对大众传播日久天长的潜移默化、润物无声、循循善诱、受众自愿接受等传播特征给予了暗示性的揭示,对思考典型报道的传播效果、把握典型报道推出的频率、扩大典型报道的社会舆论功能等问题,具有重要的理论参考价值和应用价值。

当然,议程设置只是研究大众传播效果的视角,并不能说明议程设置具有某种神秘的力量。在信息社会,大众传播已成为社会环境的组成部分,对社会政治生活、经济生活、文化生活等产生巨大的影响。但是,从根本上说,大众传播包括传播者、传播内容、信息载体、传播技巧、传播渠道、传播对象等要素和环节,都由社会的经济关系、政治关系等社会客观条件所决定,都属于社会意识形式。大众传播不是凌驾于其他社会基本要素之上的"独立力量",而是一种服务社会的舆论力量。所谓大众传播"引导的力量"、"构建环境的

---

① [英]托马斯·卡莱尔:《论英雄、英雄崇拜和历史上的英雄业绩》,周祖达译,商务印书馆2005年3月版,第3页。

力量"、"改造的力量"等等,也仅是限于大众传播作为社会信息系统的功能而言。大众传播的社会影响力,有可能是正面的,也可能是负面的,这种作用的两种可能性,也证明了大众传播不可能脱离其他社会基本要素的制约而独立存在。正如有的研究者指出的那样,大众传播并没有随心所欲设置议程的能力,议程设置的力量是有限的。

第三节 典型报道的价值功能

新闻媒介是一种机构、一种组织、一种事业,是按照一定的结构、功能、规则和机制运作的社会舆论机关。新闻传播以其分布广泛、影响大的报纸、期刊、电视、电台、通讯社、互联网络等媒介组织构成媒介机构,媒介机构专门从事各种新闻信息的传播活动和经营管理活动,由此构成新闻传播事业。新闻事业处于社会意识形态领域中的最前沿,是上层建筑领域具有特殊战斗力的重要团队。

新闻事业由社会存在和经济基础决定,对社会存在和经济基础具有能动的反作用。新闻事业的这种能动性、"反作用",就是新闻传播事业的社会功能。这种功能主要体现在六个方面:"一是作为一种社会意识形式,对社会存在和社会生活具有能动作用;二是报道新近的事实吸引人;三是新闻舆论引导人;四是新闻媒体反映今日社会各方面,可以全面作用于社会;五是新闻传播及时快捷,直接作用于现实世界;六是新闻工作者的主体性可以选择题材、提炼主题、突出重点,有目的地有针对性地作用于当今社会。"[①]当然,确定新闻传播的社会功能可以有多个视角,如政治的、经济的、社会结构的、社会心理的等等。从传播的基本职能来分析新闻事业的社会功能,则有助于我们把握新闻传播的本来面目,有助于发挥新闻传播的能动性。

一、典型报道的信息功能

典型报道是新闻媒介的重要新闻宣传方式。所谓功能,是指事物或方法所发挥的作用。典型报道的价值功能,指典型报道这种新闻宣传方式在新闻

---

① 邵华泽主编:《马克思主义新闻观及其在当代中国的运用和发展》,人民出版社 2009 年 1 月版,第217—218 页。

传播中所产生的社会作用和效能。典型报道的价值功能,既是新闻传播社会功能的反映,也是新闻意识形态的属性在典型报道这种报道方式上的集中体现。价值功能有正功能和负功能之分,这里所说的是典型报道价值的正面功能。

传播新闻信息是新闻传播活动的核心功能。传播新异信息是新闻传播的特质,满足人的信息需求是新闻传播的动力,报道新近事实、再现事实真相、提供最新信息是新闻传播最基本的功能。信息是所有事物存在的方式和运动状态及其表述,新闻信息是新近发生的为公众所关注的具有新闻价值的社会信息。新闻信息作为一种社会信息,是物质载体和精神内容的统一、主体和客体的统一、符号和意义的统一。

典型报道传播的信息是最新的引人注目的事实的公开信息。事实,就是指事情的真实情况,包括事物、事件、事态,即客观存在的一切物体与现象、社会上发生的新异的事情、不平常的变化及态势。事实是新闻传播的逻辑起点。先有事实,而后才有新闻和新闻传播活动。同样,先有典型人物及其典型意义的事实,而后才有典型报道。典型报道传播的信息同样具有新闻的客观性、真实性、新鲜性、新异性、及时性、传播性的特征。

比如,《邓稼先:埋名戈壁 28 年》①,叙述了邓稼先的人生经历和他为中华民族核武器事业作出的卓越贡献,歌颂了邓稼先的奉献精神。在这篇报道不到 1500 字的事实叙述中,新闻事实的时间跨度长达半个多世纪,其中透露出许多鲜为人知的信息。不仅报道了邓稼先的人生经历,还报道了他因公殉职的具体原因,而且引用邓稼先的挚友、世界著名物理学家杨振宁和张爱萍将军的话语,对邓稼先为民族核武器事业所作出的贡献,以及邓稼先身上所体现的崇高精神品格,给予了充分的肯定。报道也从另一个侧面反映出我国核武器发展的历程。在当时,这些内容涉及国家的核心机密,局外人根本无法知道。现在,尽管时间已经久远,报道的内容已可以公开,但还是让很多人感到新鲜。

再比如,中国农村妇女中普通的一员申纪兰,半个世纪的参政议政注定了她不平凡的人生历程。申纪兰 18 岁时嫁到位于太行山脉一个峡谷中的山

---

① 黄小坚撰,原载《人民日报海外版》2009 年 6 月 9 日第 6 版。

西省平顺县西沟村。20世纪50年代初,在当时红遍全国的劳动模范李顺达倡议下,西沟村创办了"金星农牧生产合作社"。申纪兰走家串户动员妇女出工下地,积极联络了10多名姐妹加入互助组,她当选为农业生产合作社的副社长。她提出妇女不仅要和男人享受一样的工作权利,还应该得到相同的报酬,在全国引起了强烈反响。申纪兰这一行动不仅标志着妇女地位的提高、妇女劳动得到了尊重,同时她也被誉为现代中国农村争取"男女同工同酬"第一人。2008年1月23日这一天,在刚刚结束的山西省十一届人大一次会议上,"人大常青树"、79岁高龄的申纪兰又一次光荣当选第十一届全国人大代表。共和国历史上唯一的一至十届全国人大代表申纪兰,在步入耄耋之年又续写了传奇,刷新了自己的"红色纪录"。一位普通的农村妇女在共和国的历史上连续当选全国人大代表,这是具有新闻价值的信息。从这样的新闻信息中,不仅受众可以了解到人民代表的风采,而且还从一个侧面了解到人民代表的职责和人民代表履行职责的全过程。申纪兰"成为我国连续当选全国人大代表的第一人"的事实,通过新闻报道得到了反映,变成了新闻信息,而这个信息具备了时新性、重要性、显著性、接近性等新闻价值要素,其报道具有了新闻价值。

由此可见,典型报道传播的信息是一种新闻信息,具备新闻信息的所有特征,而并非像有的人所说的"大量的典型报道完全不是新闻"、"较少或甚至没有新闻性"。正因为典型报道具有新闻性,才有了传播的价值,才有可能获得传播效果,发挥其应有的价值功能。换句话说,典型报道陷入窘境的原因不在于强调了传播者的主观倾向,也不是因为忽视了受传者在传播中的主体地位,而关键在于把典型报道的信息功能放在什么位置。如果把典型报道的信息功能放在首位,强调典型报道的新闻传播属性,强调典型报道作为新闻报道的一种方式,那么,典型报道就有强大的生命力,就有广阔的发展空间。相反,如果仅仅认为典型报道是一种教育的手段、政治的"图解"、说教的翻版,那么,就很可能使典型报道脱离了新闻信息的基础功能,脱离了吸引受众的前提条件,陷入窘境就难以避免。

尤其值得强调的是,新闻媒介及其传播的信息具有突出的认知功能。新闻传播活动本质上属于一种社会认知活动,新闻是人的意识对客观世界的能动反映。新闻媒介传递的信息反映了周围世界的变化,能够帮助受众了解当下自然界、人类社会以及世界、国家、民族发生的新异事情,了解社会各方面、各领域的新变化、新进展。受众对新闻媒介信息的需求,既需要一定的数量,也需要一定的质量。受众既有"欲知"的需求,更有"应知"的愿望。一般说来,典型报道主要是关于"人"和"事"的新闻报道,而典型报道中的"人"和"事",既有特殊性的意义,也有普遍性的意义。受众从典型报道中可以获取到大量有助于自身"如何生活、如何生活得更加有意义"的思考和参照,从"人生意义"的深层次角度,满足"欲知而未知"、"应知而未知"的精神需求。受众从典型报道传播的新闻信息中可以获得有价值的生存参照,有助于调整、矫正、完善自己的价值观念、价值追求和生活方式,提高生存能力、适应能力和创造能力,实现人生价值理想。

不仅如此,典型报道所包含的新闻信息涉猎领域广泛、反映内容丰富、表达情感充分,有许多其他信息不具备的特点。

首先,典型报道具有新异的吸引力。典型报道反映社会各个领域、各条战线的先进人物的典型事迹,既展现时代先锋、社会楷模的非凡业绩和崇高精神境界,也反映出社会的时代精神和思想风貌。典型报道将报道的对象置于一个特定的职业背景、历史背景之下,以先进典型和模范人物的坎坷经历、辉煌业绩、精神磨砺以及该领域的发展现状等,全面、清晰地展现给受众,给受众以新异的信息感受。"两弹元勋"邓稼先,为了民族的核武器事业他隐姓埋名 28 年,克服环境恶劣、条件艰苦等常人难以忍受的困难,最后因核辐射使身体受到伤害,将自己的青春年华、知识和智慧,直至宝贵的生命都献给了国家和人民,这样的知识分子同样是民族的英雄。他的一生闪烁着中华民族传统美德和优秀知识分子高尚品质的光辉。他不平凡的业绩和人生经历,对任何一个有良知的中国人来说,都是一种吸引和感动。

其次,典型报道具有认知的穿透力。典型报道传递的信息以事实为依据,为受众感受、认知社会提供了形象、生动的图画,对思考个人的价值理想、价值选择、价值追求、实现价值目标等具有直接的参考价值。2001 年 7 月,解放军报记者经过深入采访,连续刊发 8 篇《品味范匡夫》①的系列报道,通过对浙江军区副政委兼金华军分区政委范匡夫的平常心、平常事、平常话的"品

---

① 《解放军报》2001 年 7 月 30 日—8 月 8 日。

味",树立了一个为官处事、立身做人的廉洁、正派的党员领导干部形象,用"有品位"也值得"品味"的事实回答了社会上对反腐败的种种疑虑。

再次,典型报道具有情感表达的震撼力。典型报道是对先进人物和典型事迹的报道,在新闻报道形式中属于人物通讯类,而人物通讯有情节、有情感,通过对先进人物及发生在先进人物身上的新闻事实有叙述、有描写的真情表达,读者受到感情上的震撼,激起感情的波澜,从而产生情感和认知上的共鸣。临安市《今日早报》2005 年 11 月 14 日以《大一男生,背起母亲上大学》为题,报道了浙江林学院 19 岁的大学生刘霆,在父亲"一个人走了"的情况下,身背患尿毒症的母亲上大学的事迹。报道用大量的细节描写,展现了当代大学生的优良品德,传递了一种高尚的人间真情,深深感动了受众。

典型报道传递的新闻信息所具有的特点,决定了典型报道的认知功能更容易被受众认可和接受。而那种没有新闻信息的新异性、没有认知的穿透力、缺少情感表达的典型报道,就很难被受众认可和接受。

二、典型报道的舆论功能

舆论功能是新闻的重要社会功能之一。新闻媒体既是传播的工具,也是舆论的工具,新闻舆论是新闻事业能动性的集中体现。马克思有一个著名的论断:"报纸是作为社会舆论的纸币流通的。"[1]坚持正确的舆论导向,是社会主义新闻事业的灵魂和根本。

舆论,是公众对社会公共事务公开表达的态度、看法、评价、情绪和倾向性意见,属于人的主观意识范畴。舆论常常以芜杂、感性、自发的状态出现,是公众意见的汇集,又是公众情绪的反映。不能说所有的舆论都具有意识形态特征,只有经过整合的、高度条理化的、理性的倾向性意见,才具有比较明显的意识形态特征。信息传播是新闻传播社会功能的核心,在这一基础上,新闻传播才具有舆论引导的功能。马克思、恩格斯在创办《莱茵报》时认为:"报刊最适当的使命就是向公众介绍当前形势、研究变革的条件、讨论改良的方法、形成舆论、给共同的意志指出一个正确的方向。"[2]可见,在传播新闻信息的基础上"给共同的意志指出一个正确的方向",就是新闻传播的"舆论导

---

① 《马克思恩格斯全集》第 10 卷,人民出版社 1998 年版,第 232 页。
② 《马克思恩格斯全集》第 43 卷,人民出版社 1982 年版,第 489 页。

向"，舆论导向是新闻传播重要的价值功能。

新闻舆论是社会舆论的组成部分，是反映舆论与引导舆论的辩证统一。社会舆论的主体和内容是多元的，表现形式和传播渠道也是多元的。社会舆论的形成需要经过选择、交流、探讨、争论、影响、渗透等多种多样互动的复杂过程。新闻舆论对社会各个领域新发生的事实进行反复选择、连续不断的报道，渗透着一定的倾向性意见，对受众产生影响。传播者借助客观事实的报道，有意识、有目的地向受众传递价值选择、价值评价的倾向性意见，以引导公众舆论向有利于舆论引导主体所代表的利益方向发展。新闻舆论影响社会舆论，通过对社会舆论的影响，使社会舆论按照引导者预期的目标和方向发展。新闻传播者的这种影响力，就是新闻舆论的引导能力。新闻舆论以大众传播媒介作基础，传播的新闻舆论必然代表一定的社会成员和社会群体的倾向性意见和态度，并且在强大传播力量的作用下，必然使这部分社会成员和群体的意见、态度在社会舆论中占有主流和主要的位置，具有更加明显的舆论优势。

在一定的条件下，新闻媒体的褒奖和谴责有精神上的、道义上的影响力，表现为一种普遍的、影响巨大的舆论力量。新闻舆论的影响力对社会舆论的作用，其价值功能实现的前提是正确反映社会公众舆论、正确表达公众舆论。新闻舆论越是对公众舆论反映得真切、深入、生动，越能代表社会大多数社会成员和群体的意愿，就越有公信力和权威性，就越能在社会舆论中占据突出的位置、发挥巨大的影响作用，从而对社会的发展和进步起到积极的促进作用。正如胡锦涛指出的那样："舆论引导正确，利党利国利民；舆论引导错误，误党误国误民。"①反映舆论不是目的，重要的是反映正确的舆论，使"共同的意志"向着有利于党、有利于国家、有利于人民的正确方向发展。

典型报道作为新闻报道的一种方式，它通过反映具有代表性的典型人物的事实，以新闻媒介较强的舆论态势强势传播、营造一种社会舆论环境，发挥对社会舆论的引导作用。在新闻宣传中，典型报道是一个系统工程，是典型选择、典型传播、典型推广活动的总称。典型报道选择的典型是可信的，因为选择典型遵循以事实为依据，选择的典型为社会所承认，具有广泛的群众基

---

① 胡锦涛：《在人民日报社考察工作时的讲话》(2008 年 6 月 20 日)，人民出版社 2008 年 6 月版，第 4 页。

础;典型报道的典型是可亲的,因为典型从现实生活中来,带着浓浓的生活气息;典型报道褒扬的典型是可爱的,因为典型是有血有肉、有情有义,不仅爱憎分明,而且感情丰富,是现实生活中的普通人;典型报道宣传的典型是可敬的,因为先进典型富有时代精神,体现出超越平凡的精神境界,具有非凡的人格魅力;典型报道推广的典型是可学的,因为先进典型人物集中体现了社会真善美的价值理想,具有强烈的感召力,成为社会的楷模。所以,可信、可亲、可爱、可敬、可学是典型报道追求的舆论效果,也是典型报道本身具有的社会影响力。

　　典型报道是舆论引导的重要方式。典型报道通过媒介的议程设置影响公众议程,形成社会舆论热点,引领社会舆论走向。典型报道热情讴歌时代精神、大力弘扬时代主旋律,热情赞扬具有社会典型性的真善美的事物,一直有着重要的传播影响力。1979 年,新闻媒体推出《要为真理而斗争——优秀共产党员张志新同林彪、"四人帮"进行殊死斗争的事迹》,在社会上引起强烈反响,为当时的思想解放营造了浓厚舆论氛围,对"拨乱反正"起到了有力的推动作用。1982 年 7 月 11 日,解放军第四军医大学学员张华,为抢救一位老农而英勇牺牲,成为又一个舍己救人的典型。当时的各新闻媒体做了大量报道。由于处在改革开放初期,人本思想开始复苏,自我意识、主体观念刚刚觉醒,社会上有人对大学生舍身救老农的做法表示怀疑,认为"不值得"。《文汇报》就此在报纸上展开讨论,报社收到稿件 5200 多篇。经过讨论,正确的人生观、价值观得以弘扬,极端个人主义的思潮受到社会舆论的谴责,有效地引导了社会舆论向正确的方向发展,从而证明,"新闻舆论的引导是社会最高形式的社会引导"①。

　　进入新世纪、新时期以来,主流媒体的典型报道越来越显示出强劲的舆论影响力,对社会舆论起到了越来越明显的引导作用。国内主流媒体在中央宣传部门的领导和统一指挥下,强势推出了一大批闪耀着时代精神的对模范英雄人物的典型报道,他们的名字在神州大地唱响,他们的形象深入百姓心中,为广大干部群众、广大劳动者树立了学习的榜样,为中国特色社会主义建设事业提供了强大的精神力量。主流媒体的典型报道高潮迭起,每一个重大

---

① 王雄:《新闻舆论研究》,新华出版社 2002 年 12 月版,第 116 页。

典型的推出，都形成一段时间内社会舆论的热点、受众关注的焦点，成为社会热议的话题，营造出弘扬时代精神、唱响主旋律的浓厚舆论氛围。

三、典型报道的教育功能

新闻传播具有普及教育、传播知识的功能。这种功能的实现，使得新闻传播事业成为"人民生活的教科书"。"新闻传播事业的这种传授知识、普及教育的功能，主要通过两种方式实现：其一，在报道新闻时，加入必要的知识性材料，这些材料一方面便于受传者更好地理解、领会新闻报道；另一方面也使受传者在获知新近发生的事实的同时，获得有益的知识，得到一定的教育。新闻报道的这种知识性内容，称为新闻的知识性。其二，新闻媒介中设置专门的知识性专栏和节目，开办知识讲座，或者由媒介机构独立或同其他机构合作开办广播电视大学、教育辅导培训班等，直接向新闻受传者以至社会公众传播知识，普及科学、技术和文化教育。"①新闻传播的教育功能是新闻信息传播核心功能的延伸、派生。

典型报道的教育功能突出体现在思想道德教育上，重在引导人们树立正确的世界观、人生观和价值观。2010 年《意林》杂志社编辑出版了《中国人的年度精神史诗——CCTV 感动中国人物特辑 2000—2009》，特辑收集了一百多位各行各业先进典型人物的感人事迹。杂志的封套上有这样一段文字：

"他们可能身份各异，经历不同，或许不为人知，或曾见诸媒体，但他们都有共同的一点：拥有震撼人心的人格力量。每年都有这样一群人感动着我们，同时，也激励着我们。因为有了他们的故事，公众的心灵被一次次打动；因为有了他们，公众的世界被一次次照亮。"

生活中，总有一种力量激励我们前行，总有一种力量震撼我们的心灵。对大多数人来说，这种震撼的力量基本来自大众传播媒介的典型报道。而激励和震撼就是一种教育和引导，是一种用其他教育方式不可替代的社会教育。思想教育的核心是理想信念教育，社会主义荣辱观是思想道德教育的核心内容。典型报道并非有意介绍专门的知识，也不是泛泛地、空洞地进行思想道德的说教，其中为说明新闻事实而介绍的知识性材料也很有限，但是，典

---

① 童兵：《理论新闻传播学导论》，中国人民大学出版社 2000 年 1 月版，第 129—130 页。

型报道带给受众的思想道德教育是丰富的、鲜活的、生动的。这是因为,典型报道的内容涉及的是人生的课题,是从社会的角度来评价、鼓励、赞扬、褒奖一个人的言行和人生轨迹,其中强烈渗透着价值取向、价值标准、价值理想的倾向性意见。典型报道透过先进典型人物的个人经历、事例、贡献、业绩等,倡导一种人生观、价值观,弘扬时代精神,唱响"主旋律",从而"给共同的意志指出一个正确的方向"。因而,典型报道的教育功能体现的就是树立榜样、塑造楷模。

从新闻传播普及教育、传播知识的功能角度来看,典型报道的特征主要体现在:

一是深刻的人生哲理。典型报道所反映的先进人物,基本涵盖了社会的各个阶层和主要领域,他们或是为社会进步作出了杰出贡献,或是获得重大荣誉而引起社会的广泛关注,或是在平凡的岗位上创造出不平凡的业绩,或是个人在生活、家庭、情感、行为中的表现特别突出,体现了中华民族传统美德和良好的社会风尚,他们从不同的侧面和角度以生动、感人的事实揭示出人生的意义。

尽管社会成员所处的社会层面不同、受教育程度不同,但是都会自觉不自觉地思考生活的意义,寻求自己的人生道路,追求各自人生的价值。探索人生价值是人的内心精神需求。"我是谁?""我从哪里来?""我将要到哪里去?""人生该怎样度过?"之类的问题,是人的意识中最原始的冲动,对生命意义的追问和思考伴随着每个人的人生旅途。而典型报道中的先进人物都以他们不同的人生经历,对生命的价值、人生的意义做出了生动的诠释。比如,甘当"螺丝钉"、把有限的生命投入到无限的为人民服务之中的雷锋;敢学女娲补天残、身残志坚的张海迪;"宁愿一人臭,换来万户香"的普通淘粪工人时传祥;坚信"人生在世,'奉献'二字"、分忧解难为民众的吴天祥;由一名码头工人成长为教授级高级工程师、享有"抓斗大王"美誉的包起帆;心系华西、缔造"天下第一村"的带头人吴仁宝;信仰坚定、讲坛耕耘苦求真的方永刚;一个人一匹马、翻山越岭20年的高原信使王顺友;用一粒种子改变了世界的"杂交水稻"之父袁隆平;带着捡来的妹妹求学12年的大学生洪战辉;等等。这些典型人物有的是普通工人、农民、战士、学生,有的是业界精英,还有的是学术权威、领导干部⋯⋯这些典型人物的感人事迹,源于典型人物的人生态度和对人生的透彻感悟,折射出探索人生价值的思想光辉。在他们身上,人们可以深刻体会到人生的意义、生命的价值,对人们理解生活、认识人生的意义,富有深刻的哲理启迪。正如网友所说:"一首人生歌,一段人生路,感动着我们,教育着后人,留给了历史。每当读到、每当想起英模们坚持对党对国家对事业对人民的忠诚与热爱、奉献与追求,都是一次心灵洗礼,禁不住潸然泪下。认真反思,和英模们相比,我们为国家、社会做了些什么? 我们的人生价值该怎样体现?"①(新华网友康双伏)典型报道的人生哲理意义也正是这样体现的。在接触正面典型报道之后,受众在探索人生价值层面上的精神需求能够获得满足。与高尚的人相比较,产生一种敬仰之情,这种精神活动是人的社会化的自觉,是培养高尚道德情操的原始冲动。"在人们的胸怀中,没有什么比这种对高于自己的人产生的敬仰更高贵的感情。"②而具有深刻的人生哲理,带来人生意义的思考和启迪,是典型报道最具个性的价值功能体现。

二是明确的价值取向。正面典型报道是对真、善、美的歌颂,是对高尚精神境界和人格理想的赞扬。说到底,典型报道是对社会核心价值观的弘扬和传播。新时期的先进典型人物出现了多层次、多样化的趋势,典型报道的价值取向也呈现多样化,这是可喜的新变化。一方面,生活是丰富多彩的,时代是发展变化的,人们的精神需求是多种多样的,典型报道的多层次、多样化是新闻报道贴近生活、贴近实际、贴近群众的结果,是典型报道的传播者不断探索、不懈努力的结果;另一方面,典型报道价值取向的多样化是由社会环境发生的变化所决定的。在社会转型的特定历史时期,人们思想活动的独立性、选择性、多变性和差异性明显增强,社会思想活跃,人们的价值观也呈现多样化趋势。只有多样化的典型人物体现了新闻接近性的特征,才能够契合多层次、多样化社会成员的精神需要。现代社会越崇尚个性、价值取向越多元,越需要有被社会认同的共同价值标准。先进典型人物所凝聚的精神,彰显出当代社会倡导的价值观和价值取向。

新时期典型报道唱响的是热爱党、热爱祖国、热爱人民的主旋律、时代的

---

① 《100 位为新中国成立作出突出贡献的英雄模范人物 100 位新中国成立以来感动中国人物》,人民出版社、学习出版社 2009 年 10 月版,第 408 页。

② [英]托马斯·卡莱尔:《论英雄、英雄崇拜和历史上的英雄业绩》,周祖达译,商务印书馆 2005 年 3 月版,第 33 页。

最强音。先进典型人物所体现的崇高精神是"忠于祖国、热爱人民,追求真理、坚持理想,艰苦奋斗、敢于胜利,锐意进取、开拓创新,淡泊名利、无私奉献"[①]。其中"忠于祖国、热爱人民"是先进典型人物的根本立场,是激励社会成员为国家富强、民族复兴而努力奋斗的力量源泉;"追求真理、坚持理想"是先进典型人物的理想信念,是创造非凡业绩、为社会作出贡献的思想基础;"锐意进取、开拓创新"是先进典型人物的优秀品格,是激励社会成员提高自主创新能力、建设创新型国家不竭的精神动力;"淡泊名利、无私奉献"是先进典型人物的高尚情操,是激励社会成员服务人民、奉献社会的道德支撑。先进典型人物所体现出的这些崇高精神,既是典型报道所倡导的价值取向,还是对社会核心价值观的诠释和弘扬。也就是说,典型人物的具体行为和感人事迹,对受众起到了认知层面的吸引和注意,受众也很清楚,先进典型并不是单单属于社会的某个群体、某种行业,先进典型体现的精神是全社会倡导的精神,先进典型体现的价值观、价值取向是全社会倡导的价值观、价值取向。

典型报道对受众的教育,并非简单地让受众直接效仿先进典型的行为,而是通过感受、认知、态度等层面,使受众能够对先进典型的精神实质有所感悟和认同。受众接受典型报道的程度,以及典型报道如何改变受众的认知、态度,进而转化为学习、效仿先进典型的实际行为,需要经过许多复杂的中间环节,受多种复杂因素的影响。

三是鲜明的时代精神。时代精神体现社会发展方向,引领时代进步潮流。时代精神是指一个社会在最新的实践中激发出来的具有民族特点的普遍精神风貌和优秀品格,是一种超越个人的共同的集体意识。时代精神反映一个时代社会发展变化的进步潮流,并代表着社会大多数成员共同的心愿、意志、规范、价值取向和精神追求,是激励一个国家和民族发奋图强、实现民族伟大复兴的强大精神支柱。民族精神是民族文化最集中的本质体现,时代精神与民族精神相辅相成、相融相生,二者统一于中华民族的精神品格之中,是社会核心价值体系的精髓,构成社会主义核心价值观的重要组成部分。

体现和反映时代精神是典型报道的使命,也是典型报道主要的价值功

---

① 李长春:《在"双百"人物代表座谈会上的讲话》,《人民日报》2009 年 9 月 15 日第 2 版。

能。不同历史时期的典型报道都铭刻着时代的烙印,都集中体现了所处时代的精神特质。典型报道诞生初期,抗日战争正处于十分艰苦的阶段,这时的典型人物多以普通民众为主,弘扬的是不怕牺牲、吃苦耐劳、任劳任怨、勤勤恳恳的时代精神光辉;中华人民共和国成立后,国家开始大规模的经济建设,这个时期的典型人物多是在工业化、合作化进程中涌现出的先进人物,典型报道歌颂的是艰苦奋斗、埋头苦干、克己奉公、忠于职守的时代精神潮流;当时代的脚步迈入改革开放时期,典型报道的先进人物出现了多层次、多样化特征,典型人物既有生产一线的工人、农民等劳动者,也有知识分子和领导干部,还有在平凡的岗位上做出不平凡事迹的普通市民,他们身上体现的是解放思想、实事求是、勇于改革、大胆创新、爱岗敬业、开拓进取、探索新路、追求卓越、关爱他人的时代精神风貌和精神品格。

典型报道体现鲜明的时代精神,标志社会主流前行的方向和指向,具有鼓舞人、激励人、引导人、教育人的显著功效。正因为典型报道的这种特殊教育功能,才使得典型报道成为主流媒介的"重头戏"、"拳头产品",一直备受瞩目而长久不衰。当然,也正因为如此,典型报道具有浓厚的政治色彩,集中体现出新闻传播的意识形态属性。

所以,典型报道在反映人生哲理、倡导社会主流价值取向、弘扬时代精神主旋律方面,具有其他新闻报道方式不可比拟的优势。典型报道的这种教育方式具有广泛性、长期性、形象性、随机性、渗透性的特点。当然,典型报道的教育功能也只能体现在对受众的认知层面的影响上,而赋予典型报道更多的教育功能,只能属于超越新闻传播功能之外的主观愿望。

四、典型报道的文化功能

文化既是人所创造的文明成果的物化,也是人自身的进化能力;既是人的精神活动,也是人的生存和发展方式。"传播活动的本质,是人的精神活动,传播媒介是现代物质运动、制度沿革、意识进化的产物。因此,传播活动是一种文化现象,是最重要的由人类创造力支配的文化现象,是最广泛、最重要、最具文化质态的社会行为之一。"①当代新闻传播媒介突飞猛进的发展,是

---

① 童兵:《理论新闻传播学导论》,中国人民大学出版社 2000 年 1 月版,第 110 页。

建立在人类创造的物质文明和先进科学技术基础之上的,媒介文化就是这种"人为"的结晶。

　　媒介文化是指文化的质态,是由新闻传播形成的一系列文化现象、文化活动和文化制度的统称。媒介文化的内涵是新闻文化,新闻文化属于社会大文化系统中的亚系统①。新闻文化以新闻作品为标志,区别于图书、音乐、电影、戏剧等文化质态,以其特有的传播形式满足受众的文化需求。从这个意义上说,典型报道是以新闻作品的形态出现的,它反映社会生活的各个领域、各个层面的先进人物,在新闻主流媒介的新闻传播中占有重要地位,对社会产生广泛、深刻的影响,其自身又具有新闻的表现力、文化的感染力和思想的影响力,具有新闻的文化价值功能。从宏观看,文化是社会成员之间联系的纽带和黏合剂。文化因素在国家利益中的地位和作用越来越被重视,美国学者约瑟夫·奈的"软实力"说就是证明。"奈的'软权力'理论的中心意思就是论证和说明通过精神文化和道德价值,影响、诱惑和说服别人相信或同意某种行为准则、价值观念及制度安排,以产生拥有软权力的一方所希望的过程和结果。"②也就是说,文化事关国家的根本利益,文化通过弘扬、倡导时代精神、共同理想、社会行为规范和道德准则,进而影响、说服社会成员形成文化认同和价值认同。社会成员的文化认同和价值认同对维护社会稳定、促进社会和谐具有重要的功能作用。从微观看,人的社会化需要文化的引导和涵养。我国社会心理学家林秉贤认为:"社会、文化与个人形成了三位一体的社会组织,互相影响,互相制约。个人与社会的关系,必须遵从一定的社会规范才能取得平衡;个体所受到的教育程度与技能训练,决定了个体在社会组织中所处的地位(即角色)。"③社会成员受教育的过程,就是个人的社会化过程,是社会角色的学习、认同过程。所以,典型报道以生动、形象的新闻事实倡导社会核心价值观,以新闻媒介强势传播形成舆论氛围,报道中的典型人物对受众具有引导、励志、激励、鼓舞的教化意义,这些特征正是典型报道的文化功能。

　　典型报道作为新闻作品,传播新观念、新事物、新变化,将社会主流价值

---

①　参见童兵:《理论新闻传播学导论》,中国人民大学出版社2000年1月版,第111页。

②　张骥:《中国文化安全与意识形态战略》,人民出版社2010年2月版,第40页。

③　朱清河:《典型报道:理论、应用与反思》,武汉大学出版社2006年11月版,第168页。

观念、行为准则、道德信仰和生活方式,隐于先进典型人物新闻事实的"故事化"叙述中,通过塑造典型人物给予媒介人物极高的社会关注度,形成舆论热点,给受众以新闻文化的熏陶和认知的培养。由于典型报道大都表现典型人物的喜怒哀乐、酸甜苦辣,典型人物的经历、挫折、失败、成功等人生境遇,使受众的情感能够随之表现出同情、认同、悲伤、激动等,从而感受人间真情、社会大爱、精神境界、高尚情怀,体会到人性的真、善、美,欣赏和品味典型报道带来的审美价值。在社会转型、价值观出现多元趋势的社会条件下,典型报道的文化价值功能尤其值得关注。

五、典型报道的道德示范功能

在理论上可以肯定,先进典型人物在认知层面上对受众具有道德示范的功能。但是,典型报道在多大程度上、对哪类社会群体具有这种示范作用?这种作用和影响到底有多大? 这涉及到新闻传播与受众行为的微观分析。而典型报道到底对受众的行为产生了怎样的影响,需要有大量的实证分析作依据才能得出结论。从新闻传播的宏观社会效果角度来说,典型报道通过传播先进典型人物,对先进典型人物的行为给予舆论肯定,从一个侧面表达了典型报道传播中蕴涵着的行为规范意义,即为社会群体树立榜样和楷模。既然典型报道能够影响到受众的认知和态度,也就能够影响到受众的行为。因为,人的行为是受认知、态度(以及背后深层次的价值观念、价值判断、价值取向和价值目标)支配的,其中的道理可以不言自明。

有的学者用"模仿"理论说明典型报道的道德示范功能,这样的观点很值得商榷。"模仿"对不同层次、不同年龄阶段的社会成员来说具有截然不同的效果,表现出极大的差异性。如果将先进典型人物的道德示范功能仅仅归结为对先进典型的行为"模仿",那实际是对先进典型人物精神实质的贬低。也就是说,榜样的力量来源于理想、信念和精神追求,来源于对先进典型人物崇高精神境界的感悟和认同,而并非对先进典型的简单"模仿"。况且,有些先进典型的行为和事迹,如职业的业绩、个人经历、生活境遇等等,对先进典型人物所在行业之外的大多数社会成员来说是"模仿"不到的。因此,典型报道的道德示范功能也只能是一种新闻舆论的认可和称赞,是社会舆论对先进典型人物思想境界和道德理想的一种肯定和弘扬。

　　总之,典型报道影响广泛、影响力巨大,渗透到社会生活的方方面面。但是,典型报道的价值功能的基础是信息的传播,其他价值功能只是信息传播功能的延伸或衍生。离开新闻媒介信息传播的功能来分析典型报道的价值功能,会赋予典型报道难以承受之重,最终会导致典型报道走向衰落。相反,尊重典型报道的传播规律和受众接受规律,典型报道就会始终保持旺盛的生命力而经久不衰,就会在弘扬社会核心价值观中发挥重要的功能作用。

第四章

典型报道的价值创造

建设社会主义核心价值体系,既是当前一项十分紧迫的工作,也是一项长期的战略任务。构建社会核心价值观①,体现在经济社会生活的各个方面,是全社会的共同责任。

新闻媒体是思想文化传播的重要载体,是传播主流价值观念的主要渠道。把建设社会主义核心价值体系的要求贯穿到日常宣传报道之中,做到始终坚持正确舆论导向,是构建社会核心价值观的重要途径。

典型报道的价值创造就在于挖掘、传播、弘扬、倡导先进典型人物感人事迹中蕴涵的高尚品格和时代精神,尊重差异、追求崇高,褒扬典范、树立榜样,营造舆论、凝聚共识,给人们积极向上的精神力量。

第一节　社会核心价值观的构建

构建社会核心价值观是一项重要的基础工程、灵魂工程,需要全社会的共同推动。构建社会核心价值观重在建设,贵在践行,构建的目标是把社会主义核心价值体系的要求转化为全社会的群体意识和自觉行动,形成奋发向上的精神力量和团结和睦的精神纽带。

---

① 这里使用的"社会主义核心价值体系"与"社会核心价值观"概念没有本质的区别,意识形态、核心价值观念、核心价值体系在本质上是相同的。李顺德在《新华文摘》2008 年第 12 期《关于价值与核心价值》一文中认为:"价值观念与意识形态之间有本质的一致性。一般说来,阶级、政党、国家的价值观念,就是它们的意识形态。因为,任何一个社会意识形态体系的核心,实质上就是一定主体的价值观念体系。"

一、构建社会核心价值观是全社会的共同责任

构建社会核心价值观是全社会的共同责任。需要大力倡导构建社会核心价值观人人有责的理念，形成人人关心、共同参与、携手推进的生动局面，汇聚起建设社会主义核心价值体系的强大合力。

人民群众是实践社会主义核心价值观的主体。人民群众既是物质财富的创造者，也是精神财富的创造者。改革开放和社会主义现代化建设的伟大实践，为人民群众实践社会主义核心价值观提供了广阔的舞台，人民群众是构建和实践社会核心价值观的推动力量。

发挥工人、农民、知识分子在构建和实践社会核心价值观中的主力军作用。工人阶级是社会主义现代化的主要建设者、社会财富的主要创造者、先进生产力的代表者，是国家的领导阶级；农民是全国人口中人数最多、最基本的依靠力量；知识分子是掌握科学文化知识较多、从事脑力劳动的劳动者，是工人阶级的一部分。这三支基本的社会力量从总体上构成我国社会主义现代化建设事业的根本力量，是社会物质财富和精神财富的主要创造者，是推动社会发展进步的主力军。我国宪法规定："社会主义的建设事业必须依靠工人、农民、知识分子，团结一切可以团结的力量。"工农团结、知识分子与工农的团结，以及工人、农民、知识分子与其他社会阶层、群体的团结，是社会繁荣发展、和谐稳定的基础，是建设和实践社会核心价值观的主要依靠力量。

发挥青少年在构建和实践社会核心价值观中的生力军作用。青少年是按人的发育成长阶段划分的社会群体。少年群体是指 0～13 岁的人群，2000 年，这部分人群达 2.9 亿，占全国总人口的 22.89%；青年群体是指 14～35 岁的人群。2010 年，青年人群达 4.59 亿[1]，在我国总人口中所占的比例为 34.1%。青少年群体是社会的重要新生力量，是祖国的未来、民族的希望。青少年处于身体的发育期，世界观、人生观、价值观的形成期，这部分群体的未来，体现着社会发展的未来。青少年的理想信念、思想素质和道德观念直接决定着整个社会的思想道德建设的水准。青少年群体蕴藏着实践社会核心价值观的巨大潜力和创造力。社会核心价值观教育、普及的重点体现在社会青少

---

[1] 侯佳伟、陈卫、张银锋：《改革开放 30 年：中国青少年人口发展历程及其趋势》，《青年探索》2009 年第 2 期，第 64—69 页。

年群体中。

发挥党员干部在构建和实践社会核心价值观中的模范带头作用。党员是社会的先进分子,党员干部是党的事业的骨干。党员干部的言行影响着人民群众,决定政风、民风和社会风气。党员干部在构建和实践社会核心价值观中起模范带头作用,是贯彻党的宗旨的要求,是保持共产党员先进性的要求。通过加强思想道德修养和党性修养,党员干部应该做远大理想和中国特色社会主义共同理想的坚定信仰者、科学发展观的忠实执行者、社会主义荣辱观的自觉实践者、社会和谐的积极促进者。

发挥新经济组织和新社会组织的从业人员在构建和实践社会核心价值观中的积极作用。新经济组织是指在发展社会主义市场经济过程中新出现的经济组织形态,主要包括个体工商户、私营企业、外商经济控制企业、港澳台经济控制企业、非国有控股股份制企业、非国有控股混合股份制企业等。新社会组织是指改革开放以来,我国在社会主义市场经济发展过程中新涌现出来的相对于政党、政府等传统组织形态之外的各类民间性的社会组织,包括中介组织、社会团体、基金会、民办非企业单位以及各类群众团队。新经济组织和新社会组织的从业人员是社会主义现代化的建设者、参与者。他们有爱国之心、有发展经济之力,愿意为国家和民族的繁荣昌盛服务。团结这一阶层从业人员,发挥其积极作用,凝聚他们的力量为建设和谐社会共同奋斗,是新时期建立最广泛的爱国统一战线的客观要求。

发挥公众人物特别是各界知名人士在构建和实践社会核心价值观中的独特作用。公众人物亦称公共人物,是指在社会一定范围内具有重要影响,受社会各阶层、群体广泛关注和普遍知晓,与社会公共利益发生密切相关的人物,如文艺界、体育界、娱乐界的"明星",影响大、知名度高的文学家、科学家、学者、知名人士,以及政府中的个别公职人员等。公众人物一是有很高的知名度,二是与社会公益联系紧密,这两点决定了公众人物的独特作用。有知名度就会备受注目;与社会公益密切相关,就超越了个人的范围对社会具有直接的影响作用。公众人物往往成为新闻媒体报道的对象、追逐的目标,他们的一言一行对公众具有广泛的影响。公众人物良好的思想品德修养、"德艺双馨"的良好形象,对社会群体具有积极的带动作用、示范作用,也容易被人们接受和认可。

　　重视和关注先进典型人物在构建和实践社会核心价值观中的榜样作用。先进典型就是榜样,就是楷模。社会各条战线、各行业涌现出的先进典型人物和英雄群体,是实践社会核心价值观的优秀代表,是时代的先锋。他们用自己的实际行动,为社会树立了实践社会核心价值观的楷模。先进典型产生于社会主义建设的伟大实践,涌现于波澜壮阔的改革开放时代。虽然他们的职业不同、岗位不同、事迹不同、经历不同,但他们都用坚定的理想信念、崇高的精神境界和高尚的道德品质,诠释了社会核心价值观,成为广大人民群众看得见、感受得到的实践社会核心价值观的榜样。他们的思想和精神,使社会核心价值观变得更具体、更生动、更鲜活,更具有感召力,更容易为人民群众所认同、所接受。先进典型对广大人民群众有着极大的激励和感召作用,发现典型、树立典型、宣传典型、学习典型,是构建社会核心价值观的重要途径。

二、把社会核心价值观贯穿于经济社会生活的各个方面

　　《中共中央关于构建社会主义和谐社会若干重大问题的决定》明确指出:坚持把社会主义核心价值体系融入国民教育和精神文明建设全过程,贯穿现代化建设各个方面。构建社会核心价值观必须坚持与各方面工作有机结合、协调发展。

　　把社会核心价值观融入国民教育的全过程

　　教育工作是构建社会核心价值观的基础。构建社会核心价值观要从青少年抓起,从学校抓起。"正确的世界观、人生观、价值观的确立,民族优良传统的发扬,共同理想和精神支柱的形成和巩固,科学文化水平的提高,都离不开教育工作,而这些都是我们民族凝聚力的重要基础和内容。"①把社会核心价值观融入国民教育的全过程,就是通过开展形式多样的教育活动,把社会主义核心价值体系贯穿于国民教育的各个环节,将社会主义核心价值体系的要求转化为每个公民的理想信念、价值追求和现实行为。

　　一是实现社会核心价值观与教育目标的有机融合。教育目标是指人们对受教育者在接受教育之后身心变化及结果的期待,是对"培养什么样的人"总的方向的规定。一个时代或一个国家的教育目标,由该国家的社会性质决

---

　　① 《江泽民文选》第2卷,人民出版社2006年版,第331页。

定,也由这个国家的社会核心价值观决定。教育方针则是教育的性质和方向、教育目标、教育功能、教育内容的有机统一。我国全面建设小康社会的教育方针,即坚持教育为社会主义现代化建设服务,为人民服务,与生产劳动和社会实践相结合,培养德、智、体、美全面发展的社会主义事业的合格建设者和接班人。我国各级各类教育的根本目标,就是培养德、智、体、美全面发展的社会主义事业的合格建设者和接班人。实现社会核心价值观与教育目标的有机融合,要把社会主义核心价值体系的内容纳入国民教育的总体规划,作为衡量受教育者是否符合社会主义事业的合格建设者和合格接班人的标准,作为衡量各级各类学校是否坚持正确办学方向的重要标准。

二是社会核心价值观与教育内容的有机融合。各级各类学校是思想道德教育的主阵地、主渠道,也是构建社会核心价值观的主课堂、主阵地、主渠道。首先,应该把社会核心价值观贯穿于素质教育中。思想道德素质是社会主义现代化事业的合格建设者和合格接班人最重要的素质,是素质教育的灵魂。把社会核心价值观念贯穿于素质教育,就应该把思想道德教育放在首位、落在实处,体现在教育的目标考核体系中,真正取得实实在在的教育效果。其次,把社会核心价值观贯穿于学校的思想品德和思想政治理论课程中。各级各类学校都有完整的思想政治教育体系,这是我国教育体制的特色和优势。各学科各门类的教育要使教书与育人有机结合,以社会主义核心价值体系统领教材内容,改进教学方法、创新教学模式,运用生动、具体、鲜活的素材,以丰富多彩的教学手段,增强思想政治理论课程的吸引力、感染力,使社会核心价值观走进课堂、走进教材、走进学生头脑,并化作日常生活的实际行为追求。再次,充分发挥人民教师人类灵魂工程师的作用。完善各级各类学校教师的职业道德规范,提高教师队伍的整体素质,以人民教师特有的人格魅力、学识魅力和卓有成效的工作教育和影响学生。

三是社会核心价值观与教育的各个层次和环节的有机融合。现代社会是以知识经济为基础、以人的全面发展为目标的全民教育、终身教育和可持续发展的社会。"一个人的一生,要接受家庭教育、学校教育、社会教育,这些教育都很重要,对于自己世界观、人生观、价值观的形成和巩固都会起重要作用。"①人的价值观的形成过程,本质上是一个社会化的过程,其中家庭教育、学校教育、社会教育是相互衔接、相互联系的环节。把社会核心价值观渗透到教育的各个层次和环节,应该实现家庭、校内校外、社会的有效衔接,增强工作合力,提高整体效果,共同做好社会核心价值观教育的各项工作。

把社会核心价值观融入精神文明建设的全过程

建设社会主义核心价值体系,是社会主义精神文明建设的中心环节。精神文明建设应该围绕社会核心价值观的构建部署任务、安排活动、开展工作。

把社会核心价值观渗透到精神文化产品创作生产中。文化是价值观形成的土壤,价值观是精神文化产品的核心和灵魂。社会核心价值观决定精神文化产品的性质和发展的方向,精神文化产品潜移默化地影响人们的思想观念、价值判断、道德行为,对构建社会核心价值观具有不可替代的独特作用。把社会核心价值观鲜明地体现在精神文化产品生产和文化活动的各个方面,体现积极的人生追求、高尚的情感境界、健康的生活情趣,让人民群众在美的享受中受到鼓舞、激励、感染,从中获得情操的陶冶、思想的启迪。大力发展先进文化,支持健康有益文化,努力改造落后文化,坚决抵制腐朽文化,形成有利于构建社会核心价值观的良好文化生态环境。

把社会核心价值观贯穿到群众性精神文明创建活动中。各种形式的群众性精神文明创建活动,是构建社会核心价值观的重要载体。把社会核心价值观纳入群众性精神文明创建活动的目标体系,体现群众性精神文明创建活动思想内涵。把马克思主义指导思想、中国特色社会主义共同理想、以爱国主义为核心的民族精神和以改革创新为核心的时代精神、社会主义荣辱观,贯穿到创建文明城市、文明村镇、文明行业等各类群众性精神文明创建活动中去。积极倡导爱国、敬业、诚信、友善等道德规范,引导人们正确对待利益,妥善处理矛盾,培育和谐精神,融洽人际关系,形成良好风尚,使群众性精神文明创建活动成为构建和实践社会核心价值观的重要实践载体。

把社会核心价值观贯穿于现代化建设各个方面

社会核心价值观是一个社会所需要的并大力倡导的价值观念的集中体现,在所有价值观念中居于统领、支配的地位。社会核心价值观是贯穿于经

---

① 《江泽民文选》第2卷,人民出版社2006年版,第302页。

济建设、政治建设、文化建设和社会建设各方面、各领域的一条红线。构建社会核心价值观,应该把铸造灵魂、突出主题、把握精髓、打牢基础的要求体现到经济社会生活的各个方面,从政策环境、体制环境、社会环境等多方面给予有力支撑,形成构建社会核心价值观的强大合力。

贯穿于经济建设,"就是要把建设社会主义核心价值体系的任务纳入经济发展目标、发展规划和政策制定之中,融入发展社会主义市场经济之中,形成有利于社会主义核心价值体系建设的利益导向、竞争机制和市场环境"①。经济建设是党和国家的中心工作,是其他一切建设的基础。社会主义核心价值体系是社会主义制度本质的反映。任何社会的经济发展都是在一定的价值观念支配下进行的。我国经济建设持续、健康、快速发展,得益于社会主义制度的优越性,得益于社会主义核心价值体系的支撑和引领。社会核心价值观的构建能够为经济建设提供思想保障、智力支持,有助于人们树立科学发展的理念,有助于焕发积极性、主动性和创造性,把各方面的智慧和力量凝聚到推动科学发展、促进社会和谐上来。

贯穿于政治建设,"就是要把建设社会主义核心价值体系的任务同发展社会主义民主政治结合起来,把依法治国与以德治国结合起来,树立民主法治、自由平等、公平正义理念,弘扬社会主义法治精神;把社会主义核心价值体系的要求纳入相关法律法规之中,发挥法规规范的前导、警示、教育功能,提高人们践行社会主义核心价值体系的自觉性"②。科学理论和正确的价值观念为政治建设提供方向目标。坚持党的领导、人民当家做主和依法治国的统一,是推进社会主义民主政治建设所遵循的基本原则。党的领导是人民当家做主和依法治国的根本保证,人民当家做主是社会主义民主政治的本质和核心,依法治国是党领导人民治理国家的基本方略。只有在社会主义核心价值体系的统领和指导下,社会主义民主政治建设才能沿着正确方向发展,才能积极稳妥地推进政治体制改革,形成扩大社会主义民主,健全社会主义法制,建设社会主义法治国家,巩固和发展民主团结、生动活泼、安定和谐的政治局面。

贯穿于文化建设,"就是要把建设社会主义核心价值体系的任务落实到

① 中宣部:《社会主义核心价值体系学习读本》,学习出版社2009年1月版,第67页。
② 中宣部:《社会主义核心价值体系学习读本》,学习出版社2009年1月版,第67页。

宣传思想文化工作的各个领域和各个方面,唱响社会主义核心价值体系的主旋律;坚持以文化人,推出更多体现社会主义核心价值体系的优秀精神产品,丰富人们精神世界,增强人们精神力量"①。精神文明建设相对物质文明而言,文化建设相对经济建设、政治建设、社会建设而言。构建社会核心价值观是社会主义文化建设的核心内容。建设社会主义核心价值体系的过程,也是提高国家文化软实力的过程。积极发展新闻出版、广播影视、文学艺术事业,坚持正确导向,弘扬社会正气。弘扬中华优秀传统文化,使之与现代社会、现代文明相适应、相协调,保持民族性、体现时代性。坚持为人民服务、为社会主义服务的方向和百花齐放、百家争鸣的方针,推动文化内容、体制机制、传播手段创新,解放和发展文化生产力。发挥人民群众在文化建设中的主体作用,调动广大文化工作者的积极性,推动文化的大发展大繁荣。

贯穿于社会建设,"就是要把建设社会主义核心价值体系的任务落实到解决民生问题的各项工作之中,维护社会稳定,促进社会和谐;统筹协调各方面利益关系,注重人文关怀和心理疏导,塑造自尊自信、理性平和、积极向上的社会心态"②。社会建设与人民幸福安康息息相关,社会建设的水平是衡量一个国家文明程度的重要尺度。加强社会建设,应该按照社会核心价值观的要求,在经济发展的基础上更加注重社会建设,以发展社会事业和解决民生问题为重点,优化公共资源配置,推进社会体制改革,扩大公共服务,完善社会管理,促进社会公平正义,努力使全体人民学有所教、劳有所得、病有所医、劳有所养、住有所居,推动和谐社会建设。

三、把社会核心价值观融入到新闻传播中

社会核心价值观从来就不是自发、盲目形成的,而是国家意识形态自觉主动、大力倡导、有意识构建和培育的结果。新闻传播是弘扬、倡导、传播社会核心价值观的主渠道、主阵地和重要载体。

前面的论述提到,社会核心价值观的构建离不开生成机制、传播机制、认同机制。这三个方面的机制相互依存、相互联系,缺一不可。其中,传播机制是社会核心价值观构建中的重要环节。构建离不开传播,传播为社会核心价

---

① 中宣部:《社会主义核心价值体系学习读本》,学习出版社 2009 年 1 月版,第 67 页。

② 中宣部:《社会主义核心价值体系学习读本》,学习出版社 2009 年 1 月版,第 67—68 页。

值观的认同、生成创造条件,提供渠道和载体。社会核心价值观的构建过程,也是社会核心价值观的传播过程,有传播才有生成、认同的条件和可能;社会核心价值观的构建过程还是一个认同的过程,而认同不是一次完成的,认同是一个反复循环的过程,在反复循环过程中同样存在再传播、再生成的过程。社会核心价值观的生成过程依赖传播过程和认同过程,传播、认同中孕育着生成。可见,传播过程始终是整个构建过程的重要环节。社会核心价值观构建的目的在于,把社会主义核心价值体系的要求转化为全社会的群体意识和自觉行动,形成奋发向上的精神力量和团结和睦的精神纽带。构建社会核心价值观,要求主流新闻媒体把社会主义核心价值体系贯穿到日常宣传报道之中,大力宣传科学理论、传播先进文化、塑造美好心灵、弘扬社会正气,给人以积极向上的精神力量。

新闻本质上是一种社会意识形式。在当代信息社会,新闻同社会政治、经济、文化生活各个领域都发生紧密的联系,对社会成员思想观念、价值观念、价值判断、价值追求、生活方式等产生越来越大的影响,是其他传播形态无法比拟和替代的。新闻传播以自身这种特有的优势,在社会核心价值观的构建中发挥着重要作用。一方面,新闻作为一种社会意识形式,依赖于社会存在和社会实践,受社会核心价值观的引领和支配。新闻传播必须以传播社会核心价值观作为新闻传播的价值取向和价值目标。在这个意义上,新闻传播是社会核心价值观传播的主渠道。另一方面,新闻对社会政治、经济、文化生活各个领域都发生重要影响,对社会存在和社会实践具有能动作用。正如毛泽东所指出的:"一定的文化(当作观念形态的文化)是一定社会的政治和经济的反映,又给予伟大影响和作用于一定社会的政治和经济。"①从这个意义上,新闻传播是社会核心价值观构建的主阵地与重要载体。

社会核心价值观是社会制度层面的价值观念体系,处于社会灵魂的地位,决定着新闻传播的总体目标和方向。社会核心价值观作为一个社会共同的、占主导地位的价值理念,对社会各个系统的价值观念起统领、支配作用。社会核心价值观不仅决定一定社会制度下新闻传播的总体方向,而且渗透到传播媒体层面具体的新闻价值理念之中,体现在新闻传播的功能发挥、新闻

---

① 《毛泽东选集》第2卷,人民出版社1991年版,第663—664页。

报道的价值实现、新闻传播制度及日常新闻报道的各个环节。

（1）构建社会核心价值观，要求新闻传播始终坚持正确的舆论导向

新闻舆论导向是一个庞大的复杂系统，包括丰富的具体内容。其中包括政治导向、经济导向、文化导向、社会导向等等。在政治导向中又包括理论导向、思想导向等等。同一类别的导向在社会不同领域又处于不同的层面，发挥不同的影响作用，构成一个复杂的舆论导向机制。

新闻传播既是信息的传播工具，也是重要的舆论工具。舆论功能是新闻传播的一项重要社会功能。舆论是社会公众意见和公众情绪的表达。新闻舆论是社会舆论的集中反映，是经过传播主体采集、加工形成的具有一定系统化、理性化的意见和态度，是较为成熟、规范的社会舆论表达方式。新闻舆论是社会舆论的重要组成部分，新闻舆论与社会舆论之间存在相互联系、相互作用的关系。

新闻舆论对社会舆论的引导作用，是通过新闻传播的"议程设置"来实现的。所谓新闻舆论的引导，是指通过新闻舆论影响社会舆论，使社会舆论按照舆论引导者预期的方向发展。这种引导表现为，新闻传播以持续不断的对事实的选择和报道、评论，对社会公众实施影响，使社会公众的注意力、思想观念、言论行动朝着有利于引导主体代表的利益和方向发展，从而实现引导的目的。新闻舆论引导社会舆论的功能，"除去运用新闻选择和通过新闻评论直接表达意见这两种重要手段之外，在很大程度上就是通过这种传播学所说的大众传播所具有的'议题设置'（或称议程设置）功能得以实现的"①。正如前面（第三章第二节）所论述的那样，议程设置是新闻传播构建社会信息环境能动性、主动性的体现。经过议程设置的新闻传播，是一种通过对社会信息环境的构建来影响社会公众的认知，进而影响公众思想和行为的信息系统。新闻舆论对社会舆论的引领作用，是传播影响社会的主要机制，也是新闻舆论功能核心之所在。

在改革开放新的历史阶段，新闻传播始终牢牢把握正确舆论导向，简而言之，首要的是把握新闻传播的政治导向，核心是确保马克思主义在意识形态领域的指导地位不动摇，为全面落实中央的各项部署提供有力的

---

① 邵华泽主编:《马克思主义新闻观及其在当代中国的运用和发展》，人民出版社2009年版，第256页。

思想保证和舆论支持。面对国内外形势的新变化,面对改革开放和现代化建设的新任务,新闻传播必须努力保持全党全国人民的思想统一,确保党的路线方针政策的贯彻执行,确保全面建设小康社会奋斗目标的实现。弘扬社会核心价值观,唱响主旋律,打好主动仗;坚持新闻工作的党性原则,坚持团结稳定鼓劲、正面宣传为主的方针;在重大问题、敏感问题、热点问题上把好关、把好度,努力营造昂扬向上、团结奋进、开拓创新的良好舆论氛围。

(2)构建社会核心价值观,要求新闻活动必须遵循新闻规律

社会实践是新闻之源,是新闻展示魅力的舞台。新闻传播从社会实践中产生,又服务于社会实践。新闻传播活动作为传播新近发生的事实的信息的实践活动,有自身的内在规定性。构建社会核心价值观,要求新闻传播活动必须遵循新闻规律。

规律是事物固有的内在属性,规定着事物的功能发挥并决定事物发展的方向。新闻是人的主观反映客观的实践活动,新闻规律是新闻传播活动固有的内在属性,是"规定新闻媒介功能和运行模式的一个基本因素"[1]。"新闻要真实、迅速;(大众传媒)新闻要有新闻价值;新闻要客观。在我们看来,这就是新闻的三个基本规律,或者说,新闻报道的三个基本要求。"[2]新闻传播是一种认识实践活动,新闻规律揭示了传播主体如何通过传递新闻信息满足收受主体新闻需求的一种内在联系,这种内在联系作用于新闻传播的全过程,成为不以主体主观意志为转移的客观法则,它是一种主体性的实践规律。新闻规律要求新闻报道必须要用客观事实来说话,要用最新发生的、有价值的事实来说话,通过对客观事实的报道和评价来体现传播主体的主观愿望和倾向性。违背了新闻规律,脱离了新闻事实的客观性基础,其后果必然造成社会思想混乱,不仅不能达到引导舆论的目的,而且新闻传播自身的公信力也会受到损害,以媒体名义的生存也就宣告终止了。

社会核心价值观是全社会的精神旗帜。它反映全社会在指导思想、共同理想信念、强大精神支柱和基本道德规范的质的规定性,渗透到社会生活的各个领域和各个方面,通过社会实践活动体现出来。新闻传播活动是社会实

---

① 李良荣、林琳:《浅谈新闻规律》,《新闻大学》1997 年第 4 期,第 16—18 页。
② 李良荣、林琳:《浅谈新闻规律》,《新闻大学》1997 年第 4 期,第 16—18 页。

践活动的有机组成部分,新闻规律是新闻传播实践活动内在属性的表现。社会核心价值观对新闻传播的价值理念具有决定作用,但社会核心价值观并不排斥新闻传播的规律,它不仅为新闻传播指明正确的方向目标,而且为新闻传播提供认识客观世界、观察世界的强大思想武器,提供正确反映客观世界的立场、观点和方法。尽管新闻也属于社会意识形式,但新闻又是一种社会实践活动,新闻传播以社会实践活动的内在属性表现社会核心价值观,为社会核心价值观的构建提供新闻舆论服务。

　　构建社会核心价值观与遵循新闻规律两者并不矛盾。社会核心价值观的构建、引领、倡导和传播,是建立在尊重客观实际、讲事实、讲真话的基础上的;新闻传播在新闻报道中选择新近发生的、具体的、鲜活的事实说话,用社会实践中发生的事实展现社会核心价值观的凝聚力、感召力。从社会核心价值观的现实性与理想性相统一的特质看,社会核心价值观具有现实性,即在一个社会的基本制度、大众信仰、传统文化中体现出来,社会核心价值观又具有理想性,它是作为理想目标与现实保持一定的距离。这种现实性与理想性的距离,要求新闻传播既真实反映现实生活,又要体现新闻传播的目的性,推动新闻传播服务于社会实践,通过新闻事实报道的影响力为受众接受、认同社会核心价值观营造舆论环境。从社会核心价值观的抽象与具体相统一的特质看,社会核心价值观以观念的形态存在,在表述形式上常常是抽象的,同时,社会核心价值观又是具体的,通过人们的社会关系、生产生活方式、行为、语言、文化产品表现出来,体现在现实的社会实践中。新闻传播反映社会实践新近发生的事实的信息,将社会核心价值观渗透到新闻传播、新闻报道的各个环节中,以新闻选择和新闻评价来体现传播主体的主观倾向和价值观念,以营造新闻舆论的方式影响和服务于社会实践。任何把社会核心价值观与新闻规律对立起来、割裂开来的认识和做法都是错误的。

　　列宁说:"我们应当说真话,因为这是我们的力量所在。"[1]"吹牛撒谎是道义上的灭亡,也势必引向政治上的灭亡。"[2]十年动乱时期,新闻传播推行唯心主义的新闻观,背离新闻规律大搞"事实为路线服务"、"事实为政治服

---

[1]　《列宁全集》第11卷,人民出版社1987年版,第333页。

[2]　《列宁全集》第11卷,人民出版社1987年版,第331页。

务"，使事实成为一种随意捏造的东西，甚至出于政治的需要刻意炮制某些"事实"，造成假、大、空盛行。随意扭曲客观事实的新闻传播危害之大、影响之深，教训极为深刻。

强调遵循新闻规律是为了更好地发挥新闻传播的功能作用，为构建社会核心价值观提供舆论服务。新的历史条件下，新闻传播正发生由单一共享的综合传播向分散的分众传播转变，单向的传播向互动交流传播转变，平面传播向立体传播转变，新兴媒体和网络传播迅速崛起。这些新变化对新闻传播的舆论引导能力提出了更高的要求。胡锦涛指出："新闻宣传工作必须坚持解放思想、实事求是、与时俱进，适应国内外形势的新变化，顺应人民群众的新期待，以改革创新精神做好工作。要坚持用时代要求审视新闻宣传工作，按照新闻传播规律办事，创新观念、创新内容、创新形式、创新方法、创新手段，努力使新闻宣传工作体现时代性、把握规律性、富于创造性，不断提高舆论引导的权威性、公信力、影响力。"①新时期的新闻实践证明，遵循新闻传播规律，坚持新闻的真实、快捷、客观、公正、全面，深入研究各类受众群体的心理特点和接受习惯，做到主动设置议题，善于因势利导，是牢牢掌握新闻宣传的主动权、提高新闻传播影响力的必然选择。

（3）构建社会核心价值观，要求新闻报道增强亲和力、吸引力、感染力

构建社会核心价值观是促进社会全面进步的需要，也是实现人的全面发展的需要。坚持以人为本，充分体现人文关怀，是构建社会核心价值观遵循的原则。新闻传播坚持以受众为本的方向和目标，是以人为本理念在新闻传播工作中的体现。贴近实际、贴近生活、贴近群众，提高新闻传播的针对性和实效性，增强新闻报道的亲和力、吸引力、感染力，是新闻传播实现以受众为本的根本途径。

构建社会核心价值观是塑造人的灵魂的系统工程。坚持以人为本，"必须尊重人的主体地位，关注人的精神诉求，善于发现人民群众中蕴藏的积极向上的思想和精神，引导群众自我教育、自我提高、自我完善。要把教育人、引导人、鼓舞人、鞭策人与尊重人、理解人、关心人、帮助人结合起来，适应群众的接受习惯和心理特点，多用典型示范、交流疏导、说服教育、民主讨论的

---

① 胡锦涛：《在人民日报社考察工作时的讲话》（2008年6月20日），人民出版社2008年6月版，第5—6页。

方法,有针对性地解决群众的思想疑虑和困惑,防止居高临下、空洞说教"①。构建社会核心价值观,要尊重人民群众的主体地位,发挥人民群众的首创精神。要切实解决人民群众最关心、最直接、最现实的利益问题,把实现好、维护好、发展好最广大人民群众的根本利益作为一切工作的出发点和落脚点,让人民群众在共享改革发展成果的过程中理解和认同社会核心价值观,自觉践行社会核心价值观。

新闻传播以受众为本,实质就是以人为本。这是执政党的群众观点、群众路线在新闻传播中的必然要求,是对新闻规律的深刻认识和科学把握。新闻传播以受众为本的内涵包括:"全心全意为受众服务,切实维护受众的根本利益;把受众作为新闻传播的归宿、主体和评价者;不断满足受众需要,引导受众不断提高思想道德素质和科学文化素质;积极改进传播方法和手段,不断提高传播效果和质量。"②新闻传播要想影响人、引导人、感召人,就必须讲究传播方法,讲究引导艺术,提高传播质量,增强新闻报道的亲和力、吸引力、感染力。没有亲和力、吸引力、感染力的新闻报道,不仅谈不上新闻传播的公信力、可信度,谈不上正确的舆论引导,更与新闻传播以受众为本的要求相去甚远。

新闻报道的亲和力、吸引力、感染力,表现为新闻报道的受众爱读爱听、喜闻乐见、入脑入耳的传播效应,既是新闻传播艺术、传播方式的表达,也是新闻传播追求的传播效果。新闻报道的亲和力、吸引力、感染力,实质上是新闻传播的影响力,是新闻传播在满足受众对社会环境的了解、对文化、审美等信息需求方面产生的影响。亲和力、吸引力、感染力的本源在于波澜壮阔的社会实践、火热的现实生活。新闻报道是对社会生活的真实反映,新闻传播的影响力首先来自新闻报道的真实性。新闻报道以真实的事实信息满足受众的信息需求,吸引受众的注意,使受众在接受新闻报道过程中发生认知、情感、意志行为等方面的改变。前提条件是把握受众的需求,从受众的需求出发报道新闻,从贴近受众的角度报道新闻,以受众喜闻乐见的形式报道新闻,在吸引和引起关注中实现舆论引导,在舆论引导中体现影响力。新闻舆论的

---

① 中宣部:《社会主义核心价值体系学习读本》,学习出版社 2009 年 1 月版,第 61 页。
② 邵华泽主编:《马克思主义新闻观及其在当代中国的运用和发展》,人民出版社 2009 年版,第406—407 页。

引导是一种"软"约束,不是"硬"约束,不能强制别人接受。新闻报道引不起受众的关注和注意,生硬、呆板、片面、偏执,甚至失实、虚夸、人为拔高、发号施令,以及官话、套话、空话、假话满天飞,公式化、概念化、脸谱化……凡此种种,都远离了受众的需求,背离了受众的接受心理,势必造成受众的逆反情绪,达不到新闻传播应有的传播效果。

新闻报道的亲和力、吸引力、感染力问题,已经不单单是新闻传播的方式、方法问题,而是涉及新闻宣传能否具有舆论的引导能力,能否增强中国特色社会主义意识形态的吸引力、感召力的问题。胡锦涛指出:"要面向基层、服务群众、深入实际,多报道人民群众的工作生活,多反映人民群众的利益要求,多宣传人民群众中涌现的先进典型,激励全体人民信心百倍地创造美好生活。"[1]增强新闻报道的亲和力、吸引力、感染力的过程,就是舆论引导的过程。这个过程是潜移默化、耳濡目染的过程。新闻传播"要注重在报道新闻事实中体现正确导向,在同群众交流互动中形成社会共识,在加强信息服务中开展思想教育,用事实说话、用典型说话、用数字说话,化解矛盾,理顺情绪,引导各方面群众共同前进"[2]。用事实说话、用典型说话、用数字说话,为增强新闻报道的亲和力、吸引力、感染力展示了广阔的舞台,从方式方法上提供了可以选择的主要路径。典型报道方式是新闻宣传用事实说话、用典型说话的集中体现,最能体现新闻报道的亲和力、感染力。在增强社会意识形态吸引力、感召力上,典型报道理所应当有大的作为。

由此可见,坚持正确的舆论导向,遵循新闻规律,与坚持以受众为本的根本要求,与把握受众需求,增强新闻报道的针对性和实效性,与掌握受众心理,增强新闻报道的亲和力、吸引力、感染力,都是相互联系的统一体。它们之间的内在联系,决定了新闻传播在构建社会核心价值观过程中具有重要的功能作用,成为传播社会核心价值观的重要渠道和主要载体,是构建社会核心价值观的重要途径。

<hr>

[1] 胡锦涛:《在人民日报社考察工作时的讲话》(2008 年 6 月 20 日),人民出版社 2008 年 6 月版,第 5 页。

[2] 胡锦涛:《在人民日报社考察工作时的讲话》(2008 年 6 月 20 日),人民出版社 2008 年 6 月版,第 5 页。

第二节　新闻符号世界的创制

世界多姿多彩,瞬息万变。人们寻求运用各种方式去认识、把握、改造这个世界,新闻传播就是其中的一种手段。新闻传播用新闻文本或新闻信息符号,创制、塑造、编织而成一个由无数事实组成的符号世界呈现在人们眼前。新闻符号世界是事实世界的图景和影像。在信息化时代,离开了新闻符号世界,人们无法把握外部世界的变化,无法了解和掌握自身生存的社会环境。分析新闻符号世界的意义、创制,以及新闻符号世界与事实世界的关系,有助于从更加具体的层面展现新闻传播在构建社会核心价值观过程中的功能效应。

一、新闻符号世界的意义

人们既生活在现实世界中,也生活在符号世界中。

符号是人类传播活动的要素。信息以符号为载体,人们赋予符号一定的意义,符号是传播的工具。人们把一个一个符号组织起来,表达现实生活的具体内容,进行信息沟通、思想交流、文化活动,创造了丰富多彩的符号世界。

人类是符号动物。这是 19 世纪德国哲学家恩斯特·卡西尔的著名论断。他认为,符号思维和符号活动是人类生活中最富有代表性的特征,并且人类文化的全部发展都依赖于这种条件。人类的这种自觉性和创造性,就是一切人类活动的核心所在,它是人的最高力量,同时也标志着人类世界与自然界的天然分界线。"符号系统的原理,由于其普遍性、有效性和全面适用性,成了打开特殊的人类世界——人类文化世界大门的开门秘诀! 一旦人类掌握了这个秘诀,进一步的发展就有了保证。"[1]"因此,我们应当把人定义为符号的动物来取代把人定义为理性的动物。只有这样,我们才能指明人的独特之处,也才能理解对人开放的新路——通向文化之路。"[2]卡西尔的哲学是"人的哲学、符号形式的哲学、文化哲学"三位一体的哲学。从人认识世界、改造世界的思想体系上看,他把人抽象为"符号",把人的生活和人类历史全部抽象为"文化",并归结为"符号"与"文化"的各种关系,将人类的全部活动仅

---

① ［德］恩斯特·卡西尔:《人论》,上海译文出版社 1985 年 12 月版,第 45 页。
② ［德］恩斯特·卡西尔:《人论》,上海译文出版社 1985 年 12 月版,第 34 页。

仅看作是"先验的功能"、"先验的活动"、"先验的符号构建能力",不可避免地陷入唯心主义的泥潭。但是,从人类的传播活动领域看,卡西尔的"符号形式的哲学"充分肯定了人类的"符号活动"、"符号功能",不仅有一定的道理,而且在新闻传播活动中得到应验。

人类的全部活动确实与"符号"有着密切的联系,符号活动、符号思维反映出人类的特质。符号是信息的载体,是传播的中介。符号世界是现实世界的主观反映,是人类认识世界、改造世界的手段。人们通过符号世界传播信息、交流思想、沟通情感,从而更加能动地认识世界、改造世界,满足人类生存、发展的需要。所以,符号世界产生于社会实践,为社会实践服务,对社会实践具有能动性的作用。人类的实践活动既包括物质生产活动,也包括思维意识活动,人类既创造出了一个崭新的物质世界,同时也创造了与物质世界相适应的精神世界,这个精神世界就是以符号世界的形态表现出来的。

新闻符号世界是以新闻传播手段运用新闻符号创制、塑造、编织而成的符号世界。新闻符号世界不仅是整个符号世界的一部分,而且是最活跃、最生动的一部分。在信息时代,新闻符号世界是人们认识和把握事实世界的中介,离开了新闻符号世界,人们就无法感知环境的变化,选择应对的方式方法。"几乎所有的新闻,因此也是我们头脑中关于遥远的环境的几乎全部形象,都是通过大众媒介得到的。"①新闻传播作为有组织的传播活动,已经渗透到社会各个领域和层面,对社会生活的影响越来越大。新闻符号世界构成了人们社会活动的外部基本环境,左右着人们的情感、认知、意见、态度,影响着人们的价值取向和价值选择。人们依赖新闻符号世界了解、认识和把握事实世界,应对现实社会生活;人们依赖新闻符号世界,才能进入遥远的地方,进入未知的领域,实现时空的跨越。"在一定意义上说,正是新闻符号世界的塑造和存在,使个人获得了世界性存在的意义,变成了作为类的一分子。"②

社会生活中,每个人自身生存的空间是狭小的,直接接触的外部事物是极其有限的,而要想充分认知自身所处的社会环境,了解外部世界,就不能离开新闻符号世界。新闻符号世界提供了超越时空的外部世界景象的最新面貌,为人们应对环境变化、选择应对的方式方法,提供了影像般的流动图景。

---

① [美]威尔伯·施拉姆、威廉·波特:《传播学概论》,陈亮译,新华出版社1984年版,第17页。
② 杨保军:《新闻理论教程》,中国人民大学出版社2005年3月版,第408页。

"新闻传播的社会意义和价值,就在于它通过对新闻事实的报道,达到对整个社会和整个事实世界一定程度的真实反映,使人们的生存和发展处于一种及时的自知、自觉状态。"①新闻符号世界对社会的不同群体、不同层次的人群,都具有这种认知上的普遍意义。因而,新闻符号世界在更加具体的层面展现出新闻传播活动、新闻事实、新闻的社会传播效应和社会影响力。

当然,全面分析新闻符号世界的意义是另外一个庞大、复杂的课题。这里,仅从新闻传播与社会核心价值观相关联的角度,做简单的概括:

新闻符号世界是信息的世界

世界是由物质、能量和信息构成的。

信息交流是现实世界的一种普遍性的客观存在。从广义上说,"信息是事物的存在方式和相互反映的运动过程,以及关于这种存在方式与运动过程的陈述"②。新闻信息不是信息世界的全部,只是其中有限的部分。新闻信息是新近发生的为公众所普遍关注的社会信息,是反映新近事实变化的、能够公开传播的、蕴涵着传播者一定主观倾向的信息。新闻信息只是含有新闻价值的信息。新闻传播活动就是以新闻符号传递新闻信息和收受新闻信息的活动。新闻符号世界以文字符号、声音符号、图像符号、图画符号及它们之间整合而成的新闻文本的形式存在,就像空气一样弥漫在人们的周围,构成社会环境的重要组成部分。新闻传播以新闻手段运用新闻符号把色彩缤纷的世界呈现在人们面前,反映社会政治、经济、文化等方面最新的变化、最新的态势、最新的图景,吸引受众的注意,满足受众的信息需要。不管人们获取信息的途径有多少,新闻符号世界总是获取信息的重要渠道和来源。

新闻符号世界是信息资源的平台。一种事物之所以能够存在并发展,其根据在于它能够满足人的特定需要。在社会实践中,人们提出广泛、复杂的各种需要,信息需要是其中的一种。尽管人的需要是复杂多变的、层次多种多样的,但对信息的需要却具有明显的相同性。新闻需要是一种普遍的社会需要,是社会实践共同主体的需要。正因为是共性的需要,才促使新闻传播成为一种有组织的、职业化的传播,成为社会各领域、各类群体、每个社会成员认识所处的外部环境、了解社会发展状态、把握社会未来趋向的工具和手

---

①　杨保军:《新闻理论教程》,中国人民大学出版社 2005 年 3 月版,第 406 页。

②　童兵:《理论新闻传播学导论》,中国人民大学出版社 2000 年 1 月版,第 48 页。

段。新闻符号世界是对事实世界的反映,是事实世界的图景再现。尽管新闻符号世界仅仅是事实世界的部分映像,但毕竟是以事实性内容为核心的符号世界,呈现事实性和再现性的特征。新闻符号世界不仅提供人们"欲知而未知"的信息,而且提供了"应知而未知"的信息,使人们超越时间空间了解和把握周围环境成为可能。新闻符号世界以事实为本源,以真实为生命,以服务社会、服务受众为己任,以提供新闻信息的方式,满足受众对适应生存、谋求发展的信息需要,为人们获取新闻信息提供了庞大的资源平台。

新闻信息引起的反响总大于新闻信息内容本身。应该看到,新闻信息引起的反映,远远要比新闻信息展现的图景更为重要。在新闻信息的传播活动中,受众与传播主体之间、受众与受众之间,以新闻信息为中介相互交流、相互沟通,表达对新闻信息的认知、理解和看法,对现实世界事物的性质、发展状态、未来走势做出判断,形成思想倾向、舆论倾向,必然对社会活动产生或大或小的影响。"新闻交流在今天这样的时代,不再仅仅是信息的互通有无,它已经处于不同文化对话、不同文明对话、不同利益对话的前台;新闻已经成为人类的神经系统,不管谁以什么方式拨动哪根神经,都可能引发不同身体的震颤。"[1]新闻交流对社会现实生活具有的这种影响力,是新闻信息世界所具有的天生魅力、独到优势,同时也是时代发展的必然。

新闻符号世界是意义的世界

符号是信息的载体,信息传达的是意义。如果符号没有意义,就成了令人匪夷所思的东西。新闻符号世界是信息的世界,也是意义的世界。

意义是一个抽象的、广义的概念。从社会传播角度看来,所谓意义,"就是人对自然事物或社会事物的认识,是人给对象事物赋予的含义,是人类以符号形式传递和交流的精神内容"[2]。也就是说,人类在传播活动中交流的一切精神内容,包括意图、认识、知识、价值、理想、信念、观念、道德等等,都属于意义的范畴,都属于人的精神活动的范围。由此看来,与其说新闻传播的是信息,倒不如说新闻传播的是意义,意义的交流是新闻传播的实质。

意义不是"绝对精神"的产物,而是人的社会存在和社会实践的结果。"意义体现了人与社会、自然、他人、自己的种种复杂交错的文化关系、历史关

① 杨保军:《新闻理论研究引论》,中国人民大学出版社 2009 年 6 月版,第 5 页。
② 郭庆光:《传播学教程》,中国人民大学出版社 2009 年 11 月版,第 47 页。

系、心理关系和实践关系。""大到历史事件、自然现象、科学理论、文化产品，小到一句话、一个动作、一个表情甚至一个眼神，无不具有一定的意义。……我们无法想象一个没有意义的社会。"①人们在社会实践中认识自然的存在、社会的存在、人与人关系的存在，在反映、复制、摹写这些关系的存在时赋予对象事物一定的含义，并以各种符号为载体表达出来，实现意义的交流。意义活动是人的精神活动，是人类特有的基本活动内容之一。新闻传播活动是人类意义活动的一种方式，是人类社会全部意义活动的一部分。

新闻符号世界创制的过程就是选择意义的过程，新闻传播的过程也就成为交流意义、分享意义、创造意义的过程。作为新闻报道的事实只是真实世界"冰山之一角"，更多的事实没有进入新闻符号世界中来的原因是，或者没有新闻意义，或者没有被发现者发现。有没有新闻意义、是否具备新闻价值、有没有传播的必要等问题，是通过新闻选择的环节来解决的。"从新闻传播的质量看，传播者和决策人总要以政治经济利益和文化价值取向作为选择新闻事实和新闻作品的首要依据，受传者也总是以自己特定的标准取舍新闻，从而使新闻选择成为不可避免。从新闻媒介的生存发展看，新闻选择是其维护自身机制、安身立命的根本保证。"②新闻符号世界所表达的意义，总是传播者和受传者之间的一种默契，追求的是在意义上理解的共识。没有这种意义理解上的共识，传播就难以为继。也就是说，新闻符号世界是经过选择的意义世界。人们以新闻手段运用新闻符号创制了新闻符号世界，新闻符号世界的存在及意义的表达，具有引领、塑造社会共识的能动性，具有促进社会形成共识的特殊机能。新闻符号的意义世界蕴涵着形成共识、凝聚人心、动员社会朝着共同目标前行的巨大潜能。

新闻符号世界是精神的世界

所谓精神世界，就是一定的社会组织对人类历史和现存社会关系的认知体系，是一定的社会组织的经济政治利益的系统化、理论化的思想观念及其各种表现形式。精神世界就是意识形态的世界，是思想理论、理想信念、价值取向、审美情趣、文化娱乐等各种精神活动、精神产品构成的世界。精神世界的形态主要有哲学、文学、艺术、道德、宗教、政治学说、法律学说等等。新闻

---

① 张汝伦：《意义的探究——当代西方释义学》，辽宁人民出版社1986年版，第2—3页。

② 童兵：《理论新闻传播学导论》，中国人民大学出版社2000年1月版，第57页。

传播属于精神世界的一种形态,它以自己的独特个性存在于精神世界中。恩格斯说,当考察"我们自己的精神活动的时候,首先呈现在我们眼前的,是一幅由种种联系和相互作用无穷无尽地交织起来的画面"①。新闻符号世界提供给人们的正是这样一种精神世界的"画面"。

新闻活动、新闻生活已经是人们精神生活、日常生活的重要组成部分。人类活动既是物质生产的活动,同时也是精神生产的活动。精神生产,就是创制符号体系、表达意义、传播信息的生产,是社会意识的生产。精神交往,是指人类对精神产品的消费过程,是借助符号世界实现的信息交流和分享。人们在物质生产过程中发生物质交往关系,必然发生思想交流、信息沟通的精神交往。或者说,一方面,人们从事物质生产活动,创造物质财富和物质文明;另一方面,在物质生产过程中也从事精神生产,创造精神财富和精神文明。物质生产、物质交往与精神生产、精神交往之间存在相互联系、相互区别的辩证统一运动。人类的精神生产、精神交往起源于物质生产、物质交往;物质生产的发展水平对精神生产、精神交往具有决定性的制约作用;精神生产、精神交往反映物质生产、物质交往的关系,并推动和促进物质生产、物质交往的发展;当物质生产、物质交往发展到一定程度,精神生产、精神交往将对社会的物质生产和经济关系产生决定性的反作用。符号系统是精神生产、精神交往的表达方式。"没有符号系统,人的生活就一定会像柏拉图著名比喻中那洞穴中的囚徒,人的生活就会被限定在他的生物需要和实际利益的范围内,就会找不到通向'理想世界'的道路——这个理想世界是由宗教、艺术、哲学、科学从各个不同的方面为他开放的。"②随着社会的分工,物质生产与精神生产逐渐形成各自的产业,新闻媒体就是专门从事精神产品生产的文化机构。精神劳动从物质劳动中分离出来,成为社会进步的重要标志之一。以至于有人把物质文明、科技进步基础上高度发达的信息传播作为划分时代的依据,把今天人们所处的历史发展阶段称之为"信息时代"。

新闻符号世界为人们进入精神世界打开了一扇门。新闻传播反映国际和国内的、本地的和外地的、自己的和他人的一切新鲜事物。无论是上至天文下至地理,社会的政治、经济、文化、科技、军事等等,还是衣食住行、柴米油

---

① 《马克思恩格斯全集》第20卷,人民出版社1971年版,第23页。
② [德]恩斯特·卡西尔:《人论》,上海译文出版社1985年12月版,第52、53页。

盐酱醋茶,都在新闻传播中得到及时、全面的反映,都对社会各领域、各层面的群体和个人产生重大影响。梁启超说:"报馆者实荟萃全国人之思想言论,或大或小,或精或粗,或庄或谐,或激或随,而一一介绍之于国民;故报馆者,能纳一切,能吐一切,能生一切,能灭一切。西谚云:'报馆者国家之耳目也、喉舌也,人群之镜也,文坛之王也,将来之灯也,现在之粮也。'伟哉,报馆之势力!重哉,报馆之责任!"①新闻符号世界作为人们创制的精神世界,成为社会群体、社会成员所处的重要外部环境,它为人们的活动提供有价值的参照,是人们行动的灯塔,是人们的精神食粮。新闻传播对社会精神生活所起的这种作用广泛、巨大、持久而深远,与哲学、文学、艺术、道德、宗教、政治学说、法律学说等等相比较,是精神世界中最活跃、最鲜明、最生动的部分。新闻符号世界对社会精神生活的影响和作用越来越大,新闻传播格外受到重视的原因也正在于此。

新闻符号世界是文化的世界

符号本身就是文化。

新闻符号世界呈现出一个丰富多彩的文化世界,形成了影响广泛的新闻文化。新闻文化是社会文明发展到一定阶段的产物,是社会文化整体系统的分支。信息时代新闻传播的迅猛发展,使新闻文化这种中介性文化现象得到凸显。

新闻符号世界呈现出社会文化的图景。新闻传播活动是一种精神活动,也是一种文化活动。新闻是社会文化的产物,社会文化是新闻传播的根基。人类社会是文化的社会、文化的世界,新闻传播处于社会文化环境中,社会文化环境就是新闻文化的环境,有什么样的社会文化就有什么样的新闻文化。社会文化的新发展、新变化、新成果,都在新闻中得到充分展现。新闻符号世界以事实的再现、事实的叙述、对事实的评述等形式,生动展现社会文化的整体风貌,反映社会文化的潮流,体现社会文化所倡导的价值观念,助推社会文化的发展。有人说,"一家报纸就是一个国家的文化的一部日记"②。新闻符号世界全面展示社会文化的景象,传承社会文化、传播文化成果、营造文化氛

---

① 梁启超:《清议报一百册祝辞并论报馆之责任及本馆之经历》,《饮冰室合集》(梁启超文集之六)第一册,中华书局1989年3月版,第49页。

② [美]马丁·沃克:《报纸的力量》,新华出版社1987年版,第33页。

围,为人们满足精神生活的需要提供了丰富的社会文化资源。

新闻符号世界构建的文化世界具有独特的属性。科技水平的提升,有力促进了新闻传播事业的发展。新闻媒体日益走进社会各个领域、各个层面,走进社会群体每个成员的精神世界,新闻符号日益成为社会精神文化生活的符号,新闻产品日益成为社会的文化产品,新闻传播越来越显现出大众传播的鲜明特征。社会文化融入到新闻文化之中,新闻文化催生、繁衍着社会文化,以至新闻文化已经逐渐演变为一种大众文化,被归于大众文化的系列中。新闻文化与社会文化的内在联系竟如此紧密,如果社会文化离开新闻文化,便难以实现有效的"播种"和"收获",如果新闻文化离开了社会文化便无法生存。社会文化的大系统为新闻文化提供了滋生的土壤①,新闻文化以大众传播形式,为社会文化通往社会各个领域、各个群体以及每个社会成员心灵开辟了"绿色通道"。但是,新闻文化却始终以自身的方式与其他文化形式相区别,显示出与众不同的文化属性:一方面,新闻文化传递社会文化信息,呈现社会文化流动的影像,展现社会文化色彩缤纷的面貌,新闻文化成为社会文化的传播渠道、传播载体;另一方面,新闻文化在反映、呈现社会文化的同时,也在影响、塑造、创制一定的社会文化。新闻文化并非像阳光照在镜子上那样简单地反映、呈现、再现社会文化,而是在反映、呈现、再现的过程中,将传播者的价值取向、价值选择、价值目标、价值追求、价值理念等有形无形地渗透其中、扩散出去,展现出"聚焦、放大、扩散、播撒"的巨大潜能。新闻文化正是以这种独特的属性,将社会文化广泛、全面、持久地渗透到社会的各个角落。

"呈现、再现"与"聚焦、放大、扩散、播撒"的融合过程,就是对社会文化的传播过程,也是对社会文化的再组织、再整合的过程。这既是新闻文化的影响力,也是新闻文化具有的特殊优势。新闻文化正是以这种方式影响社会舆论,进而对社会各层面、各群体产生巨大影响。可见,新闻文化是中介性的文化,它是社会文化的呈现和再现,同时,也是一种具有"重构"、"建构"、"整

---

① 这里的社会文化的大系统是指一定社会经济形态、政治形态基础上的政治、法律、文学、艺术、道德、宗教等各种文化观念、文化形式。其中,社会的政治文化决定着新闻传播的价值理念、价值标准及传播的价值目标,左右着新闻传播的方向;法律文化规定着新闻传播的行为规范;文学范畴的文字修养、审美取向,影响着新闻文化的品位、表现形式;如此等等。

合"意义的文化。杨保军在《新闻理论研究引论》中说：

"新闻传播通过日复一日的选择性报道、有形无形的倾向性传播，在潜移默化之中积淀、塑造着整个社会的文化价值观念，凝结着社会的文化价值核心。我们看到，西方新闻媒介在新闻报道中总是把自由、民主、平等、人权等挂在嘴边，总是高度关注与这些核心价值观念相关的新闻事件，天长日久，这些核心性的文化价值观念就成了社会大众可以随口谈论的东西，成了人们日常生活的基本观念，成了大众文化的一部分，而非仅仅属于社会精英们谈论的文化观念。同样，中国的普通大众之所以能够比较熟练地运用政治语汇，谈论中国式的政治文化，其中一个极为重要的原因，就是我们的新闻媒介充满了中国式的政治新闻，已经把政治话题大众化了，使政治文化成了大众文化的一部分。"①

由新闻事实到新闻传播、新闻符号世界的创制，是一个复杂而具体的过程。在这个过程中，社会文化体系与新闻文化的相互融合、相互促进，是一种具有重要意义的文化现象。正因为新闻符号世界在文化世界中以叙述事实体现的呈现、再现的中介性，以及由中介性释放出来的建构性、整合性的属性，决定新闻传播总是一定社会制度条件下的社会主流文化、主导价值理念的传播载体，是该社会占主导地位的社会核心价值观的构建手段和构建工具。新闻传播之所以成为社会核心价值观传播的重要渠道，其机制正在于此。

总之，新闻符号世界是复合型的、多维度的、多功能的符号世界。从社会传播活动看来，新闻符号世界作为信息的符号，传递现实世界新近发生的事实的信息，构建了社会的信息环境，营造了社会的舆论环境；新闻符号世界作为事实的信息的载体，表达了多种多样的意义，为人们认识事实世界，从而认知、把握客观世界，掌握事物发展变化的规律性，开辟了认知的道路。新闻符号世界作为精神活动的产品，成为人们的精神食粮，满足人们精神生活的需要。新闻符号世界作为文化的世界，既为人们呈现、再现了社会的文化影像，也在发挥文化重构、整合的作用，在日积月累的积淀中潜移默化地影响着人们的价值观念、价值追求，进而影响着社会向着共同目标前行的脚步。

① 杨保军：《新闻理论研究引论》，中国人民大学出版社 2009 年 6 月版，第 204 页。

二、新闻符号世界的创制方式

新闻符号世界并不是人们的凭空想象,它是社会存在和社会实践活动在人们头脑中的影像。社会存在、社会实践活动是新闻符号世界产生的源泉,新闻符号世界的创制是人们认识世界、改造世界而产生的一种精神需要,是精神活动的结晶。作为一种社会意识形式,新闻符号世界具有相对的独立性,有自身的创制方式、运动方式。

1. 新闻符号世界的制度化创制

新闻符号世界的创制是通过报道新闻事实、传播新闻事实信息、评论新闻事件、发表新闻意见的活动来实现的。报纸、广播、电视、杂志等大众媒介,每时每刻都在大量地创制、传输着新闻符号,汇聚成新闻符号的海洋,编织成新闻符号世界。社会实践是丰富多彩的,人们创制新闻符号的方式也是多种多样的,而从事这项活动的主体是大众媒介,大众媒介是新闻符号的主要来源。

新闻符号的制度化创制,是指专业化的媒介运用先进的传播技术和产业化手段,以社会一般大众为对象进行有组织、有规模、持续不断的信息生产和信息传播活动。新闻符号世界的制度化创制活动的主体是专业化的社会组织机构,即人们通常所说的新闻单位,包括报社、电台、电视台等等,这些组织机构专门从事新闻信息(新闻报道)的生产和传播,采用的手段是先进传播技术作支撑的新闻专业化手段,创制的新闻符号是"海量"的、持续不断的、产业化的。新闻符号的受众是"一般大众",是跨年龄、跨性别、跨职业、跨阶层、跨群体的社会所有的"一般人"。大众媒介创制的新闻符号作为信息的载体,既具有商品的属性,也具有文化的属性。新闻符号传播的过程是由新闻媒介这一个"点"发出,传播、扩散、播撒到社会一般大众的"面",受众只能在大众媒介创制并发出的新闻符号世界中去自由选择,而无法超出这个范围去做别的选择。大众媒介在传播过程中处于强势地位,而受众只能接受信息,对传播者的反作用间接而非直接,在传播过程中处于弱势地位。大众媒介在传播活动中具有的传播面广以及与社会政治、经济、文化等各领域联系紧密的特征,具有巨大的影响力。

新闻符号的制度化创制活动受社会制度的制约。"由于大众传播是从事信息的大量生产和传播的信息产业,由于它的内容与社会观念、价值和行为规范具有直接关系,由于传播过程的特殊性赋予它的巨大社会影响力,无论在哪个国家,都会把它纳入社会制度的轨道。"①任何国家的大众媒介都与该国家的社会制度、政策体系密切相关,都在一定的社会制度控制范围内活动,而非凌驾于社会制度之上。

新闻符号世界的制度化创制方式告诉人们,新闻传播事业是社会实践活动的组成部分,新闻符号世界是社会意识表现形式的一种,是社会存在、社会实践的反映、影像。新闻传播事业与社会制度具有天然的内在联系,它体现和反映社会制度的根本性、全局性、稳定性和长期性,又在根本上、全局上、稳定和长期地维护和发展所属的社会制度及其意识形态。通过制度化、专业化手段创制、传播的新闻符号,就是制度化、组织化的新闻符号,这样的新闻符号世界是所属社会制度的根本性、全局性、稳定性和长期性的体现和反映,是所属社会意识形态的集中体现。制度化创制的新闻符号世界为所属的社会制度和意识形态服务,并对非所属社会制度和意识形态产生排斥力。大众媒介是创制新闻符号世界最有力、最有效的手段。

2. 新闻符号世界的非制度化创制

新闻符号世界的制度化的创制并非是新闻符号的唯一创制手段。除制度化的创制方式,还有非制度化的创制方式。

新闻符号世界的非制度化创制,是指社会的普通民众,利用非专业化的方式(电话、书信、手机、网络等通讯手段),以特定的对象或一定范围的对象,进行新闻信息的传递和传播活动。新闻符号世界的非制度化创制活动的主体是普通民众中的个人,所运用的传播手段并非专业的新闻手段和专业传播技术,只是在传播中利用了社会提供的通讯资源。它所针对的对象仅局限于传播主体特定的人或人群。非制度化新闻符号的创制与社会组织化、规模化的程度存在相当大的差距。其传播过程大都以"点"对"点"的方式,传播的互动性较强,传播者与接收者之间具有灵活的互动渠道。传播者与接收者在传播过程中具有平等的地位,不存在强势与弱势之分。

非制度化新闻符号世界的创制具有相当的自由度。尽管它也受社会制

---

① 郭庆光:《传播学教程》,中国人民大学出版社 2009 年 11 月版,第 112 页。

度的制约和影响,但是,它的创制基本不考虑对社会制度和社会意识形态的有意维护,新闻符号传播的目的性比较模糊。用非制度化、专业化手段创制的新闻符号,就是民间的新闻符号。在不同的历史条件下,由于利用的传播媒介不同,民间的新闻符号具有不同的影响效果。在互联网时代,非制度化新闻符号的创制开始成为一种常见的方式。在网络技术的基础上,民间的新闻符号接收的对象、范围逐渐呈现广泛和扩大的趋势,产生的社会影响也越来越大:

"互联网媒体化、大众化特点日益明显。互联网正从小众媒体、分众传播向大众传媒转变。目前,我国网民人数已达4.2亿,互联网普及率31.8%,按照有关'媒体受众规模占人口总数20%即可称为大众媒体'的国际通行说法,中国网络媒体已进入'大众传媒时代',网络媒体成为我国新闻舆论的重要力量。互联网在满足人们信息需求的同时,网上庞杂海量的信息内容、纷繁复杂的文化生态、多元多样的价值取向,对人们的思想观念、行为方式产生着日益深刻的影响……"①

互联网的普及,使民间的新闻符号得以大量涌现,既丰富了新闻符号世界,也对新闻符号世界的制度化创制提出了严峻的挑战。在互联网时代,人人都是新闻符号的创制者,人人都是新闻符号世界的传播者,制度化新闻符号世界"独霸天下"的格局已经被打破。

王晨在《走科学发展之路 推动我国网络媒体建设迈上新台阶——在第十届中国网络媒体论坛上的主旨演讲》中还指出:我国网上信息传播方式正发生新的变化。不仅网络媒体的网上互动规模大、参与人数多,而且为人们分享知识、传递信息、交流沟通提供了广阔空间,为网民参与网上内容创造提供了重要平台。目前,互联网技术正面临从 Web2.0 向 Web3.0 升级转型,网络技术更新周期越来越短,新业务新业态层出不穷,博客、微博、社交网站等大量涌现;同时,随着移动互联网的快速发展,智能手机、手持阅读器、平板电脑等移动上网终端迅速普及。我国博客用户规模已达2.3亿,社交网站用户规模达2.1亿。理论上讲,目前我国7.5亿手机用户都有可能成为网民。微内容、极速性、多终端、个性化,成为网络信息传播新的突出特点,网上信息的获

---

① 王晨:《走科学发展之路 推动我国网络媒体建设迈上新台阶——在第十届中国网络媒体论坛上的主旨演讲》,《中国记者》2010 年第 12 期,第 12—14 页。

取、发布、利用、消费更加便捷。这将大大拓展网络信息的传播渠道,大大丰富网上信息内容。这种现实状况说明,新技术条件下的民间新闻符号的创制,已经突破了"点"对"点"的单一互动模式,正在向"点"对"点"和"点"对"面"共同的、融合的互动模式发展,越来越呈现大众传播的特征。民间新闻符号的创制具有了大众媒介的新闻传播形式,势必会产生类似大众传播媒介的社会功能。社会主体之间有了更多、更高效的交流渠道和交流方式,从而使社会的任何私人和个体都有可能超越自身,成为社会化的、公众化的传播角色。

网络技术为新闻符号的非制度化创制提供了十分便捷的条件,使新闻符号的非制度化创制产生了两方面的效果:

一方面,对新闻符号的制度化创制产生显而易见的冲击。表现为,一是,信息的收受者选择信息的空间扩大了,受众接受制度化创制的新闻符号的注意力被分流了;二是,信息的收受者利用网络空间可以实现由接受者到传播者的自由转化,制度化新闻符号创制垄断新闻信息的局面被打破,使得任何新闻事实信息的遮蔽、掩盖、回避等等,都成为不可能的事情;三是,与新闻符号制度化创制意愿不同的倾向、态度、情绪等,获得了可以表达的自由空间;四是,非制度化新闻符号的创制开始超越流言、传说、小道消息、谣言等非新闻方式,向提供新闻事实的直接见证、揭露事实真相、曝光确凿证据、表达倾向性意见、发表看法的新闻方式方向发展,直接参与到社会新闻图景的构建过程中。民间新闻符号创制呈现的这些新变化,成为制度化新闻提高舆论引导力、影响力,甚至思考提升社会意识形态吸引力、感召力的最现实的依据。

另一方面,非制度化新闻符号创制的兴起和发展,从整体上丰富了新闻符号世界,使人们认知客观真实世界有了更多的路径。同时,也意味着作为社会实践的主体,有了更多的面向社会表达情绪、意见的自由和条件。

当然,尽管非制度化新闻符号在网络技术的基础上具有了广泛的社会影响,有时会在制度化新闻符号世界得到反映,但是,制度化的新闻符号创制会始终是社会新闻图景的主要构建者。对社会政治、经济、文化产生真正广泛影响的,不可能是非制度化的新闻符号,而一定是制度化创制的新闻符号。新闻制度是社会制度体系的有机组成部分,制度化新闻媒介组织创制的新闻符号,总是社会制度本身的合理性、根本性、长期性、稳定性的图景展现,也是社会意识形态发挥能动作用的体现。所以,制度化新闻符号世界的创制始终会成为人类社会新闻图景呈现的最主要方式。

新闻符号世界创制的方式告诉人们,新闻符号世界的创制总是一定的社会历史条件下的创制,必然受到所处社会的物质基础、社会制度以及来自社会政治、经济、文化等多种因素的制约。网络技术的应用,为新闻符号的创制、传播提供了更加方便、快捷的条件,无论是制度化的创制,还是非制度化的创制,网络技术基础上的新闻符号世界比以往任何历史阶段都更加丰富、更加多姿多彩。制度化的创制与非制度化的创制既相互区别,又相互联系,有时表现为矛盾、对立,有时表现为和谐、统一,两者相互之间的关系运动,对新闻符号世界的构建起着促进、推动的作用。

归根结底,新闻符号世界是现实世界的反映,是现实世界的事实性展现,是图景式的、流动的、变化中的再现,是人们认识现实世界的途径和手段,是一种精神活动的产物。创制新闻符号的目的是满足认识现实世界的需要,满足精神活动的需要。新闻符号世界反映的现实世界是有局限性的,新闻符号世界只是现实世界的一种图景式的影像。

三、典型报道新闻符号的共性和个性

典型报道是典型的制度化创制的新闻符号,是新闻符号世界中的一朵奇葩。

先进典型以新闻报道的形式出现,运用新闻报道的方式加以传播,使得典型报道与其他新闻手段一起,共同反映现实的真实世界,共同创制了反映现实的真实世界的新闻符号。典型报道所反映的先进典型是一种制度化创制的新闻符号,更是一种具有象征意义的新闻符号。典型报道既具有新闻符号的共性,也具有区别一般性新闻符号的个性。

新闻符号之所以成为人们认识和把握现实世界的途径,其中的重要原因就在于,新闻符号是现实世界的真实反映,是事实世界面目的真实呈现。我国的典型报道以新闻报道的形式问世,又以新闻宣传的方式走过半个多世纪的风雨路程,典型与新闻报道结下了愈久弥深之缘。作为一种新闻报道方式,典型报道具有新闻符号的共性特征:

——**真实性、事实性。**真实的客观事实的存在,是新闻报道的依据,也是典型报道的依据。与其他新闻符号一样,典型报道是以先进典型真实的事实

性内容为核心而创制的新闻符号。尽管人们对典型报道存在这样或那样的非议甚至怀疑，但是，典型报道始终强调和遵循自身的真实性、事实性。典型报道真实性、事实性的源头，在于社会各个不同历史时期中涌现出来的时代先锋、社会楷模真实存在的客观事实。典型报道是先进人物的事迹、先进典型人物不平凡的经历、业绩，以及所体现出的高尚思想境界、道德情操的真实再现。离开了先进典型存在的真实性、事实性，典型报道就失去了源头活水，也就失去了它作为新闻符号世界一分子的"合法"地位。不同历史时期的典型报道，总在一定程度上真实再现了所处时代的典型人物的精神风貌，都在一定程度上反映出当时社会所处的历史状况。不同历史时期的典型报道以真实性、事实性的叙述，承载了不同历史时期整个国家和民族的记忆。正因为典型报道真实反映现实生活中先进典型可歌可泣、震撼人心、感人肺腑的事迹和精神风貌，才使典型报道在新闻符号世界中留下了弥足珍贵的历史轨迹，成为一个民族值得传承和发扬的精神财富。

——共享性、公共性。新闻信息是共享性、公共性的信息，新闻符号具有共享性、公共性的特征。典型报道所呈现的现实世界的图景，是所有人都能够认识、理解的图景，社会群体中的每个成员都可以对典型报道所反映的先进人物和先进人物的事迹给予各种各样的评价。先进典型可能来自社会的不同领域、不同职业，甚至是鲜为人知的角落，但是，典型报道所揭示出来的先进典型的人格、品德、精神追求，却能够打动每个社会成员的心灵，足以成为社会一定时期中最具影响力的精神符号。典型报道之所以具有这种共享性、公共性的新闻符号特征，是因为典型报道以新闻传播的方式，对事实世界给予了事实性的图景式再现，是对人们共处的现实世界做出的一种新闻符号的表达。在新闻符号世界中，典型报道以塑造先进典型、弘扬先进典型人物的时代精神、歌颂先进典型的崇高精神境界的表达方式，为新闻符号世界增添着绚丽动人的色彩。

——流动性、变化性。新闻具有新鲜性、及时性的特征。在新闻符号世界中，呈现出新闻符号的流动性、变化性。在现实生活中，人们完全依靠直接接触和直接观察来把握周围环境的变化，越来越成为一件很困难的事情，只能通过把握新闻符号世界这样间接的途径，来获取有价值的信息，为适应环境、谋求生存和发展寻找信息参考。而现实生活是变化着的，尤其在科技和信息相当发达的情形下,社会成员对新闻信息产生了多样的、变化的并且是持续不断的需求。典型报道从一个侧面提供了事实世界流动的图景、时代变迁的图画,为人们认识和把握真实世界打开了一扇窗。从我国典型报道所塑造的典型人物看,从抗日战争、解放战争到中华人民共和国成立初期的经济建设,从抗美援朝战争到国民经济调整、战胜自然灾害再到"十年动乱",从进入改革开放新的历史阶段到现在的全面小康社会建设,每个历史阶段都留下了与时代相同步的先进典型人物的身影。我国新闻发展史中的典型报道历程,就是一部中华民族不屈不挠的英雄史诗,在每个重要历史时期,典型报道总是推出代表那一时代的时代精神的先进典型,给人以鼓舞和力量。如果说新闻符号世界是事实世界最新变化的反映,是一幅流动的社会影像,那么,典型报道就是时代先锋的"浮雕群像",是一部时代主旋律最激昂、最雄壮的动人乐章。典型报道以独特的视角、独特的方式,反映着社会的变化、时代的发展。

——代表性、典型性。新闻报道总是新近发生的、受到人们普遍关注的、具有社会意义和能够吸引人的事实信息的报道。新闻符号世界是真实的事实世界的反映,是新闻传播光束"照射"下的事实世界的一部分。新闻符号世界的代表性、典型性,同时也意味着新闻符号世界的有限性、局限性。典型报道是先进典型真实的事实世界部分内容的"缩影"、"摹写"。代表性、典型性就意味着简化,意味着选择。典型报道与其他新闻符号一样,是经过选择的"缩写",是经过简化的"选择"。

典型报道的真实的事实来自于生活,并经过了传播者的"缩写"和"选择"。不管传播者对先进典型的事实做出怎样深入的调查采访,相对先进典型真实的全部事实来说,典型报道总是"蜻蜓点水"、"浮光掠影"式的新闻符号。尽管传播者一再强调典型报道事实性内容的真实,但是,能够放在新闻传播光束"照射"下的内容,总不会是事实性内容的全部,总会附加着传播者的倾向性选择、价值判断、价值取舍。也就是说,典型报道作为新闻符号,与其他新闻符号同样具有代表性、典型性,但同样具有一定的有限性、局限性,即作为事实世界"摹写、影像"的虚拟性。新闻符号世界是真实的事实世界的反映,这种反映永远是"反映"——复写、摹写、影像,是与真实的事实世界相区别、相对应、相联系的社会意识。

反映什么、怎样反映,是新闻符号世界与生俱来的虚拟性留下的"伏笔"。新闻符号世界可以成为事实世界的真实呈现,典型报道可以成为先进典型人物、先进事迹和先进人物精神风貌的真实再现。但是,还应该清醒地看到,新闻符号世界只是用真实的事实编织而成的虚拟世界,典型报道创制的新闻符号只能是事实世界的反映,是人在社会实践活动中的意识活动的结果。典型报道存在着脱离事实的真实、与事实世界产生背离的可能性。没有人会把新闻报道所创制的新闻符号世界等同于事实世界本身,尽管新闻符号世界是事实世界的再现性的图景,但它始终是"再现"或"影像",并非是现实世界的全部。当然,这里并不认为典型报道可以脱离新闻的直接真实,变成像文学那样可以任意创作的间接真实,恰恰相反,典型报道天然具有新闻符号的虚拟性、有限性和局限性,典型报道只有努力反映事实的真实,尽最大的可能真实再现先进典型人物的事迹和先进典型人物的内心世界,才符合新闻符号世界本质特征的要求,才能使典型报道创制的新闻符号具有真正的社会意义和传播影响力。

典型报道除具有新闻符号世界的共性特征之外,还有鲜明的个性特征:

——表述性。传播的目的是交流意义,而意义浓缩在符号之中。符号是交流意义的中介。典型报道作为一种新闻符号,表达的核心是意义,其表述性就是指传播者必须将先进典型的真实的事实转换为符号的属性。时代大潮汹涌澎湃,社会各领域、各阶层、各种职业人群中会不断涌现出各种各样的杰出人物,那么,典型报道所创制的新闻符号,是对先进典型人物的事迹、业绩和精神境界的一种符号式转换,传播者将这些内容或意义转换成语言、文字、声音、图像等符号,受传者接受这些表达内容或意义的符号,来认知和理解典型报道所表述的内容和思想,对这些内容进行评价、判断、反馈,进而在思想意识中做出反映。

典型报道与其他一般性新闻报道的新闻符号的区别就在于,典型报道是对人的行为、人的观念、人的精神世界直接的、真实的反映,这要比对一种自然现象、某种新闻事件、某些社会现象的反映复杂得多,难度大得多。由于所处社会环境、受教育程度、个人生活阅历等各不相同,每个人的认识能力、价值观、人生观存在很大的差异,要想使某个先进典型被全社会认知、理解进而认同,是一个复杂的过程。典型报道新闻符号的表述性,集中体现在传播者将先进人物的言行、业绩、思想观念、高尚的思想品德加以符号化的过程的复杂性上。典型报道的成功主要是这种符号化转换的成功,而有的典型报道没有取得预期的传播效果,都可以在没能很好地实现这种符号化转换、没有对这种转换的特殊复杂性给予高度重视中找到原因。

影响典型报道新闻符号转换的因素大体可分为几类:一是认识论方面的原因,由于认识条件、认识能力、认识方法、认识途径等限制,对先进典型真实的事实缺少深入了解和把握,没有抓住先进典型事实的精髓和实质;二是价值论方面的原因,传播者出于某种不恰当目的、出于某种利益的需要,故意拔高典型,造成先进典型新闻符号转换的虚假和扭曲;三是各种社会因素的影响、各种社会力量的相互作用,势必影响到媒体的传播者,对先进典型新闻符号的转换产生这样或那样的影响;同时,高位传播主体对本位传播主体施加不恰当的压力、给予不正确的指导等,都存在典型报道新闻符号发生扭曲、变形的可能。

——**思考性**。思考是人的大脑在接受信息后引发的思维活动,是人对信息的内在处理过程。对典型报道来说,受众在接受典型报道(文本)符号后,需要经过人的大脑对符号进行解读,从中认知典型报道所传达的意义。典型报道所表述的意向、意思、意图、价值观念,都包含在典型报道所浓缩的新闻符号中。平面媒体典型报道所运用的符号形式主要是语言为主、图片为辅,因而,语言是典型报道最重要的符号载体,语言符号形式直接影响到典型报道传播的效果。

典型报道新闻符号是事实世界的再现,主要是通过语言的叙述来实现的。从认识规律看,形象性的、生动具体的表达,总比抽象的、概念性的表达更容易被接受。而典型报道的内容是具体的、生动的,而且常常是动情的,这是使受众容易接受的长处;但是,典型报道所传达的意义,本质上不在生动的情节或故事性上,而是通过对先进典型事迹的叙述、业绩的展现,揭示先进典型人物的思想精神,或者说,是弘扬先进典型的精神、品德、价值观念、人生观等抽象的思想意识。这使典型报道很容易陷入"二律背反"的漩涡,即单纯地叙述先进典型的新闻事实或事迹,达不到典型报道传播的目的;而过于高度概括、提炼先进典型精神层面的思想道德境界,又因太抽象使受众在认知上产生排斥。所以,典型报道新闻符号的这种思考性特征,也说明典型报道在反映真实性的事实过程中具有相当大的难度。

——**象征性**。语言本身就是一种象征性符号体系。郭庆光在分析信号与象征性符号的本质区别时认为,象征性符号是人工符号,是人类社会实践的产物;象征性符号不仅能够表示具体的事物,而且能够表达观念、思想等抽象的事物;象征性符号不是天生的自然遗传,而是经过后天学习可以掌握和传承的,并且是可以自由创造的①。按照这种认识推而广之,典型报道新闻符号反映、塑造的是一种象征性符号,典型报道新闻符号的创制表现为一种象征行为,即用先进典型的新闻故事性叙述、先进典型的树立,来表示先进人物抽象的价值观、人生观、思想境界等概念,进而表现社会主流价值观取向的行为。受众由先进典型人物的事迹,联想到社会楷模、学习榜样,是基于现实社会生活的体验。"象征行为具有智慧性、社会性和约定性,在许多场合同时也具有价值性、动机性和行为取向性。"②典型报道新闻符号的象征性,是典型报道新闻符号最具个性的特征。

典型报道新闻符号的象征性个性特征,是在一定的历史条件下逐渐形成的,是历史积淀的结果。客观地说,典型报道仅仅是一种新闻报道方式,是反映事实世界的一个窗口。但是,在我国新闻业界,典型报道从问世之日起,就肩负着引领、引导、示范的社会功能,塑造的先进典型是社会的精神符号,是社会主流价值取向的标志性符号。典型报道所反映的先进典型,就是时代的先锋、社会的典范,就是榜样。由现有社会制度和新闻制度决定,典型报道始终是主流媒体弘扬主旋律的重要形式之一;典型报道新闻符号一定是时代精神的诠释;典型报道所报道的人物,一定是值得推崇的典范;渗透在典型报道中的价值观,一定是社会核心价值观;典型报道追求的传播效果,一定是希望赢得广泛的社会认同。不管人们对典型报道存在怎样的疑虑甚至非议,典型报道新闻符号所承载的这种象征性个性特征必将长期存在。

从这个意义上说,典型报道的新闻符号传播所体现的是象征性的社会互动关系,即传播者与受众之间通过传递先进典型这种富有象征意义的新闻符号发生互动作用,进而以先进典型符号影响受众思想观念和行为的过程。典型报道新闻符号象征性社会互动实现的是,传播者与受众之间对先进典型符号精神内容和意义的交换。同时代的社会生活,同处在相同的社会制度环境

---

① 参见郭庆光:《传播学教程》,中国人民大学出版社 1999 年 11 月版,第 44 页。

② 郭庆光:《传播学教程》,中国人民大学出版社 1999 年 11 月版,第 51 页。

下,提供了对先进典型符号意义的理解、解释、阐述的基础,使典型报道象征性符号意义的传播具有了可能性。传播者利用先进典型符号保存和传达社会核心价值观、主流价值取向的观念体系,并利用这种体系影响社会成员的思想意识,从而凝聚精神力量,实现对社会关系的协调、对社会行为的控制。这是典型报道作为一种新闻宣传方式存在的真正根源,也是典型报道新闻符号始终以制度化创制的方式存在的真正原因。

第三节　典型报道的价值创造

从价值哲学角度说,人的一切活动都是价值活动,即围绕认识价值、创造价值和享受价值而展开的实践活动。人的价值活动是一个循环往复、不断由低级向高级发展的渐进过程。价值创造活动包括物质价值创造、精神价值创造和制度价值创造,等等。新闻实践活动是通过认知活动、传播活动来传递新闻信息,满足受众的精神需求的社会活动,新闻实践活动属于精神价值创造活动。

典型报道是一种新闻报道方式,是认识、反映先进典型人物的新闻实践。典型报道的新闻实践活动渗透着鲜明的价值因素,表现为传播者对先进典型人物、先进典型事迹、先进典型的精神境界等内容一系列的价值评价、价值判断、价值选择,以及对典型报道价值功能的认知过程。典型报道的价值创造过程,就是典型报道新闻符号的创制过程,即通过新闻传播者的采访、制作和传播等环节,以新闻作品的形式满足受众精神需求的过程。典型报道的价值创造过程,是典型报道的价值认知过程、价值选择过程、价值创造过程、价值实现过程和价值分享过程的统一。

一、典型报道价值创造的主体

分析典型报道的价值创造,需要对典型报道的价值概念做进一步的明确:

典型报道的价值不是一个实体范畴,它不表示在传播主体、接受主体与典型报道之外存在的第三种实体,不能把典型报道的价值理解为一种独立存在物;同时,典型报道的价值也不是一个属性范畴,它不具有与生俱来的属性(只是人的精神活动的结果)。典型报道的价值概念是一个关系范畴,它表明的是传播主体、接受主体与典型报道之间的特定关系。也就是说,典型报道表现为精神产品,典型报道的价值是精神价值,是精神生产、再生产的产品。精神产品是社会的精神财富,是精神价值的价值载体。精神价值作为社会的精神财富,在以自己特殊的方式满足人们精神生活的需要时,才能够得以体现。精神生产以物质生产作基础,对物质生产具有能动性的作用。物质生产基础上的精神生产越发达,社会精神价值的创造力就越强;社会的精神产品越丰富,社会精神生活也就越丰富,对物质生产的能动性作用也就越大。

还应该看到,"典型报道价值"与"典型报道的价值"是两个不同的概念。"典型报道价值"是指对先进人物和先进人物的事迹能不能构成典型新闻报道因素的判断准则和衡量尺度;对传播者来说是判断、选择典型和采写、制作及传播的业务评判的主观标准,主要体现"是什么"的实践标准。"典型报道的价值"则指传播主体与典型报道之间、受众与典型报道之间特定关系的质、方向和作用,即价值关系、效用关系,主要体现"有什么用"的价值标准。区分这两个概念的意义在于说明,在典型报道的价值创造过程中,由于主体地位的不同,对典型报道的价值评价和价值选择的着眼点就不同,因而对典型报道产生的认知就存在差异。在传播者看来,不仅应该把握"典型报道价值",还应该了解和掌握"典型报道的价值",这样才能在典型报道的价值创造的过程中牢牢把握主动权,增强典型报道的传播效果。而受众主要是以个体的形式,在印象、感觉、情绪等认知层面上对典型报道产生意识反映,并不是单凭某个典型或某一篇典型报道就升华为价值观念,但是,由于处在新闻传播议程设置所营造的舆论环境中,长期受到熏陶和影响,典型报道的价值便逐渐显露出来。对受众来说,有意义的在于"典型报道的价值",而不是在于"典型报道价值",或者说,典型报道价值是传播者价值创造的起点,而典型报道的价值创造和价值实现是传播者的主要目的。

那么,是不是说,典型报道的价值是由专门从事新闻传播的从业人员创造的呢? 或者说,是由典型报道的传播者、受众一起创造的呢? 到底谁是典型报道价值创造的主体?

前面提到过典型报道的高位主体、本位主体和后位主体。这三者是典型报道价值创造的直接参与者,但是,从典型报道的价值创造全过程来看,不能由此断定,典型报道的价值仅仅是由这"三位主体"创造的。

其一,先进典型人物——典型报道价值创造原始性的个体主体。这里,以被誉为"抓斗大王"——包起帆的典型报道为例来说明。

> 包起帆,上海国际港务集团公司副总裁,中国发明协会副会长,1951年出生,1968年参加工作,刻苦钻研技术,取得多项发明创造,有"抓斗大王"之称。他先后获得15项国家专利,3项国家发明奖,1项国家科技进步奖,14项省部级科技进步奖;还荣获日内瓦、巴黎、匹兹堡、布鲁塞尔等11项国际发明博览会金奖。他连续10次被评为上海市劳动模范,连续3次被评为全国劳动模范,还获得"全国'五一'劳动奖章"、"全国十大杰出职工"、"全国优秀共产党员"等称号。(记者吕网大 包寒)
>
> ——《人民日报》2004年2月10日第4版

新闻价值主体具有动态性、多变性、多样性的特征。在新闻传播过程中,新闻价值主体或典型报道的价值主体,也是一个动态的、多变的概念。把新闻报道涉及的传播主体、受众主体单独地、笼统地作为新闻价值的主体,都有失偏颇。关于包起帆的典型报道为受众所熟知,具有广泛的社会影响,产生了良好的新闻宣传效果。如果说,典型报道是新近发生的先进典型人物事实的信息的传播的话,那么,典型报道的价值创造的最原始的主体应该是先进典型人物本人。没有包起帆、没有包起帆的先进事迹,也就没有后来的关于他的典型报道,正因为火热的社会生活涌现出了包起帆这样的先进典型,存在这样的客观事实,才成为新闻报道的对象,典型报道的价值创造才具备了前提条件和可能性。包起帆先进人物及其事迹的事实的存在,是关于包起帆的典型报道价值创造活动的实践起点和逻辑起点。也就是说,先进典型人物是典型报道价值创造的原主体。

其二,作为社会主体的人——典型报道价值创造的整体性、完整性的主体。价值哲学认为,价值创造活动是人们从自己的需要出发,通过实践活动,在一定的客体与主体之间建立起某种效用关系,即价值关系。价值客体是人的实践活动的"物化",是"人化物"。在物质价值的创造活动中,自然物(如空气、矿产、森林等)存在自身的有用性,但是,它们只有在满足人的需要时才具有价值,各种天然物并不天然具有价值属性。在精神价值的创造活动中,精神产品是人的精神活动的产物,以一定的物质形态为载体,满足人们的精神需要,只有在与人发生关系时,精神价值才得以生成。价值创造一定是作为社会主体的人在创造,是作为社会实践主体的人,通过自身的实践活动来实现的。这是由价值本质决定的,是分析价值创造问题的理论前提。

　　1980 年 9 月 17 日,《文汇报》专门以"包起帆闹革新延长钢丝绳寿命"为题,介绍了他搞技术革新的故事。

　　……

　　"1981 年 10 月,中国港口史上第一只用来卸大船的木材抓斗诞生了。包起帆发明的'双索门机抓斗',用两根起重索使抓斗顺利地打开和闭合,抓原木似老鹰抓小鸡,'轻轻一抓就起来'。人木分离的目标实现了!木材装卸工的安全有保障了。"一篇报道包起帆事迹的通讯这样描写道。

　　……

　　随着包起帆发明的各类抓斗三次获得国家发明奖,特别是不断在日内瓦国际发明展览会、美国国际发明和新技术展览会等国际展览会上获得金奖、银奖,包起帆成了闻名遐迩的"抓斗大王"。

　　……

　　1989 年的国庆,包起帆是在北京度过的——第一次当选全国劳动模范的他,在这里接受国务院的隆重表彰。

　　……

　　1999 年,"全国交通系统创建文明行业经验交流会"在青岛召开,龙吴港经验和包起帆事迹被交通部隆重推出。

　　……

　　2005 年的全国劳动模范和先进工作者表彰大会,可能是改革开放以来公众关注度最高的一次全国劳模表彰大会。

　　这一年,包起帆第四次当选全国劳动模范。此时,他已经是厅局级的市管干部。他的当选,经过了最高规格的特批程序。

……(记者　王娇萍)

——《工人日报》2009 年 6 月 25 日

从上述报道中可以看出,由对包起帆的最初报道,到成为全国家喻户晓的、具有社会影响力的典型,时间长达 25 年以上。这期间,除包起帆本人的不懈努力之外,发现、培养、树立、确立、传播、宣传这个典型,涉及社会各领域、各阶层的方方面面,涉及许许多多的人,甚至涉及国家最高权力机关的决策。所以,从广义上说,典型报道价值创造的主体包括所有的社会主体,即所有参与社会主义现代化建设的广大党员、各族人民群众,他们都是典型报道价值创造的主体;从狭义上说,从事先进典型人物发现、选拔以及宣传、传播的党务工作者、新闻从业人员是典型报道价值创造的主体,是直接主体。广义的主体与狭义的主体、直接主体与间接主体,共同构成典型报道价值创造的整体性、完整性意义上的主体。从这个意义上说,典型报道不单单是新闻媒体的一般性的新闻报道,而是全社会、各领域共同参与的精神价值创造活动,是满足人们精神需要的、自觉的新闻实践活动。

其三,读者、广大受众——典型报道价值创造不可忽视的主体。新闻传播是一个过程,经过采访写作、加工制作和传播传递三个阶段。在每个阶段,价值主体都在发生变化。如果说采访写作是典型报道价值的认知过程,新闻制作、编排加工是典型报道价值的选择过程、创造过程,那么,传播过程就是典型报道价值的实现过程。在典型报道的传播阶段,受众就成为最重要的价值主体。

……在常年受到包起帆资助的伤残职工王伟民家里,坐在轮椅里的王伟民拿出他发表在浦东新区一份刊物上的一篇揭批"法轮功"的文章,对记者说:包起帆帮助了我,我也要像他一样,去帮助别人!(郑蔚)

——《人民日报》1999 年 9 月 5 日第 2 版

典型报道中的主人公对周围人的影响仅仅是一个方面,而典型报道的传播目的是向社会传递典型人物的事迹及精神,影响社会更多的人。从先进典型人物及事迹的出现、发现,到典型报道的传播阶段,典型报道的价值客体也在发生变化。在起始阶段,作为典型报道价值创造的狭义主体之一的传播者,面对先进典型的事实,通过深入的采访、调查、核实,掌握典型报道的新闻素材,先进典型人物、先进典型周围的人,成为记者的采访对象,典型报道的价值客体表现为先进典型的事实;在典型报道的写作、整理和加工阶段,先进典型事迹中所蕴涵的时代精神、社会意义、精神风貌,便成为新闻工作者面对的典型报道价值创造的客体(写作、制作过程使用的设备等,是价值创造的手段性、工具性价值客体);在传播阶段,典型报道是以新闻文本的形式存在的,表现为新闻作品。典型报道的新闻作品形态,相对作为价值主体的读者、受众而言,是典型报道价值的客体;典型报道被阅读、被理解,其中引起读者、受众在感觉、印象、意向、情感等方面的认知效应,满足了读者、受众的精神需求,得到了读者、受众的认同(或思考、或评价、或赞同、或共鸣,等等),那么,典型报道也就达到了传播者最初的传播目的,典型报道的价值得到了实现;如果读者、受众出于某种原因,没有接触到、没有阅读到典型报道,那么,典型报道对没有看到或接触到的读者、受众来说,就没有建立起与典型报道新闻作品之间的传播效应关系,典型报道的价值也就无从谈起,典型报道的价值创造就无法实现。所以,在传播阶段,读者、受众作为典型报道价值创造的主体,是具有决定性意义的价值创造的主体。

对典型报道的价值创造主体的粗略分析归结为:典型报道作为新闻实践活动,属于人的精神价值的创造活动,是一种创造精神价值、满足人们精神生活需要的精神产品的生产和消费行为。新闻媒体或新闻从业人员不是典型报道价值创造的唯一主体。在典型报道的价值认知、价值选择、价值实现过程中,价值主体不断发生变化,即由先进典型的原始性个体主体,到作为传播者的主体,再到受众主体。价值客体也随之发生各种形态的变化,即由先进典型的事实,演变为新闻事实的信息,再演变为典型报道的新闻文本。典型报道的价值创造是制度化的新闻符号创制,是全社会的精神价值创造活动,新闻媒体或新闻从业人员在这个过程中起着承上启下的重要职能作用,这种职能作用是通过新闻传播体现出来的。

二、典型报道的价值创造过程

对典型报道的价值创造的诠释,存在多重的认识维度。

　　如果从社会核心价值观构建的大视角审视典型报道的新闻实践活动的话，那么，作为社会传播活动的一个组成部分的典型报道活动，是涵养、培育、传播、弘扬社会核心价值观的重要途径、渠道和载体；从价值哲学的视角看，典型报道的价值创造的过程，是通过精神活动创造精神价值的过程，是作为精神产品——新闻作品的生产和消费过程；从传播学角度看，典型报道是新闻符号的创制、传播和发生传播效力的过程。

　　然而，当沿着社会核心价值观的大视野、大维度重新审视典型报道问题时，无论是从社会核心价值观的内涵，到社会核心价值观所处的地位和功能作用的发挥，再到社会核心价值观构建的客观要求，对典型报道问题给予关注的人会惊奇地发现：社会核心价值观的大维度、大视野，已经把多维度中、多视角下对典型报道的认知归于自己的视阈之中。这种理论思维上的"划归"，不仅没有使多维度、多视角的对典型报道的认知之间产生相互矛盾、相互碰撞、相互冲突的现象，相反，却使得对典型报道的现有的各种认知有了一种全新的整合，即无论是对新闻价值、新闻价值观的分析，还是对新闻传播功能的认识，再到新闻传播事业的本质特征，再到大众传播议程设置理论，以及新闻符号世界的创制，这些多维度、多视角的新闻理论，是全面剖析、阐释典型报道问题必然涉猎的基础理论，而从这些理论角度审视典型报道得出的各角度的理论观点和结论，它们之间具有十分紧密的内在逻辑联系，相互之间甚至达到一种契合的程度。

　　将典型报道的价值创造问题纳入到社会核心价值观构建的理论视野范围，能够体现典型报道的理论思维分析与典型报道新闻实践的统一，也在一定程度上集中体现了典型报道的历史发展与思考典型报道改进、创新问题的内在逻辑联系的统一，从而为人们在理性上深化对典型报道的认识、在实践上改进和创新典型报道，开辟出一条前景广阔的道路，使人们对典型报道的思考升华到一个新的高度。探索和发现这种理论思维上的内在逻辑联系，正是本书所关注的主旨和着意揭示的主题。

　　对社会核心价值观构建问题的全方位思考，具有重要的理论和实践意义。应该强调的是，社会主义核心价值体系理论的提出，为典型报道的探索开辟了新的思路，成为解决典型报道疑难问题的一把钥匙。也就是说，关于社会核心价值观的内涵、特质、地位、功能及其构建的理论，提升了人们对典型报道的认知,为典型报道研究开拓了崭新的理论视阈①。

什么是价值创造? 价值创造是人类为了满足自身的需要而进行的自觉活动。需要是人的需要,是社会实践主体的需要;需要刺激了创造,创造满足需要;同时,社会实践又产生新的需要,刺激新的创造满足新的需要;需要与满足需要的价值活动是运动的、变化的、永无止境的过程。而新的需要与满足新的需要的循环往复运动,推动社会的物质生产、精神生产不断地由低级向高级发展,表现为人类社会的物质文明和精神文明的不断进步。从这个过程看,价值创造是需要与满足需要之间的中介。

所谓典型报道的价值创造,即传播主体通过挖掘、传播、倡导、弘扬一定社会历史条件下涌现出的先进人物和感人事迹,及蕴涵的高尚道德品格和时代精神,为褒扬典范、树立榜样、弘扬社会正气、给人们积极向上的精神力量而进行的自觉的社会传播活动。典型报道的价值创造,是社会精神价值创造活动的组成部分。对典型报道的需要,是作为社会实践主体的人在社会实践中产生的精神需要;典型报道满足社会精神生活的需要,一定是满足作为社会实践主体的人的精神生活、文化生活的需要。典型报道的价值创造活动,是满足社会精神生活、文化生活需要的新闻实践活动,是典型报道作为新闻作品形态的生产、再生产过程。

这里,以对包起帆和潘作良的典型报道为例,对典型报道的价值创造过程做探索性的概略说明:

典型报道价值创造过程的起点——对典型报道价值的认知。价值活动是主体出于满足自身的需要而付诸实践的价值追求,是价值活动的主体与客体在社会实践基础上相互生成、相互协调、相互作用的动态过程。价值认知是价值活动的起点。社会实践主体基于自身生存和发展的某种缺失状态而产生的需要,是各种价值创造最基本的动力。而满足自身的需要,成为人们从事各种社会活动的内在的价值理想。在人们的社会活动中,价值理想演变成一种价值取向,引导和规范着人们创造价值活动的整个过程。

---

① 从这个意义上说,诠释典型报道的价值创造过程,应该体现上述所揭示的理论逻辑联系上的整合性、契合性。关于这方面的阐述应该成为一个带有整合意义的阐述部分,成为本书的归结性的总结部分。考虑到叙述上的方便,这部分的内容将在本书最后的"结语"部分来说明。

其时(指包起帆开始搞技术革新的上世纪80年代初——引者注),正值"文革"结束后百废待兴,改革开放和"实现四个现代化"的目标,让劳动者豪情万丈地投入到生产、学习之中。特别是"科学技术是生产力"、"知识分子是工人阶级的一部分"等论断的提出,让中国迎来了科学的春天……

与此同时,社会的主导性价值观发生了变化,反映在劳动模范身上的时代精神也在进行相应的"调整"——科技人员开始进入劳模行列……

在这样的背景下,像包起帆这样在机修工的岗位上,却做出了科技人员一样贡献的优秀工人,被评上劳模是顺理成章的事情。(记者　王娇萍)

——《工人日报》2009年6月25日

这段文字记者展示了包起帆这一先进典型产生的时代背景。

换个角度看,如果作为对先进典型或典型报道的价值认知来说,同样具有启发意义。"人们认识价值的阶段分两条线索进行:一条线索是通过对象意识把客体从周围的客观环境中区分出来,……获得关于客观事物的外在尺度的科学认识;另一条线索是通过自我意识把主体从周围的环境中区分出来,……获得关于主体自身内在尺度的科学认识。"①也就是说,对典型报道价值的认知,包含着这样的内容,即典型报道传播主体遵从"客体尺度"、"外在的尺度",需要掌握实践对象的本质和规律,把握新闻实践活动的"是什么、可能怎样、不可能怎样"。同时,典型报道传播主体还需要遵从"主体尺度"、"内在的尺度",应该有明确的目的,应该依照传播者的目的、需要和能力去评价实践对象,清醒把握新闻实践活动"什么是必要的、什么是不必要的"。对典型报道价值的认知,为典型报道价值的生成准备了条件。

典型报道价值创造过程的中间环节——典型报道的价值评价、价值选择、价值创造。在对典型报道价值认知的基础上,传播主体会自觉地把内在尺度与外在尺度统一起来,形成观念形态的价值。而对观念形态的价值认知,必然形成价值评价、价值选择。典型报道的价值评价、价值选择之间,以及价值评价、价值选择与价值取向之间,存在着相互影响、相互制约、相互依存、相互作用的复杂关系,正确的价值评价为价值选择奠定基础,明确的价值

---

① 阮青:《价值哲学》,中共中央党校出版社2004年8月版,第278页。

取向规范着价值选择,价值选择中渗透着价值评价、价值取向;在多个因素的相互作用之中,典型报道传播主体以价值理想为方向,以价值取向为规范,以合规律性与合目的性的统一为根本依据,最终制定出科学合理、切实可行的典型报道新闻传播所遵循的原则。

> 1993 年,经上海市职工技协批准、隶属南浦港务公司工会的上海起帆科技开发公司成立了。……包起帆不仅把自己的名字作为金字招牌贡献出去,还出任执行董事,不过,他开出了两个条件:一是自己对公司经营有绝对的控制力,二是不拿分文报酬。
>
> ……
>
> 结果,公司的成立使包起帆的科研成果得到了更有效推销。……包起帆的做法也为在市场经济大潮中不迷失方向,树立了一个生动的"航标"。
>
> 1993 年 10 月 26 日,交通部、全国总工会和中国公路运输工会联合发出……,肯定了包起帆"不仅严格按照经济规律办事,以科学、严谨的态度从事经济活动,为国家、企业创造了大量财富,而且坚持共产党员的党性原则,树立正确的理想、信念和价值观,发扬全心全意为人民服务和无私奉献的精神"。(记者　王娇萍)
>
> ——《工人日报》2009 年 6 月 25 日

传播主体通过广泛深入的采访,经过了判断、评价、筛选,对包起帆事迹的相关事实做出了价值选择。而能够作为典型报道有价值的新闻素材可能比写出来的还要多,但记者所采用的素材,一定是最能够体现先进典型人物鲜明的时代精神的部分。也就是说,在典型报道传播主体的选择中,已经蕴涵着传播主体的自觉能动性和创造性,传播主体在观念形态上建立了主体的需要与客体属性的效用关系,为典型报道的价值创造提供了可变为现实的蓝图。

"把观念中的价值关系通过必要的物质性手段转变为现实的价值关系的实践活动"[1],才是典型报道的价值创造的实践操作性环节。在具体的典型报道的新闻实践活动中,典型报道的价值创造环节表现为传播主体由对先进典

---

[1]　阮青:《价值哲学》,中共中央党校出版社 2004 年 8 月版,第 279 页。

型的认识、掌握的新闻素材,经过分析、整理、筛选,完成到新闻作品的形态转变。传播者对先进典型的所有认知,凝结在典型报道的新闻作品形态中。

传播主体在改变客体的过程中,也在改变着自己,深化自己对需要、需要实现方式的认识,为典型报道的价值实现创造条件。典型报道的新闻实践证明,许多采访先进典型的记者往往对报道对象经过了从感性到理性的认知过程,随着这种认知的深化,记者的认知和情感也发生着变化。没有这种变化,典型报道也就很难有质量。许多采访先进典型人物报道的记者,都在采访中经受了情感的洗礼,受到心灵的震撼,然后才写出了优秀的典型报道。有的记者常常是流着眼泪写出稿件,其中说明,要想感动别人,首先自己必须受到感动,在感动中才能深化对先进典型对象的认知,才能升华到理性认识。这方面的事例举不胜举。

典型报道价值创造过程的终点——典型报道的价值实现。正如新闻信息不是满足传播者的需要,而是满足受众的信息需要一样,典型报道不是为了满足典型报道的采访者、加工制作者、传播者的自身需要,而是为了满足受众的需要、满足社会成员精神生活的需要。典型报道通过大众传媒这样的"放大器"、"扩音器",向社会广泛传播。典型报道以新闻作品的形态与读者、受众发生联系,典型报道的价值关系才得以生成,典型报道价值的主体与客体才实现了真正的统一。只有当受众知道、了解、感受、认知典型报道所反映的先进人物的思想、情感、经历、事迹,对典型报道所表达的浅层、深层的意义有了一定程度的了解,典型报道的价值才真正得到了实现。

以辽宁省辽中县信访局局长潘作良的典型报道引起的社会反响为例:

潘作良事迹引起热烈反响

本报沈阳 7 月 20 日电 （记者何勇）本报 7 月 19 日、20 日连续刊登长篇通讯《天地之间铸丰碑》、《长留清白在人间》,报道了辽宁省辽中县信访局原局长潘作良的感人事迹,在干部群众中引起热烈反响。广大党员干部纷纷表示,要以潘作良同志为榜样,争做潘作良式好党员、好干部。

20 日一早,记者来到沈阳市信访大厅。……"潘作良是我们的骄傲,更是我们的学习的榜样!"一位工作人员说,……

　　沈阳市委副秘书长、信访局长陈国强流着眼泪读完了潘作良事迹的报道。他说,潘作良是新时期立党为公、执政为民的典范。他不厌其烦地接待上访群众,不遗余力地解决信访难题,是信访干部学习的楷模。

　　……报道在人民网网友中引起强烈的反响,网友留言:"为了人民不惜一切代价,不怕一切困难,这才是一个好党员!"……

——《人民日报》2008 年 7 月 21 日第 2 版

　　一篇典型报道、一个先进典型人物的事迹,能够在社会上引起这样的反响,已经难能可贵了。典型报道获得社会反响、取得了传播效果的事实,反映出传播主体对潘作良先进典型的认知、评价和选择,以及新闻稿件的采访、编辑制作所付出的劳动得到了社会的认可。读者、受众的积极反响,是对典型报道传播的最好回报。这篇典型报道满足了读者、受众的信息需求、精神需要,传播媒介的社会功能得到发挥,典型报道的议程设置效果得到体现,典型报道的价值得到了实现。

　　当然,典型报道的价值实现,并不意味着典型报道价值创造活动的完结。每次对典型报道传播活动的回顾、总结、反思,都会通过新闻实践的检验,获得对典型报道新的认知。从而,更好地审视社会对典型报道精神需要的新变化、新要求,通过对典型报道的创新、改进,更好地满足这种精神需要。所以,每一次典型报道的价值实现,又为新的典型报道的价值创造提出了要求。马克思曾说:"历史不过是追求着自己目的的人的活动而已。"[①]在价值哲学看来,典型报道的价值创造过程是一个螺旋式的、不断上升式的新闻实践运动。

　　简而言之,多视角、多维度下的典型报道的价值创造,是典型报道价值主体与价值客体不断变化的过程,是各环节和各阶段相互联系、相互制约的运动过程。把典型报道的价值创造过程抽象地分解为环节、阶段,其意义在于,为思考如何进一步增强典型报道的传播效果、探索典型报道改进、创新的路径,提供一个具有操作意义的参考框架。

---

　　① 《马克思恩格斯全集》第 2 卷,人民出版社 1957 年版,第 118—119 页。

第四节　典型报道案例研究

典型报道的价值创造是社会各方力量共同完成的。每一次有规模、有效果的先进人物报道，都需要各方面的协同配合、通力合作。典型报道的新闻宣传是一项系统工程，对典型报道案例的研究，有助于进一步认识典型报道精神价值创造活动的过程和意义。

近些年来，许振超、任长霞、牛玉儒、王顺友、张云泉、洪战辉、丁晓兵等一大批新时期的先进典型在媒体上被报道出来，他们的故事感动着人们，他们的先进事迹和崇高精神温暖着神州大地。新闻单位充分运用各种表现手法，采写的先进人物报道通俗易懂、真实可信，充满真情实感，唱响了时代的主旋律和正气歌，营造了团结向上、积极进取的浓厚社会氛围。在这里，仅以对许振超这一先进典型人物的宣传为例，从典型报道的精神价值创造角度作简单的说明。

一、对典型报道价值的认知

2004 年 3 月，中宣部组织中央新闻单位集中采访了新时期知识型产业工人的代表、青岛港码头工人许振超的先进事迹。许振超的基本情况是这样的：

> 许振超，汉族，山东荣成市人，中共党员。1950 年出生，任青岛港前湾集装箱码头有限责任公司工程技术部经理。许振超凭着自己对工作岗位的热爱，对新知识新技术的追求，对行业专业技能的勤奋探索，从一名普通的码头装卸工人，成长为全国闻名的"蓝领专家"，使自己成为名副其实的学习型、创新型、充分掌握现代技能的新时期优秀产业工人。
>
> 许振超是"文化大革命"时期毕业的"老三届"。这个年龄层次的群体，受教育少，年龄偏大，相当一部分人成为下岗就业的"特困户"。但许振超不但没有下岗，而且成为世界一流的"技术专家"，连外国合资方都佩服他。
>
> 许振超踏着时代节拍前进的武器是"学习"。他在日记中写道："悟

性在脚下,路由自己找。"

30多年来,许振超干一行、爱一行、精一行,在工作中练就了"一钩准"、"一钩净"、"无声响操作"等绝活,并模范地带出了"王啸飞燕"、"显新穿针"、"刘洋神绳"等一大批具有社会影响的工作品牌。

他带领团队按照"泊位、船时、单机"三大效率的标准要求,深入开展比安全、比效率、比管理、比作风的"四比"活动,先后8次刷新集装箱装卸世界纪录,"振超效率"名扬四海,"10小时保班"服务品牌享誉世界航运市场。

今年来,他积极响应国家节能减排的号召,组织实施了轮胎吊"油改电"技术改造,填补了这一技术的国际空白,年节约资金3000万以上,噪声和污染降低近零。

他是一位学习型、创新型、充分掌握现代技能的新时期优秀产业工人。在青岛港,许振超虽然是工人,但从上到下都把他划到技术人员圈里。

青岛港与英国铁行、丹麦马士革、中国远洋公司组建合资公司时,他进一步受到重用,被聘请出任专管设备和技术的技术部固机部经理,手下工程师就有40多名,名正言顺地走进了技术管理人员行列。

最令许振超自豪的是,青岛港几乎不用请外人帮助修理桥吊设备故障,他们有能力自己排除。许振超爱岗敬业,不仅大胆进行技术创新,练就了高强的本领,还带出了一支"技术精、作风硬、效率高"的优秀团队,创造出世界一流的工作效率,在平凡的岗位上作出了不平凡的贡献。许振超是中共十七大代表、第十一届全国人大代表,被授予全国优秀共产党员、全国劳动模范等荣誉称号,被评为全国道德模范。①

对典型报道价值的认知,解决的是对先进人物及其事迹能不能构成典型新闻报道因素的判断标准和衡量尺度的问题。对传播者来说,对许振超的个人经历和工作效果作出全面的价值判断,决定是否将许振超作为先进典型加以报道。这是一个由此及彼、由表及里的认知过程,也是一个价值判断过程。

---

① 《100位为新中国成立作出贡献的英雄模范人物 100位新中国成立以来感动中国人物》,人民出版社、学习出版社2009年10月第1版,第278—279页。

作为一名码头工人,许振超的先进事迹体现了顺应时代发展和社会需要不断学习、不断创新的可贵精神。而对许振超先进事迹作出这样的价值判断,是由社会所处的发展阶段和时代背景决定的。一是,在经济转轨、社会转型时期,一些企业中的技术工人没有受到重视,许多企业出现了技术工人严重短缺问题。二是,在市场经济体制下,人们的价值观念趋向多元化,出现了轻视体力劳动的社会现象。各类明星受到追捧,而产业工人的社会地位下降。在一些人的印象中,产业工人就是从事体力劳动、工资收入低、没有太大出息的人。许振超的事迹对社会上出现的倾向性认识问题具有积极的正面引导作用,对破除社会上对产业工人的错误认识,具有很强的针对性和时效性。曾参与组织许振超典型宣传报道工作的刘汉俊说:"青岛港码头工人许振超的宣传报道,是个体价值社会化的过程中传播正确思想观念的成功范例。在组织对许振超事迹宣传前,我通过对他的事迹材料进行深入研究,对社会现状进行深入分析,确定了宣传他身上具有的拼搏精神、主人翁精神、团队精神等共性元素外,还重点宣传通过传播他的事迹而体现的劳动观、人生观、人才观、群众观。"①在深入了解和分析客观事实后,对许振超个人先进事迹所蕴含的时代精神和许振超身上有价值的社会理念作出了全面判断,看到了这一典型作为表达社会政治主张、传播社会核心价值观、塑造社会榜样的价值所在。从而完成了对典型报道价值的认知,为典型报道传播、典型报道的价值创造准备了前提条件。

二、典型报道的价值凝结

2004年4月,中央新闻媒体有组织地集中推出许振超先进典型事迹。各媒体的新闻报道各具特色,高潮迭起,为典型报道增添了浓重的笔墨。

新华社

新华社《工人典型受关注 网民热评许振超》、《许振超新华网上与网民交流》、《许振超有没有被拔高? 老许网上实话实说》、《交通部要求全国交通系统深入学习许振超》、《振超事迹热播全国 振奋民心》5篇报道引起社会各界热烈反响。新华社多媒体数据库周报统计:新华社播发长篇通讯《民族复兴

---

① 刘汉俊:《塑造形象:人物报道研究》,新华出版社2011年5月第1版,第18—19页。

的脊梁——记当代工人的优秀代表许振超》,被106家报纸采用;消息《我国码头工人许振超团队创造集装箱装卸世界记录》,被121家报纸采用;评论《向许振超学习》,被55家报纸采用;《通讯:许振超的"绝活"》,被63家报纸采用。

传统的通稿形式与网络报道形式相结合。新华社除采用播发消息、通讯、图片、评论等多种形式报道许振超的事迹外,把网上访谈、手机浏览首次引入到典型宣传中。2004年4月9日,在中央媒体中率先启动"典型许振超"网络报道,推出访谈、专题和专版。到4月16日,一周时间,新华网共播发文字和图片稿件106篇,音视频节目400多分钟,吸引网民跟帖或发表留言1156篇。新华网的专题报道还汇集各大报刊、电视台、广播电台的报道,形成互联网上最大规模的许振超报道平台,起到了网上通讯社的"海纳百川"的作用。截止到4月16日,互联网有关许振超的报道从宣传开始前的200多篇,增长到1900多篇,其中70%是转自新华网的报道。

新华社对新闻界这次成功的人物典型报道改革给予关注,编发两期内参,全面反映了《人民日报》、《光明日报》、《经济日报》、中央电视台等13家中央新闻单位的报道态势,总结了这次典型人物报道的成功经验及对典型宣传的启示。

《人民日报》

《人民日报》连续十多天,在头版、四版等重要版面的显著位置,通过通讯、评论员文章、言论、消息、图片、专版等不同体裁和形式,全方位、多角度连续报道许振超的先进事迹,报道这一典型的重要意义和引发的社会反响。在先进典型的宣传报道上,如此安排版面,在《人民日报》尚属首次。据统计:2004年4月12日至4月23日,《人民日报》共发表有关许振超的消息、言论、通讯报道30篇,其中评论员文章、人民论坛、今日谈等言论7篇,图片10幅,专版一块。人民网截止24日,共发布新闻报道24篇,网友发表留言188条。

《人民日报》发挥评论优势,深化了报道效果。除了在头版头条以显著位置大篇幅报道许振超重大典型事迹的同时,还配发本报评论员文章,深刻阐述许振超典型的时代意义和学习许振超的重大现实意义。在今日谈、人民论坛等专栏,先后推出《平凡岗位与卓越贡献》、《知识改变命运 学习成就未来——许振超的启示》等评论文章。这种有"叙述"有"评论","叙述"与"评论"相互配合、相得益彰的做法贯穿于宣传许振超典型的全过程,成为《人民日报》的一大特色。

在许振超先进典型的宣传上,《人民日报》无论在体裁和形式,还是版面安排上,皆开历史先河。在连续十多天里,《人民日报》以通讯、评论员文章、言论、消息、图片、专栏、专版、网络等不同载体和形式,全方位、多角度报道许振超这一重大典型及学习典型的意义、社会各界的反响。在典型宣传报道上,如此安排版面尚属首次。

《光明日报》

2004年4月12日,《光明日报》在头版头条发表通讯《令世界惊叹的中国工人——记青岛港桥吊队队长许振超》,加编者按语,配发两幅新闻图片。随后,分别在头版显著位置发表通讯《许振超和他身边的大学生们》、《"我心中的骄傲"——妻子眼中的许振超》,多方面介绍许振超的事迹,突出了向新时期优秀产业工人学习的时代主题。

《光明日报》在"三贴近"中追求典型宣传报道的改进和创新。许振超典型宣传没有向新闻媒体提供任何现成的材料,中央十几家媒体的记者"背水一战",凭借深入调研的真本事完成采访任务。众多编辑记者感受到新闻宣传观念和报道业务改革带来的冲击与思考,通过深入采访,写出的报道真切感人,使笔下的人物可亲、可敬、可信、可学。

《经济日报》

《经济日报》拿出6个整版的篇幅,在重要版面、重要位置对许振超的先进事迹进行报道,刊发各类稿件37篇。这期间,读者每天都能看到有关许振超的报道,在内容和节奏上层层递进。

《经济日报》宣传许振超典型的报道特点是,要闻版与深度报道联动,纸质媒体与网站联动,文字报道与摄影报道联动,媒体与读者互动。报道图文并茂,长短搭配,动静结合,多角度、多层次、多侧面地展现了一个新时期产业工人的感人事迹和丰富的内心世界。在典型报道的写作上,力戒空话套话,以平常心平常事描述先进典型,突出了先进人物的人情美、人性美,还原先进典型的"原生态",让许振超这个典型从群众中来、到群众中去,让读者感受到"平凡中的伟大"的感染力、说服力、亲和力。

中央电视台

2004 年 11 日至 13 日,中央电视台"新闻联播"连续播出了《操作三尺平台　成就报国之志》、《学习成就事业　毅力铸就辉煌》、《亲情聚人心　团队筑辉煌》三集系列报道。11 日当晚,"焦点访谈"栏目播出了关于许振超先进事迹的节目《振超效率》。12 日晚,许振超做客"新闻会客厅",讲述自己成长道路上鲜为人知的故事,展示朴实无华的内心世界,拉近了典型人物和普通观众的距离。13 日晚,增加了一期"实话实说"节目,主持人走出演播室,与许振超和他的工友、现场观众围坐青岛码头平台播出节目,体现了"三贴近"。中央电视台仅在"新闻联播"栏目播出的有关许振超的报道就有 15 条之多。18 日,中央电视台播出了特别节目《许振超先进事迹报告会》。为配合这次典型宣传,新闻频道还播出了以许振超为主角专门制作的公益广告《劳动创造人生价值》,公益广告短片与各档节目相辅相成,更加突出体现"以人为本,于细微处见精神"的宣传主题。中央电视台新闻频道打破常规,将新闻与专栏节目相结合,在电视荧屏上塑造了一个可敬、可爱、可亲的新时期产业工人的典型形象。

中央人民广播电台

2004 年 4 月 12 日,中央人民广播电台"中国之声"推出许振超直播宣传日,为一位典型人物开辟直播宣传日,这在中央台历史上是第一次。

中央人民广播电台立足于"转型期的国人应该树立什么样的做人标准、什么样的道德规范、什么样的职业操守"来展开许振超的典型宣传,把劳动模范当做听众身边的朋友、当做身边的普通人来表现,充分展示新时期劳动模范的典型意义与时代精神,成功进行全方位、多角度、立体化的典型报道,各档节目内容各有侧重,角度形式各异,新闻专稿、人物通讯、新闻访谈、新闻评论、新闻谈话、电话连线直播节目等广播节目表现形式一应俱全。节目之间互相呼应,层层递推深入,形成合力与声势。

在直播过程中,通过请许振超及其同事和家人、采访记者、专家学者与听众通过手机短信、电话交流的形式,引导听众全面参与主题讨论。节目不断播发听众鲜活生动的观点以及对劳动模范所阐发的真知灼见。大家问、大家说、大家评,极大地拉近了典型人物与听众的距离,全天一共收到听众参与主题讨论的短信数千条。很多听众还发来电子邮件、传真和信件,对全天滚动播出的许振超相关报道叫好,对新时期产业工人的杰出代表许振超给予了高度评价。

从典型报道的精神价值创造的角度来看,各新闻媒体深入到许振超所在的工作岗位采访,掌握了大量的第一手素材,对许振超的事迹和精神品质有了充分的认识。掌握的素材经过整理、筛选,形成(制作)新闻作品,以文字稿件、新闻图片、音像视频、言论等多种形式,向社会广泛传播。许振超的事迹及其身上体现的顺应时代和社会需要与时俱进、不断创新的精神、拼搏精神、主人翁精神、团队精神等,经过提炼概括,体现在各种形式的新闻报道中。至此,已经完成了对典型人物的价值分析、价值判断,对先进人物的价值认识已经转化成新闻作品,典型报道的精神价值凝聚、物化在了典型报道的新闻作品中。

三、典型报道的价值实现

各新闻媒体对许振超先进典型的报道,是进入 21 世纪以来典型宣传的一个成功案例。在报道中,总结和继承了已有的经验,在挖掘先进典型人物身上的时代精神、发挥先进典型人物的引领作用、创新典型宣传方式等方面取得了新的进展。在许振超典型的报道上,中央媒体纷纷创造了许多"首次"、"史上第一次"。新闻媒体认真分析和研究典型报道环境发生的巨大变化,针对传播渠道多元化、信源多元化、选择多元化、关注多元化的实际,根据信息社会传播的基本规律和特点的要求,实行媒体联动、传统媒体与网络等新兴媒体联动、传媒与受众互动等方式,综合运用传播技术手段和传播艺术,发挥媒体各自的优势,扩大典型人物报道的社会传播力度,增强典型报道的影响力,取得了可圈可点的新进展。

新闻媒体发现许振超这一先进人物,采访和报道这个典型并加以传播,这只是典型报道的价值创造过程。而只有当许振超的事迹以新闻作品的方式与读者、受众发生联系,典型报道价值的主体和客体才实现了统一;只有读者、受众通过新闻作品被许振超的事迹所感动,理解许振超身上体现的时代精神和可贵的思想品德,并升华为认知、观念,典型报道的价值才真正得到了实现。

新闻媒体对许振超事迹引起的社会反响进行了报道,为判断典型报道的价值实现提供了有力的证明。如《人民日报》关于许振超事迹反响的报道:

许振超事迹引发社会强烈反响

编者的话

本报昨日头版头条位置刊登的长篇通讯《新时代的中国工人许振超》和评论员文章《当代产业工人的杰出代表》,报道了青岛港工人许振超三十年如一日,爱岗敬业、刻苦钻研技术,创造出世界一流工作效率的先进事迹,人民网即时进行了转载。报道推出后,在社会上产生了强烈反响,广大读者和网友纷纷发表意见,高度评价许振超的事迹和他身上所体现的新时代产业工人的时代精神。今天摘发的是部分读者和网友对许振超事迹和精神的反应。本报将继续报道许振超先进事迹和读者、网友的心声,欢迎大家参与。

青岛

唤起千万个许振超,同心干

本报青岛4月12日电　记者宋学春报道:"读了、收看了人民日报等新闻媒体对许振超的报道后,我们备受鼓舞,我们的时代需要大批像许振超这样的工人。""唤起千万个许振超,大家同心干,一定会加速我们国家的现代化建设步伐。"……4月12日,人民日报等新闻媒体刊发的青岛港许振超事迹的报道,在青岛各行各业引起强烈反响。

记者来到青岛港,大港公司箱站的王海云告诉记者,在"振超效率"和"振超精神"的鼓舞下,大港公司昼夜的吞吐量由过去的4万多吨,目前达到了9万多吨。仅进入4月的头10天,就完成了15天的工作量。

装箱队的李大宝、业务部的刘起昌说,在"振超效率"的感召下,他们创出了12小时装3600吨的"木薯干效率",取得10小时55分钟接卸14900吨的"大豆效率";推出了"雏勇操作法"、"舰峰查车法"。

"许振超不仅是青岛的自豪,更是我们产业工人的自豪。"青岛长途汽车站站长宋定军、工会主席张莉手拿当天的人民日报说:"许振超是个'三型人物',即学习型、进取型和实干型,我们要向他学习。"这个1997年被誉为"李素丽群体"的全国文明窗口,用"振超效率"结合交通运输服务的特点,进一步改善服务方式,创新经营模式,不断提高服务水平。

许振超的事迹在青岛高校也引起很大反响。青岛科技大学大三学生边华东说:"我们应该像许振超那样知难而上,敢于创新。"2004届毕业生徐广基同学说:"许振超的事迹证明,岗位没有好坏之分,关键看如何发挥自己的价值,这对我们将要毕业的大学生来说启示太大了!"

青岛市部分企业职工纷纷表示,要以许振超为榜样,在工作中敢想敢干、能干会干、苦干实干,谱写当代产业工人爱岗敬业、学习创新、拼搏奋斗、敢争一流的豪迈篇章。

读者

伟大,总是用平凡震撼人心

本报北京 4 月 12 日讯　记者李丽辉报道:本报刊登了长篇通讯《新时代的中国工人许振超》和评论员文章《当代产业工人的杰出代表》后,人民网进行了转载和报道。许多读者、网友通过电话、电传或在人民网上留言,积极评价许振超身上体现的新时代的中国工人精神。

四川华西集团十五有限公司员工波涛赋诗一首,赞扬"振超精神":"普通工人不一般,卅年岗位埋头干。码头工作苦钻研,誓与吊车结下缘。做主人翁任劳怨,新时代的好模范。"

许多不知名网友读了许振超事迹后,发表简短评论和留言,表达心声:

——在学历高于一切的今天,一个工人能脱颖而出,是时代的进步。

——英雄,建功立业总是默默无闻;伟大,总是用平凡震撼人心。

——老许,中国需要你这样的人!

还有一些网友对媒体大力宣传许振超这样一位工人典型表示肯定,并提出了具体建议与希望:

——这篇报道让人看了感到兴奋,像许振超这样的工人应该好好地宣传。

——感谢人民日报和人民网推出许振超这样的给人以向上力量的报道。

——中国太需要这样的人了,更需要大力宣传这些产业工人。在我眼里,任何一名出类拔萃的工人、农民以及其他劳动者都更应成为青年人的榜样。如果总让歌星影星在媒体上晃来晃去,那才是可悲的。

——《人民日报》2004 年 4 月 13 日第 1 版

许振超的事迹被媒体报道之后,仅仅两天就引起社会如此强烈的反响,一是说明这一典型的推出经过了精心策划、精心组织,取得了很好的宣传效果;二是说明这一典型反映了时代特征,能够回答人们在社会生活中产生的疑问,引起了社会的共鸣,具有很强的针对性和实效性;三是说明典型报道经过改进和创新,能够焕发出新的生机和活力,典型报道依然蕴涵着巨大的潜能,发展前景十分广阔。与此同时,对许振超先进人物的报道,引发了对新中国历史上的劳动模范的更深入的思考,从更高的精神层面发挥了主流媒体的正面舆论引导作用。如《人民日报》的报道:

劳模:中华民族的骄傲

55年,我们可能忘记了很多名字,却没有忘记劳动模范。

55年,我们经历了许多激动人心的时刻,却依然被劳模事迹感动。

成千上万的劳模尽管所处时代不同、职业岗位各异,但他们用自己的劳动,在共和国的历史上写下了绚丽的篇章。

正是以劳模为杰出代表的亿万劳动者的无私奉献和顽强拼搏,才有社会主义现代化建设的伟大成就,才有发生了翻天覆地巨大变化的今天。

共和国不会忘记

共和国刚成立之初,工业基础薄弱,国民经济极其落后,贫穷、落后成了中国的代名词。

中国工人阶级承受着来自国内外的压力,默默地拉起了纤绳,提起了铁锤,拿起了钢锹,在极端艰苦的条件下,开始了建设家园的征程。

钻井工人王进喜"宁可少活二十年,拼命也要拿下大油田",在东北平原建成了我国第一个大油田,成了闻名退迩的"铁人"。

修理工孟泰刨冰雪、抠泥巴、钻废料堆,在满目疮痍的十里钢城,拣回了成千上万个炼铁设备用的零件,从而使沉寂的高炉,又发出了欢快的笑声。

机械工人倪志福看到钻头设计不合理,给国家造成了不小的损失,便苦苦思索,发明了新颖、实用的新钻头,让西方的工厂也见识到了"倪氏钻头"的威力。

钢铁工人王崇伦不满足现状,大量应用技术改革成果,一年干了几年的活,被称为"走在时间前面的人"。

……

改革开放新时期,新一代劳模又奋斗在共和国大厦的建设工地上:在市场经济的大海中弄潮,不断推动改革前进的企业家;刻苦钻研,掌握高新尖技术在各行各业取得突破的技术人员;研制载人航天飞船,实现中华民族千年飞天梦想的航天英雄……

正是凭着一批又一批劳动模范为代表的工人阶级的奋斗,共和国建成了一个又一个钢都、车城、大油田;筑起了一条又一条公路、铁路和航道;诞生了一批又一批具有世界水平的科研成果,攻克了一个又一个科学难题。

数以万计的劳动模范以勤劳和智慧,不仅为共和国创造了巨大的物质财富,更为亿万职工和广大劳动者树立了榜样。

新时期劳模的时代特色

适应时代发展的潮流,必须要有一批高素质的人才。培养一支有觉悟又掌握现代先进技能的产业工人队伍的任务,历史性地摆在了中国工人阶级的面前。

具有优良传统的以劳动模范为代表的中国工人阶级坦然承认自己的落后,拿出了十倍甚至百倍的努力来改变这种状况。

全国劳动模范申冠,这位"铁人"王进喜生前所在的1205钻井队的第十二任队长,在1992年和来自全国各地的58位劳动模范一起,通过考试踏进了中国人民大学的校门。从此,来自各行各业的劳模纷纷通过自己的努力,走进了大学的殿堂。

59人,这个数字对成千上万的劳模、对2亿多工人大军来说,实在不多。但它传递出一个重要的信息:工人阶级开始了向更高层次攀登的历史进程。

用科学知识武装自己,做科技型、知识型劳动者,成了当代工人阶级的追求。

李黄玺,一个只有小学文化程度的普通工人,经过艰苦自学,攻下了50多项技术难关,在一汽与世界汽车工业接轨过程中,屡建奇功,屡创佳绩,被誉为"知识工人"。

李斌,上海液压泵厂的工人,熟练掌握全工种技能、全机种操作、全方位工艺,是全国同行公认的数控技术应用专家,被上海第二工业大学聘为副教授,人称"专家型工人"。

许振超,从一名普通的门机司机,逐步成长为港口桥吊技术能手。他率领青岛港桥吊队多次刷新集装箱桥吊作业世界纪录,在世界航运界引起轰动,被誉为"金牌工人"。

他们是当代劳模的代表。随着社会的发展,劳模也由建国初期以苦干实干为主,转向今天的高科技、高知识等多成分并重发展。新一代劳模在继承无私奉献、恪尽职守等优秀品德的同时,又展示了进取创新、追求卓越、做先进生产力的推动者的风采。

从倪志福的钻头到包起帆的抓斗,从郝建秀的五一织布法到马桂宁的马派服务艺术,从两弹元勋到载人飞船研制者,尽管他们创造的纪录会被打破,他们发明的新经验、新技术会落伍,但他们刻苦钻研、不断创新的精神永远不会过时。

爱护和关心劳模成为全社会的共识

时代需要更多的劳模,社会需要弘扬劳模精神。

45 年前,时任全总主席的赖若愚在全国先进生产者代表大会上讲了这样一件事。大连造船厂有位优秀车工詹水昌,他兢兢业业,勤勤恳恳,月月超额完成生产计划,8 年没出一件次品,可他所在的小组却连续完不成生产任务,而且废品率高。后来,他首先带了两名徒弟,同时建议老师傅们一人带一名青工,帮助青年工人全面提高技术水平。这一招果然奏效。没多久,这个小组就由后进变为先进。

这件事情发生的年代虽然已很久远,但却说明一个道理:劳模在工作中表现出来的职业精神、工作创新精神、高尚品德的传播,价值远远超过了他们取得成绩的本身。这就是劳模精神的社会价值。

榜样的力量是无穷的。一个劳模就是一面旗帜,一个劳模就能影响周围一群人。我们在给这些作出巨大贡献的劳模们以精神奖励的同时,也要给劳模更多的物质关爱。特别是已经离开工作岗位的劳模,要受到应有的尊重。要让已经年老的劳模生活无虞、晚年幸福,享受到经济和社会发展的成果。

让人欣慰的是,在全国,无论是改革开放前沿之地,还是东北等老工业基地,各级党委和政府一方面大力宣传劳模事迹,让劳模成为社会的"明星",另一方面扎扎实实地为劳模办实事,解决实际问题——

辽宁省政府出资 5000 万元补贴建国以来省级以上劳模的生活,并兴建劳模楼、劳模公园。

广东省全面建立劳模档案,对所有在广东工作、生活的劳模给予细致关怀。

上海、南京等地先后为劳模办了养老保险……

多为劳模办实事,关心劳模、爱护劳模,正在成为全社会的共识和人们的自觉行动。政府对劳模的关心与爱护,社会的倡导与弘扬,大家向劳模学习,以劳模为榜样,同时又以能为劳模尽一分力而感到光荣,劳模精神不断发扬光大,社会主义建设事业就会更加欣欣向荣!(袁建达)

——《人民日报》2004 年 10 月 2 日第 2 版

当然,有关许振超事迹的社会反响还有很多,绝不仅仅就是这些。

从上述报道中不难发现,新闻媒体深入挖掘许振超先进典型的时代精神,运用各种方式和传播手段表现先进人物的思想品德和精神境界,通过人物通讯、言论、图片、音像视频等形式的新闻作品,向社会传递了许振超这位新时期产业工人先进事迹中富有思想内涵的信息。社会成员从多种传播渠道了解、认识了许振超,被先进人物的事迹所感动,对先进人物的精神品质有了深刻的理解,由对先进人物事迹、经历、观念、言行的认同,升华为对先进人物的崇敬,从而对先进人物身上所体现的社会主义核心价值观、社会共同价值理念、社会倡导的主流价值取向有了具体的、形象的认识,榜样的形象在社会中塑造、树立起来。至此,传播者宣传典型达到了目的,典型报道的精神价值得以实现。

在对许振超先进人物宣传成功案例的分析研究中,有许多有价值的素材值得关注,可以给新时期的典型报道研究从多角度、多方面带来有益的启示。

第五章

典型报道的文本与受众

社会主义核心价值体系理论的提出,为人们深入理解、把握和做好社会主义意识形态领域中的新闻宣传工作,开辟了广阔的理论视阈。这样的理论视阈,不仅具有战略高度和理论高度,而且对思考和审视面临窘境的传统新闻报道方式——典型报道的命运、出路及未来前景等一系列问题,具有十分重要的意义。

本书前四个章节内容表达的主要意图是:对新闻价值、新闻价值观的说明,在于揭示典型报道中的价值意蕴;对新闻传播本质的分析,在于说明社会核心价值观、社会意识形态对新闻传播所产生的决定性作用,阐述典型报道的价值选择所遵循的原则;对大众传播议程理论的借鉴,在于阐释大众传媒在社会系统中的地位,深化对典型报道价值功能的认识;介绍新闻符号世界的意义及创制方式,在于解析典型报道价值创造和价值实现的途径。

上述内容理论逻辑框架的设定,是由社会核心价值观的本质要求、社会核心价值观的地位和功能、社会核心价值观的构建的内在逻辑联系所决定的。确定这样的理论逻辑框架的目的在于,探索、剖析、揭示社会核心价值观的引领和构建与典型报道新闻宣传方式之间的内在联系,对典型报道给予价值哲学视角的理论关照,从而为典型报道的改进、创新,整理出一个符合社会核心价值观要求的思路。

前四个章节侧重从理论上阐述社会核心价值观的构建与典型报道方式的内在逻辑联系,本章节则侧重从实践环节上考察典型报道传播的内容与典型报道传播效果上的关联,进一步揭示典型报道在构建社会核心价值观中不可替代的独特作用。

第一节　典型报道文本解析

新闻传播是信息的交流、意义的共享,是人与人心灵的对话。而实现交流、表达意义的中介是新闻文本——新闻作品。

一、典型报道的文字符码层面

文字符码是构建平面媒体新闻文本的最基本因子,是最基础的"建筑材料"。文字符码层面是新闻文本的直接显现形态。文字、声音、图像是报纸、广播和电视新闻报道所运用的最基本的三种符码形式。多媒体使用的新闻报道的符码,也不过是文字、声音、图像这三种符码形式的综合运用而已。

典型报道文本是连接传播者与受众的桥梁和纽带。受众接收新闻信息的对象,表现为多种多样的新闻文本或新闻作品。传播者将先进典型人物事实的信息、评价、看法、倾向性意见及传播意图等转化为新闻作品,凝聚在典型报道的新闻文本之中。受众通过对典型报道文本的解读,了解先进典型人物的事迹、业绩,理解和认知先进典型人物的崇高思想境界、高尚道德情操,以及传播者的传播意图、传播目的。典型报道文本,是先进典型新闻符号的表达形式,是当代社会核心价值观践行者足迹的真实记录,是中华民族优秀儿女用热血和生命谱写的精神史诗。典型报道文本是社会核心价值观在社会群体之间、个体之间实现交流传递、传播扩散、凝聚共识的重要方式。

所谓新闻文本,是指媒体对真实性事实的信息编码而成的文字符号体系。简言之,狭义的新闻文本就是指具体的新闻报道、新闻作品,广义的新闻文本是泛指新闻作品"群"(或所有的新闻作品)。

文本,是一个具有人文学科性质的概念,其内涵十分丰富。从语言学角度看,一句话可以是文本,一段话和整本书也是文本,文本与语义、话语范畴相联系,但又不完全等同;从符号学角度看,文本是由发话人通过媒介传递给受话人的一种或一套符号;从解释学角度看,透过文字符号的表层意义,还有存在于作品中的其他一些潜在的深层意义,等等。文本一词常出现在文艺评论理论中,是语言学分析文学作品的重要研究领域。新闻文本与文学文本相比较,存在着明显的差异。文学文本是语言文学的艺术构思和艺术创造,而新闻文本是全面、真实、客观地反映新近发生的事实的信息文字符号,是真实性事实的再现,不容许存在虚构。新闻作品的话语结构方式,实际上体现的是新闻信息符号的编码方式,即文本的结构。

分析新闻文本结构的意义在于,如果把新闻信息的编码看作是关于"写什么"的内容问题的话,那么,新闻文本结构的本质问题就是关于"怎么写"的形式问题。内容与形式有区别,也有联系,形式是一定内容的表现,而一定的内容是通过一定的形式表现的内容。对新闻传播来说,只有体现新闻本质要求、能够体现新闻传播功能、担当新闻传播使命的文本,才是真正意义上的新闻文本。

典型报道的文字文本,即典型报道的新闻作品形态,是受众直接面对的对象,是作为新闻作品而存在的典型报道的文字符码层面,是受众了解先进典型人物直接的基本依据。典型报道的文本质量,直接影响受众对先进典型认知、理解、评价的质量,是典型报道价值实现的关键环节。将典型报道划归到新闻文本之列,既是我国新闻界典型报道历史演进的必然结果,也是典型报道新闻实践的现实状况使然。对典型报道文本的分析,是考察典型报道传播的内容与效果之间关系的重要内容。

由于我国的新闻实践长期强调新闻的宣传性,形成了格外注重新闻在"说什么",而忽视"怎么说"或轻视"怎样说效果才更好"的惯性思维和实际操作倾向。以往的典型报道研究不是停留在一般的务实性研究的层面,就是陷入过于泛泛的政治性、政策性的解释之中,少有对典型报道文本的分析,因而使得典型报道研究远离了新闻传播的全过程,结论或者支离破碎,或者缺少操作性。从典型报道目前面对的严峻挑战来看,仅仅说明典型报道的"为什么说"、"说什么"的问题是远远不够的,还应该关注典型报道"怎么说"的文本问题。

典型报道文本存在的种种缺憾,使得典型报道的传播效果大打折扣。受众对典型报道产生的怀疑、不相信甚至反感等认知,主要来自典型报道的文字符码层面,是典型报道不恰当的文本话语结构造成的。相反,典型报道成功的案例也一再说明,理想的传播效果肯定与高质量的文本有很大关系。所以,抓住先进典型感人的新闻事实,只是典型报道传播活动成功的一半。而受众能否接受、是不是愿意接受典型报道的文本,则构成了典型报道新闻活动能否成功的另一半,而且是具有决定意义的另一半。

这里,以《中国青年报》2002 年 5 月 3 日刊发的题目为《今日军营巡礼——情爱洒在雪山草地》①的通讯来说明:

> 雪山诉说着子弟兵的恩情,草地铭记着"金珠玛米"的功绩!
>
> 四川壤塘县人武部回归军队建制 12 年,始终保持与藏区群众血肉联系,使万名生活贫困的藏区人民,过上了幸福文明的好日子。他们先后 56 次受到成都军区、四川省军区的表彰奖励,并被国务院授予"全国民族团结进步模范集体"。
>
> 伴随 5 月飞雪,我们走进高原,聆听他们的故事……
>
> 平均海拔 3500 米,年平均气温 4.8 摄氏度,北部无霜期仅 25 天的壤塘县,位于青藏高原东南麓的褶皱里。1990 年初的一天,一辆北京吉普车拉来了壤塘县人武部回归部队的第一届班子领头人——部长刘维芳、政委李尚武。他们在乡村转了 20 多天,既为恶劣的自然环境感到吃惊,更为当地贫困落后的生活感到震撼。他们想不到全县 3 万多人,竟有 40% 吃不饱,不少户全家只有一身出门衣服。大灾之年,一些人饿得受不了,竟以草根、树皮充饥。
>
> 面对严酷的现实,部党委会"一班人"立下铮铮誓言:不管地理条件如何受限,自然环境如何恶劣,只要穿这身军装,就要想一切办法为乡亲们实现温饱努力。
>
> ……

以上是通讯的前五个自然段,以下内容省略。

这是一篇通讯报道,是新闻报道的文本形态。读者接触到这样的新闻文本,从文字符码层面解读其中包含的新闻信息,理解这组由事实信息编织而

---

① 这是一篇通讯报道,不属于典型报道。本书所指的典型报道,是指先进典型人物的通讯报道。两者在报道的侧重点上有区别。新闻通讯可以是人物通讯、工作通讯等,而典型报道一定是反映某个先进典范人物的通讯报道;两者在新闻符号表达方式上是相同的。由于此篇人物通讯在叙事结构、文字表达等方面与典型报道十分接近,在此仅作为一种新闻文本解析的引用实例。

成的新闻符号所表达的意义。传播者选择这样的事实作为报道的内容,其传播的意图、目的是明显的,传播者的价值取向、价值标准也十分明确。作者选取四川壤塘县人武部领导班子克服恶劣环境带来的困难、千方百计帮助当地藏族群众脱贫致富的事实,唱响增进民族团结的主旋律,歌颂军民鱼水深情。这篇文字不是汇报材料,也不是讲话稿,是以通讯体裁出现的新闻稿件,即以报纸媒体传播的方式,将事实信息以新闻文本的形式传递给读者。但是,当作者将事实信息落实在新闻文本的文字符码层面时,却产生了事与愿违的效果。

清华大学国际传播研究中心主任、新闻与传播学院副院长、博士生导师李希光,对这篇通讯给予了逐字、逐句的点评。他的点评(括号内的文字)是这样的①:

> 雪山诉说着子弟兵的恩情(雪山能说话吗? 这是记者个人感情的抒发。新闻在于用事实说话,展示事实,而不是讲述记者的感觉),诉说着子弟兵的恩情(用字太大、太空,应该用一个具体感人的细节和充满了人情味的故事展示子弟兵的恩情),草地铭记着(草地有记忆吗? 写新闻不是写诗)"金珠玛米"的功绩(又是一个空洞的词,为什么不能用一个鲜活的故事或事实来展示这个功绩?)!
>
> 四川壤塘县(四川壤塘县在哪里:除了当地读者外,谁会关注这个偏僻的县?《中国青年报》是全国,也是全军的报纸,因此,它有理由要报道读者所在地发生的新闻。但是,正因为它是一张全国性报纸,它发表的每一篇地方新闻都需要有一个全国的视角,也就是说,让黑龙江读者、海南驻军读者感觉到四川壤塘县发生的事情正是我周围甚至与个人相关的新闻事件。因此,地方新闻的全国视点就是:外地新闻本地化。"外地新闻本地化"在于强调人的共性,从人性出发,从人的故事出发,而不是强调地域、单位等等让读者产生局外感的内容)人武部回归军队建制 12 年,始终(需要细节说明,否则这两个字读起来苍白无力,甚至有点夸大其词之感)保持与藏区群众血肉(没有具体真实感人的故事,如何让读者

---

① 李希光:《畸变的媒体》(修订版),复旦大学出版社 2004 年 6 月版,第 51—55 页。

感觉这种血肉关系的存在)联系,使万名(有冲击力的新闻是一事一报,重点写好一家一户一人的故事,远胜于"万人"致富的空话)生活贫困(如何贫困?全家穿一条裤子?盖一床被子?)的藏区人民,过上了幸福(什么样的生活堪称"幸福"?没有具体描述,又是空话)文明的好日子(前面用了"幸福",后面又添"好日子"后缀,实属累赘)。他们先后56次受到成都军区、四川省军区的表彰奖励,并被国务院授予"全国民族团结进步模范集体"(读者不在乎他们获得多少次名目繁多的奖励,他们关注的是那里究竟发生了什么故事?"山里有个庙,庙里有个老和尚,老和尚在给小和尚讲故事。"这样一个经典故事正是新闻写作最基本的原理,一开始就要给读者讲故事。但是,读者到现在,不仅没有看到那里的庙和老和尚,连山也没见到)。

伴随5月飞雪(多大的雪?有多厚?),我们走进(如何走进?步行、骑牦牛、乘吉普车)高原(对高原的描写),聆听他们("他们"是谁?)的故事……

平均海拔3500米,年平均气温4.8摄氏度,北部无霜期仅25天的壤塘县,位于青藏高原东南麓的褶皱里(专业行话没有解释,99%的读者不明白)。1990年初(新闻报道讲求时效,如果一定要把很久以前发生的事情写进新闻报道中,要尽量通过突出强调其中的人情故事,而不是强调"时间",要用人的故事冲淡"时效"问题带给读者的距离感)的一天,一辆北京吉普车拉来了壤塘县人武部回归部队的第一届班子领头人——部长刘维芳、政委李尚武。他们在乡村转(这些部队领导在村里如何"转"?如何吃?如何住?新闻要回答读者对于关键细节的问题,而不是留给读者疑问,否则给人虚假感)了20多天,既为恶劣的自然环境感到吃惊,更为当地贫困落后的生活感到震撼。他们想不到(多余的5个字。前面既然"震撼"了,当然意味着他们是没有想到的)全县3万多人,竟有40%吃不饱,不少户全家只有一身出门衣服(好细节)。大灾之年,一些人饿得受不了,竟以草根、树皮充饥(好细节)。

面对严酷的现实,部党委会"一班人"立下铮铮(如果后面引用的誓言本身铮然掷地有声,誓言前面何必要加上铮铮两字,简直有点画蛇添足。如果后面的誓言让读者听起来,毫无力量,"铮铮"两字反而虚假)

誓言:不管地理条件如何受限,自然环境如何恶劣,只要穿这身军装,就要想一切办法为乡亲们实现温饱努力。

......

以上是李希光对该篇通讯前五个自然段的点评(以下内容省略),这已经能够说明新闻文本的重要性了。

这样的点评,并非语言学范畴中有关遣词造句的一般性评析,而是从新闻理念、新闻规律、新闻本质及传播规律、受众接受规律的视角,给予新闻文本话语结构上的审视和分析。尽管有人对其中的新闻观念(如新闻是"讲故事"的说法)不一定持赞同的态度,但是,李希光点评中十分强调的"用事实说话"的新闻理念是正确的。"用事实说话",不仅是新闻传播的话语表达方式,更是一种需要贯穿于新闻传播全过程的新闻观。离开了"用事实说话",也就没有了新闻传播这样相对独立的社会意识形态。

由新闻本质、新闻传播的社会功能决定,新闻文本的话语结构一定是"用事实说话"的话语结构,这是新闻文本的本质要求,理所当然也是典型报道新闻文本的本质要求。由此来看,对典型报道文字符码层面的文本形式给予关注是十分必要的。分析典型报道文本,主要有以下几点启示:

其一,新闻文本内容的真实性,决定了典型报道文本必须与客观事实相符。新闻文本的真实性源于新闻本质、功能的基本要求,是新闻文本最重要的特征。典型报道是新闻文本中的一种,本质上体现出新闻文本的本质要求。不仅典型报道所反映的内容要确保真人真事,而且应该保证文字符码层面所表达的信息,都是真实性事实信息的记录,同时,典型报道的话语基调的决定因素是客观事实,而不是传播者的主观意志。作为新闻作品的典型报道,"文本中的表现手法多用平实的叙述和描写,极少用主观色彩浓厚的议论和抒情;行文中也杜绝使用夸张而虚幻性的形容词和副词,强调多用确切的名词和动词"①。这种文字符码层面上的文本表达要求,是由新闻的本质决定的,而不是由典型报道的话语主体、传播主体决定的。

真实是新闻的生命,也是典型报道的生命。典型报道真实地反映时代大

---

① 孙发友:《新闻文本与文化生态——媒介话语的框架性解读》,人民出版社 2009 年 8 月版,第 60 页。

潮中涌现出来的先进典型、时代先锋,不仅必须做到尊重客观事实,以先进典型的真人、真事作客观依据,而且要在文字符码层面上忠实地贯彻"新闻真实性"的原则,这是新闻报道关键性的操作环节。有的典型报道之所以给人以虚假、空洞、神化的印象,大都是因为典型报道的话语主体突出了"说话",却把"事实"放在了一边所导致的。在这个环节上出现的偏差,看似是新闻文本的话语结构问题,其实是传播主体、话语主体对新闻真实性原则的理解和把握的问题,是新闻观、新闻价值观上的问题。

典型报道一直有着明确的社会教化功能,"说话"意图明显,这种文本特质有着很复杂的社会和文化方面的原因。但是,典型报道新闻实践正反两个方面的经验教训证明,如果典型报道文本在内容的真实性环节出现了偏差,那么,对典型报道传播效果将产生的影响就是致命性、毁灭性的,不仅典型报道的内容打了折扣,引起负面的、消极的影响,而且会损害主流传播媒体的公信力、权威性,损害新闻事业的形象。有意捏造事实、杜撰新闻,是一种性质恶劣的职业品质上的问题,属于新闻职业操守、职业道德方面的问题,不属于新闻文本研究的范围。而通常发生的情况是,传播者掌握了新闻事实,但在新闻文本的文字符码表达层面,却出现与事实信息相背离的现象,或给受众以不真实的感觉,这就是新闻文本中的专业技术性问题了。

其二,新闻文本结构的简单性,决定了典型报道文本必须主题突出、叙事清晰。与文学文本相比较,新闻文本的结构形式类型相对比较单一,新闻结构要素稳定而明确,新闻内容多按照与新闻事实的客观结构相一致的方式展开;叙述结构自然而简明,或按照时间、空间的逻辑联系展开,或按照因果联系展开。典型报道文本在再现先进典型事实上有合理的简化、事实的整理和归纳,以及必要的提炼,但主要是为受众理解上的方便,而并非像文学文本那样追求跳跃、拉长、浓缩、省略、曲折等结构上的"离奇古怪"、"出神入化"。所以,典型报道的叙事结构与先进典型人物的事实逻辑结构具有一定的同一性,典型报道文本基本上属于简洁的文本结构。"由于以上形式的简单,也就决定了新闻文本在主题上的单一,不像文学作品那样多元而隐蔽。"①

新闻文本的简洁性还表现在语言上。"有两个原因决定了新闻文本的语

---

① 孙发友:《新闻文本与文化生态——媒介话语的框架性解读》,人民出版社 2009 年 8 月版,第 62 页。

言必须简洁、通俗、明了。一是文本的功能,新闻文本是事实信息的编码。信息的作用不在于细细品玩,而在于简单明了和真实受用。二是文本的受众。新闻报道是大众传播,大众传播的一大特征是受众的不特定性和无限性。不特定的受众文化水平、接受能力高低不一,这就使新闻文本从生产观念上尽量争取绝大多数的受众,从形式上要尽量做到文本对于老百姓的易受性。"① 新闻文本结构的简单性,语言表达上的传真性、写实性、再现性、记录性,在符码层面上对典型报道的文字要求就是准确、明晰。

在典型报道中,凡是会干扰对先进典型新闻事实信息的明晰、准确陈述的语句,都可以视为脱离新闻文本本质要求的"杂质"而被剔除掉。在典型报道的具体操作过程中,传播者、话语主体往往出于对先进典型的敬佩、推崇,急于让读者对先进典型产生深刻印象,常常会情不自禁地追求曲折、离奇的文本效果,大量使用具有浓厚主观色彩的词语,背离新闻文本本质要求而滑入"合理想象"的泥坑。

所以,对传播者、话语主体来说,应用自然而简明的叙述事实的结构,用表达事实信息明晰、准确而不炫耀的语句,透过先进典型人物事迹的事实信息,反映出先进典型人物崇高的思想境界、高尚的道德情操。看似容易简单的文本结构,其实是很高的新闻写作要求。

其三,新闻文本语境的低度性,决定了典型报道文本不能依赖"言外之意"的表达。任何文本都是一定环境下的文本,都不可能是超越环境的文本。语境即语言环境,包括来自社会的语言环境和文本自身所营造的语言环境。"社会语言环境构成了创制、理解新闻文本的媒介语言环境(以当前时代的话语方式与意义去理解新闻信息,因为同样一个概念,人们在不同时代会赋予它不同的意义或含义),文本语言环境则构成了人们通常所说的语境,即由文本结构、文本编码方式所营造的理解文本内容的一种氛围。"② 社会语言环境是文本的社会文化背景,文本语言环境是文本自身所营造的环境。

语境的高度性多表现在文学文本上,是指绝大部分信息或存于物质语境中,或内化在个人身上,极少存在于编码清晰的被传递的信息中。文学文本

---

① 孙发友:《新闻文本与文化生态——媒介话语的框架性解读》,人民出版社 2009 年 8 月版,第 62 页。

② 杨保军:《新闻活动论》,中国人民大学出版社 2006 年 5 月版,第 228 页。

的"一些内容有意地'悬置'或'隐去',为阅听者留下'空白'和'不确定性',是一种'开放'的文本,'高语境'的文本,它的'含义'更多地依赖于上下文所构建的语境,而不在于直接的编码"①。同样文本的《红楼梦》,不同的人阅读后会有不同的理解,这是文学文本的"不确定性"、"开放性"使然。

新闻文本的低度语境与文学文本的高度语境正相反。"传播者创制新闻文本的目的在于为人们传播明确的事实信息,因而要求信息要置于明晰的编码之中,文本的意义不能过于依赖语境,依赖言外之意或字里行间的表达,以避免理解的多义和歧义,因此新闻文本是一种低语境的文本。"②也就是说,典型报道文本是具有确定性的文本,它给受众明晰、准确的事实信息的编码,是一种"封闭"的文本,是事实的图景式再现,不给受众留下无限遐想的空间。强调典型报道文本语境的低度性,是说典型报道作为一种新闻文本,在语境的构建上应该恪守真实性原则,确保先进典型人物新闻事实的客观性、真实性。客观、真实的先进典型新闻事实的信息传播,不仅不会削弱典型报道的影响力,反而会增强典型报道传播的社会效果。

强调典型报道文本语境的低度性,是说将先进典型的事实信息置于清晰的编码中,而不是靠结构的"离奇古怪"、"言外之意"来获得意义。这不是说传播者可以直接把主观倾向性意见随意置于典型报道文本的编码中。典型报道的文本不可能没有传播者所要表达的"无形的意见",但是,这种"无形意见"需要靠事实的信息编码来完成,而不是传播者、话语主体的直接表白。典型报道文本中的大量"无形意见",采访者、记者、传播者的"主观色彩浓郁的评价、评论",从新闻事实的背后直接走到"前台"、直接"走进"典型报道的文字砝码层面,给受众的感觉就是在对典型人物进行"拔高"、"美化"、"脸谱化"、"模式化"。典型报道文字符码层面存在的这类诟病,严重损害了先进典型的社会传播效果。

新闻文本语境的低度性,并不意味着典型报道话语主体可以随意将对先进典型的推崇、敬佩、认可的话语直接嵌入到典型报道的文本中。事实上,越是将赞美式、歌颂式、评价式的话语塞进典型报道文本中,与新闻内在精神的要求就越远,受众对典型报道文本就越是不买账。

---

① 杨保军:《新闻事实论》,新华出版社2001年版,第119页。

② 杨保军:《新闻活动论》,中国人民大学出版社2006年5月版,第229页。

　　丁迈在《典型报道的受众心理实证研究》中说,"从分析结果来看,受众认为正面典型报道'宣传的味道太浓了'。在我国,典型报道从诞生之日起就是为无产阶级政治服务的,因此天生具有鲜明的政治色彩,它'是活化了的时代精神、社会规范或政治主张',体现了宣传者的宣传意图,这也是典型报道最主要的一个特点。但今天的受众对这一点并不认同,虽然现在典型报道正在努力淡化政治色彩,淡化宣传味道,并且慢慢向社会领域渗透,但传统的典型报道留给人们非常深刻的印象,在人们心中形成了某种定势,影响了受众对典型报道的接受。有的被访谈者就说:"看到这种报道,就会想起过去的典型,脑子里已经有了过去典型的形象,有了隔膜,所以不愿意看了。人们对那段政治很反感,对那个时代很反感,对那个时代所树立起来的一些程式化的形象也很反感。典型被艺术化,人不真实了,完全是为政治服务的,按照某个政治理念把人往模子里推,而不是去了解、挖掘一个人,发现一个人。其实这些人身上本来是有很可贵的东西,但为了政治目的把人模式化之后,人们就会反感。尤其过了这么多年,回头再看,是对那段政治的厌恶,以至对那段宣传的厌恶,以及对典型报道方式的极端厌恶,到了 21 世纪,我再看到一模一样的程式化的褒奖方式,我肯定反感。"①

　　所以,典型报道语境的低度性,强调文本结构、编码方式所营造的理解文本内容的氛围,应该是事实的再现性、传真性、写实性的氛围,而不是被脸谱化了的、模式化了的文本语境。从上面引述的被访谈者的看法中可以发现,"过去"、"那个时代"的社会语境对人们的认知产生了多么大、多么深的影响,以至于到了 21 世纪的当今时代依旧留下了深刻印记。这充分说明,社会语言环境给单个新闻文本语境所带来的理解上的影响是巨大的。

　　从另一个方面也说明,单个新闻文本的语境是低度性的,但是,由于新闻传播的日复一日、年复一年,形成了大量的新闻文本"群",这样的文本"群"给受众带来的却是高度性语境,具有时代性的话语方式和意义,构成受众对新闻文本理解的社会文化大背景。当下典型报道传播在社会中形成的传播效果,追求的就是社会文化语境的营造,通过日复一日、年复一年的议程设置,透过先进典型事实的新闻传播、凸显时代精神的新闻符号的沉淀、积累,

———————

①　丁迈:《典型报道的受众心理实证研究》,中国传媒大学出版社 2008 年 8 月版,第 145—146 页。

潜移默化地向社会成员、大多数受众传递社会主流价值观。现实生活中,典型报道文本的价值正是以这种方式体现的。

如果把典型报道放到新闻传播的全过程来看,置于新闻文本的生产再生产过程来看,置于新闻传播议程设置功能对社会各系统所产生的社会控制性影响来看,强调典型报道文本语境的低度性结构,就不仅是简单的文本语境问题,而是一个涉及新闻传播究竟"构建什么样的社会语境"、"如何构建这样的社会语境"的大问题。当然,对这个问题的考察需要另外的专门研究。

可以肯定地说,典型报道文本语境,受到当代话语方式和意义的影响,以至于离开了当代的话语方式和意义,传播者很难构建典型报道的话语结构,受众也很难理解典型报道文本所包含的社会意义,同时,典型报道文本也直接参与当代话语方式和意义的构建活动。典型报道借助大众传播的力量,对社会话语方式的构建产生积极的、重要的影响。

其四,新闻文本述体的多重性,决定了典型报道文本质量受多种因素的制约。述体是指文本的"说话人",即文本的创制者。典型报道文本的创制与其他新闻作品的创制一样,属于精神产品的生产再生产活动。精神产品生产的独特方式表现为,其影响具有广泛的社会性,而生产方式却是个体的。文学文本的述体是作家本人,文学文本中的"我"、"他"、"她"以及所有人物所说的"话",都是出自作家一人之口,"我"、"他"、"她"等等人的"话",都不过是作家的虚拟而已。新闻文本的述体,即充当述说主体角色的人,是指新闻稿件的采访者、写稿人,一般是由一名记者或数名记者来担当。所以,给人的感觉是,典型报道文本述体就是记者本人,其实这是错觉。因为,新闻文本的述体是多重的,"它至少包括这些方面:一是记者。新闻记者是站在最前面的'说话人',……二是新闻事件的'当事人',……第三个述体是媒体拥有者"①。

记者是先进典型事实信息的采集者、编码者,记者将了解、掌握的事实依据新闻报道原则进行信息的编码,形成典型报道文本。记者只是"前线作战"的"战士",记者的后方有"指挥部、参谋部",还有负责对典型报道文本加工处理的众多人,包括编辑、编辑室、总编辑等等。

"当事人"是指先进典型本人,他(或她)是新闻信息本源之一,有时他

---

① 孙发友:《新闻文本与文化生态——媒介话语的框架性解读》,人民出版社 2009 年 8 月版,第 64—65 页。

（或她）可以直接接受记者的采访,向记者讲述他本人的经历、展示自己的内心世界。而在有的情况下,"当事人"可能已经故去,只有通过先进典型周围的人、了解情况的人,间接完成新闻信息的采集。这样,"当事人"很可能就不止是一个、几个人,有时甚至是一个群体或几个方面的群体。

"媒体的拥有者"是尤其值得关注的典型报道文本的述体,它是先进典型背后的主要述体。从新闻报道的议程设置角度看,"媒体拥有者"（即"高位传播主体"）是真正的话语述说主体。许多在全国重要媒体推出的重大先进典型报道,若没有"媒体拥有者"的议程设置,是不可想象的,也是无法实现的。也就是说,对典型报道来说,其文本述体是多重的。

典型报道文本是由"当事人"提供事实信息材料,由记者对事实信息采集、选择、整理和编码,由"媒体拥有者"统一策划、运作的结果。典型报道文本的生产再生产看似是传播媒体零散的、分散的行为,其实是典型报道的多重述体共同完成的,是具有明确传播目的、明确传播指向的、制度化的传播活动。对典型报道文本述体的说明,目的在于说明多重述体之间关系的重要性。正是多重述体之间相互联系、相互影响、相互作用,才是典型报道文本最直接的决定性因素。

当然,影响典型报道文本的因素可能还有其他方面,这里就不展开说明了。

因此,典型报道文本是实现交流、表达意义的中介。典型报道文本的创制,是先进典型人物身上发生的事实信息的文字符码形态,而意义的构建则隐含在了典型报道所传播的真人、真事的信息符号中。先进典型事实的存在,一定是真实、可靠的,不是凭主观想象杜撰出来的;典型报道文本是新闻符号形态,是经过选择、加工的文字符码,但是,它一定是事实（经过选择了的事实）的记录、真实（先进人物的事迹、经历、命运、精神世界）的再现,是先进典型人物的文字影像。离开了发生在先进人物身上的事实,不论典型报道的文字再华丽,结构再离奇,话语再动人,传播效果都只会大打折扣,并与传播者的愿望背道而驰。

典型报道属于纪实性文本,在叙事方式、话语结构、意义的构建上,都应该忠实地体现对客观事实的尊重。如果说,典型报道是宣传先进典型的主要传播方式,是中华民族优秀儿女的精神史诗,是弘扬社会核心价值观的载体和渠道,那么,典型报道与生俱来的独特优势就在于,它是真实的、客观的事实记录,是真人、真事的新闻符号方式的表达,这正是典型报道的独特魅力。典型报道背离了新闻文本的本质要求,也就背离了新闻传播精神的内在要求,就会丧失了它的个性,而变成别的什么文本了。

二、典型报道的受众观

对新闻文本的研究和关注,还潜在地包含着另外一个重要问题——受众观。有什么样的新闻观,就有什么样的受众观,就有什么样的传播理念,就会获得什么样的传播效果。

谁是典型报道的受众? 受众接收典型报道传递的事实信息的心理状态是怎样的? 典型报道对受众起到怎样的影响效果? 等等。类似的问题都涉及到对典型报道受众、传播效果的综合研究和分析。目前,新闻学术界对这方面的研究成果极少,既缺少基本的理论框架,更缺少实证性的、调查性的资料,只有星星点点的个别观点散见于新闻学杂志的务实性文章中。这也说明,受众问题是新闻传播研究领域中的一个十分复杂的问题。

"受众"是一个集合概念,是大众传播信息接受者的总称。"受众指的是一对多的传播活动的对象或受传者,会场的听众,戏剧表演、体育比赛的观众,都属于受众的范畴。"①对社会传播活动来说,大众传媒(报纸、广播、电视媒体)与受众构成整个传播过程的两极——始端和终端。多种多样的媒体输出了丰富多彩的传播内容,吸引了社会众多的接收者。受众根据各自的喜好选择媒体、选择信息。媒体与受众之间,奔腾着跌宕起伏、蔚为壮观的信息洪流,成为当今社会生活中一道绚丽多彩的风景线。

按理说,与大众传播相对应的应该是"大众",但是,"大众"不是传播学范畴的概念。大众概念是随西方大众社会理论的出现而产生的社会学概念,通常是指孤立的、分散的、均质的、未经过组织化的社会群体,即"沙粒"状态的、被"精英"操纵的、软弱无力的群体。这样的大众概念的内涵,是"英雄创造历史"的精英史观,与马克思主义唯物史观相背离。"公众"也不属于传播学范畴。公众是指社会上围绕共同关心的公共事务,通过公开、合理的方式

---

① 郭庆光:《传播学教程》,中国人民大学出版社1999年11月版,第167页。

发挥能动作用而形成的社会群体。公众是政治学、社会学意义上的概念。尽管大众社会理论把信息的大量生产和再生产看作是大众社会存在的基础性条件之一，并对大众传播研究具有重要的影响，但是，西方的大众社会理论不能成为分析社会主义条件下新闻受众的理论框架。受众观念说到底，是一个世界观、价值观、新闻观的问题。不同的受众观念，对认识和理解大众传播的性质、地位、作用等问题会产生直接的影响。

将"受众"定位于大众传媒信息接收者的社会群体，看作是读者、听众、观众的集合，对从数量、规模上把握受众的概念是有帮助的。但是，受众概念直接反映的是大众传播与信息接收者的传播关系，不能反映大众传播与受众的社会属性关系。如果研究大众传播的社会效果，研究大众传播与社会群体之间的社会关系，则必须深入考察受众的社会结构、社会群体属性才行。受众总是一定社会制度条件下的受众，分析受众问题离不开受众所处的社会关系，即由经济基础决定的社会关系。

传播活动发展的不同阶段，表现出不同的传播理念。有的学者提出，人类新闻传播大体经历了三个阶段：

一是传者为中心阶段。在这一阶段，传者决定整个传播过程的成败，而受众则毫无意义。这个阶段的传播理念是，新闻传播就像枪手打靶，传者是枪手，文本是子弹，受众是靶子，枪手向靶子射出子弹，靶子便应声倒地。这就是早期传播学上所说的"靶子论"、"魔弹论"、"皮下注射论"。很显然，这一时期的传播理念认为，受众在有计划、有组织的大众媒体面前，是完全被动的、毫无抵抗力的个体。这是对传播效果的绝对化和神话化。

二是传者与受众平等阶段。在这一阶段，出现了"谁→说什么→通过什么渠道→对谁说→产生了什么效果"的传播模式。在传播过程中，传者是信源，受众是信宿；传者与受传者都是传播过程的主体，传者与受传者谁都离不开谁，其地位是并列的关系。

三是受众为中心阶段。随着现代文本理论的出现，传统文本理论中的"作者和作品"决定文本一切的观点被彻底颠覆，受众成为决定文本意义的因素。尤其是接受美学理论，则把受众抬到至高无上的地位，认为"作者死了，唯有受者存在"；文本的意义不能由作者单独决定，要由读者来决定。对受众的重视表明了传播理念的进步，但是，把受众的地位和作用绝对化、片面地夸大,对传播活动有害无益。

在划分了这样三个传播阶段后,得出结论性的观点:"这三个阶段呈现出一个发展趋势是:受者地位越来越突出、越来越重要。这一发展趋势的出现绝非偶然,它是社会文化发展规律导致的结果。新闻信息传播活动要想达到'明晰的传播',就得顺应这一发展趋势。"①其实,三个阶段所体现的传播理念,都反映了一定的受众观,都从一个侧面揭示了受众在传播过程中的地位和作用,但是,上述传播理念所包含的受众观,都具有一定的片面性。无论单从哪一个观念出发,都不能对受众做出全面、准确的解释和说明。至于传播趋势、社会文化发展规律导致了"受者地位越来越突出、越来越重要"的观点,也并非三言两语就能说清楚。也就是说,离开一定的社会经济、政治、文化等社会条件,就很难对受众作出正确的界定。

马克思主义新闻观认为,社会主义新闻事业是党和国家的新闻事业,也是人民的新闻事业。新闻事业属于人民、服务人民、依靠人民,这是马克思主义的群众观点和党的群众路线在新闻工作中的实际运用和具体体现。依靠人民群众、服务人民群众,既是无产阶级新闻事业的优良传统,也是中国共产党对新闻工作的一贯要求。党的几代领导人都突出强调过新闻事业为人民服务、为社会主义服务的宗旨。

胡锦涛同志在人民日报社考察工作时的讲话指出:"坚持以人为本,是做好新闻宣传工作的根本要求。"②这是科学发展观在新闻宣传领域中的具体体现,是党对新闻工作的经验总结。坚持以人为本,树立全面、协调、可持续的发展观,促进经济社会和人的全面发展,这是中国共产党适应新世纪新阶段全面建设小康社会的客观要求的科学发展观。以人为本,强调人的全面发展是社会进步的最高价值目标,进一步升华了党的建设中国特色社会主义的发展观;强调了人在社会发展中的主体地位,进一步升华了党的执政为民的宗旨,是党在新时期执政兴国的重要理念。所以,社会主义新闻事业坚持以人为本,就是坚持以受众为本。以受众为本,是以人为本思想的必然体现,是群

---

① 孙发友:《新闻文本与文化生态——媒介话语的框架性解读》,人民出版社 2009 年 8 月版,第 142—143 页。

② 胡锦涛:《在人民日报社考察工作时的讲话》(2008 年 6 月 20 日),人民出版社 2008 年 6 月版,第 5 页。

众观点、群众路线的必然要求,是发展现代传播事业的必由之路。

因此,社会主义新闻传播中的"受众",从总体上说,就是广大人民群众。以受众为本的实质就是以人民群众为本,这一根本要求在新闻传播活动中体现为:全心全意为受众服务,切实维护受众的根本利益;把受众作为新闻传播的归宿、主体和评价者;不断满足受众的精神文化需要,引导受众不断提高思想道德素质和科学文化素质;积极改进传播方法和手段,不断提高传播质量和效果。以受众为本,既是社会主义新闻事业的根本要求,也是主流媒体新闻宣传工作所持有的受众观。

在新闻信息传播活动中,受众泛指报刊的读者、广播的听众和电视的观众,以及新兴网络媒体的信息接收者。受众是新闻信息传播流程中的终端。受众既是新闻信息的收受者、媒介新闻作品的消费者,还是新闻信息、新闻媒体、传播者的最终检验者。受众作为新闻传播系统中的子系统,具有一定的复杂性。受众既是信息收受者,又是反馈信息的发布者。当受众将收受到的新闻信息经过自己的消化、吸收、处理,再传递给别人,这时的受众又变成了人际传播(或大众传播)的起始者。从整体看,受众是新闻传播活动的参与者,是不可忽视的、具有积极能动作用的行为主体。

传播学根据研究的不同需要,将受众划分为不同的类型。比如,根据受众接触媒介的频率,可划分为稳定型受众和偶然型受众;根据接触媒介的种类,划分为单一型受众和复合型受众;根据接触媒介的实际情况,又划分出实在型受众和潜在型受众;根据媒介确定的对象和服务方向,划分出目标型受众和边缘型受众;还根据区域、职业、性别、年龄、教育水平等划分出不同层次的受众;等等。无论对受众受传类型如何划分,总难以完全把握某一媒介所面对的所有服务对象,更何况是某一种新闻报道方式。具体确定哪些受众是哪种新闻报道方式的稳定型受众或偶然型受众,确实是一件很困难的事。况且,社会生活处于运动、变化状态,受众也很自然会从这样的"类型"转变为另外一种"类型"。这些都充分说明受众问题研究的复杂性。

简言之,树立科学正确的受众观是马克思主义新闻观的必然要求,是搞好典型报道的一个带有根本性的思想前提。典型报道与其他新闻报道一样,必须坚持把实现好、维护好、发展好最广大人民的根本利益作为新闻宣传的出发点和落脚点,坚持贴近实际、贴近生活、贴近群众,把体现党的主张和反映人民心声统一起来,把坚持正确导向和通达社情民意统一起来,尊重人民主体地位,发挥人民首创精神,保证人民的知情权、参与权、表达权、监督权。新闻报道以事实信息满足受众的信息需求,吸引受众的注意,使受众在接受新闻报道过程中发生认知、情感、意志行为等方面的改变。

因此,把握受众的需求,研究受众的认知规律、接受规律和接受心理,从受众的需求出发报道先进典型,从贴近受众的角度报道先进典型,以受众喜闻乐见的形式报道先进典型,是典型报道取得预期传播效果的前提条件。应该在增强典型报道的吸引力和关注度中,实现典型报道的舆论引导,在舆论引导中体现先进典型的榜样力量。

第二节　典型报道编码与传播者的期待

新闻传播活动并不是传递一个一个简单的符号,而是把许多符号组织起来,传递一个具体内容的信息。传播者传递的是信息,而具体内容是由一组符号或符号系列组成的讯息构成的,符号讯息就是新闻文本的符码层面。受众接收到的是一组符号或符号系列构成的文本,通过文字符码来理解文本所传达的意义。

为了分析典型报道在构建社会核心价值观中所具有的价值功能,不能不把目光投向典型报道传播活动的始端——编码,以及典型报道传播活动的终端——受众的解码。

一、典型报道编码与信息构成

典型报道的传播活动,表现为新闻文本的生产过程和消费过程,是社会精神产品生产中的一部分。典型报道的生产(或新闻符号的制度化创制)是社会信息的生产。从传播角度看,既是讯息符号、新闻符号的生产过程,也是意义的构建过程。

新闻讯息符号、新闻符号是事实世界的真实反映,是事实世界的影像、摹写、写真,那么,典型报道是如何"转换"成具有社会核心价值观诠释功能的文本的呢?

编码,是指传播者依据一定的程序和对受众期待的把握,对所传递的讯息进行技术处理的过程,包括对所传递的文字符号、照片及图表等进行系统的选择。由先进典型人物的事迹,到媒体刊播的典型报道,这中间经过的环节就是典型报道的编码环节。如果把相对完整的新闻传收过程作为对象来考察就会发现,作为事实信息的新闻,经过了一个形态演变的过程。考察这个演变过程,有助于揭示典型报道背后的操作机制,真正从专业新闻传播的视野了解典型报道文本的产生原理。

首先应该看到,先进典型人物事迹的存在是一种客观事实。时代大潮汹涌澎湃,社会历史发展波澜壮阔。在现实社会生活中,各条战线、各个领域总会涌现出"时代的弄潮者"、"走在时代前列"的人。事实是新闻的本源,没有先进典型的事实,就没有媒体各种形式的典型报道。但是,社会生活中先进人物的存在,先进人物惊天动地和感人肺腑的事实的存在,还只是典型报道的本源形态。"新闻的本源形态,是指具备新闻价值的事实或事实所包含的信息还没有得到传播报道的状态。"①先进典型的事实的存在,与其他事实世界所包括的内容一样,是社会生活千千万万、层出不穷事实中的一部分。先进典型事实信息有待于新闻传播主体的发现、认知。

根据杨保军在《新闻活动论》一书中提出的划分,处在本源形态的事实信息由三部分构成:

一是事态信息,它表明最新事实、事件的状态、情形,还涉及到相关事态的新闻事实背景、新闻前景等,是本源形态事实信息的核心内容。比如:

> 2004年4月14日20时40分,登封市公安局党委书记、局长任长霞,为侦破"1.30"案件从郑州返回登封途中,突遇车祸因公殉职。任长霞生前曾荣获全国"五一"劳动奖章、中国十大女杰、全国三八红旗手、全国青年岗位能手、全国优秀人民警察等荣誉称号;一位到任3年的公安局长,因公殉职后14万群众自发为她送行……②

这是事实信息的一部分。"把什么样的事实当作新闻事实,把什么样的新闻事实当作重要的新闻事实,并不是一个纯粹的规律性判断,新闻价值标

① 杨保军:《新闻理论研究引论》,中国人民大学出版社2009年6月版,第55页。
② 《百姓心中的丰碑——追记公安局长的楷模任长霞》,《人民日报》2004年6月3日第5版。

准并不是唯一标准,甚至有时不是主要标准,而是包含着强烈的合传播主体(以及传播主体所代表的利益主体)目的性的标准。"①而事实能不能成为新闻报道的事实,能不能成为先进典型的新闻事实,总是与时代的需要、一定的社会文化价值观念的需要、受众的精神需要相关,总会是与社会赋予新闻传播的功能期待相关。

一定条件下的社会历史环境、社会系统的整体建构,从整体上对社会新闻符号图景的建构做出了规定,各因素、各系统的逻辑联系、相互作用,决定了事实信息转化为新闻事实信息的本源态的判断标准。认定事实信息是不是新闻事实信息,并不是自然而然的事,也并非完全出于媒体的自身选择,其中必然有多重主体发生作用的人为因素,表现为社会实践主体(包括传播主体在内)共同认知的过程。从这个角度说,新闻事实是经过选择了的事实,新闻报道包括典型报道是经过事实选择的报道。选择既是新闻活动中的重要环节,也是一种价值活动,属于把握需求、满足需求的选择价值、创造价值、享受价值的精神活动。

二是情态信息,它是表达人类感情的信息,包括事实(当事人)本身的情态信息和传播主体在文本中表达的情态信息。新华社记者朱玉在《任长霞生命中的最后 36 个小时》中写道:

> 4 月 15 日凌晨,任长霞躺在一辆救护车上被送回登封,后面是一长列默默闪着警灯的警车。
> 救护车上,丈夫陪着任长霞。他一路握着妻子的手,不停地问已经不能回答的妻子:"长霞,你这是咋回事呢? 你这是咋回事呢?"②

这段文字描述的场景让人感动,既体现出任长霞亲人的情感,也满含记者的情感。记者在新闻文本中表达的情态信息,是记者对新闻事实中人与事表现出的情感倾向,同时构成了新闻文本的价值倾向。在典型报道文本中,传播主体(包括记者、编辑等)的情感表达是正常的。人总是有感情的,情感在人的认知过程中具有重要作用,或促进认知的升华,或对认知对象加以排

---

① 杨保军:《新闻理论研究引论》,中国人民大学出版社 2009 年 6 月版,第 56 页。
② 新华社 2004 年 6 月 10 日电。

斥,表现为认知主体作用于认知客体的主观能动性。新闻事实本身具有的情态因素是情态信息的源头,传播主体的情态感受是对先进典型事实情态信息认知的结果,但是,传播主体的情态表达以怎样的方式、什么样的程度体现在典型报道的文本中,其实是一个复杂的问题。不过,许多经验事实证明,典型报道传递的情态信息应该适度。传播者在典型报道中,把自己的情态感知过度、过滥地传达给受众,违背新闻传播的规律和本质要求,会造成受众认知层面的反感,受众会产生"虚假"、"说教"、"灌输"等印象,造成强加给受众的感觉。

情态信息在什么情况下、以什么方式、什么程度体现在典型报道的文本中,是典型报道文本编码过程中重要的新闻专业性的技术环节。在典型报道中,传播主体表达的情态信息以事态信息为依据,以自然、恰当、适度为标准,顺应受众的认知感觉,让受众自己在接受事态信息中去感知其中包含的情态信息,以不造成受众的反感、厌恶为底线,避免给受众造成先入为主的印象。在受众没有掌握和了解事实信息的前提下,典型报道的文本过于体现传播主体的情态表达,或传播主体急于把新闻事实的情态信息传达给受众,会产生费力不讨好的效果。

三是意态信息,它"主要是指传播主体在新闻文本中表达的对新闻事实的看法,这是纯粹的主观意态信息,它不属于事实信息,不是新闻信息"[1]。典型报道本源信息形态与典型报道传播者之间的关系,是典型报道编码过程中最重要的核心关系,它体现先进典型(或了解、掌握先进典型事实信息的人)与传播者之间事实信息的"给予"与"获取"的关系。传播者对先进典型本源信息的"获取"过程,是记者深入生活、深入调查研究,采集新闻信息素材的过程。随着记者(传播者)采访的深入,自然对被采访对象产生这样或那样的意见和看法,形成对先进典型的认知。记者的认知直接影响到典型报道主题的挖掘,影响到对先进典型思想境界、道德品质的揭示。比如,《人民日报》关于任长霞的报道中写到:

　　莫道尽铁血,英雄也流泪。她的泪流淌着女人的天性,天性的慈悲,

---

[1]　杨保军:《新闻活动论》,中国人民大学出版社 2006 年 5 月版,第 234 页。

慈悲的纯真,闪耀着彩霞般的丽晖,映照出一位公安局长执法为民、关爱百姓的深切情怀。①

在办案中看到申诉人的伤口时,任长霞哭了;在公捕大会现场,犯罪嫌疑人被带走时,听到犯罪嫌疑人 3 岁的孩子哭喊着"爸爸! 爸爸!",任长霞哭了……任长霞的哭是事实,记者写出任长霞的哭,是揭示她关爱百姓的深切情怀。对任长霞"执法为民,关爱百姓"思想境界的肯定和褒扬,就是报道中所要表达的意态信息。虽然上面的这段文字简短,但是,既是叙述也是评价,是典型报道意态信息的表达。

典型报道本源信息形态中自然而然地包含着采访者的倾向性意见和理性判断,蕴藏着采访者、传播者所揭示的潜在道理。典型报道以事实的再现展示先进典型的风采,揭示先进典型事实中的"潜在道理"。而典型报道的"潜在道理"就是先进典型所体现的精神境界、道德品质,就是典型报道中所蕴涵的社会核心价值观。典型报道的价值、价值功能,典型报道凝聚的榜样力量,都集中体现在事实再现中的"潜在道理"中。意态信息与情态信息一样,都是传播者对认知客体的主观意识的反映。

由此可见,典型报道文本中的事态信息是最基本的,情态信息、意态信息是必不可少的构成要素,这三种形态的信息共同构成典型报道文本的基本信息框架。没有情态信息、意态信息的认知活动是不存在的,只有事态信息,而没有情态信息、意态信息的典型报道也是不存在的。离开了事态信息,单靠情态信息、意态信息不可能构成典型报道的文本。许多典型报道成功的案例说明,在真实再现、尊重事实的基础上,恰当、适度地把握事态、情态、意态三种信息的表达,是典型报道文本编码环节中的要害。当典型报道文本中所包含的事态信息过少,而传播者主观评介、主观判断的意态信息过多、过滥,就给受众带来认知上的拔高、虚假、浮夸的感觉,从而影响到文本事实的真实性。当然,优秀的新闻文本可能还传达出审美信息,给受众以审美的感受,体现出新闻文本的文化价值。

典型报道是精神文化产品,主要满足人们的精神需要。但是,它不像文

---

① 《百姓心中的丰碑——追记公安局长的楷模任长霞》,《人民日报》2004 年 6 月 3 日第 5 版。

学文本那样具有艺术性,而是在满足人们对信息需求的同时,突出体现报道的思想内涵。典型报道中的事态信息、情态信息和意态信息,在新闻文本中具有不同层次的价值。学者杨保军提出新闻文本三个层次价值的观点①,他认为:

新闻文本的第一层价值是表层价值,其核心在于实现接受主体对最新事态信息的需求,因为对新闻文本最基本、最直接的功能就是"告知",接受主体视听的直接目的是想获得有关自然环境、社会生活变化的最新信息,期望传播主体提供的是关于世界最新变动的真实情况。

第二层是内层价值,其核心在于满足接受主体对蕴涵于文本之中的情态信息的体验,情态信息架起了传播者与受众之间情感交流的桥梁,也使新闻文本成为营造整个社会人文关怀环境的手段和中介,而不只是冷冰冰的事态信息的传输工具。

第三层是深层价值,其核心在于满足接受主体对文本象征信息、意态信息的认知和需求,使得受众了解到那些蕴藏在新闻事实中的潜在道理。所以,优秀的典型报道应该从三个价值层面都能满足受众的信息需求,而且是自然、流畅地实现不同价值层面的有机结合。

典型报道的传播者在文本创制中的角色,与其说是文字符码的编码者,还不如说是新闻文本意义的构建者。典型报道的传播者(包括记者)经过事实信息的核实、筛选,选择恰当的刊播时间,选择有利于说明传播意图的事态、情态和意态信息,并使这些信息有机地结合起来,最终完成了典型报道由事实信息到"社会意识形态"文本的转变。新闻传播通过自身特有的"显微镜"、"放大镜"、"扩音器"功能,将先进典型人物的事实信息与传播者的倾向性意见一经媒介传播,便产生了一种强大的新闻舆论力量,极大地影响公众的议题、判断、印象、情感、认知等,从而形成更大的舆论力量。典型报道的影响力不单单是先进典型事实的感染力,其中包含着新闻文本文字符码的亲和力、新闻传播的影响力等多种因素的作用。但是,"显微镜"、"放大镜"、"扩音器"是就大众媒介的传播功能而言,并不是说典型报道的传播者可以脱离事实,对先进人物的事实凭主观想象随意"放大"。

---

① 参见杨保军:《论新闻价值实现的层次性》,《国际新闻界》2002 年第 6 期。

当然,处于信息形态的新闻文本,是传播者所面对的认知客体、进行新闻加工的对象,它还不是受众面对的新闻文本。只有经过传播者使用新闻手段加工、创制后的新闻符号——处于传播状态的符码层面的新闻文本,才是受众真正面对的新闻作品。

二、典型报道传播者对受众的角色期待

新闻传播是有目的性的传播活动,是最新事实信息的发出、传递、接受的过程。受众处于传播过程的终端,是传播效果的评判者、决定者。经过传播者加工、创制后的典型报道文本,一旦进入传播过程,便成为受众直接面对的新闻文本,那么,其中就充满了传播者对受众的角色期待——把受众看作传播效果的最终裁判者。

处于传播形态的典型报道文本,已经不再是事实本身,而是先进典型人物事实的再现,是先进典型人物事实信息的文字符码层面,是一种新闻符号形式的精神产品。传播者的传播目的、传播意图,以及传播者在编码过程中形成的对先进典型的认知、情感倾向、意见和评价等,自然而然地包含在传播形态的典型报道新闻文本中。如果传播者全面、准确把握了受众的信息需求、精神需求,并贯穿于新闻传播的全过程,体现在新闻文本中,那么,传播者对受众的角色期待才真正演化为角色行为。

一是,信息传递的期待——典型报道的传播者期待报道的先进典型被受众认可。"传播者期待自己所选择的信息和所发表的意见能为受众接纳,自己的态度与价值观能为受众所认同……"①选择什么样的事实作为新闻事实进行报道,这本身就是价值观、新闻价值观的反映。传播者的价值观、新闻价值观体现在对新闻事实的选择过程中,渗透在典型报道的新闻文本中。并在社会意识形态性质、功能的作用下,传播者赋予典型报道社会教化、引导舆论、形成共识、凝聚力量的价值功能。但是,蕴涵在典型报道中的意义能否被受众所认知,典型报道具有的价值功能能不能实现,则完全取决于受众。

"使用与满足"理论为传播者传递信息的期待提供了依据。"使用与满足"理论研究把受众看作是有着特定信息"需求"的个人,把社会多样性个人

---

① 童兵:《理论新闻传播学导论》,中国人民大学出版社 2000 年 1 月版,第 142 页。

的媒介接触活动看作是基于特定的信息"需求"动机来"使用"媒介的过程，从而使"需求"得到"满足"。"使用与满足"理论的研究并非是研究媒介对受众做了什么，而是通过考察传播活动是不是实现了预期的传播目的、传播的内容对受众产生了什么样的影响，来考察受众通过传媒满足了什么样的需求。这一理论的提出，把能否满足受众需求作为衡量传播效果的基本标准，不再把受众看作完全被动、毫无抵抗力的"靶子"，从一定程度上关注到受众的主观能动性，是对"靶子论"、"魔弹论"、"皮下注射论"的矫正。但是，"使用与满足"理论脱离传播内容的生产过程，过于强调受众个人媒介接触的心理因素，不能真正反映受众与传媒的社会关系，具有理论上的局限性。这一理论的提示意义在于，进一步明确收受主体的新闻需要，是新闻传播的根本动力。在新闻传播活动中，传播者只要全面、及时、准确地了解受众的信息需求，并对受众的各种信息需求给予合法、合理以及符合受众心理、认知规律的把握和满足，就能够获得预期的传播效果。对典型报道来说，如果传播者着眼于社会发展的脉动，全面、准确判断波澜起伏、复杂多样的社会思潮、社会价值观走向，全面了解和把握受众的精神文化需求，满足受众在社会转型期价值观多样化、多层次性条件下，寻求精神家园的构建、人生坐标的确定、价值目标的修正及崇高境界的追求等精神需求，增强典型报道的针对性、及时性、感染力和亲和力，那么，典型报道就能获得预期的传播效果。

二是，文化规范的期待——典型报道的传播者期望报道的先进典型成为社会道德的、文化的规范力量。"他们期待通过自己有选择的信息传递，为受众收受之后能够成为一种道德的、文化的规范力量，使受传者体会和感觉到社会认同的道德规范和价值规范，并且自觉地按照这种规范标准去解释社会现象和判断他人及自己的行为，根据社会公认的行为准则办事。"①典型报道的这种文化规范的期待尤其明显和突出。典型报道追求的传播效果是塑造榜样、引领社会风气、凝聚价值观共识，最终形成全社会积极向上的精神力量。这既是社会主义新闻事业肩负的神圣使命，是时代发展对新闻媒体提出的客观要求，也是典型报道价值功能根本之所在。

"培养分析"理论为传播者的文化规范期待提供了依据。"培养"理论又

---

①　童兵:《理论新闻传播学导论》,中国人民大学出版社 2000 年 1 月版,第 142 页

称"培养分析"、"教化分析"、"涵化分析",是在分析电视画面上的凶杀和暴力内容与社会犯罪之间的关系基础上,考察这些内容对人们认识社会现实所产生的影响而形成的研究体系。在关于社会与传播的关系上,"培养分析"理论的基本观点是,"社会要作为一个统一的整体存在和发展下去,就需要社会成员对该社会有一种'共识',也就是对客观存在的事物、重要的事物以及社会的各种事物、各个部分及其相互关系要有大体一致或接近的认识。只有在这个基础上,人们的认识、判断和行为才会有共通的基准,社会生活才能实现协调"[①]。"培养分析"理论认为,社会传播的重要任务就是提供这种"共识"。在传统社会,这种功能是由教育和宗教来承担的。而在现代媒介社会,大众传播在形成现代社会"共识"方面,已经远远超越了传统社会中的教育和宗教的作用。这一理论以一定的社会观和传播观为出发点,目的在于揭示大众传播为占统治地位的阶级和意识形态服务的本质,并综合研究了"制度分析"、"讯息系统分析"、"培养分析"及其相互关系。"培养分析"强调,"传播内容具有特定的价值和意识形态倾向,这些倾向通常不是以说教而是以'报道事实'、'提供娱乐'的形式传达给受众的,它们形成人们的现实观、社会观于潜移默化之中。"[②]由此可见,典型报道所具有的价值功能,与"培养分析"所揭示的社会传播"提供共识"功能,两者在传播理论上相互吻合。

童兵认为,传播学者德弗勒等用"文化规范理论"论证了传播者对受众的这种角色期待。德弗勒提出的"文化规范"模式是:"劝服性的信息→社会道德和文化规范过程→对于什么是社会接纳的行为作出定义和解释→外在行为的改变。"[③]这种模式强调,对受众的这种角色期待的实现,即传播引起受众的行为改变,不是一朝一夕所能达到的,也不是一次传播行为就能达到这样的效果,而是日积月累、潜移默化的结果。这种模式得出的观点,与典型报道传播目标的确定和追求,两者在传播理论上也具有一致性。

"培养分析"也好,"文化规范"模式也好,都是从传播的角度说明传播主体的传播意图、传播目的。这些观点带来的启示是,传播者对新闻传播寄予的期待,与新闻传播的内在精神并不矛盾。

---

① 郭庆光:《传播学教程》,中国人民大学出版社 1999 年 11 月版,第 226 页。

② 郭庆光:《传播学教程》,中国人民大学出版社 1999 年 11 月版,第 229 页。

③ 童兵:《理论新闻传播学导论》,中国人民大学出版社 2000 年 1 月版,第 143 页。

典型报道的魅力在于真实反映社会生活。尽管典型报道是经过选择了的事实再现,但它反映的事实本源是社会现实。广大人民群众的社会实践是典型报道取之不尽、用之不竭的"源头活水"。典型报道以真人、真事的生动图景形式,展现了时代先锋、社会楷模思想境界的崇高、道德品质的高尚,给人以感动、鼓舞和鞭策,给人以积极向上的精神力量。典型报道蕴涵的教育意义、道德和文化的规范作用,体现在典型报道隐含的"潜在道理"中,而并非是抽象形式的"说教"。"用事实说话"是典型报道的独特表达方式,是以事实吸引人、以情感打动人、以理性教育人、以典范引导人的新闻符号。而典型报道提供的先进典型,对人们形成一定的现实观、社会观具有重要的影响,为形成社会核心价值观共识,开通了信息沟通、意义共享、相互交流的条件和渠道。正因如此,才使得传播者的文化规范期待具有了现实的基础。

典型报道传播者的期待,应该是符合传播规律、符合受众接受规律的期待,而不是脱离社会现实的主观臆想。有人以历史出现过的典型报道"轰动效应"对比现在的典型报道,并以此来证明典型报道的衰微,这种观念值得商榷。不同历史阶段的典型报道,总会留下鲜明的时代烙印。典型报道曾有过的"轰动效应",是与当时社会的历史条件、时代背景、传播条件,以及当时受众的思想状况、思维模式紧密联系在一起的。封闭的社会环境、高度集权的政治模式、社会意识形态的畸形发育等等,造成某篇典型报道的一时"轰动",是特定社会历史条件下出现的个别传播现象。其实,传播中的"轰动效应"有时是正效应,有时可能是负效应。传播者追求的传播效果一定是通过营造舆论氛围,进而影响人的认知,进而影响人的思想和行为。历史上典型报道曾有过的"轰动效应"背后,难免充斥着大量的政治概念、空洞说教的"新闻泡沫"成分。正如有的学者指出的那样,"表象的'轰动'并非典型报道良好形象的决定性力量"[1]。典型报道的传播效应在于反映时代进步的潮流,在于经得起历史的检验,在于营造一种符合社会意识形态主流价值观要求的舆论氛围,在于真正进入受众的心里,引起受众的关注、感情上的共鸣、认知上的共识,进而形成奋发进取、积极向上的精神力量。这样的传播效果远比"轰动效应"更重要。

---

[1]　朱清河:《典型报道:理论、应用与反思》,武汉大学出版社 2006 年 11 月版,第 411 页。

典型报道传播者的期待,应该是一种平常心态。新闻传播对社会有着广泛、深刻的影响,除了新闻传播自身特有的"显微镜"、"放大镜"、"扩音器"功能外,还有培养、涵化、教化的功能,具有潜移默化、积年累月、润物细无声式的引导作用。典型报道正是借助于新闻传播的影响力、持久力来发挥社会核心价值观导向功能的。原中宣部副部长李东生曾说过:"(典型报道)稿子见报后,如果在编辑部楼道里,同事们对稿件能自发议论两句,在地铁或公共汽车上普通乘客对先进人物有些了解,典型报道就算成功了。"典型报道的传播者尤其是"高位传播者",对典型报道的传播保持一种平常心态,有助于拉近典型报道与受众之间的距离,有助于大众传媒根据不同的受众,多层次、多角度反映先进典型,有助于营造"感动就在身边"、"典型就在身边"的舆论氛围。这样平和、平实的典型报道,更符合大众的接受心理。尽管没有"轰动"效应,但不等于没有传播效果。有些传播效果并不是即刻显现的,而是作为一种新闻传播文化融入到社会文化的大背景,成为社会主流意识形态的现实图景,必将长期渗透到人们的精神层面,发挥正面舆论的引导作用。

第三节 典型报道解码与受众的期待视野

一旦典型报道以新闻文本的形态被受众接触(阅读、收听、收看),便进入受众的解码阶段。受众的解码过程,是典型报道由本源形态、传播形态转化为收受形态的过程,也是典型报道传播效果生成的过程。典型报道传播效果如何,传播者的期待能否变为实现,取决于受众的解码。

一、典型报道的解码

收受形态是典型报道传播的最终归宿。收受形态的典型报道已成为受众头脑中理解形态的典型报道、被受众"消化"了的典型报道。同一个典型报道的新闻文本,不同的受众解码会不尽相同,那么,典型报道在受众心中再现的影像也会不尽相同。

解码,是编码的逆过程,即把转化为文字符码的新闻文本还原为它所表达的内容,在头脑中再现新闻符号所展示的事实世界的影像,并理解其中的意义。解码是传播主体与收受主体之间的对话,是收受主体参与新闻文本意义构建的重要环节。如果说传播主体通过采集先进典型的事实信息，将本源形态的信息转化为传播形态的新闻文本，成为典型报道新闻文本意义的主要设计者，那么，在收受阶段，典型报道文本通过受众的解码，便转化为受众的感觉、影像、图景、印象、判断、思考等认知层面的反映。凝聚在典型报道新闻文本中的意义、价值功能，以及传播主体的期待等等能否实现，则取决于受众对典型报道文本的解码。受众是典型报道新闻文本价值的最终裁判者，是典型报道意义的理解者、实现者。在这一阶段，受众处于传播总体过程的终端，是终端传播过程的主体。

在收受阶段，除了上述所说的文本语境之外，媒介语境和社会语境是影响受众解码的两个重要因素：

媒介语境，是指某新闻文本在确定的媒体上所处的传播语境，是传播者对所传播的新闻文本的定位和评价。比如，某篇典型报道刊发在某报的某个版面，这就是传播者对新闻文本在传播环节上的语境表达形式。刊发在一版，肯定要比刊发在别的版面上显得重要；刊发在一版头题的位置，肯定要比刊发在一版别的位置重要。这既是报纸编排经验上的事实，也是受众理解上的惯例。以这种方式传达出来的"版面语言"，就是新闻文本的媒介语境。受众会根据这样的媒介语境信息去理解新闻文本，受众对文本的理解、注意力会受到这种语境信息的影响。另外，对相同的新闻事实，不同的媒介都做了相应的报道，也形成一种宽泛的、宏观的媒介语境。受众对某媒介新闻文本的理解，会受到其他媒介信息的影响。比如，在《人民日报》刊发了某先进典型报道的同时，《经济日报》《光明日报》《工人日报》《中国青年报》等媒体也从各自的角度刊发了报道，广播、电视、网络博客、网友评论等都有这样或那样的报道和反响，这些信息都对受众解码产生影响。受众借彼媒体传递的信息，来理解此媒体传递的信息。媒体之间的信息"分享"，构成受众解码获取信息的一个组成部分。媒介语境传递的信息，与文本中的情态信息、意态信息一样，构成受众解码获取的辅助信息，有助于受众理解文本的意义。

社会语境，即新闻文本所处时代语言符号的含义，当下社会所处时代的语言话语方式及整个社会政治、经济、文化、心理等因素构成的大文化背景。正如有的学者所说，"我们不可能完全抛开我们的具体的社会历史文化语境，不可能完全抛开我们在特殊的历史文化语境中形成的思想情感、价值观念和审美观念去理解我们所要理解的对象"①。社会语言环境是新闻文本的生态环境,是传播者和受众同处的时代背景,它突出体现了语言的时代特征。比如,"太阳"一词是一个普通名词,但是,在"文化大革命"期间,"太阳"是与伟大领袖联系在一起的。现代诗歌中出现的"冷太阳",科普知识中的"太阳黑子",如果这些词语在"文化大革命"那样的年代使用不慎,产生的后果可想而知,这是特定的社会历史环境、语言环境造成的。2010 年 11 月 10 日,《人民日报》在一版头题的新闻标题中,使用了网络词语"给力",在社会上引起强烈反响,成为尽人皆知的"热词"。如果网络上"给力"一词不曾问世,在没有社会语境的条件下,受众便不知其何意,那么,报刊也不会使用,即便使用了受众也不能接受。一词如此,一篇报道也是如此。社会语境与社会政治、经济、文化紧密联系在一起,是一定社会历史条件形成的社会文化的大环境。典型报道文本的语境与其他新闻报道文本一样,理所当然处于社会语言环境、社会文化的大氛围之中。

受众对典型报道文本究竟是如何解码的呢?

英国文化研究学者斯图亚特·霍尔在其著名的《编码/解码》一文中,提出了电视新闻文本解读的三种假设模式②。该模式对于分析受众如何对典型报道解码有一定的参考价值。

——支配式解读。霍尔认为,受众观看电视新闻节目或时事节目,完全、直接地接受节目的内涵意义,并按照事实信息在编码时参考的代码对它进行解码,传播接近达到"完全不失真的传播"。受众是在占主导地位的代码中进行解码的,受众处于被支配地位,并完全认同和接受事实信息传播的支配性意识形态。有六种情况会出现"支配式解读":1. 信息源具有权威性;2. 话语权受到高度控制;3. 受众对相关信息一无所知;4. 符合科学的结论;5. 服务类信息;6. 真情实感的信息。霍尔认为,这是一种由职业代码导致的立场。新闻职业传播者对本来已经占统治地位的方法表达的讯息进行编码时,便采用了这种立场。职业代码是通过对主导概念的支配特征加以界定,采用技术性与实践性的标准并转化运作,再现主导性定义的作用,使意识形态表现为是

---

① 杨保军:《新闻活动论》,中国人民大学出版社 2006 年 5 月版,第 238 页。
② 孙发友:《新闻文本与文化生态——媒介话语的框架性解读》,人民出版社 2009 年 8 月版,第 128—134 页。

"在人们背后"不经心、无意识发生的。

从这样的假设看,确实是一种理想化的受众解码。而典型报道在编码过程中所强调的,恰恰是以事实的真实性为依据,将意识形态隐藏在背后,把典型报道蕴涵的深层价值转化为一种似乎是"不经心、无意识"的表达。不管受众是不是察觉了传播者编码的意图和技巧,但受众只要是"支配式解读",典型报道就达到了传播的目的,实现了传播者最理想化的传播效果。

——**协商式解读**。受众在解读新闻文本的过程中,一方面,既对传播者提供的文本保持相当程度的认同,另一方面,又强调自身的社会立场,使新闻文本的含义适合于自身的特定情况,适合于自身所属集团的地位。受众采取的立场是协商式的立场,受众与传播者本意中的支配意识形态始终处于一种充满矛盾的协商过程中。

为什么会出现这种解读方式呢?霍尔解释说,信息主导性的定义之所以占统治地位,正是因为它们代表对"占主导地位的"(世界性的)情况和事件所下的定义。占统治地位的观点的定义是:(1)它在自己的措辞范围内界定可能的意义或某个社会或某种文化中整套关系的精神领域。(2)它带着合法性的烙印——它看上去和社会秩序中的"自然"、"不可避免"、"理所当然"的事物具有共同界限。解码者既照顾到主导地位的"意义",又不放弃自己的"意见",形成拉锯式的协商。霍尔认为,造成"协商"的原因是占主导地位的编码与合作式的解码之间的"脱节",这种"脱节"最终造成了"传播失败"。

霍尔所说的"脱节",需要根据具体情况作具体分析。新闻传播链条中的传播者和受众,都有可能是造成"脱节"的主要一方。在传播活动中,受众有保留地接受新闻文本所传递的意义,这是正常的。由于受众所处的社会生存环境、受教育程度、理解能力等多方面原因,会形成解码的差异。就典型报道来说,受众对典型报道存在的脸谱化、模式化倾向产生反感,主要源于传播者用"观点+事例"的简单方式对先进典型的事实信息进行编码,在没有充分传递事态信息的前提下,就过多、过滥地编制、输出情态信息、意态信息,造成有意拔高、先入为主、居高临下的强势印象,造成受众与典型报道接受心理上的"脱节"。

——**对抗式解读**。受众虽然能读出新闻文本的字面意义和隐含意义,但采取对抗态度。在对抗式解读中,文本本意被完全颠覆,文本包含的思想观念、价值取向被否定,传播者的传播意图落空。

如果把典型报道置于社会思想多样化、价值取向多元化的背景下,存在两种趋势:一是,社会思想越是多样化,受众产生的精神需求就越强烈,社会精神层面的迷茫就越需要社会主导性价值观念的引领;二是,传统的典型报道方式思想性鲜明、引导性强,要想发挥典型报道弘扬社会核心价值观传输渠道的作用,典型报道必须紧跟时代发展,不断进行改进与创新,全面、准确、合理地把握受众的精神需求,使典型报道传递的"占统治地位的观点"(社会核心价值观、社会主导价值观念)易于被受众接受。就受众对典型报道的反映来看,受众对典型报道传递的社会主导价值观念并没有表现出"对抗式解读",而是对传播者不恰当的编码,或对先进典型的有意拔高,或传播者刻意渲染的先进典型"非病既死"、"带病工作"等不近人情的行为表现出明显的逆反情绪。

霍尔提出的这三种解读模式理论,成为大众传播学研究受众接受行为的基础。霍尔的解读模式强调,文本的意义不是由传播者单向传递给受众的,而是在受众的参与下共同构建的。霍尔的文本解读模式改变了实证主义研究对传播者与受众关系的线性理解,"这种视角的转变使受众在解读新闻文本的过程中获得主体地位,他们兼具消费者与生产者的双重身份"①。

从一般意义上理解,传播主体将先进典型的事实信息转化为典型报道文本,通过传播渠道向受众传播,只要受众接触到这样的新闻文本,蕴涵在典型报道中的传播意义、价值功能就即刻实现了。其实,这只是传播学理论上的假设。在现实生活中,这种传播效果的假设能否真正变为现实,会受到多种因素的制约和影响。

从总体上看,通过受众解码发生的传播效应不外乎有这样几种可能:

——正向效应。传播主体忠实地履行新闻真实性原则的要求,客观、真实、准确地反映了先进典型的事实信息,创制的典型报道新闻文本无可挑剔,而受传的主体接受传播主体传递的事实信息,理解了其中的意义,典型报道起到了弘扬社会正气、凝聚精神力量、促进社会核心价值观共识形成的舆论引导作用。

---

① 孙发友:《新闻文本与文化生态——媒介话语的框架性解读》,人民出版社 2009 年 8 月版,第 135 页。

　　——**负向效应**。或传播主体出现报道对象选择上的失误,或报道对象选择准确而新闻文本创制存在严重缺欠,造成受传主体反感,不仅典型报道的价值功能没有得到很好实现,而且传播主体、媒介的形象也受到伤害。

　　——**复合效应**。在正向效应基本存在的前提下,由于多种原因,个别新闻文本的正向效应不明显、不突出,或者总体的正向效应出现波浪式起伏。如:或传播主体编码准确、传播目的明确,但受众的解码环节出现偏差;或典型报道的文本"群"发挥了正向效应,而个别的典型报道文本由于种种原因存在失误,影响了典型报道传播的总体形象;或个别典型报道存在严重失误,引起受众的反感,但受众的反馈意见主流是正确的,符合社会整体利益的需要,等等。

　　当然,实现典型报道传播的正向效应,是传播主体追求的目标;负向效应是传播者竭力避免的。而正常的社会传播活动,一定是主流、主导性传媒发挥正确舆论的核心作用,在确保正向效应的前提下,复合传播效应常态化的传播。也就是说,认为典型报道的传播效果只能是纯粹的、单纯的"正向效应"的认识,过于抽象化、理想化,只能将其看作是一种传播主体追求的目标和方向。正常条件下的社会传播活动,负向效应是个别文本、个别媒体出现的偶然现象,而复合效应很有可能成为社会传播效应的常态。

　　新闻传播在本质上是一种认知活动。同时,在社会关系、各种社会力量的作用下,新闻传播又是社会政治活动、文化活动、经济活动。由社会意识形态所决定,新闻传播又是传播社会核心价值观的舆论工具。而大众传播模式是典型的"点"对"面"的传播,作为收受主体的受众在新闻传播面前无法避免被动的一面。但是,传播活动的展开既离不开传播者,也离不开受众。受众同样是新闻传播过程的主体,同样是新闻文本意义的构建者。在新闻传播过程中,新闻文本是传播者与受众之间的桥梁、纽带。新闻文本只有当它被受众"消费",只有在受众将它从文字符码层面,还原为事实世界的图景,才能真正焕发出活力,才真正具有了新闻文本的生命力。

　　当今社会正处于转型时期,由于社会利益主体的多元,人们思想活动的独立性、选择性、多变性、差异性明显增强,社会思想日趋多样化。人们的观察视野、思考方式、知识结构、观念意识、价值取向和审美情趣也日趋多样化。在这种社会环境下,受众的自主性、选择性、差异性也越来越强,受众在传播终端的主体地位越来越突出,成为基本现实和总体趋势。所以,典型报道既面临严峻挑战,也面临焕发生机的机遇。加强典型报道的改进与创新,无疑是必然选择。

二、受众的期待视野

受众是新闻传播活动的归宿,是新闻事业产生、发展的原动力,是传播过程中的决定性主体。受众的存在,是新闻传播活动得以存在的前提条件,失去了受众,新闻传播活动也就失去了存在的意义。

新闻传播理论认为,受众具有这样的角色特征:

受众集合体的模糊性。被定位于新闻信息接受者的受众,其实是一个很模糊的集合概念。起码在传播者看来,受众不是单指哪个人或哪个群体,而是泛指新闻信息的所有接受者群体。受众"弥漫"在四面八方、各个社会层面,不分性别、年龄、职业、受教育程度,凡是与新闻文本发生接触关系的人,都可能成为新闻传播的终端接收者。

受众角色的不确定性。受众可以是报刊的受众,也可以兼是广播的听众、电视的观众和网络终端的接收者。在大众传播发达的现代社会,网络、新兴媒体等终端接收方式多种多样,受众获取新闻信息的渠道变得十分广阔、便捷,很难确定谁和谁就一定是哪个传媒的受众。

受众选取信息的自由性。新闻传播对受众接受新闻信息没有强制性,并非强迫受众必须接收。受众完全是根据个人的需求、兴趣、爱好选择自己需要的新闻信息。在新闻媒介提供信息的范围内,受众有选择新闻信息的充分自由,真正享受"读者就是上帝"的自由选择权利。

受众信息反馈的弱势性。与人际传播不同,两个人相互交流信息,可以直接地、面对面地讨论,对交流的信息有什么反映,可以即时表达。报纸、广播、电视大众传播媒介的受众信息反馈,与大众传播信息的强势传播相比,受众的意见反馈处于弱势。而网络媒体的受众信息交流和信息反馈就非常顺畅,受众对接受的信息可以直接发表意见、评论,受众之间也可以相互讨论,这既是传播中的技术革命,也是新兴媒体的产生带来的传播活动革命。对传播者来说,获取受众的信息反馈,是检验传播效果、矫正未来传播行为的信息来源和根据。在传播学看来,传播者接收到受众反馈的信息,是传播活动过程中生成的新信息,这种新信息对传播者具有重要的参考价值和传播意义。

接受心理的多样性。受众既是独立的个体,也是社会中的成员,总会所属于社会中的利益集团、团体、组织、社区等,来自这些社会组织的立场及价值理想、价值观念,总会对受众接受信息的心理感受、认知等层面产生不知不觉的影响,造成受众接受信息的心理的多样化。

受众与传播者角色的互换性。当受众接受了传播者传递的信息,再与他人议论时,受众就成为某种信息(某条信息)的传播者。由于受众接受心理上的差异,被反复传递的信息,有可能脱离最初信息的原貌而失真,违背最初传播者的初衷。

如此等等都说明,受众是传播过程中的决定性主体,是具有积极能动性的行为主体。

尽管在新闻传播活动中受众的地位如此重要,但是,我国新闻理论中的受众研究还只是框架式的,缺少分门别类的系统化研究,对某种传播方式的受众研究就更少有人探讨。究其原因,受众研究的内容十分宽泛、问题复杂多变。受众问题涉及到角色定位、接受行为和接受心理、受众与传播效果,以及受众在新闻传播活动中的权利、责任等诸多方面。研究的目的不同,选择的研究角度就不同。由于新闻传播活动属于社会信息系统,与社会其他系统有着千丝万缕的紧密联系,无论单从哪个角度出发,都不可能对传播活动中的受众做出全面的理论分析。任何媒体期盼寻求一种“立竿见影”、“放之四海而皆准”的受众接受模式,都是不切实际的幻想。

那么,是不是受众对新闻文本的接收行为研究,就像云雾一样飘忽不定、不可把握了呢?

接受美学理论在分析文学作品的读者心理结构时,提出一个重要概念——“期待视野”。“期待视野”成为接受美学理论分析作家、文学作品、读者之间关系的“方法论中的顶梁柱”。抛开文学作品文本与新闻文本内容的真实与虚构、话语结构等种种区别,读者阅读文学作品,与受众阅读新闻文本、接收新闻信息,在传播环节上并没有本质上的区别,用接受美学的“期待视野”概念分析新闻受众对典型报道的阅读心理结构、认知心理特征等问题,具有一定的启示意义。

何谓“期待视野”? 期待视野,是指“解读者面对文本时,调动自己的经验并产生一种思维定向以及他所希望的文本对他的满足"①。接受美学理论认为,视野是"从一个特殊的有利角度把一切尽收眼底的视觉范围"。接受主体在文学阅读之前及阅读过程中,由于个人因素(包括世界观、价值观、人生观、文学艺术素养、特定的生理及心理机制等)和社会因素(包括整体的社会历史环境、个体所处的历史文化氛围)的复杂原因,在心理上形成的结构图式,这种心理结构图式是接受主体阅读文本的心理基础与先决条件②。也就是说,受众在接收文本时,头脑并不是一片空白的"白板",任由文本的色彩在受众的认知层面随意"涂抹"。受众的个人因素和社会因素,在受众接收文本之前、接收文本之中就以"底色"的形式存在了。受众接收信息是在被"底色"不自觉限定的框架范围内选择信息,并按照"底色"框架来消化、理解,并满足自己的信息需求。正如德国文学史学者、美学家 H. R. 姚斯说的那样:"在接受过程中,永远发生着从简单接受到批判性的理解,从被动接受到主动接受,从已被承认的审美标准到超越这种审美标准的新的生产性转换。"③

接受美学理论并不否认文学作品固有的价值和作者赋予作品的内涵意义。阐述读者接受的"期待视野",在于强调读者的重要性,从而指明传播者的"视野"只有与受众的"视野"相互对接、融合,文本的意义才能够被正确解码,两种视野融合度越高,解码就越有效果。相反,受众的解码就会出现误差、变形。"期待视野"的提出,将传播者、文本、受众联系起来,并把文本的内在演变与社会发展的外在因素的影响联系起来,成为接受美学理论的基石。

受众的期待视野包括三个层面:

一是文体期待,即受众在接收文本时,由某种已经惯例化的新闻文本的类型或形式特征引发的心理指向,这种心理指向意味着受众希望通过文本的文字符码层面,体味到文体所具有的语言、结构、情节、情感等方面的特色。就受众对新闻文体的期待而言,可以理解为受众通过对习惯性愿意接受的某种类型的新闻文本的解码,而希望获取自己所希望得到的关于现实社会实际情况的信息的心理指向。

---

① 方建中:《论姚斯的接受美学思想》,《求索》2004 年第 5 期。
② 黄伟光:《"期待视野"与接受主体审美心理结构的构建、调整》,《北方论丛》2001 年第 3 期。
③ 转引自黄伟光:《"期待视野"与接受主体审美心理结构的构建、调整》,《北方论丛》2001 年第 3 期。

　　从认知心理角度看,受众对新闻的需要源于对自身所处的社会环境的了解和把握,是在社会实践活动中产生的求生存、求发展的精神需要。在接受心理上表现为求知、求新、求异、求趣、求美、求乐等精神需求。在对信息的精神需求中,每个人都从个人的爱好、兴趣等角度出发,多渠道、多样化地去获取信息。其中,受众的从众心理是接受心理中值得关注的一种现象,即由于自身的原因或外在的心理压力,采取与多数人一致的信息取舍和信息认知倾向。这是人的社会化或社会"化人"过程在接受信息环节的自然反映。对传播活动来说,受众的从众接受心理,有利于形成对传播信息认知上的共识。由于受众对典型报道的文本期待,可能会出现绝大多数受众对典型报道文本的从众认知心理倾向,或者由于个别受众的独立思考、个性强而出现逆反的接受心理。从众的接受心理有利于形成群体共识和群体意识,而个别的逆反解码也可能成为促进典型报道文本提高质量的积极因素。道理就在于,多数认同的意见并不等于真理,少数人认同的真理不等于被多数人所认知。

　　二是意象期待。简而言之,意是指文本中所表达的思想观念、情感;象,是指某种具体的形象。意象期待就是指受众通过文本的解码,希望文本形象具体的语言表达的思想观念、情感能引起自己的共鸣。

　　受众头脑中的"象"(具体形象)可能是这样或那样,但典型报道文本所传递的文字符码,展现了某种先进人物、不平凡人物的事迹、情感,是真人真事的图景式再现。受众根据个人的人生经验、阅历、价值取向、审美观点,去认知文本所展示的"形象",希望与自身所认同的"形象"相接近、相吻合。由于典型报道所报道的典型人物与大多数人所处的生存环境、职业特点差异较大,受众接受上、理解上会存在障碍。而越普通化、大众化的典型,与受众生存环境越接近的典型,受众接受起来就越接近,就越感到亲切。从这样的文本解码中,受众会获得精神上的满足感。

　　三是意蕴期待,即受众对文本深层次精神境界、人生感悟、生活态度、价值追求、思想观念等方面的期待。

　　典型报道的文本不是简单的"好人好事",也不是"观点＋事例",更不是某人的工作履历、工作总结、个人鉴定。受众接收典型报道文本,了解先进典型人物的平凡与不平凡、普通与不普通,在获得事实信息的基础上情感受到触动、心灵受到震撼,还在深层次上希望获得生活的启迪,能对感悟生活、把握自身生存、谋求自身发展有所帮助,甚至希望透过现象的表层,看到整个社会、国家、民族的未来。由于每个人的个人因素和受到的社会因素影响不同,对新闻文本的意蕴期待表现出差异。但是,作为完整的新闻文本和成功的典型报道文本,理所应当包含着受众所期待的深层意蕴,给受众深层次的人生启迪。

探索生命的意义和人生的价值,追求崇高的思想境界,是人的实践和社会行为。对生命价值追求的欲望和实现的结果,又总难以重合在一起。由此生成的价值观理想与现实的冲突,成为社会生活的精神动力。人们对生命为何存在、生命如何存在的追问,决定人们对他人——或成功者或失败者的探究兴趣,并在这种探究中寻找自己的答案。这正是典型报道得以生存和发展的基础。

接受美学所揭示的受众期待视野的三个层次的接受心理特征,恰恰与新闻文本三个层次的价值相契合。新闻文本的表层价值在于实现受众对最新事态信息的需求;内层价值在于满足受众对蕴涵于文本之中的情态信息的体验;深层价值在于满足受众对文本象征信息、意态信息的认知和需求,使得受众了解到那些蕴藏在新闻事实中的潜在道理。典型报道三个层次价值,正好与受众的文本期待、意象期待和意蕴期待的三个接受心理层次相对应。

因此,从典型报道的操作环节上说,如果典型报道的新闻文本能从三个价值层面满足受众的期待视野,那么,就算是优秀的典型报道了。

第四节　典型报道文本比较

新闻文本是信息的载体,也是各种价值理念的载体。典型报道新闻文本是典型人物先进事迹的文字表达,也是典型报道各种价值观念、价值功能的载体。新闻文本是海量的,内容是丰富多彩的,形式也是多样的。作为新闻文本的一种形式,典型报道新闻文本具有自己鲜明的个性。

一、不同时期典型报道文本的比较

典型报道已经走过了大半个世纪波澜壮阔的历程。典型报道出现、形成和延续的过程,在中国新闻发展史上留下了浓墨重彩的一页。典型报道不仅是各个历史阶段典型人物先进事迹、崇高精神的真实写照,而且是时代脚步的记录。不同历史时期的典型报道文本,折射出不同时期社会的精神风貌和时代特征。

从延安时期到新中国成立前的典型报道文本

1942年4月30日,延安《解放日报》头版头条刊发题为《模范农村劳动英雄吴满有 连年开荒收粮特多 影响群众积极春耕》的报道。这篇报道介绍了农民吴满有,连年开荒种粮多交公粮,由一个佃农变为衣食有余的劳动模范的事迹。这篇报道被新闻界公认为是典型报道的开山之作。

这一时期,形成了用典型推动工作的思想基础。选择典型主要采用"印证"式,以典型例子来论证党的主张,用典型的巨大威力带动群众对党的方针、政策的理解,教育、引导群众自觉"照着去做"。典型人物主要是根据地的劳动模范、抗战中的战斗英雄等"小人物",由名不见经传到家喻户晓,典型人物产生了巨大的影响。这些报道具有很强的思想性,宣传效果显著,由此,我国新闻报道形成了正面报道的惯性思维,典型报道成为正面报道、舆论引导的重要形式之一。

中国共产党一直重视继承和发扬中华民族精神,注重运用典型的事迹、先进经验教育和引导群众。1934年,毛泽东在《关心群众生活,注意工作方法》一文中提出:"我们一定要用切实的办法来改善我们的工作,先进的地方应该更加前进,落后的地方应该赶上先进的地方。要造成几千个长冈乡,几十个兴国县。"①这是中国共产党运用典型推动工作的最早发端。1939年12月,毛泽东写下《纪念白求恩》,对白求恩的国际共产主义精神给予概括和高度评价。1944年9月8日,毛泽东在中共中央警备团张思德追悼会上发表《为人民服务》的演讲,对张思德的精神进行深刻阐述。1945年6月11日,毛泽东在中国共产党第七次代表大会闭幕词中例举"愚公移山"的典故,号召全党树立信心,坚定信念,不怕牺牲,争取胜利。以毛泽东为代表的中国共产党人概括和提炼的这些精神,是对中华民族精神的继承和发扬,是社会主义核心价值观的源起和体现,至今闪烁着灿烂的思想光辉,照耀着中华民族的复兴之路。

---

① 《毛泽东选集》第一卷,人民出版社1991年8月第2版,第140—141页。

1941 年 11 月 5 日，《晋察冀日报》刊发《棋盘陀上五壮士》的通讯，报道了"狼牙山五壮士"的英雄事迹。1941 年 9 月 25 日，三四千日军进犯狼牙山地区，晋察冀军区一分区一团七连六班班长马宝玉、副班长葛振林、战士胡德林、胡德才、宋学义等 5 名战士，掩护部队和群众转移，把敌人引上狼牙山棋盘陀的悬崖峭壁，打退鬼子多次进攻，最后子弹打光，纵身跳崖，表现出中华民族不可征服的英雄气概。狼牙山五壮士的英雄壮举和崇高精神，极大鼓舞了抗日军民的斗志。

1944 年 8 月 7 日，山东出版的《大众日报》1 版刊登通讯《荣誉军人吴德胜——一个战斗英雄和民兵英雄》。通讯写道：

> 吴德胜是一个黑黑的脸、中等个子的人，他说起话来，会惹人哄然一笑。特别使人钦佩的，是他在部队里勇敢的战斗作风，成了战斗英雄，残疾回家后，又成了民兵英雄。
>
> ……
>
> 1941 年的秋天，新四军组织的陈道口战役里，他曾缴到两挺重机枪、一条二十响的匣子、四十多支步枪，抓到了四十多个俘虏。在当时，他们是担任打突围敌人的任务，在深夜里，他们埋伏在月光照明了的黄色山红草棵里，他心里像火烧，他怀恨着："敌人为什么还不出来，出来好逮他十个八个的。"所以他不时地站起来瞅瞅前边。果然，在壕沟边，一个接一个地，二百多，像兔子一样钻进了他们前面二百米的山红草棵里。他急了，提着四个炸弹，悄悄靠近了敌人……

这样朴实的文字，基本反映了当时人物报道的写作风格。人物形象生动，行文流畅自然，富有吸引力。

1947 年 2 月，山西《晋绥日报》连续两天刊登了刘胡兰的事迹。3 月 26 日，转战陕北的毛泽东听了刘胡兰英勇就义的事迹汇报，心情沉痛，挥笔写下"生的伟大，死的光荣"。新华社播发了刘胡兰的事迹和毛泽东的题字。《共产党员刘胡兰慷慨就义》这篇报道是这一时期人物报道的经典之作，因篇幅短小，照录如下：

新华社晋绥1947年2月7日电　文水县云周西村17岁的女共产党员刘胡兰，在上月12日被阎军逮捕，当众审讯。阎军问她是不是共产党员，她答"是"。又问："为什么参加共产党？""共产党为百姓做事。""今后是否还给共产党办事？""只要有一口气活着，就要为人民干到底。"至此，阎军便抬出铡刀，在她面前铡死了70多岁的老人杨柱子等人，又对她说："只要今后不给八路军办事，就不杀你。"这位青年女英雄坚决回答："那是办不到的事！"阎军又说："你真的愿意死？""死有什么可怕！"刚毅的刘胡兰，从容地躺在切草刀下大声说："要杀由你吧，我再活17岁也是这个样子。"她慷慨就义了。全村父老怀着血海般的深仇，为痛悼这位人民女英雄，决定立碑永远纪念她。

这篇精粹、凝练的人物新闻报道，在历史上留下了震撼人心的一幕。虽然经历了漫长岁月，但报道的生命力经久不衰，其影响力历久弥新。刘胡兰临刑前的五句话分外简洁有力，质朴而真实，掷地有声，充分展现出人物的鲜明个性和宁死不屈的精神境界。报道全文300多字，一气呵成，人物语言、动作和场景融为一体，没有任何雕琢的痕迹，没有记者议论，没有硬塞给读者的说教，完全是用新闻事实来展现人物的英雄壮举，这样的写作方法至今仍具有启示意义。

20世纪40年代初的延安《解放日报》刊发了大量的先进人物报道。在报道吴满有多年开荒多打粮的报道之后，刊发通讯《人们在谈说着赵占魁》，赞扬延安农具厂翻砂工人赵占魁是"艰苦奋斗的产业工人的典型"。随后一大批劳动战线的先进人物、战斗英雄涌现出来，如杨朝臣、张玉清、张振才、刘建章、王克勤等。仅1943年上半年，《解放日报》上刊登的各条战线的先进人物就有600多名，这一年宣传先进典型的各类文体作品达3000多条①。在抗战胜利后进入解放战争时期，军事宣传和土地改革宣传成为新闻媒体报道的主题。《优秀共产党员董存瑞舍身炸毁敌坚固碉堡》的报道也出现在这一时期。典型报道理念的形成和在新闻实践中产生的巨大社会影响，使这种报道形式成为推动工作的重要手段。

---

① 刘汉俊：《缔造精神：从神话走向现实》，新华出版社2011年4月第1版，第242页。

这一时期,典型报道弘扬了舍己为人、舍己为公、艰苦奋斗、不怕牺牲、不屈不挠、敢于胜利的民族精神。处在典型报道理念的形成、运用时期,典型人物报道获得显著的传播效果,体现了夺取抗战胜利、争取民族独立和解放的时代主题。新闻报道在典型人物选取上,主要倾向于农民、战斗英雄等普通工农兵,报道所揭示的主题与根据地大生产运动、抗战及国内战争紧密相关。报道中的人物形象生动,表现手法单纯,突出人物形象,注重用事实教育和引导群众。新闻报道体现出质朴的写作风格。这一时期的人物报道极大鼓舞了人民群众的斗志,推动了根据地的大生产运动,增强了夺取抗战胜利、全国解放的必胜信心。报道中的许多人物成为这一时期民族精神的代表,英雄事迹所体现的精神品质,成为中华民族的宝贵精神财富。

新中国成立至20世纪60年代中期的典型报道文本

新中国成立后,尽管党和国家的工作重心发生变化,新闻媒体报道的主题和受众等也都发生很大变化,但典型报道作为重要的宣传方式和推动工作的重要手段,在团结、鼓舞、激励、教育群众中的重要作用,得到了进一步延续和推广。

这一时期,党中央对新闻工作做出许多指示,为新中国新闻事业奠定了坚实的思想理论基础。1948年4月2日,毛泽东发表《对晋绥日报编辑人员的谈话》指出:"报纸的作用和力量,就在它能使党的纲领路线、方针政策、工作任务和工作方法,最迅速最广泛地同群众见面。"①进一步明确了全党办报、人民群众办报的思想。同年8月,毛泽东在中共中央转发的华东局来电《华东近一年来办报情形》上写的批语指出:"党报必须无条件地宣传中央的路线和政策。"②1953年1月,毛泽东指出:"凡典型的官僚主义、命令主义和违法乱纪的事例,应在报纸上广为揭发……在开展反坏人坏事的广泛斗争达到了一个适当阶段的时候,就应该将各地典型的好人好事加以调查分析和表扬,使全党都向这些好的典型看齐,发扬正气,压倒邪气。我们相信,山东和各地这种典型的好人好事是一定不少的。"③1953年3月15日,毛泽东在一份工作情况简报上的批语强调:"……好事例及各地的不好事例,都应当公开报

① 《毛泽东新闻工作文选》,新华出版社1983年12月第1版,第149页。
② 《毛泽东新闻工作文选》,新华出版社1983年12月第1版,第155页。
③ 《毛泽东新闻工作文选》,新华出版社1983年12月第1版,第174—175页。

道。"①这些思想为"典型宜多，综合宜少"的新闻工作指导方针奠定了思想理论基础，推动了正面人物报道的持续和延伸，促进了典型报道在全国更大范围的推广。

这一时期是典型报道发展的鼎盛时期。

一是，这个时期的先进典型人物层出不穷。在社会产生广泛影响的典型人物主要有：大连化工厂青年女工、共产党员，为保护工厂的机器设备，宁肯自己被炸伤也不扔掉手中雷汞的赵桂兰；鞍山钢铁公司机械总厂刨工，技术革新能手王崇伦；创办农业生产合作社，发扬"穷棒子"精神的王国藩；青岛国棉六厂细纱女工郝建秀；广州何济公制药厂舍身救火的女工向秀丽；北京市崇文区清洁队掏粪工人时传祥；回乡务农、改变家乡落后面貌的知识青年邢燕子；龙烟钢铁公司井巷工程公司的工程小队、创造全国掘进纪录的马万水小组；蒙古草原上抗击暴风雪保护集体羊群的龙梅、玉荣英雄小姐妹；与窜犯大陆的台湾国民党空军激战而牺牲的空军飞行员杜凤瑞；在"炮轰金门"的战斗中光荣牺牲的安业民；在江苏省邳县张楼公社民兵军事训练中发生意外，舍身扑向炸药包的解放军某部战士王杰；在紧急关头救列车而英勇献身的解放军战士欧阳海；带领社员自力更生、治理"七沟八梁"夺取粮食丰收的山西昔阳县大寨公社大寨大队党支部书记陈永贵等等。

二是，典型报道出现大量名篇佳作。抗美援朝中出现的描写前线英雄人物事迹的战地通讯、报告文学作品，如《不朽的杨根思英雄传》、《伟大的战士邱少云》、《谁是最可爱的人》等，成为鼓舞前方战士、感动千万读者的作品。1960 年 11 月 26 日，解放军沈阳军区《前进报》刊发通讯《毛主席的好战士——雷锋》。1962 年 8 月 15 日，雷锋不幸牺牲，《抚顺日报》连载了 24 天、长达 5 万字的长篇通讯《毛主席的好战士——雷锋》。《辽宁日报》、《中国青年报》、《人民日报》等，都先后刊发了雷锋事迹的报道，《人民日报》还配发评论员文章，摘发雷锋日记。雷锋，这个普通战士的名字传遍祖国大地。1964 年 4 月 19 日，新华社记者袁木、范长荣采写的长篇通讯《大庆精神大庆人》发表，报道了铁人王进喜和钻井队的事迹。以铁人王进喜为代表的大庆人，自力更生、艰苦奋斗，在一片荒原上战严寒、克服困难，发扬"宁可少活二十年，

---

① 《毛泽东新闻工作文选》，新华出版社 1983 年 12 月第 1 版，第 176 页。

拼命也要拿下大油田"的顽强拼搏精神,把中国"贫油"的帽子扔进了太平洋。胸怀全局、为国分忧、埋头苦干的大庆精神给正在困难时期的中国人民极大的精神鼓舞。1964 年 5 月 14 日,兰考县委书记焦裕禄以身殉职,时年 42 岁。焦裕禄带领兰考县的人民群众与自然灾害做斗争,向贫穷、落后和困难宣战,积劳成疾仍带病坚持工作在一线。焦裕禄去世后,中共中央农村政治部、解放军总政治部、全国总工会、共青团中央,以及各中央局、省、市、县,发出向焦裕禄学习的通知。穆青、冯健、周原写出的通讯《县委书记的榜样——焦裕禄》,在 1966 年 2 月 7 日的《人民日报》上发表,新华社向国内外播发,中央人民广播电台向全国播发。焦裕禄的事迹迅速传遍祖国四面八方,"成为新中国成立后第一个社会主义精神文明建设高潮的壮丽景观"①。雷锋、焦裕禄、铁人王进喜等人物的名字,响彻祖国大江南北。这些脍炙人口的典型报道影响深远,成为典型报道走向辉煌的标志。

以焦裕禄的典型人物报道为例:

20 世纪 60 年代初期,我国遭受自然灾害,国民经济面临着严重困难。1962 年,焦裕禄由党组织安排,从工业部门调遣到兰考县任县委书记。兰考县饱受风沙、内涝、盐碱"三害"的肆虐,人民群众生活贫困。40 岁的焦裕禄带领兰考人民治沙、治涝、治碱,带病奋战在一线,工作仅仅一年零三个月,最后以身殉职。焦裕禄以坚忍不拔的奋斗精神同自然灾害作斗争,树立了一个受人敬仰、令人钦佩的基层干部形象。焦裕禄用自己的行动展现出县委书记全心全意为人民服务的深切情怀,表现出党的干部密切联系群众、实事求是的工作作风。在遭受自然灾害的困难时期,焦裕禄以创造兰考人民的新生活为强大精神动力,同自然灾害和贫穷落后殊死搏斗的精神,契合时代的需要。这篇人物通讯极大地鼓舞了全国的党员干部、人民群众,成为典型报道中的经典作品。对焦裕禄人物典型的宣传报道,也成为中国新闻史上最成功的典型报道案例之一。其中,这篇通讯描述的场景、对人物精神世界的揭示,具有鲜明的时代特征:

> 严冬,一个风雪交加的夜晚,焦裕禄召集在家的县委委员开会。人

---

① 冯健、李峰主编:《通讯名作 100 篇》(上),新华出版社 2009 年 9 月第 2 版,第 278 页。

们到齐后,他并没有宣布议事日程。只说了一句:"走,跟我出去一趟。"就领着大家到火车站去了。

　　当时,兰考车站上,北风怒号,大雪纷飞。车站的屋檐下,挂着尺把长的冰柱。国家运送兰考灾民前往丰收地区的专列,正从这里飞驰而过。也还有一些灾民,穿着国家救济的棉衣,蜷曲在货车上,拥挤在候车室里……

　　焦裕禄指着他们,沉重地说:"同志们,你们看,他们绝大多数人,都是我们的阶级兄弟。是灾荒逼迫他们背井离乡的,不能责怪他们,我们有责任。党把这个县 36 万群众交给我们,我们不能领导他们战胜灾害,应该感到羞耻和痛心……"

　　……

　　……风雪中,他在 9 个村子,访问了几十户生活困难的老贫农。在许楼,他走进一个低矮的柴门。这里住的是一双无依无靠的老人。老大爷有病躺在床上,老大娘是个瞎子。焦裕禄一进屋,就坐在老人的床头问寒问饥。老大爷问他是谁? 他说:"我是您的儿子。"①

　　这篇通讯采用了新闻报道常用的白描手法,生动细致地展现了焦裕禄的形象。作者着重反映时代背景下典型人物的精神风貌,用场景中人物的具体言行,揭示和展现当时社会倡导的主流价值取向,为社会塑造榜样的形象,凝聚精神力量,从而引领社会的思想潮流向着共同价值理想、共同价值目标所指引的方向行进。实践证明,这篇典型报道的广泛传播,确实起到了这样的作用。

　　以"铁人"王进喜的报道为例:

　　大庆油田始建于 20 世纪 50 年代末 60 年代初。经过数万名石油工人连续数年的大会战,取得累计生产原油 1000 万吨的成绩,为国家建设作出巨大贡献。石油工人在非常困难的条件下,发扬艰苦奋斗的精神,展现了工人阶级的英雄气概。其中,被称为"铁人"的王进喜,就是杰出的代表。1966 年元旦起,《工人日报》推出大庆的系列报道,1 月 3 日,发表《工人阶级的光辉形

---

① 　冯健、李峰主编:《通讯名作 100 篇》(上),新华出版社 2009 年 9 月第 2 版,第 280、286 页。

象——王铁人》的长篇通讯。

　　5月1日天刚蒙蒙亮，铁人指挥大家放井架，他举着双手，眼望井塔，一边吆喝着，一边后退着，忽然前边的钻杆从堆上滚了下来，砸伤了他的腿，他昏了过去……好半天醒了过来，看见指导员和工人抱着他的腿哭，再一抬头，井架还没有放下来，他急坏了，对指导员说："打仗时伤了人，你哭，你这一连人都哭，敌人来了把你们都活捉了！能哭吗？"说完，他猛一下坐了起来，喊了声："继续放！"就举起双手，继续指挥。鲜血从他的裤腿和鞋袜上渗透出来，一个工人过来紧紧捂住他的伤口……

　　……

　　井喷，就可能把几十米高的井架和钻机陷到地里去。在这千钧一发的时候，他的腿好像一点也不疼了，拄着双拐就跑过去。……泥浆池里倒进一袋又一袋水泥和土。铁人一看，需要搅拌，又没有搅拌器，他把拐杖一甩，大声喊："跳！"跟着一个箭步跳进齐腰深的泥浆池里，工人周正荣、戴祝文等七八个人也跟着跳了进去，他们拿着铁锹搅拌水泥和土，足足搞了三个小时，终于压住了井喷。①

　　上世纪五六十年代的典型报道深深植根于时代的土壤。新中国建立初期，中国共产党面临恢复国民经济、巩固人民政权等许多繁重而艰巨的任务。在社会主义建设初期，实行计划经济体制，政治高度统一，思想意识高度统一。经历苦难的人民群众翻身解放、当家做主，对幸福生活充满向往，建设新中国的热情高涨。这一时期的典型报道与党和国家倡导的价值取向相一致，热情讴歌先进人物表现出的"勇敢面对困难、克服困难"、"艰苦奋斗、自力更生"的精神。这一时期的典型报道文本主要有这样几个特征：

　　一是，注重揭示典型人物的精神世界。尽管这个时期的人物通讯也保持了新闻报道的叙述方法，但更注重揭示典型人物的内心世界，往往从"他为什么这么做"、"他心里到底是怎么想的"这样的角度去探究人物的精神世界。正如穆青在总结这一时期的典型报道时所说："我们现在所说的这类人物通

---

① 冯健、李峰主编：《通讯名作100篇》（上），新华出版社2009年9月第2版，第271、273页。

讯,如《县委书记的榜样——焦裕禄》等,比起过去战争年代的人物通讯,有了很大不同。其主要区别,就是这些人物通讯更深入地揭示了先进人物的精神世界,更鲜明、更深刻地体现了具有时代特征的主题。加上适当运用了文学的、政论的表现手法,因此它具有较强的感染力和生命力……"①延安时期和解放战争时期的典型报道单单叙述人物的英雄故事,人物的思想精神境界似乎不言自明。新中国成立后的典型人物报道则开始注重挖掘人物的思想境界,从心灵深处表现典型人物的思想动因。

二是,体现出鲜明的时代主题。五六十年代,国家处在社会主义建设的初期,经济建设的任务繁重。国际反动势力对新中国实行经济封锁,加上遭受自然灾害,人民生活处在贫穷状态。不怕困难、不怕吃苦,脚踏实地、艰苦奋斗,不向困难低头,敢于牺牲、勇于为国家奉献一切等思想意识,成为鲜明的时代主题。"全国解放后,我国人民群众(工农兵和知识分子中的先进人物是他们的代表)在革命和建设实践中的伟大创造作用,他们的精神境界、思想风貌就是他们作为国家、社会主义主人翁那种历史主动性的最本质的表现。"②"铁人"王进喜,在国家困难时期拼命拿下大油田,"有条件要上,没有条件创造条件也要上"的为中国人民争气的精神,就是当时时代精神的缩影,也是通讯的思想主题。

三是,追求先进人物的完美。这一时期的典型人物具有很强的伦理道德色彩,十分强调典型人物的思想先进性,典型人物的榜样作用得到强化。由此,导致这一时期的人物报道文本趋向于典型人物的完美无缺,甚至出现有意拔高的倾向。正如当时的新闻工作者后来回忆说:"60年代后,先进人物通讯的写作上,又出现另一种情况。除了继续保留较多的技术业务性叙述外,又增加了许多政治概念、名人语录、豪言壮语。这些外加的政治内容,有些虽然与人物本身的成长、思想结合得还算比较贴切,但有许多却配合得不自然,显得十分生硬、勉强。为什么造成这种现象呢?我们在写这样的通讯报道时,过多地强调指导性,强调教育作用。所以,往往把人物的先进思想、先进事迹,写得极为完美,或者拔得过高,目的就是给读者树立一个榜样,你也像

---

① 穆青:《新闻散论》,新华出版社1996年9月第1版,第173页。
② 穆青:《新闻散论》,新华出版社1996年9月第1版,第173页。

这些人一样拼命地忘我地劳动吧。"①受当时社会政治环境的影响,许多人物报道或多或少地加入这样的情景:典型人物在遇到困境时,要读毛主席的著作,用来反映人物的思想起伏过程,从中获取精神力量,明确方向、坚定信心。这并非是记者的杜撰,当时确实是这样的社会氛围。凡是典型人物都是学习毛主席著作后才做出了英雄壮举,久而久之便千篇一律,这就难免给典型报道蒙上"不真实"、"政治色彩太浓"等阴影。先进人物的英雄事迹总是伴随着"活学活用",这正是那个时代留下的印记。

四是,新闻采访观念和方法有新发展。这一时期的典型人物报道包含越来越多的情感成分,不仅对被报道的对象充满感情认同,而且通过对报道对象的深入采访,以典型的细节、典型的场景表现人物形象,表达深切情感,报道的感染力得以增强。尤其是,采访者深入生活、调查研究,与被报道对象亲密接触,通过同吃同住同劳动的方式来获取真实的报道素材,采访作风深入、扎实。正如采访王进喜的作者所说:"我们每天和王铁人泡在一起,和他坐一个车,他上哪儿我们也上哪儿,他在哪个指挥部吃饭,我们也在哪个指挥部吃饭,他开会我们就静听,他训人,我们就劝架……"②这种采访观念,继承和发扬了延安时期求真务实、从实际出发的良好作风,是值得肯定的。

"文革"时期的典型报道文本

1966 年至 1976 年的十年,中国处于"文化大革命"时期。此时,典型报道仍然在社会的政治生活和精神生活中发挥着重要影响。受社会政治局面的影响,典型报道的政治意义被放大,为政治服务的功能被强化,出现了脱离实际、脱离群众的扭曲化状态,走向一种极端。这种状态证明,典型报道是社会生活的客观反映,既可以正面反映社会的发展进程,体现时代精神,也可以从另一个方面反映社会发展进程中遇到的挫折,是社会一个侧面的折射。

这一时期的典型报道成为一种社会政治符号。一些别有用心的政治人物把典型报道当成政治工具,一些所谓的先进人物和典型单位沦为社会畸形儿和怪胎。"白卷英雄张铁生"、"反潮流小英雄黄帅"、"小靳庄"、"六厂二校"等等,被贴上各种政治标签,可以随意歪曲事实、任意解释。20 世纪 60 年代出现的"艰苦奋斗、自力更生"的典型——山西昔阳县大寨公社大寨大队,

---

① 刘建国主编:《当代名记者与代表作》(二),工人出版社 1989 年 4 月第 1 版,第 358 页。

② 刘建国主编:《当代名记者与代表作》(一),工人出版社 1989 年 4 月第 1 版,第 119 页。

一会儿是"以阶级斗争为纲"的典型,一会儿是"无产阶级专政下继续革命"的典型,一会儿是"割资本主义尾巴"的典型,政治运动风起云涌,把大寨推到了政治漩涡中,使典型报道变成了政治符号。大量空话、套话充斥典型报道,用口号代替事实,随意贴上政治标签,把典型人物当成"可以任意拿捏的面团",使典型报道和典型人物走向了极端。

当然,动乱时期的十年,社会上也出现了许多具有优良道德品质的先进人物和先进集体。例如,1969年,《人民日报》等媒体报道了从火车轮子下救出三名小朋友的湖南株洲小学学生戴碧蓉的事迹。1972年12月19日,《人民日报》发表长篇通讯《人民的好医生李月华》,报道了安徽泗县丁湖医院普通乡村医生李月华,几十年如一日走村串户,为农民看病防病的感人事迹。《人民的好医生李月华》这篇通讯,尊重客观事实,没有套用当时的"阶级斗争"政治公式,用朴实的笔触描绘了李月华一心为农民治病的优秀医生形象,叙述情感真挚,细节生动,人物形象鲜明,体现出典型报道传统的优良文风和写作风格,给人留下深刻印象。

"文革"时期典型报道出现扭曲,是由当时社会政治环境决定的。这一时期的典型报道出现的政治极端化、新闻宣传模式化、典型人物完美化,极大伤害了典型报道的公信力,教训十分深刻。事实说明,在正常的、非正常的社会发展状态下,典型报道都被看作是一种必要的宣传报道形式,都会受到社会政治导向、价值取向的影响和制约。

改革开放至20世纪80年代的典型报道文本

1978年12月,党的十一届三中全会在北京召开,标志着中国进入改革开放新的历史时期。关于真理标准的大讨论,把人们的思想观念从"左"的思想束缚中解放出来。党和国家工作的重心转移到经济建设上来,激发了社会各阶层的活力。以城市改革为重点的经济体制改革全方位展开,改革开放成为社会的主旋律、时代的最强音。这一时期,宣传舆论工作围绕党和国家的重点工作展开,典型报道随之发生变化,呈现出新特点。

其一,典型人物类型出现新变化。这一时期的典型人物不仅是农业、工业战线和部队中的先进人物,而且扩展到社会其他阶层,人物更广泛、更多样化。典型人物的变化与处在改革开放时期社会结构的变化相一致。这一时期的典型人物分为这样几类:一是拨乱反正中发现的典型人物。其中包括张志新、遇罗克、吴吉昌等。中共辽宁省委宣传部干部张志新同错误的政治路线坚决斗争,遭受迫害。1979 年 5 月 25 日,《人民日报》发表了《要为真理而斗争——优秀共产党员张志新同林彪、"四人帮"进行殊死斗争的事迹》。因反对《评新编历史剧〈海瑞罢官〉》而遭受政治迫害的遇罗克,被以"反革命罪"判处死刑。1980 年 7 月 21 日、22 日,《光明日报》发表报告文学《划破夜空的陨星——记思想解放的先驱遇罗克》。种棉劳模吴吉昌,为完成周总理交给的种棉任务的农民科学家,在"文革"期间遭受迫害。1978 年 3 月 16 日,新华社播发穆青、陆拂为、廖由滨采写的人物通讯《为了周总理的嘱托——记农民科学家吴吉昌》。这些人物报道(有的是报告文学)通过对特定环境下的特殊人物事迹的叙述,讴歌了他们坚持真理、不畏强权、敢于牺牲的高尚品格,有力地配合了当时的中心工作,对引导社会实现拨乱反正,回到正确的思想路线、政治路线上来,起到了舆论推动作用。二是勇攀科学高峰、无私奉献的知识分子。这一时期,媒体相继报道了一大批刻苦攻关、献身科技的知识分子典型,他们是陈景润、蒋筑英、罗健夫、栾弗等,他们的事迹具有一定的代表性。1978 年 2 月 17 日,《人民日报》发表徐迟的报告文学《哥德巴赫猜想》,叙述了数学家陈景润攻克数学难题的事迹,在社会产生强烈反响。对知识分子典型人物的报道,配合了党的知识分子政策的落实,调动广大知识分子投身"四个现代化"建设的热情,体现了社会群体寻求知识、努力建设现代化国家的主流价值导向。三是勇于探索、大胆改革中出现的企业家风云人物。其中包括步鑫生、马胜利、关广梅、鲁冠球、年广久等一批企业改革中涌现出来的典型人物。他们以企业家的目光看待改革带来的发展机遇,积极利用市场经济体制改革提供的有利时机促进企业发展,创造了明显的经济效益。同时,展现出全新的价值观念和经营理念,令人耳目一新。尽管他们之中有的人后来被更加理性、更加出色的企业改革家所取代,但当时他们带给社会思想观念的冲击、对改革推进所起到的推动作用,是不能抹杀的。四是具有远大理想、信念坚定的青年榜样人物。其中包括朱伯儒、曲啸、张华、张海迪等。被群众誉为"80 年代新雷锋"、"一团炭火精神"的朱伯儒,他是空军某油库副主任,长年义务照顾一位孤寡老人,接济过 40 多名生活困难的群众和战士。1983 年,中央新闻媒体集中宣传了朱伯儒的事迹。1982 年 9 月,辽宁营口市教育学院副院长曲啸,被称为"当代牧马人"。"文革"期间,曲啸受到迫害,命运坎坷,屡受挫折。但他对祖国有深厚感情,有崇高的奉献精神,他所做的报告《任何挫折动摇不了我对党的信任和共产主义信仰》,在社会上引起关注。1983 年 3 月 2 日,《辽宁日报》发表长篇报告文学《牧马人新传》,对曲啸的事迹进行报道。1982 年 7 月 11 日,解放军第四军医大学学员张华,为拯救一位掉进粪池的七旬老人,献出了自己年仅 24 岁的生命。《人民日报》、《中国青年报》等各大媒体对张华的事迹做了报道,在社会上引起了"大学生用生命救七十岁老农值不值得"的大讨论。继张华之后,第四军医大学学员在华山勇救遇险游人的事迹被新闻媒体报道。张华战友华山救险的英雄壮举,再次感动社会。1983 年,《中国青年报》发表长篇通讯《是颗流星,就要把光留给人间》,报道了张海迪的事迹。张海迪从小患脊髓病,胸部以下全部瘫痪,而她自强不息,以惊人的毅力与病魔斗争,刻苦自学,对生活充满信心,被誉为"当代保尔"。张海迪的事迹影响广泛,有思想深度,成为这一时期具有代表性的典型人物。有理想、有信念的先进人物的事迹,回答了经过十年动乱之后,由社会上出现的信仰危机等精神困惑而产生的种种疑问,为处于迷茫中的年轻一代如何对待理想、如何看待人生价值等问题,提供了思想的坐标和活生生的榜样,先进典型人物的正确世界观、价值观、人生观,照亮了社会迷茫青年的人生道路,产生了深远的社会影响。

其二,透过典型人物经历进行反思。这一时期的典型报道,与以往不同,不是简单地报道典型的英雄事迹,而是从当时的社会环境出发,紧扣时代主题,在叙述先进人物事迹中,在讴歌先进人物高尚道德情操、崇高精神境界的同时,触及到先进人物所处的社会环境,开始对社会矛盾和社会问题进行思考、探索。比如,我国击剑运动员栾菊杰的事迹报道,在褒扬栾菊杰为国争光精神的同时,反映了我国击剑器材生产不过关影响训练效果的问题。报道还真实地叙述了栾菊杰弟妹多、家庭生活困难,以及她邀请欧洲运动员练剑遭到蔑视和拒绝等等,反思了我们国家与发达国家存在的差距。再如:《为了周总理的嘱托——记农民科学家吴吉昌》,是新华社发表的一篇人物通讯。农民科学家吴吉昌,是山西的一位种棉劳模,为了完成周恩来总理交给的解决棉花脱蕾落桃难题的任务,在"文革"期间受到迫害,却初衷不改。这篇报道不仅事迹感人,也用事实对"文革"进行了否定,在读者中产生了强烈共鸣。其中有一段:

　　一天，吴吉昌离村走了五六里，来到北街大队。眼前是一大片棉田，绿油油的棉苗正在疯长，他多么想去提醒社员注意呵。但他想，自己当时的"身份"和处境，人们会不会听他的话，会不会因此招来新的祸害呢？一连两天，他围着棉田看了又看，转了又转，内心斗争非常激烈。

　　直到第三天，当社员们走出棉田，围在一棵大树下面休息时，他终于鼓起勇气凑了过去……

在通讯的最后，作者用这么一段发人深省的话来结尾：

　　历史揭开了新的一页。像吴吉昌这样的遭遇，连同产生它的时代背景，都一去不复返了。但是，斗争仍然存在。吴吉昌那种为了真理，为了祖国的科学事业，为了党和人民的重托，"啥也别想挡住俺"的革命精神，将教育和鼓舞人们去披荆斩棘，进行新的长征。

把人物放到那个动荡、混乱的特殊社会环境下，用这样看似平常的场景、叙述，展现了吴吉昌内心的矛盾、苦苦挣扎的精神轨迹；用这样的心理感受，引导读者走进吴吉昌的内心精神世界；用吴吉昌的坎坷经历，发出了"像吴吉昌这样的遭遇，连同产生它的时代背景，都一去不复返了"的呐喊，引导读者对"文革"带来的社会动乱进行深刻反思。后来作者说："尽管表达的方式比较含蓄，敏感的读者，还是听懂了话中的'潜台词'的。……这篇被人称为'最早公开发表的对"文化大革命"持否定态度的人物通讯'，无论在政治倾向和基本观点上，都是经住了历史检验的。"[1]这样的典型报道已经不是在一般意义上揭示典型人物的思想道德品质，而是对典型人物的行为、经历进行深层次思考，探索改革的时代意义，促进思想观念的更新。

　　其三，典型人物的个性情感得到体现。典型人物之所以成为"典型"，是因为典型具有特殊性，能够在普通、平凡中体现出非凡与伟大。平凡而伟大的典型，才更贴近真实。这一时期的典型报道，开始让典型人物回归到普通人的个性层面，在向描述和塑造具有典型意义的普通人方面，向前迈出了步

---

① 刘建国主编：《当代名记者与代表作》（一），工人出版社 1989 年 4 月第 1 版，第 19、20 页。

伐。事实上,平凡而伟大的普通人,更具感染力,更能够真实反映时代特征。典型报道既继承了寻找典型人物高尚道德品质、反映时代主题的传统,也把目光投向了典型人物具有的、与普通人一样的个性情感,注意到了典型人物像普通人一样具有的困惑和内心柔软的一面。《生命的支柱——张海迪之歌》,真实地描述了这位高位截瘫的残疾青年坎坷的人生经历,也揭示了张海迪的迷茫、困惑甚至绝望的内心路程。写张海迪的痛苦、迷茫和曾有过的自杀念头,不仅没有损害人物的光彩,而且让读者看到张海迪从悲伤、绝望的痛苦中顽强地向命运挑战,更加真实地感受到生命的可贵,感受到张海迪的顽强毅力和生活勇气。报道关注典型人物的普通人的个性情感,更加强调贴近社会真实、人性的真实。

比如,1980 年 4 月 16 日《工人日报》,刊发名为《一切服从祖国需要》的长篇通讯,报道全国劳动模范高级工程师陈火金的事迹。陈火金主持大连造船厂爆炸加工实验室的工作,先后为国家尖端工业产品的制造,生产出几十种、数千件难以加工的部件。我国在爆炸加工方面所取得的重大成就,凝聚着陈火金的汗水和鲜血。

> 有一天下班,陈火金正在路上走着,有人气喘吁吁地跑来告诉他:"你们家出事了,小偷溜门撬锁,偷了你家的东西。"陈火金心急火燎,加快步伐跑到家里。一进门首先钻到床底下查看,然后又翻他桌上的东西,看到他积累的资料、计算的数据,还有书籍杂志、计算工具,样样都在,就告诉在场的人民警察:"没丢什么!"他爱人在一边急了:"怎么没丢,钱不见了,几件新衣服没了!""这……"

这篇人物通讯的作者、当时的《工人日报》记者部主任刘建国说:"人物的思想,是通过行动和语言表现出来的。行动要有细节,语言要有个性。……这些细节,都是和陈火金的爆炸试验密切相关,紧紧相连的。用白描手法把它真实地再现出来,人物的思想风貌,就展现在读者面前了。"①典型人物的思想、言行、情感通过细节得到全方位的反映。报道张海迪的记者郭梅尼曾说

---

① 刘建国主编:《当代名记者与代表作》(二),工人出版社 1989 年 4 月第 1 版,第 46—47 页。

过："每个人的人生道路是不一样的，每个人创造的人生价值也是不一样的。作为一名记者，就是要不断地发现那些能够创造更大人生价值的人物，发掘他们能够使生命放射出灿烂光辉的奥秘，把它介绍给广大读者，使人们的生命能更加有价值，从而促进人类更快进步。"①可见，这一时期典型人物的个人情感世界、人生价值差异得到尊重和客观反映，从而使典型报道的感染力、感召力得到增强。

其四，报道方式与写作手法出现新气象。过去，典型人物的报道方式相对单一，大部分以新闻通讯这样一种形式出现。在写作上，倾向于平铺直叙，叙述方式简单。而这一时期的典型报道在报道方式上呈现多样化，有报告文学式、散文式、讨论式等多种形式。叙述和写作手法向多角度、多元化方向发展。有的人采用戏曲的表现手法，在写人物通讯时，注意抓取矛盾冲突，来表现人物的精神面貌和人生追求等等。由于处在由传统体制向新体制的转轨时期，人们的思想观念非常活跃，社会结构呈现多层次化。为了揭示典型人物的内心世界，阐述典型人物具有的社会意义，有的新闻作品插入论述性文字过多。这些都与社会的变迁有着直接的关系。

改革开放至 20 世纪 80 年代的典型报道，继承了延安时期、新中国成立以来典型报道的优良传统，先进人物的事迹给人们以精神上的鼓舞和激励。与社会变迁相适应，典型人物的类型发生变化。典型人物不再是单一群体的代表，而是社会各阶层、多群体普遍公认的先进人物。这一时期典型人物的思想境界和高尚情怀，代表了社会的主流价值取向，对社会出现的拜金主义、极端个人主义等错误思潮做出了正面的回应，体现了社会核心价值观的内在要求，对引领社会思潮、价值观念的变革，发挥了重要的、积极向上的作用。

20 世纪 90 年代至 21 世纪初的典型报道文本

20 世纪 90 年代，伴随社会主义市场经济体制的逐步确立，中国改革开放大潮汹涌澎湃，社会转型逐步推进。这一时期的典型报道与社会发展进程"同波共振"，出现新变化。中宣部组织中央新闻媒体推出了一大批先进人物报道，典型新闻宣传进入了一个新的发展阶段。

---

① 刘建国主编：《当代名记者与代表作》(二)，工人出版社 1989 年 4 月第 1 版，第 279 页。

典型人物中出现更多优秀共产党员和党员领导干部的形象。其中包括：援藏干部、西藏阿里地区区委书记孔繁森，新时期共产党员和党员领导干部的楷模、湖南省委原副书记郑培民，有"帕米尔医生"之称的新疆乌卡县人民医院院长吴登云，"为民造福，为党立碑"的北京军区给水工程团团长李国安，对马克思主义理论真学、真信、真用的忠诚的理论战士许志功，"一身正气的好干部"、浙江省军区副政委兼金华军分区政委范匡夫，从浙江临安三次援藏、在世界海拔最高气象站连续工作33年的陈金水，被称为"扶贫司令"的湖南省军区副司令员彭楚政，等等。这些优秀共产党员和党员领导干部，是中华民族优秀儿女的杰出代表。典型报道歌颂了他们牢记党的宗旨、理想信念坚定、对党和人民无限忠诚的高尚情操。他们平凡而伟大、普通而杰出，在人民群众心目中树立了党的光辉形象，他们身上体现的思想品德和高尚情怀，是对中华民族精神的继承和发扬，是对新时期社会核心价值观的具体诠释，是社会主流价值取向、价值追求、价值理想的集中体现。

典型人物贴近社会生活、贴近普通群众。这一时期，来自普通群众、普通工作岗位的先进典型人物不断涌现。1993年8月17日早，济南军区某部班长徐洪刚，探亲归队途中，乘坐云南彝良开往四川筠连的长途公共汽车。4名歹徒在公共汽车上公然侮辱同车的一名青年妇女。徐洪刚挺身而出制止歹徒的恶劣行径，赤手空拳同歹徒展开搏斗，被歹徒用刀刺伤14处，倒在血泊中。经抢救，徐洪刚脱离了生命危险。徐洪刚见义勇为的事迹被新闻媒体报道，引起广泛社会反响，全社会见义勇为的风尚得到大力弘扬。上海中山北路房管所水电修理工徐虎，发扬"辛苦我一个，方便千万家"精神，在平凡的岗位上为百姓服务，感动千万家；"爱国拥军模范"韩素云，被大家亲切称为"好军嫂"；北京市21路公共汽车售票员李素丽，用真情传播文明；等等。这些来自普通群众、来自普通工作岗位的"小人物"，成为媒体报道的主角、家喻户晓的英雄，与社会上一时甚嚣尘上的"追星"、"捧星"之风形成鲜明对照，弘扬了助人为乐、互相帮助、见义勇为的道德风尚，引起社会的共鸣，有力促进了社会主义精神文明建设。

典型人物分布广泛。这一时期的先进典型进一步向社会各个层面扩展，先进人物从事的职业、岗位，从工人、农民、军人、知识分子，到教育工作者、医护工作者、地质勘探员、气象员、售票员等等，涉及的行业面十分广泛。从这个角度,也反映出社会转型、经济转轨带来的社会阶层结构的变化。先进典型的报道与社会变化相适应,与社会变化过程中人们思想观念出现困惑、寻求正确解释的精神需要相适应,为社会树立楷模,为人们的精神生活点亮思想的火把。

典型报道中的群体、集体形象增多,突发事件中的典型人物受到关注。在物质文明生活逐渐得到改善的同时,人民群众的精神生活需求开始逐渐旺盛,加强精神文明建设成为社会的共识。这一时期,社会涌现出一批精神文明建设的先进集体和群体代表,如张家港市、济南交警支队、福建漳州 110 报警服务台,以及海军工程大学衡阳抢救脱轨列车遇险群众的集体,等等。这一时期,爱国主义主题在典型报道中得到突出体现。1999 年 5 月 8 日,以美国为首的北约用导弹轰炸贝尔格莱德,中国政府驻南联盟大使馆遭到轰炸,新华社记者邵云环,《光明日报》记者许杏虎、朱颖夫妇,在轰炸中牺牲。新闻媒体对这一事件进行报道,对以美国为首的北约的野蛮行径进行谴责,对三位记者的敬业精神给予赞扬,激发了全国人民的民族感情和爱国热情。2001 年 4 月 1 日上午,一架美国军用电子侦察机抵近我国海南岛东南海域上空进行侦察活动,我国海军航空兵某团飞行大队中队长王伟奉命驾机跟踪监视。美机将王伟飞机撞毁,王伟牺牲。对王伟事迹的宣传,有力揭露了美国霸道的国际行径,凝聚了全体中国人民不畏霸权、不向霸权低头的民族勇气,增强了中华民族自立于世界民族之林的坚定信心。

此时期,典型人物报道的宣传方式进一步改进。不仅先进人物更加贴近社会生活、贴近普通群众,而且广播、电视、报纸多媒体、多角度、全方位宣传报道。报道方式出现连续报道、跟踪报道、组合报道、深度报道的方式。典型报道的表现手法更加丰富多样,感染力增强,先进人物的社会传播辐射面越来越大。许多先进人物走上对话节目,组成报告团巡回演讲等,社会影响不断扩大,形成了先进人物在社会舆论中居主导地位成为重要宣传报道内容的宣传格局。

这一时期的先进人物报道持续不断,成为典型报道发展的繁荣时期。大量的人物报道契合时代精神,唱响改革开放的时代主旋律,弘扬中华传统美德,激发中华民族的爱国主义精神,紧扣时代脉搏,与社会核心价值观的导向保持一致。先进人物事迹和精神境界,满足了人们在社会转型时期的精神需要,为促进社会进步、精神文明建设的发展,发挥了不可替代的舆论引导作用。

21 世纪初以来的典型报道文本

进入 21 世纪,典型报道的改进和创新发生了更深刻的变化。先进人物宣传呈现了先进人物影响扩大、先进人物的崇高精神备受推崇、典型报道宣传高潮迭起的可喜局面。先进人物大量涌现、典型宣传亮点频现,传统媒体与新兴媒体协同配合,典型报道进入了一个辉煌发展时期。

大批优秀共产党员的典型精神风貌成为时代的精神标杆。进入新世纪以来,党员和党员领导干部的典型不断涌现。他们牢记全心全意为人民服务的宗旨,立党为公、勤政廉政,带领广大群众在全面建设小康社会的道路上不懈奋斗,谱写出一曲曲时代的壮丽诗篇。为了党和人民的事业,他们有的已经献出了宝贵的生命。2004 年 4 月 14 日晚,时任河南省登封市公安局局长任长霞(1964—2004),在办案途中不幸遇车祸以身殉职,年仅 40 岁。河南登封当地 14 万群众自发为她送葬,场面真切感人。任长霞从警 20 年,秉公执法,一身正气,面对犯罪分子疾恶如仇,面对人民群众关心保护柔情似水,她用自己的言行和生命,树立了共产党员和基层干部忠于党、忠于人民、忠于法律、忠于职守的光辉典范。安徽省财政厅选派干部、安徽省滁州市凤阳县小岗村党支部原第一书记沈浩(1964—2009),2004 年 2 月 16 日到小岗村任职,为了让这个中国农村改革第一村尽快迈入"富裕大门",他远离妻子儿女,呕心沥血。3 年期满,小岗村村民按下 98 个红手印请他留任。第二个 3 年期满,村民再次按下 186 个红手印挽留他。2009 年 11 月 6 日,沈浩积劳成疾,不幸以身殉职。小岗村村民又按下 67 个红手印,请求将沈浩的骨灰永远留在小岗村。沈浩赢得人民群众的爱戴,是因为他带领村民走富裕的道路,发展农村经济,使百姓的生活一天比一天好起来。沈浩的先进事迹,体现的是攻坚克难、艰苦奋斗的精神,是新时期农村基层干部牢记党的宗旨,无私奉献、敢于牺牲的精神。原呼和浩特市委书记牛玉儒,原北京市海淀区人民法院知识产权庭庭长宋鱼水,江苏无锡江阴市华西村老书记吴仁宝,解放军第二炮兵某导弹基地原司令员杨业功,北京军区总医院老军医华益慰,四川省巴中市南江县原县委常委、纪委书记王瑛,河北邯郸丛台区原区委常委、组织部长王彦生,青海省玉树军分区司令员吴勇,云南省保山地区原地委书记杨善洲,等等,他们的英雄事迹感动社会,他们的名字在神州大地回响,他们的精神风貌即是与时俱进精神文化的具体体现,具有鲜明的时代特征,在百姓心中树起了一座座精神的丰碑。

大批"平民英雄"、"草根人物"、"百姓典型"成为道德楷模。越来越多的普通百姓成为典型报道中的"主角","小人物"成为大英雄,普通百姓成为先进典范,这些普通人感动社会,他们以平凡而伟大、普通而动人的经历,体现了中华民族的传统美德和民族精神,反映了时代的精神主流。四川凉山州木里县马班邮递员王顺友、河南籍大学生洪战辉等典型人物,感动社会,打动人心,体现了道德楷模的力量。这一时期,发生了几起重大的自然灾害:2003年春季发生了突如其来的非典型性肺炎(SARS)疫情;2008年初,南方部分地区遭受低温雨雪冰冻灾害;2008年5月12日,北川汶川发生特大地震灾害;2010年4月14日,青海省玉树自治州发生特大地震。在自然灾害面前,党员和党员干部挺身而出、冲锋在前,为抢救、救治受灾群众,奋不顾身,浴血奋战,涌现出许多先进个人和英雄模范集体。新闻媒体及时报道,提炼典型事迹,宣传先进人物和英雄集体所表现出顽强拼搏、不怕困难、万众一心、战胜灾害的民族精神,激发了全国人民团结奋进的斗志,起到了鼓舞士气、舆论引导、榜样示范的作用,彰显出鲜明的时代特征。宣传典型、树立典型已经不单单局限在新闻媒体的报道中,出现了社会各行各业评选典型、推广典型、学习典型的全社会的行动。如:有组织、有程序、有步骤地开展全国道德模范的评选活动,涌现了一批"全国助人为乐模范"、"全国见义勇为模范"、"全国诚实守信模范"、"全国敬业奉献模范"、"全国孝老爱亲模范"等等,全社会形成了树典型、学典型的浓厚氛围。

大批历史上的革命先驱、英雄模范成为"永远的丰碑"。2005年初,由中宣部、中央保持共产党员先进性学习教育活动领导小组办公室组织,中央组织部、中央党史研究室、民政部、解放军总政治部、解放军军事科学院、全国总工会、国家博物馆、军事博物馆、新华社、中央电视台、八一电影制片厂、中国新闻电影纪录片厂等20多家单位支持和帮助,中央主要新闻媒体和各省区市主要新闻媒体共同推出大型系列党史专栏《永远的丰碑》,宣传了党各个历史时期的优秀代表人物、革命先烈、英雄模范的先进事迹,在全国引起广泛关注。2009年,中宣部、中组部、中央统战部、中央文献研究室、中央党史研究室、民政部、人力资源和社会保障部、全国总工会、共青团中央、全国妇联、解放军总政治部等部门,共同组织开展了"100 位为新中国成立作出突出贡献的英雄模范人物和 100 位新中国成立以来感动中国人物"的评选活动。活动的开展,深切缅怀了历史先驱、革命先烈,热情讴歌了先进典型,他们是民族脊梁、时代先锋、祖国骄傲,这些典型人物再次给全国人民以巨大的鼓舞和激励,引起社会广泛反响。这项评选活动的开展,意义重大,影响深远。

从报道方式和文本表现形式看,21 世纪以来的典型报道富有启示意义,突出特点表现为:一是,先进人物的报道数量、分布、结构和社会影响的广度、深度,都超越以往任何历史时期;二是,典型报道文本更加尊重新闻规律、传播规律的客观要求,追求新闻报道的客观、全面、准确,强调以细节来表现人物的精神面貌,避免过多的、先入为主的议论,靠人物的真实故事打动读者,充满人文关怀;三是,先进人物的宣传受到高层传播主体的重视,从典型的质量、数量到典型推出的频率,都有较好的把握,使典型报道这种形式通过议程设置得到很好的发挥;四是,媒体联动与网络传播协同配合,典型人物传播达到多样化水平。中央媒体、地方媒体以及都市报类媒体联合行动,统一策划,各展所长,形成新闻背景的互补。网络传播发挥快速、互动、灵活等优势,与主流媒体配合呼应,扩大了典型宣传的社会传播效果。报道方式上,通讯、消息、深度报道、组合报道、跟踪报道、连续报道,以及专栏、言论、图片、音像、视频等等,都在典型报道中得到充分运用。先进人物的故事被制作成电影、电视剧、话剧、地方戏剧等艺术形式,先进人物的事迹和精神得到二次传播和重复传播,传播途径得到进一步拓展,呈现出丰富多彩的趋势。

这一时期,我国社会发生翻天覆地的变化,人们的物质生活和精神生活发生巨大变化。社会主义市场经济体制建立并逐步完善,社会利益格局发生改变,出现利益主体多元化。在经济全球化、世界多极化的国际背景下,东西方思想文化交流、交融、交锋呈现新特点,各种价值观相互激荡、碰撞,社会出现价值观多元的趋势。这一时期的典型报道与社会变迁、时代主旋律"同波共振",坚持马克思主义指导和中国特色社会主义共同理想,以改革创新为核心的时代精神和以爱国主义为核心的民族精神及社会主义的荣辱观,以大量的、各层面的先进人物的言行和崇高思想品德,从多角度、多侧面对社会主义核心价值体系的基本内容做出了具体生动的诠释。

纵观各个历史时期的典型报道,可以清晰地发现,典型报道始终是各个历史时期时代特征的集中体现,始终是社会主流价值取向、价值理想的形象表达,始终是社会核心价值观的重要传播渠道。

二、中西方人物报道的差异

西方媒体没有"典型报道"的提法,西方新闻作品中的人物报道往往以特稿的形式出现。

西方新闻界认为,特稿除了具有独家新闻、调查性报道和现场报道共有的特质外,"特稿主要是考虑高度的文学品质和原创性",是一种"非虚构的短故事形式","旨在娱乐或以侧重讲故事来提供信息"。

西方人物报道看中的是报道的新闻价值和传播效果。上至总统的形象、活动、言论、家庭琐事、个人经历甚至绯闻,下到普通百姓的磨难、遭遇、奇闻异事以及与残疾、生理缺陷、疾病抗争的过程等等,都是西方媒体人物报道所选取的新闻素材。人物报道一般以叙述个人的非凡经历来展现人物鲜明的性格,靠故事情节和场景描写、心理刻画来打动读者。

西方人物报道没有"典型报道"的概念,却有正面报道的内容。2005 年获得普利策新闻奖的作品《飓风席卷由提卡》,报道了飓风灾难来临之前的一些普通百姓的活动,包括气象专家、酒吧老板、退休教师、卡车司机、救火队员等等。在得知飓风的消息后,他们不约而同来到当地的一家小酒吧的地窖躲避。报道展现了普通百姓在灾难面前的互助、团结精神,反映了新闻人物在特定环境中的人生经历和性格特征。

英国媒体把人物报道的目光更多投向普通百姓。2008 年 5 月 6 日,英国一家媒体 *Daily Mai* 报道了身患癌症的两个小女孩的故事。2006 年,两个小女孩在医院相遇,她俩恰巧都是 5 岁,一个叫莫莉,一个叫汉娜。汉娜因害怕头发掉光,拒绝服药治疗。莫莉走进汉娜的病房,对她说:"你需要吃药,这样才会好起来。你的头发可能会像我一样掉光,可没有关系,妈妈告诉我说,头发还会自己长回来的。"莫莉的话居然相当奏效,谁的话也不听的汉娜,听到与她一样的小伙伴的劝说,开始服药配合治疗。从此,两个同病相怜的小女孩结下了深厚的友谊,相互鼓励着向病魔抗争。年底,两个孩子的病情好转出院了。但是,没过多久,两个小女孩又病情复发,同时被送进了医院的抢救室。最后,汉娜活了下来,莫莉却永久地离开了人世。令人不解的是,就在莫莉离开人世的凌晨 2 点 55 分,汉娜在睡梦中惊醒,大声喊叫起来说:"莫莉,你为什么不告诉我你要哭?为什么?"汉娜哭诉着说,她想到莫莉的床前抱抱她、安慰她,可莫莉什么话也没说,翻过身睡着了……2007 年的 7 月,汉娜 6 岁生日的那天,莫莉没来,汉娜很不开心,十分想念莫莉。汉娜放飞了一只粉红色的气球,对着天空大喊:"莫莉,这个气球是送给你的!"

据《环球时报》报道,2007 年 1 月 2 日中午,一名叫韦斯利·奥特利的建筑工人,带着自己 6 岁和 4 岁的两个女儿在纽约地铁站候车,一位大学生癫痫病发作跌下站台,50 岁的韦斯利·奥特利奋不顾身跳进地铁轨道,地铁列车擦顶而过,他因此挽救了一个年轻人的生命而被誉为"地铁超人"。当他一出地铁站,《纽约新闻》和《纽约邮报》的记者就为争着送他去医院而撕扯在一起;《内幕新闻》和哥伦比亚电视台的摄影记者则想让他回到车站,重现刚才那惊险的一幕;不出 24 小时,他接到了几乎所有著名脱口秀节目主持人的邀请;美国前第一夫人希拉里,要求议会通过决议嘉奖他;纽约市长布隆伯格亲自把象征该市公民最高荣誉的铜质大奖章颁发给他。除此之外,这名建筑工人还收到许多物质上的礼物,包括地产大亨送给他一张一万美元的支票;学校免去了他女儿的学费;克莱斯勒公司宣布赠送给他一辆 2007 款的"爱国者"吉普车;NBA 新泽西网队送给他两个赛季的球票。在此后的两个月时间里,韦斯利免费乘坐飞机,去看"超级碗"职业棒球赛,还作为特邀嘉宾参加了布什总统 2007 年国情咨文演讲会。更让他感到激动的是许多陌生人的态度:一名男子硬塞给他 10 美元,以"表达谢意";一位妇女告诉他,正因为有了他这位"地铁超人",她才发现这个世界其实并不残酷,从而打消了堕胎的念头……一时间,"地铁超人"韦斯利·奥特利成为美国家喻户晓的新闻人物。

2011 年 3 月 17 日,美国有线电视新闻国际公司网站,以《对化解日本核灾难的 180 名"英雄"的称赞》为题,报道了日本抢修福岛第一核电站的 180 名电站工作人员。报道说,附近数以千计的居民已经撤离,但约 180 名电站工作人员却朝相反的方向匆忙行进,他们仍坚守岗位,冒着患重病甚至死亡的危险,竭力化解核熔毁的危机。报道还引用美国前能源部官员的话说:"留守现场的工作人员正在进行英勇的尝试,在现场的一些地方,辐射的剂量对生命构成威胁。他们在从事极其冒险的工作。"

　　据有人统计,1979 年至 2008 年普利策获特别奖的 29 篇作品,属于悲剧范畴的报道 19 篇,占 69%,凶杀暴力有 7 篇,司法不公的报道有 2 篇,腐败报道 2 篇,贫困报道 8 篇,自然灾害报道 2 篇,疾病痛苦报道 7 篇,这些报道有的题材相互重叠。获奖中占首要位置的人物报道有 25 篇,占 86%。选取的人物包括灾难、战争或社会变动中的普通人、与疾病及生理缺陷抗争的平民、道德上有争议的普通人、犯罪活动的受害者,以及与种族、贫富等社会问题相关的人物。报道涉及社会问题,多数作品充满了激烈、尖锐的矛盾冲突①。

　　西方人物报道善于把价值观隐含在人物的新闻叙事之中。从表面上,看不出西方人物报道有明显的价值取向,也没有对报道人物崇高精神境界的提炼和升华,仅靠描写平凡人物的故事、活动、话语和场景等新闻手段表现人物的性格。人物形象丰满生动,充满人情味道,能抓住读者的阅读心理。西方人物报道擅长用普通人的经历、行动,诠释对生命价值的崇拜和对个人价值追求的推崇,把西方社会的价值观隐含在人物故事、人物命运的叙事之中,从而折射社会和时代的特征。

　　中西方人物报道的相同点

　　人物报道是中外新闻媒体常见的新闻报道形式之一,在新闻文本的制作、新闻符号的创制方面,有许多相同之处。

　　其一,都强调和遵守新闻真实性原则。无论在新闻属性的认知、新闻社会功能和社会地位的确立上,还是在新闻理念和新闻文本的制作上,中西方新闻媒体都存在较大差异。但是,在遵守新闻真实性这一点,却表现出高度的一致性,都视真实为新闻的生命,都强调和遵守新闻的真实性原则。

　　其二,都在人物报道中渗透着国家和民族的价值理念、文化精神。尽管西方的人物报道并不突出表现人物的精神面貌,也不注重挖掘人物的思想内涵,更不崇尚价值追求的趋同性,但是,从人物的选取到新闻故事的组织,再到新闻文本的制作,都贯穿着西方社会的价值观。中西方人物报道在体现、反映本国和本民族价值理念上是相同的,都在新闻文本中注入了清晰的各自国家所奉行和推崇的价值理念,都烙上了本民族精神文化的印记。

　　其三,都注重新闻传播的社会效果。西方媒体把新闻价值和传播效果放

---

　　① 毛家武:《普利策新闻奖特稿作品的悲剧报道与悲剧审美》,《电子科技大学学报》(社科版)2010年第 6 期,第 44—48 页。

在首位,强调新闻故事的新奇、独特,追求报道的轰动效应。而中国的典型报道同其他新闻报道一样,首先把社会效益放在首位,强调新闻传播的舆论引导作用。社会效益和舆论引导,其实就是新闻传播的社会效果。中西方对新闻价值判断的标准不同,新闻价值观不同,新闻素材选取的视点不同,但在追求新闻传播效果、以期引起社会广泛关注这一点上是相同的。

中西方人物报道的不同点

西方新闻报道没有正面、负面报道之分,人物报道只是新闻特稿、新闻特写、新闻故事的一个组成部分。我国新闻界通常把这样的报道划归到通讯类。我们所说的典型报道,是特指报道先进人物事迹的新闻报道,是承载着弘扬崇高精神、为社会塑造楷模和榜样的新闻报道。分析中西方人物报道方面的差异,有助于认识为什么典型报道的文本会融入社会核心价值观的问题。

我国新闻理论界的专家学者,对中西方人物报道的差异问题给予了关注和研究,有诸多研究成果。其中,刘汉俊对此问题的论述比较详尽,他的观点主要有:

遵从方针不同。中国媒体明确坚持以团结、稳定、鼓劲,正面宣传为主的方针,而西方媒体大多自诩"客观、自由、公正",因此一些记者热衷于"爆猛料"、挖内幕、揭丑曝光。因此中国式人物报道中往往有鲜明的主题统领全文,而西方媒体人物中的价值取向和主题,在文中呈现一定的模糊性,往往"尽在不言中"。

秉承宗旨不同。中国媒体从不隐讳自己党和人民喉舌的性质,因而报道人物是代表党的立场,代表最广大人民群众的立场,为人民服务,而西方媒体是为主办媒体的集团利益和它代表的社会阶层服务,以"社会责任"掩盖和取代最广大人民的根本利益。有时站在某一利益集团立场上对另一方进行揭露和攻击。

文化背景不同。文化背景是人物形象的基础,不同文化背景决定了人物形象不同的典型意义。譬如同样是表现一位知识分子,中国媒体的报道可能更偏重报道人物所具有的精神,而西方媒体在现代西方哲学的背景下,存在主义、人道主义、新自然主义、结构主义、意识流等表现形式,都会在新闻作品中有所反映。

价值标准不同。选择标准取决于评判参照体系,即用什么样的价值标准来衡量人物的价值。中国媒体更多地从正面的积极的意义考虑,譬如共产党员的本色、传统美德的表现等方面,具有一种积极的、明确的导向。而西方媒体更多地从社会价值观的角度,体现人本位的思想。

突出重点不同。中国媒体更注重报道人物的人伦关系,报道人与社会、人与自然、个体与整体的关系,以及人在服务社会与组织整体利益过程中,所表现出的传统美德和优秀品质,即通过社会表现人。而西方媒体更注重表现人与社会、人与自然的矛盾冲突,张扬人的个性,宣扬整体社会的价值观,即通过人表现社会。

表达立场不同。西方媒体比较注重客观陈述人物的经历和行为,事实具体,可感性强,侧重于实,隐评于述,擅长把阶级、政党、国家的立场掩盖得巧妙。1900年,美联社改组时就确定宗旨:报道事实,不报道意见。而且叙事方式较多采用蒙太奇手法,片段性、跳跃性、细节性、时空转换性强;而中国媒体侧重写意,概括性、提炼性、整体性、连贯性强,而且有明显的倾向性,提倡什么、反对什么,主体鲜明。

表现手法不同。西方媒体更注重客观地表明"是什么",擅长讲复杂的故事,而中国媒体更注重探究"为什么",擅长讲复杂的背景。

社会效果不同。中国媒体报道典型的目的在于树立榜样、鼓舞人心、激励斗志,而西方媒体报道人物的目的在于满足受众的心理需要,塑造本国精神,传播本国文化。

服务受众不同。中国媒体的受众对象包括最广泛的人民群众,而西方媒体更注重某一特定受众群体和特殊利益阶级与集团利益。[①]

刘汉俊的分析概括比较全面、客观,抓住了中西方人物报道差异的主要方面,对深入研究中西方人物报道差异问题具有参考价值。

其实,人物报道是一个比较宽泛的概念。中国新闻界习惯上把人物报道划归到通讯类别中,而通讯中的人物报道既包括典型人物报道,也包括一般

---

① 刘汉俊:《塑造形象:人物报道研究》,新华出版社2011年5月第1版,第172—173页。

人物报道、人物新闻特写等。西方新闻报道通常以调查性报道、解释性报道、特稿等形式划归类别,人物报道是按照中国式习惯对西方新闻报道做出的划分,而并非西方媒体独立的新闻报道方式。所以,中西方新闻人物报道比较是一个模糊的命题,只能是相对而言。应该强调的是,从对比中发现的差异,不仅是新闻作品上的差异,而且是社会形态的制度因素、媒介因素、受众因素、媒体技术因素的差异在新闻作品文本层面的反映和体现。相同点和不同点都说明,中西方人物报道都跟随着社会核心价值观的"身影"。

中西方人物报道的差异源于社会核心价值观的差异。产生差异的因素主要有:

一是,制度因素的差异。中国风格的典型报道理念形成发展的过程不是偶然、孤立的新闻现象,是社会关系在新闻报道中的反映。典型报道传统的形成和延续,折射出社会制度性因素的影响,是社会政治制度、经济制度、文化制度等综合作用的结果。西方媒体的人物报道理念,是西方社会制度性因素在新闻报道中的反映和体现。中西方人物报道的差异,反映的是中西方社会制度性因素的差异。

二是,媒介因素的差异。传播媒介是社会总系统中的组成部分。传播媒介的运作与社会相互渗透,相互影响。在我国,党和国家赋予主流新闻媒介重要的社会功能,把新闻传播摆在十分重要的位置,与党和国家的命运联系在一起,发挥凝聚力量、引导舆论的作用。而西方媒介以"客观、自由、公正"自诩,新闻媒介为集团利益服务,为自己所代表的阶级和特殊的群体服务。

三是,受众因素的差异。受众是新闻信息的接收者,也是新闻信息的最终归宿。传播者传递信息服务受众,也以新闻作品影响受众。中国典型报道的目的是用先进人物的言行来动员、鼓舞群众、教育群众,具有较强的政治色彩。而西方人物报道关注新闻价值,注重个人价值追求,宣扬个人价值观和个人的精神力量。西方媒体把新闻价值的目光放在社会的利害关系、冲突、矛盾、暴力等方面,强调"读者的兴趣就是新闻价值的试金石",媒体成了"敞开的阴沟",许多看似充满人性关怀、富有戏剧性的故事,却游走于社会边缘,目的是满足读者的任何心理需要,使一些"本该流入通向迅速遗忘之海下水道的腐烂新闻"在媒体上泛滥,污染着社会空气。

四是,媒体技术因素的差异。世界进入高科技迅猛发展的时代,媒体的传播技术日新月异,获得突飞猛进的发展。传播手段的高科技化,使新闻传播进入了一个崭新的阶段。现在的新闻传播比以往更迅速、更便捷,信息量也更大,传播方式由线性的单一传播,发展到开放式、互动式传播。尽管我国的网络化进程发展迅速,但是承担典型报道新闻文本制作和传播的主流媒体,遇到了受众对多样化报道内容主动选择的挑战。网络传播技术的发展,使原来主流媒体的受众被分化和分割,传统的整齐划一接受模式不复存在。单靠主流媒体的传统传播手段,满足于单一媒体、某个典型报道文本的成功传播,难以获得广泛的社会效果。也就是说,中国正面宣传报道多集中在传统媒体,而网络传播的规范性秩序尚待形成,各种声音混杂,主流价值观没有居于主导地位。西方打着"全球化"旗号,利用网络传播输出西方社会价值观具有更加便利的条件。中西方争夺话语权、影响力的竞争变得异常激烈,在网络传播等更广阔的领域,中西方意识形态的交锋越来越成为一种常态。

如果从新闻文本的事态信息、情态信息、意态信息三个层面的构成来看就会发现,西方人物报道更加注重事态信息和情态信息,而把意态信息隐含在事态信息和情态信息之中,甚至意态信息被有意识地模糊掉了。中国的典型报道则往往更注重意态信息(即在新闻文本中直接表达对新闻事实的看法),而把事态信息(事实、事件的状态、情形及相关新闻背景等)、情态信息(表达人物感情的信息)当做是为意态信息服务的,容易给人造成空洞说教、人物形象干瘪、缺少感人情节等印象。中西方人物报道的比较分析告诉人们,西方人物报道有很巧妙的叙事手法,注重人物报道的故事性,以浓郁的人情味、可读性吸引读者,这些方法值得我们在典型报道的文本制作中学习和借鉴。

对中西方人物报道的对比分析所涉及的相关问题广泛而复杂。对这个问题的深入研究和讨论,有助于人们从更加开阔的视野、站在一定的高度,充分认识具有鲜明中国风格、中国气派的典型报道的独特价值和意义,从更深层次认识典型报道与社会核心价值观之间的内在联系。

结　语

在我国新闻传播领域,典型报道从来就不是一种单纯的新闻宣传现象,而是一种文化现象、政治现象、社会意识形态现象。单纯用新闻传播理论分析典型报道现象和所面临的现实问题,显然难以对典型报道现象给予透彻的说明,甚至无法把握典型报道的命运。

社会核心价值观引领、构建的视野和维度,把典型报道的各种认知归于自己的视阈之中。对这种理论思维上的"划归"加以梳理,不仅没有使其他维度、视角对典型报道的认知发生相互矛盾、相互碰撞、相互冲突的现象,反而使以往对典型报道的各种认知有了一种全新的整合。社会核心价值观的提出,拓宽了典型报道研究的视野,为典型报道的改进和创新开辟了广阔的前景。

一、把社会核心价值观的要求融入到典型报道中

文化是价值观的土壤,价值观是文化的本质。一定的文化反映一定的价值观,价值观总是以一定形式的文化形态表现出来。社会核心价值观决定精神文化产品的性质和发展方向,精神文化产品潜移默化地影响人们的思想观念、价值判断、道德行为。

(一)社会核心价值观是精神文化产品的灵魂

作为一个政党、国家和民族(社会共同体)的核心价值观念,它承载着共同体的理想和追求,蕴涵着社会共同体对世界、社会,以及经济、政治、文化、

生活等一系列重大问题所持的根本看法,是社会价值观中的核心观念、主导观念。

社会核心价值观本身就是一种文化形态。每一个国家、每一个民族、群体等,都有自己一定的精神、规范、原则和标准。这些精神、规范、原则和标准,构成一定社会意识系统的有机组成部分,从而形成一系列的政治价值观念、经济价值观念、文化价值观念、道德价值观念和宗教价值观念等等,这些观念的理论化、系统化,构成社会价值观体系。社会核心价值观是一定历史条件下社会文化体系的核心,是一种文化体系区别于另外一种文化体系的显著标志。

社会核心价值观是全社会的精神旗帜。社会核心价值观反映了全社会在指导思想、共同理想信念、强大精神支柱和基本道德规范上的质的规定性,渗透到社会生活的各个领域和各个方面,通过人们的社会关系、生产生活方式、行为、语言、文化产品等形式表现出来。社会核心价值观既抽象又具体。人们正是在各种文化形态的熏陶、影响和滋养中逐渐形成情感认同、思想认同,进而升华为价值观认同的。如果不是这样的话,社会核心价值观就会变成空洞的口号、干瘪的概念堆积。

强调社会核心价值观的主导性,并不等于说要追求社会价值观的一致性。任何共同体的社会成员都属于不同层次的主体,主体是多层次的,社会生活也是复杂的、多样的。受历史、地域、民族、风俗习惯、宗教信仰等多种因素的影响,社会主体的需要也是多样的、多层次的。只要主体是多样的,主体的需要就是丰富多彩的,主体需要得到满足的手段和途径就会各不相同。价值观念作为人们对主客体之间某种效用关系的把握,作为人们评价和选择的内在标准也就会各不相同。社会核心价值观的主导性与社会价值观的多样性,既矛盾又统一。这种矛盾的对立统一,使各种文化形态呈现出生机和活力。

主导不等于替代。社会核心价值观对新闻传播的价值理念起着决定性的引导、制约、影响作用,但不能替代新闻价值观。社会核心价值观为新闻传播指明总体的方向目标,为新闻传播提供认识客观世界、观察世界的强大思想武器,提供正确反映客观世界的立场、观点和方法。新闻传播活动是社会实践活动的有机组成部分。新闻传播以社会实践活动的内在属性表现社会核心价值观,为社会核心价值观的构建提供新闻舆论服务。新闻价值实践以自己特有的规律性,通过新闻作品使社会核心价值观得到生动具体的表现,两者相辅相成、相得益彰。

（二）典型报道在构建社会核心价值观中的着力点

社会核心价值观的构建过程，是社会核心价值观的实践过程、培育过程和传播过程。社会核心价值观的构建离不开新闻传播。

新闻媒体是思想文化传播的重要载体，是推广主流价值观念的主渠道。主流媒体在构建社会核心价值观中的功能作用，就在于始终坚持正确舆论导向，唱响社会主义核心价值体系这一主旋律，大力宣传科学理论、传播先进文化、塑造美好心灵、弘扬社会正气，给人以积极向上的精神力量。典型报道在构建社会核心价值观中的着力点主要体现在：

大力弘扬先进典型人物诠释的理想信念，增强社会核心价值观的感召力

先进典型是社会核心价值观生动、鲜活的教科书。先进典型人物的大量涌现，使社会核心价值观变得更具体、更生动，更容易为人民群众所认同、所接受。先进典型人物的岗位不同、事迹不同，但都体现出坚定的理想信念。忠于祖国、热爱人民，是先进典型人物的根本立场；追求真理、坚持理想是先进典型人物的理想信念。新时期典型报道唱响的正是忠于祖国、热爱人民、追求真理、坚持理想的时代强音。先进典型人物诠释的理想信念，是先进典型人物创造非凡业绩、为社会作出贡献的思想基础，更是激励人们为国家富强、民族复兴而努力奋斗的力量源泉。

先进典型人物用生命和热血奏响的理想信念之歌，既是社会核心价值观生动、具体的诠释，也是典型报道传播的价值取向。先进典型来自现实生活，来自身边的人、身边的事，给人以看得见、摸得着的榜样力量。这是增强社会核心价值观感召力最生动、鲜活的教材，也是典型报道的魅力之所在。

大力弘扬先进典型人物展现的精神风貌，增强共同理想的凝聚力

富强、民主、文明、和谐，是社会核心价值观对中国特色社会主义共同理想的高度概括。共同理想作为全体社会成员的共同价值追求和目标，是一个政党治国理政的旗帜，是一个民族奋力前行的向导。用先进典型人物展现的精神风貌增强共同理想的凝聚力量，始终是典型报道新闻宣传的思想主题。先进典型人物是各个领域的杰出代表。他们在本职工作中敢于创新、敢于突破并取得显著业绩，往往是所在领域的带头人、先行者，因而被誉为时代先锋。先进典型人物创造出不平凡的业绩，或在平凡的岗位中体现出不平凡的精神境界，是为实现共同理想而不懈追求的真实写照。

典型报道在新闻报道中属于人物通讯类。人物通讯以故事性叙述和展现情节见长，通过对先进典型人物的新闻事实的叙述、描写和情感表达，使读者受到心灵上的震撼，激起感情的波澜，从而产生情感和认知上的共鸣。九八抗洪、抗击非典、抗击南方部分地区严重低温雨雪冰冻灾害、四川汶川特大地震抗震救灾、舟曲特大泥石流抢险救灾等斗争中涌现出来的模范群体，以气吞山河的英雄气概书写出新时期中华民族为实现共同理想而顽强拼搏、自强不息的壮美画卷，为增强共同理想的凝聚力留下了精彩篇章。

大力弘扬先进典型人物追求的精神境界，增强民族精神和时代精神的感染力

时代精神体现社会发展方向，引领时代进步潮流。时代精神代表社会大多数成员共同的心愿、意志、规范、价值取向和精神追求，是激励一个国家和民族发奋图强的强大精神支柱。先进典型人物追求的精神境界，是一个社会在最新的实践中激发出来的具有民族特点的普遍精神风貌和优秀品格，是一种超越个人的共同的集体意识、群体意识。民族精神是民族文化最集中的本质体现，时代精神与民族精神相辅相成、相融相生，二者统一于中华民族的精神品格之中。

体现和反映时代精神，始终是典型报道的使命。不同历史时期的典型报道无不铭刻着鲜明的时代烙印，无不集中体现所处时代的精神特质。当时代的脚步迈入改革开放的新时期，典型报道中的先进人物出现了多层次、多样化的特征，既有生产一线的工人、农民等劳动者，也有知识分子和领导干部，还有在平凡中彰显伟大的普通市民、大学生等。他们身上体现的是解放思想、实事求是、勇于改革、大胆创新、爱岗敬业、开拓进取、探索新路、追求卓越、关爱他人的时代精神风貌和精神品格。新时期的典型报道，理所应当体现时代精神的丰富内涵，积极反映、大力倡导社会前行的主导方向和指向，反映当代中国人民紧跟时代、振兴中华的精神风貌的主流，为社会营造积极进取、奋发向上的浓厚舆论氛围。

大力弘扬先进典型人物的模范言行，增强社会道德品格的吸引力

我们所处的时代是英雄辈出的时代。在改革开放和社会主义现代化建设中涌现出来的张海迪、陈景润、蒋筑英、罗健夫、孔繁森、郑培民、牛玉儒、谭竹青、吴仁宝、钱学森、杨利伟、丁晓兵、许振超、林秀贞、宋鱼水、谭彦、袁隆平、任长霞、杨业功、王顺友、方永刚等先进人物,他们以优秀的个人品质、高尚的道德情操、坚韧不拔的毅力、爱岗敬业的不懈追求、感天动地的大爱情怀、为国家为人民荣立的卓越功勋等等,成为社会群体学习的楷模。

　　先进典型人物身上凝聚着共产党人的优秀品格,体现着中华民族的精神风貌,他们是中华民族的优秀代表,是民族的脊梁。新时期的先进典型人物,出自社会各个领域、各个战线。如果把这些先进典型人物置于市场经济、社会价值观多元的大背景下就会发现,先进典型人物的世界观、人生观、价值观、权力观、利益观、荣辱观、享乐观等,都通过典型报道的形式得到了揭示、肯定和赞扬,他们的事迹被广为传诵,他们以崇高道德品格和人格成为人们学习的典范。典型报道以自己特有的大众传播优势,报道来自社会各个层面的先进典型人物,为社会各阶层、群体树立了层出不穷的榜样。先进典型一旦被社会大多数成员认可、尊重、信仰,便成为一种强大的社会凝聚力量,对利益多元、价值观多元、特征多样的社会个体发挥整合的作用。

　　当然,社会核心价值观的构建必然遵从社会意识形态变化的规律。一方面,社会核心价值观具有历史继承性。它传承历史文化的积淀,这种历史传承成为核心价值观重要的思想来源之一。另一方面,社会核心价值观具有一定的稳定性。作为文化系统的深层结构,社会核心价值观在相当长的时间内影响和支配人们的思想和行为,必然成为价值选择的原则,决定价值取向,化作价值评价的标准。而社会核心价值观具有赢得社会认同的"普遍化"的内在驱动力,正是这种内在驱动力,使社会核心价值观成为适用于相关价值评价、价值判断、价值选择的合理依据和理由。

　　总之,社会核心价值观是社会制度层面的价值观念体系。社会核心价值观不仅决定一定社会制度下新闻传播的总体方向,而且渗透到媒体传播层面的新闻价值理念之中,体现在新闻传播的功能发挥、新闻报道的价值实现、新闻传播制度及日常新闻报道的各个环节。社会核心价值观为典型报道价值选择提供目标和方向,为典型报道价值选择提供政治标准和价值尺度,同时,社会核心价值观为典型报道价值选择提供新闻实践的坐标和指向。

二、新时期典型报道的改进和创新

将典型报道问题置于社会核心价值观视阈之中不难发现,典型报道研究的核心问题,不是该不该走向"消亡"的问题,而是如何适应时代发展的需要、适应广大受众的需要加以改进和创新的问题。

2003 年,国家广电总局"宣传党的意志与反映人民呼声"课题组曾对 6 个省、市的听众和 29 个省、市的广电系统,以及中央三台的新闻从业人员这两个领域分别进行抽样调查,结果显示:在"您认为新闻宣传最应该减少的报道内容"一项中,"先进典型的报道"不约而同地排在第三位,仅仅名列"会议的报道"、"党和国家领导人活动的报道"之后,两个领域的受调查者观点空前统一;而在"您认为新闻宣传工作必须改进的方面"一项中,"典型宣传"则被新闻工作者排在了所有类项的第一位,听众则将其列在第二位,仅排在"会议报道"之后。尤其值得关注的是,在"您认为影响新闻宣传效果的主要因素是什么"一项中,听众和观众则把"报道缺乏可信度"列在了榜首位置[①]。这样的调查结果发人深省,同时也说明,新时期典型报道的改进和创新任重而道远。

典型报道改进和创新问题的提出,源于典型报道所处社会环境发生的巨大变迁。在社会转型期,传统的、单一的经济模式被打破之后,社会经济成分、组织形式、就业方式、利益关系、分配方式日趋多样化,带来的社会群体在经济地位、社会角色、职能分工等方面的差异日益明显。人们思想的独立性、选择性、多样性和差异性明显增强,社会价值观多元趋势已经清晰地呈现在人们面前。作为传统新闻宣传方式之一的典型报道,所处的社会环境发生了巨大变化。旧体制下的思维模式趋同、价值选择单一、自主意识弱化的意识形态环境不复存在。重大典型"一炮打响"、新闻报道"一呼百应"的传播时代,逐渐被个性化、多层次、多样化的大众文化所取代。多元文化影响着人们的价值观念和价值取向,每个人都可以根据自己的信念、利益、需要、兴趣、条件、能力的不同,选择个性化的生活方式,形成不同的精神生活需求。典型报道营造的高层次的价值境界,以及典型报道鲜明的政治色彩、浓厚的道德规

---

① 梁建增、孙金岭:《增强公信力是改进典型宣传工作的重中之重》,《新闻记者》2004 年第 12 期。

范性,与社会越来越多样化的精神需求、多样化的价值选择、多层次的文化价值观发生激烈冲突。追求崇高、崇拜英雄、学习楷模的思想意识日趋淡薄,而寻求自主独立、多样选择、自由平等的思想意识倾向日益强化,受众对典型报道这种传统的说教、灌输、规范式的新闻宣传模式表现出心理逆反。由此,典型报道传播的社会效果风光不再,难免陷入迷茫之中。

典型报道遇到的种种困惑,早已引起新闻界业内、业外的广泛关注。在对典型报道的众说纷纭中,简单的肯定和简单的否定的观点只占极少数,而倾向典型报道改进和创新的观点占多数,在典型报道研究中受关注程度高,发表的看法和意见也比较集中,这方面的新闻业务研究的文章也较多。其中,不乏真知灼见,具有很强的针对性和可操作性,在此不作重复和赘述。这里,只从社会核心价值观引领和构建的理论视阈出发,将本书各章节涉及新时期典型报道改进和创新的观点做简单的梳理和概括:

(一)处理好新闻宣传意愿与读者、受众接受意愿之间的关系——在满足受众精神文化需要中体现典型报道的时代精神

典型报道是时代精神的产物,更是时代精神真实、鲜活、生动的记录。我们正处在改革开放和中华民族实现伟大复兴的时代。伟大的时代需要伟大的精神,而伟大的精神是从实践中产生的。讴歌这样的时代,反映波澜壮阔的时代精神,是实践的呼唤、实践的需要。典型报道在满足读者、受众的精神文化需要中体现时代精神,主要体现在为当今社会的发展确立航标、为先进思想提供先导、为社会群体树立榜样、为人生道路指明坐标、为行为举止塑造道德楷模。

社会实践主体的精神文化需要,是典型报道生存和发展的根本动因。无论是高位传播主体的需要,还是本位传播主体的需要,还是后位传播主体的需要,集中到一点,就是推进建设中国特色社会主义伟大实践的需要,是增强社会主义意识形态吸引力和凝聚力的需要。

典型报道从诞生之日起,就始终在高位传播主体的调控下运作。高位传播主体是先进典型传播的主导者、决策者。本位传播主体推出的典型报道,敏锐发现和捕捉先进典型人物本质的思想核心,突出先进典型的时代精神主题,以先进典型人物事迹为依据,以故事性叙述的方式,渗透、传递、倡导、弘扬社会核心价值观。作为读者、受众的后位传播主体,虽处在传播后程阶段的位置,却是典型报道价值实现的决定性主体,是典型报道传播目的、传播效果的裁判者、实现者。但是,受众对精神文化的需要、对新闻信息的需要,一般情况下大都处在多层次、多样化、自由选择的状态。典型报道以精神产品的形态出现在读者、受众面前,其政治性、思想性、目的性、指向性都是确定的,新闻宣传意愿是十分鲜明的。而相对读者、受众来说,其精神文化的需要是多层次、多样化、变动的、不确定的复杂心理过程。生活中的实际逻辑说明,读者、受众是在多层次、多样化、不确定性的精神文化需要中接触到典型报道的。或者说,读者的精神文化需要总是对新近发生的新鲜事物的信息产生需要,进而通过信息的获取达到认知上的精神满足。读者、受众的期待视野告诉我们,受众不仅由已经习惯化的文本类型或形式特征引发接受的心理指向,而且能够从具体、形象的故事性叙述表达中寻求思想感情的共鸣,从中获得精神境界、人生态度、价值取向等方面的参照。千万不要忽略读者、受众的这种期待视野,这正是典型报道的新闻传播意愿与受众接受意愿的结合点,是典型报道实现价值功能的契机。典型报道的议程设置应实施高层次思考、战略性站位、深层次谋划,抓住受众群体的思想意识倾向,把握各种社会思潮的走向,选择恰当时机,有节奏地推出富有时代气息、富有感染力的先进典型,增强先进典型思想内涵的针对性、实效性。

应该看到,无论是典型报道的新闻宣传者,还是典型报道的读者、受众,都是传播链条上"谁也离不开谁"的关键环节。某些受众对典型报道的心理逆反,不是对新闻传播所反映的新事物、新信息的逆反,而是原有心理"底色"对说教、灌输、规范式宣传模式的排斥。这种排斥心理有很复杂的原因,需要给予更深入的研究和分析。应该看到,社会思想越是多样化,受众产生的精神需求就越强烈,社会精神层面的迷茫就越需要社会主导性价值观念的引领。典型报道必须紧跟时代发展,不断进行改进与创新,使典型报道传递的"占统治地位的观点"易于被受众接受。典型报道应该顺应时代的发展,顺应社会的变迁,以积极探索、富于创新的时代精神来认识和把握典型报道,在典型报道传播中体现时代精神,树立具有鲜明时代特征的精神旗帜。

　　(二)处理好新闻真实与先进人物的典型性之间的关系——在凸显社会核心价值观的诠释意义中体现人性的回归

　　真实是新闻的生命,也是典型报道的生命。典型报道真实地反映时代大潮中涌现出来的先进典型、时代先锋,不仅必须要做到尊重客观事实,以先进典型的真人、真事作依据,而且要在新闻传播的各个环节上忠实贯彻新闻真实性的原则。人性是人所具有的本性,即人所具有的正常的情感、理性和需要的表现。典型报道深度挖掘先进典型的思想信念、精神实质,突出典型"这一个"的特殊性,突出先进典型的冲击力和震撼力,这是典型报道的独特魅力。但是,强调先进典型的特殊性、先进性、时代性的同时,不应脱离人的本性,不能把先进典型人物表现为"不食人间烟火"的"天外来客"。

　　"用事实说话"是新闻报道的表达方式,也是典型报道的表达方式。有的典型报道之所以给人以虚假、空洞、夸大的印象,大都是因为典型报道的话语主体突出了"说话",却把"事实"放在了一边所导致的。典型报道文本中充斥的大量"标签"、"鉴定"式话语,采访者、记者、传播者的"主观色彩浓郁的评价、评论",从新闻事实的背后直接走到"前台",直接"走进"典型报道的文字砝码层面,给受众的感觉就是在"拔高"、"美化"、"脸谱化"、"模式化"。典型报道文字符码层面存在的这类诟病,严重损害先进典型的社会传播效果。从认识论方面来看,由于认识条件、认识能力、认识方法、认识途径等限制,对先进典型的事实缺少深入了解和把握,没有抓住先进典型事实的精髓和实质。从价值论方面来看,由于传播者出于某种不恰当目的、出于某种利益的需要,故意拔高典型,而造成先进典型新闻符号转换的虚假和扭曲。还有,各种社会因素、社会力量相互作用,也可能造成典型报道新闻符号发生扭曲、变形。

　　伟大出自平凡,平凡孕育伟大。先进典型既有"闪光"的不平凡之处,也有普通人所具有的正常感情和理性。回归先进典型的人的本性,要求典型报道必须实事求是、遵循生活逻辑,不能把先进典型描绘成可望不可及的"水中月"、"镜中花"。既应该看到先进典型的不平凡、特殊性和伟大,也应该从正常的人的情感、理性和需要的角度,把先进典型置于社会发展和矛盾冲突的具体环境中,来表现先进典型的思想境界和时代风采,如实反映人物的内心精神世界和内心活动,真实反映人物的个性特征,把先进典型还原为可亲、可敬、可信、可学的人。事实上,赞美式、歌颂式、评价式的话语越多,与新闻内在精神背离得就越远,受众对典型报道就越是不买账。

体现先进典型的人性回归,既是新闻传播本质的要求,也是拉近先进典型与受众心理距离、争取典型报道最大社会传播效果的手段。把握先进典型的真实性与先进人物的典型性之间的关系,是做好新时期典型报道新闻宣传应该树立的重要理念。越来越多的平凡而普通的人能够具有良好的道德修养和崇高的思想境界,能够体现出时代精神和民族精神,这才是社会道德建设追求的最高目标。

(三)处理好典型报道的舆论引导与受众接受习惯之间的关系——在捕捉生动、鲜活的细节中体现典型报道的吸引力、感染力

尽管典型报道是经过选择了的事实再现,但它以真人、真事的生动图景展现时代先锋、社会楷模崇高的思想境界和高尚的人格品质,给人以感动、鼓舞和鞭策,给人以积极向上的精神力量。典型报道蕴涵的教育意义、道德和文化的规范作用等等,体现在典型报道隐含的"情态信息"、"意态信息"、"潜在道理"中,而并非是概念式、直白的"说教"。受众在接受新闻信息过程中,习惯于接受新发生的事实信息,习惯于接受生动的、形象的、具有故事性叙述特征的信息,并习惯从具体的故事性叙述中去体验和感悟其中的深意。

受众始终是新闻传播活动的归宿,是新闻传播效果的决定性主体。将受众置于被动接受的地位,是旧体制下典型报道宣传存在的弊端。由于赋予了典型报道太多的期待,使典型报道脱离了新闻报道所能够承载的范围,导致典型报道变成了纯粹的"灌输"、"说教"、"政治图解",难免使典型报道走向它的反面。为了使典型报道能够健康成长、发展,典型报道应走下"神坛",还原典型报道作为新闻报道方式或新闻宣传方式的本来面目,这样才能找到破解典型报道窘境的正确路径,使典型报道焕发出新的光彩。

以受众为本是执政党的群众观点、群众路线在新闻传播中的必然要求,是对新闻规律的深刻认识和科学把握。典型报道要想影响人、引导人、教育人,就必须讲究传播方法,讲究引导艺术,提高传播质量,增强吸引力、感染力。没有吸引力、感染力的典型报道,谈不上正确的舆论引导,也谈不上新闻传播功能的发挥,更与新闻传播以受众为本的要求相去甚远。典型报道的舆论引导、教育功能是一种"软"约束,不是"硬"约束,不能强制别人接受。典型报道引不起受众的关注和注意,生硬、呆板、片面、偏执,甚至失实、虚夸、人为拔高、发号施令,以及官话、套话、空话、假话满天飞,公式化、概念化、脸谱化、千人一面……凡此种种,都远离了受众的需求,背离了受众的接受心理,势必造成受众的逆反情绪,难以实现典型报道应有的价值功能。

细节塑造先进典型的人格魅力,细节决定典型报道的成败。近些年许多重大典型报道的成功范例,都充分说明细节切入、细节描写是表现典型人物思想性的重要方法,受到了广大读者、受众的广泛认可,收到了比较好的传播效果。典型报道无论是对先进人物进行叙事性展示,还是对先进人物的思想特征进行揭示,最终都是为了表现先进典型人物的个性特征,吸引读者、受众的注意并引发思考。抓住先进人物在某个时间和空间、某个特定环境中的一个片段、一个场面、一个镜头、一句脱口而出的话、一个表情、一个眼神,以及能够揭示人的内心精神世界、体现性格特征的细小动作、生活习惯、爱好等等,运用这样真实、直观、简洁、恰当的素材,能够具体而透彻地揭示人物的思想性,并使先进人物血肉丰满,增强亲和力、吸引力和感染力。《每座里程碑都写着:不做庸医——记外科专家傅培彬》(1989年11月7日《文汇报》),记录了记者眼中傅培彬25年不变的崇高的医生的职业道德。即使是晚年身患白血病躺在病床上,依然抱有医者的判断力。通讯的一个细节描述到:

> 傅培彬看着给自己注入的点滴液体,问护士:"一分钟几滴?""45滴。"护士说。"加快到60滴。"他说着,就像给别人看病。"不要加快,仍然是45滴。"史济湘对护士说。他不响了,他是病人,只好听医生的。

一位在医学界作出种种贡献的医生,一位永不做庸医的医生的形象跃然纸上;一个让人尊敬的老者,与读者、受众拉近了距离,不做庸医的思想主题得到了鲜活、生动的展现。张海迪在艰难痛苦中曾闪现过自杀的念头;任长霞书架上被翻烂的《福尔摩斯探案集》、桌子上一盒没盖上的化妆品"散发着淡淡的幽香";牛玉儒招待客商的饮酒;许振超的私人汽车;王顺友孤独、寂寞地走在邮路上,想起妻儿老小落下眼泪一行行……这些经典的细节,既为典型报道增添了时代的气息,也在感人肺腑、震撼心灵的同时,唤起读者、受众情感和认知上的共鸣。

当然,细节来自采访者的深入实际、深入生活、深入群众,来自对先进人物事迹的感动、感悟和思想提炼,来自传播者艰苦、细致的劳动,来自对增强典型报道吸引力、感染力孜孜不倦的探索和追求。采访者用深入采访获得的第一手材料说话,用生动、感人的真实细节说话,既是新形势下典型宣传的改进和创新,也是对老一辈新闻工作者优良传统、优良作风的继承和发扬。

(四)处理好主流媒体的先进典型宣传与多种传播渠道、多种传播方式之间的关系——在新闻媒体联动、传播资源整合的基础上扩大典型报道的影响力

在传播科技迅猛发展的背景下,大众传播格局发生着巨变。既有以党报、通讯社、广播电台、电视台为核心的主流媒体,也有都市类媒体、网络媒体及手机报、手机电视等新兴媒体。传统媒体处于舆论引导、信息发布的强势地位,都市媒体、网络媒体和新兴媒体以各具特色、内容丰富、更加方便快捷的特点,吸引了越来越多的受众群体。媒体多元、社会舆论的多层次,形成媒体的分众化、对象化的新趋势。受众获取信息的渠道、习惯正悄然发生改变。

近些年来,许多重大典型报道的推出,采取了中央、地方新闻媒体、网络媒体、都市报刊媒体、新兴媒体等共同参与、相互协调、相互配合的"兵团化作战"方式,积累了诸多宝贵经验。同一个重大典型,思想主题雷同,内容大同小异,叙述的故事性情节类似,即使刊发、播出的媒体再多,也还是给人重复的印象。参与重大典型报道的各类媒体,根据各自媒体的特点,考虑各自媒体的受众群体需要,从不同的角度、侧面反映同一个先进典型。受众从多渠道、多角度、多侧面来认识同一个先进典型,形成一种阅读、理解、认知上的相互补充,获得相得益彰的信息背景,从而增强先进典型的"立体"感和可信度,增强对不同受众群体的吸引力和影响力。其实,重视和强调不同新闻媒体的个性,就是尊重不同媒体受众的不同精神文化需要,就是扩大先进典型的传播渠道。以灵活、开放、个性化的传播形式来推动典型报道的传播,与过去那种一个典型独家报道然后众多媒体转载的传播形式相比,不仅是典型报道宣传上的思想解放,而且是传播理念的创新。

新兴媒体是先进典型传播的生力军。网络媒体、手机媒体、移动电视等方便、快捷、时尚,且能实现传播与受众的互动交流,受到越来越多的受众青睐。在典型报道的传播中更多地关注新兴媒体、善用新兴媒体,顺应传播发展的新趋势、新格局、新变化,探索新兴媒体在典型报道传播中的地位、作用、方式和方法,应该是一种战略性的必然选择。

应该看到,先进典型的传播渠道和传播方式是多种多样的,并非仅局限于新闻传播一种方式、一种渠道。先进典型往往由各种新闻媒体率先向社会传播,这是由新闻传播的特质所决定的。然而,形成塑造榜样、学习榜样、赶超榜样的浓厚社会舆论氛围,是全社会共同的责任,不仅传播方式多种多样,而且传播资源也十分丰富。中央主流媒体在这方面已经有许多探索,许多经验值得总结和提炼。就《人民日报》来说,不仅在重大典型方面起着"领头羊"的作用,而且注重典型报道的平实化、经常化,常年坚持的《身边的感动》等专栏,更多报道日常生活中发生的平凡人、普通人、身边人的真实故事,同样具有强烈的感染力、感召力。中央电视台《感动中国》栏目的人物年度评选,已成为影响广泛、意义深远的先进人物评选活动,其影响力不能低估。新华网、人民网等网站,专门开辟《"双百"人物中的共产党员》、《时代先锋》等专栏,汇集了先锋模范的事迹、生平、业绩、社会反响等大量信息,方便了读者、受众查阅。近些年,越来越多的先进典型走进影视剧、话剧、地方剧,走进诗歌、散文、报告文学,甚至走进公益广告、走进国家形象宣传片。有的先进典型生前工作、生活的场所改建成陈列室、事迹展览馆,列入"红色旅游"景点等等。这些都说明,榜样的力量越来越受到社会各界广泛的重视,先进典型的传播渠道在不断扩展,传播方式在不断丰富和完善,榜样的社会影响力逐渐向社会各个层面辐射开来。

实践永无止境,创新也永无止境。新时期典型报道的宣传策略和传播技巧都较以往发生了很大改变。在传播理念上,由传者本位向受众本位转变,注重新闻规律和受众接受规律;在组织模式上,由独家或几家主流媒体的战役式报道,向多种媒体资源整合、流程化、个性化、开放式转变,注重不同媒体的特点,形成"海、陆、空"立体化、系统化运作;在典型报道的写作方法上,由平面化、脸谱化、单一化、模式化展现先进典型人物的思想性,向体验式采访、细节化写作转变,注重还原先进典型人物的本性,拉近先进人物与受众的情感距离;在传播渠道、传播方式上,由新闻媒体的单一渠道、新闻传播的单一方式,向多渠道、多种传播方式转变,注重网络媒体、新兴媒体及其他文化传播方式的联动、互动,扩大榜样的社会影响力,等等。这些新趋势、新变化、新气象表明,与时代同步的典型报道经过与时俱进的改进和创新,正以崭新的面貌进入一个新的历史发展时期,其前景光明而广阔。

三、塑造榜样的力量

典型报道在主流媒介的新闻报道中一直占有举足轻重的地位,被称之新闻报道的最高境界。

梁衡曾说过这样一段话:

"如果把平时的新闻比作常规武器,典型就是原子弹,它是以猛烈爆炸的方式,以强大的冲击波、辐射热,搅动读者平静的生活,推动他们的思考,改变他们的行为。这就是新闻典型的力量,也是它对社会的贡献。"①

毫无疑问,典型报道的目的就是为社会各个领域、各个层面的群体塑造学习的榜样。典型报道曾有过"原子弹"般的传播效果,如焦裕禄、雷锋这样的先进典型,确实是"以猛烈爆炸的方式","搅动读者平静的生活",在全社会范围内影响了人们的行为。以至于时至今日,典型报道曾有过的辉煌还深深地铭刻在人们的记忆中。

当典型报道在新的历史时期渐渐失去了"原子弹"般传播效应的时候,与其在"典型报道风光不再"的感慨中唉声叹气,倒不如冷静思考和分析一下"榜样的力量"究竟是一种什么力量,从而理性地把握典型报道的何去何从。

(一)榜样力量的核心是真实的力量

典型报道的魅力,就在于它是现实生活中的真人、真事,典型报道价值的根基在于内容的真实性。新闻的特有意义和价值、新闻传播的优势和影响,都来源于新闻的真实性。真实性不仅决定典型报道的内在品质,而且决定典型报道社会传播的影响力。如果典型报道真实反映了现实生活,真实地记录了先进典型的事迹,实现了真实的新闻传播,那么,典型报道就有价值,就能够成为推动社会进步的文化力量和精神力量,就能够在各个层次的社会群体

---

① 梁衡:《新闻原理的思考》,人民出版社 1996 年版,第 134 页。

成员中引起反响,从而形成一定社会发展阶段中的集体记忆。典型报道的许多成功案例告诉人们,那些令人难以忘怀的典型之所以具有生命力、感染力,是因为先进典型人物来自火热的生活,来自人民大众,是真实的人、真实的事,是看得见、摸得着的。先进典型既有普通、平凡的一面,他们的言谈举止、音容笑貌与普通人没什么两样;但他们又有超越普通、平凡的一面,他们的事迹真实而感人,他们的精神品质可贵而高尚,他们的理想信念崇高而神圣,他们的人生价值珍贵而辉煌……所有这些,都并非报道者的妙笔生花,也并非传播者的任意杜撰,而是客观真实的忠实再现。

"铁一般"的事实本身就是一种力量。真实是典型报道新闻传播产生效应的根基。典型报道塑造的榜样的力量,是一种不可忽视的、无可否定的、来源于真实存在的力量。典型报道源于现实生活、源于真人真事,是榜样力量的不竭之源。

(二) 新闻传播是榜样力量的"催化剂"和"助推器"

人类的发展史,就是一部生动的传播史。传播与人类的产生和发展相伴而行,并随着人类社会的进步,不断扩展自身的传播能力,不断发展和创造崭新的传播媒介,不断创造和完善社会信息传播系统。在信息时代的大背景下,新闻传播以波澜壮阔、不可阻挡之势,广泛、深入地渗透到社会各个方面、各个领域,对社会精神生活和人们的思想意识产生着重要的影响。新闻传播营造的信息,如空气一样弥漫在所有人的周围。人们生活在环境化的信息包围中,以至于离开了大众传播的信息,人们就会耳不聪、眼不明,会感到无所适从。文明的进步与传播的发展相伴相随,有时很难分清是传播带来了文明,还是文明带来了传播。尽管传播不是社会历史发展的内在动因,但是,传播对社会所产生的巨大影响,是显而易见的事实。

当今社会是以大众传播为特征的社会。大众传播作为社会整体系统中的子系统,与社会有机体的每一个子系统都处于密切互动的关联中,成为牵一发而动全身的最敏感的社会神经。伴随经济社会的快速发展和传播技术的不断进步,传递信息、获取信息越来越方便快捷,新闻舆论对社会的影响力越来越大,新闻传播发挥着越来越突出的"放大镜"、"扩音器"、"显微镜"的作用。先进典型人物是真实的,先进典型人物的事迹是令人感动的,先进典型人物的精神境界是崇高的,那么,典型报道以大众传播为媒介发生的社会传播行为,形成为一种巨大的社会影响力。这种影响力既是舆论导向力,也是大众媒介本身所特有的信息环境控制力。大众传播具有形成信息环境的力量,并通过人们的环境认知活动,来制约、影响人们的认知、倾向、意见、态度以及行为规范。

典型报道所塑造的榜样力量,就是借助新闻传播而形成的舆论导向力,是大众传播媒介信息控制能力所助推、催化的社会影响力。离开了现代大众传播媒介,尽管榜样的力量依然存在,但是,其影响的深度和广度是有限的。只有以大众传播为媒介树立、倡导、塑造的榜样,才有可能成为全社会的榜样,才有可能具有引导社会舆论、影响人的认知环境、规范人的行为的力量。榜样的力量中包含着大众传播的社会影响力量,大众传播媒介是形成榜样力量不可忽视的催化元素。

(三)榜样力量的实质是一种精神文化力量

在广义文化的大视野中,文化是新闻的根基,新闻是社会文化的图景展示。新闻传播活动本身就是现代社会生活中影响广泛、内容丰富多彩的文化活动。新闻传播是实现文化交流的桥梁和纽带,是一定历史条件下的社会整体文化的反映,是社会文化流动的图画和影像。新闻传播以新闻事实的采集、新闻产品的加工制作、新闻产品的传播作为工作流程,以组织化、制度化的方式生产精神产品,满足社会的信息需求、精神需求,具有明显的文化属性。

新闻传播提供的文化产品,不仅仅供人们消遣、娱乐,而且传递着社会主流价值观,即社会核心价值观所倡导的理想、信念、目标、道德规范,并以此维护社会的稳定和统一,这是新闻传播职能作用的实质。"传播什么"、"不传播什么"、"怎样传播"等等,看起来是新闻传播工作流程中的操作性、技术性环节,其实是一个国家、一个社会具有方向性、战略性的文化观念选择,是社会核心价值观的文化呈现。

文化凝聚共识,共识来自文化。新闻传播中的典型报道,选取现实生活中先进典型人物的真人、真事,树立、塑造、倡导榜样,就是树立精神旗帜,其核心在于弘扬真人、真实背后所蕴涵的思想观念、价值观念,是对先进人物事迹所诠释的社会核心价值观的传递和培育。文化往往表现为人与人情感、认知、审美的交流。典型报道通过新闻传播所产生的社会影响,具有凝聚共识、凝聚力量的巨大潜能。先进典型人物事迹的可贵之处,就在于体现的精神品格,在于这种精神品格所具有的感召力、感染力。塑造榜样的力量,并非倡导人人都要有先进典型那样的个性经历和业绩,而是要在全社会形成尊重榜样、学习榜样、赶超榜样、争当榜样的浓厚社会氛围,进而凝聚共识、凝聚精神力量,形成全社会奋发进取、积极向上的生动局面。这始终是典型报道坚守的传播宗旨和追求的传播效果。

传媒文化以特有的优势,长期地、潜移默化地影响舆论环境,进而影响人们的情感、意念、印象、看法等,塑造着人们的精神世界。有什么样的文化,就有什么样的精神世界;有什么样的精神世界,就需要什么样的文化。大众文化、传媒文化并非简单地复制、反映社会整体文化,而是通过有目的的传播、有目的的塑造,有选择性、倾向性、指向性地呈现着社会文化。而典型报道的有目的性、倾向性、选择性、扩散性,是社会核心价值观的引领和构建机制在新闻传播活动中的具体体现。

榜样的力量是巨大的,也是有限的。辩证唯物论告诉人们,物质决定精神,精神是物质的反映;在一定条件下,精神对物质具有能动的作用。典型报道只有契合了时代发展的脉动,符合了社会广大人民群众的精神需求,榜样的力量才会转化为巨大的物质力量,实现由物质到精神、精神到物质的飞跃。塑造榜样的力量,正是在尊重客观事实基础上发挥精神能动作用的一种方式、方法,而不是说榜样的力量可以脱离它生成的社会物质基础,更不是说榜样的力量可以决定一切。

典型报道是新闻宣传诸多报道形式之一,新闻传播也只能是在社会的精神层面、文化层面、舆论层面尽自己的职能,而不能超越社会制度环境的制约而任意驰骋、随意挥洒。停留在新闻传播层面的榜样力量,还只是舆论的力量、传播的力量,而真正走进人们心灵中、走进人的精神家园的榜样,才具有真正的精神力量。正像宇宙存在很多奥秘一样,人的精神活动现象也存在很多奥秘。在每个人的精神世界里,榜样的力量如何内化为个人的精神动力,进而转化为精神的力量,完全是一个因人而异、因时而异、因地而异的复杂认知过程。

（四）典型报道是代表民族和国家形象的精神文化符号

每个民族、每个国家都有自己的文化符号,这些文化符号都集中体现着不同民族、不同国家的社会核心价值观。在与社会核心价值观的关联中,典型报道是社会核心价值观的一种体现方式、表达方式,是社会核心价值观的重要载体和传播渠道。

社会核心价值观对文化产品的生产具有性质的规定性、方向的指导性、行为的规范性。同时,社会核心价值观又是开放的体系,对多层次价值观具有包容、融合的功能。从新闻传播角度看,典型报道仅仅是一种报道的样式,或是新闻报道的形式。但是,典型报道在主流媒介中独有的特征和价值功能表明,典型报道既是新闻符号世界的一部分,还是社会核心价值观的表达符号,是代表一个民族、一个国家的精神文化符号。从这个意义上说,先进典型的传播其实就是社会核心价值观的传播,是代表一个民族、一个国家文化特质的精神符号传播。每个民族、每个国家都有自己所推崇的民族英雄、国家的偶像。有的时候,这些民族英雄、国家偶像的事迹、经历,就在一定程度上代表着这个民族、国家的历史和文化。否定这样的民族英雄、国家偶像,就等于否定该民族和该国家的历史和文化,也就等于否定了该民族和国家的社会核心价值观。

社会核心价值观体现出一个民族、一个国家的文化特质,以各种方式如生活方式、行为、语言、文化产品等表现出来,并以各种文化符号为载体。在传播技术高度发达的今天,尽管新闻传播的内容丰富多彩、形式多种多样,但是,新闻传播在引导社会舆论、凝聚社会共识、维护社会稳定这一点上,始终是各个国家新闻媒介所担负的最重要的责任。在国际风云变幻、世界动荡的环境下,面对各种文化的大碰撞、大冲突、大融合的复杂局面,培育自己国家的社会核心价值观,精心维护本民族的文化符号,增强文化竞争力,是一个关乎中华民族如何立足于世界民族之林的大问题。作为社会意识形态重要组成部分的主流新闻媒介,始终承载着这样重大而光荣的使命。

典型报道是中国当代社会发展的缩影,是一部具有鲜明时代精神和文化特征的民族精神史诗。典型报道作为当代中国媒介的"一道亮丽的独特风景线",折射出鲜明的时代主题,反映不同社会发展时期的精神主旋律。新闻不是历史,它只是一种对新近发生的事实的信息传播。而真正反映社会现实的新闻作品、真正体现时代精神的典型报道客观上却能够成为历史的记录,成为一个民族、一个国家的文化日记。典型报道真实记录那些为民族独立和民族解放、为新中国的发展壮大而献出鲜血和生命的民族英雄、中华优秀儿女的足迹,歌颂他们的高尚思想品德和崇高人生境界,在形成社会凝聚力、培育主流价值观、弘扬优秀文化等方面,发挥出其他形式不可替代的作用。

各个时期典型报道反映的先进典型人物,他们的名字镌刻在新中国的史册上,他们的事迹深深地印刻在人们的脑海中,成为社会民众道德的楷模、学习的榜样;他们的精神品格潜移默化地融入到传统文化的血脉中,成为一个民族、一个国家最值得珍视的宝贵精神财富,丰富和充实了中华文化的理性资源,为中华民族的伟大复兴、国家的繁荣富强,提供了取之不尽、用之不竭的精神力量。

在社会核心价值观的视阈中,典型报道不仅具有强大的生命力和创造力,而且具有光明、灿烂的未来。

参考书目

一、马克思主义经典著作

1.《马克思恩格斯全集》,人民出版社 1972 年版。

2.《马克思恩格斯选集》,(1—4 卷),人民出版社 1995 年版。

3.《列宁全集》,人民出版社 1984 年版。

4.《列宁选集》,(1—4 卷),人民出版社 1995 年版。

5.《毛泽东选集》(1—4 卷),人民出版社 1991 年版。

6.《毛泽东新闻工作文选》,新华出版社 1983 年版。

7.《江泽民文选》(1—3 卷),人民出版社 2006 年版。

8. 胡锦涛:《在人民日报社考察工作时的讲话》(2008 年 6 月 20 日),人民出版社 2008 年 6 月版。

二、重要文献、文件

1.《社会主义核心价值体系学习读本》,中共中央宣传部编,学习出版社 2009 年 1 月版。

2.《深入学习实践科学发展观活动领导干部学习文件选编》,中央文献出版社、党建读物出版社 2008 年 9 月版。

3.《中共中央关于加强和改进新形势下党的建设若干重大问题的决定》,党建读物出版社、学习出版社 2009 年 9 月版。

4.《中国共产党第十八次全国代表大会文件汇编》,人民出版社 2012 年 11 月第 1 版。

5.《十八大报告辅导读本》,人民出版社 2012 年 11 月第 1 版。

三、著作

1. 陈力丹:《新闻理论十讲》,复旦大学出版社 2008 年 6 月版。

2. 陈力丹:《舆论学——舆论导向研究》,中国广播电视出版社 1999 年 7 月版。

3. 丁迈:《典型报道的受众心理实证研究》,中国传媒大学出版社 2008 年 8 月版。

4. 方汉奇主编:《中国新闻事业通史》,中国人民大学出版社 1996 年版。

5. 冯健、李峰主编:《通讯名作 100 篇》(上),新华出版社 2009 年 9 月第 2 版。

6. 郭超人:《喉舌论》,新华出版社 1997 年版。

7. 郭庆光:《传播学教程》,中国人民大学出版社 1999 年 11 月版。

8. 韩震:《思考的痕迹:文化碰撞中的理想主义》,北京师范大学出版社 2006 年版。

9. 韩震主编:《社会主义核心价值体系研究》,人民出版社 2008 年 9 月版。

10. 季广茂:《意识形态》,广西师范大学出版社 2005 年 5 月版。

11.《李良荣自选集——新闻改革的探索》,复旦大学出版社 2004 年版。

12. 李希光:《畸变的媒体》(修订版),复旦大学出版社 2004 年 6 月版。

13. 刘汉俊:《缔造精神:从神话走向现实》,新华出版社 2011 年 4 月第 1 版。

14. 刘汉俊:《塑造形象:人物报道研究》,新华出版社 2011 年 5 月第 1 版。

15. 刘建国主编:《当代名记者与代表作》(一)、(二),工人出版社 1989 年 4 月版。

16. 刘建明:《现代新闻理论》,民族出版社 1999 年版。

17. 穆青:《新闻散论》,新华出版社 1996 年版。

18. 玛雅:《战略高度——中国思想界访谈录》,三联书店 2008 年 12 月版。

19. 聂茂、张静:《典型人物报道论》,湖南人民出版社 2008 年 2 月版。

20. 潘维、玛雅主编:《聚焦当代中国价值观》,三联书店 2008 年 12 月版。

21. 秦刚:《社会主义思想道德建设》,中华书局 2009 年 1 月版。

22. 阮青:《价值哲学》,中央党校出版社 2004 年 8 月版。

23. 申凡等:《传播媒介与社会发展》,人民出版社 2008 年 12 月版。

24. 邵华泽主编:《马克思主义新闻观及其在当代中国的运用和发展》,人民出版社 2009 年版。

25. 孙发友:《新闻文本与文化生态——媒介话语的框架性解读》,人民出版社 2009 年 8 月版。

26. 孙伟平:《价值哲学方法论》,中国社会科学院出版社 2008 年 5 月版。

27. 童兵:《主体与喉舌》,河南人民出版社 1994 年版。

28. 童兵:《比较新闻传播学》,中国人民大学出版社 2002 年 5 月版。

29. 童兵:《理论新闻传播学导论》,中国人民大学出版社 2000 年 1 月版。

30. 童世骏主编:《意识形态新论》,上海人民出版社 2006 年 11 月版。

31. 王政挺:《传播:文化与理解》,人民出版社 1998 年 6 月版。

32. 王伟光总主编:《中国社会价值观变迁 30 年》,中国社会科学出版社 2008 年 9 月版。

33. 王雄:《新闻舆论研究》,新华出版社 2002 年 12 月版。

34. 吴新文:《社会主义核心价值观》,重庆出版社 2009 年 9 月版。

35. 汪信砚:《科学:真善美的统一》,中华书局 2009 年 1 月版。

36. 徐海波:《意识形态与大众文化》,人民出版社 2009 年 7 月版。

37. 薛国林等:《形象塑造与社会认同:正面人物宣传的社会效果研究》,暨南大学出版社 2012 年 3 月第 1 版。

38. 杨保军:《新闻理论教程》,中国人民大学出版社 2005 年 3 月版。

39. 杨保军:《新闻活动论》,中国人民大学出版社 2006 年 5 月版。

40. 杨保军:《新闻理论研究引论》,中国人民大学出版社 2009 年 6 月版。

41. 姚福申主编:《新时期中国新闻传播述评》,复旦大学出版社 2002 年 1 月版。

42. 袁贵仁:《价值学引论》,北京师范大学出版社 1991 年 8 月版。

43. 袁贵仁:《价值观的理论与实践》,北京师范大学出版社 2006 年版。

44. 张骥等:《中国文化安全与意识形态战略》,人民出版社 2010 年 2 月版。

45. 张威:《比较新闻学:方法与考证》,南方日报出版社 2003 年 2 月版。

46. 张之华主编:《中国新闻事业史文选》,中国人民大学出版社 1999 年 1 月版。

47. 朱清河:《典型报道:理论、应用与反思》,武汉大学出版社 2006 年 11 月版。

48.《100 位为新中国成立作出突出贡献的英雄模范人物　100 位新中国成立以来感动中国人物》,人民出版社、学习出版社 2009 年 10 月版。

四、论文

1. 陈力丹:《再谈淡化典型报道观念》,《新闻学刊》1988 年第 4 期。

2. 戴木才、田海舰:《论社会主义核心价值体系与核心价值观》,《中国党政干部论坛》2007 年第 2 期,第 36—39 页。

3. 丁柏铨、徐志萍:《报纸典型人物报道的演进》,《青年记者》2007 年第 17 期。

4. 杜俊伟:《新闻传播与国家关系的四个维度》,《新闻与信息传播研究》2009 年第 1 期。

5. 郭祖炎:《构建中国特色社会主义核心价值观》,《甘肃日报》2008 年 1 月 16 日第 7 版。

6. 韩晓杰、张艳利:《改革开放以来中国典型人物报道的历程》,人民网传媒频道,http://media. people. com. cn/GB/8353598. html。

7. 侯佳伟、陈卫、张银峰:《改革开放 30 年:中国青少年人口发展历程及其趋势》,《青年探索》2009 年第 2 期。

8. 侯晓艳:《论建国以来不同时期的典型报道》,《新闻知识》2001 年第 2 期。

9. 景军荣:网易博客,《榜样的力量是无穷的吗?》, http://jingjunrong. blog. 163. com/blog/static/48051977200822001017960/

10. 靖鸣、陆先念:《新时期先进典型人物报道的出路浅探》,《新闻记者》2007 年第 4 期。

11. 李良荣：《关于典型和典型报道》，《新闻战线》1981 年第 3 期。

12. 李良荣、林琳：《浅谈新闻规律》，《新闻大学》1997 年第 4 期。

13. 刘汉俊：《典型宣传的社会价值》，《新闻实践》2006 年第 12 期。

14. 刘磊：《典型报道的挽歌》，西陆观察，http://www.csdn618.com.cn/century/pingtai/011017300/0110173011.htm.

15. 邓艳玲：《一篇表扬报道竟致报纸遭封杀?》，《青年周末》2007 年 2 月 9 日。

16. 王晨：《走科学发展之路 推动我国网络媒体建设迈上新台阶——在第十届中国网络媒体论坛上的主旨演讲》，《中国记者》2010 年第 12 期。

17. 王庆厚：《准确把握人物典型的宣传价值——〈卡德尔大叔的日记〉成功宣传的回眸与启示》，《军事记者》2006 年第 4 期。

18. 王勇、宋三路：《关于社会主义核心价值体系基本内涵的认识》，《政工研究动态》2008 年第 13 期。

19. 吴廷俊、顾建明：《典型报道理论与毛泽东新闻思想》，《新闻与传播研究》2001 年第 3 期。

20. 吴倬：《关于社会主义核心价值观问题的理论思考》，《教学与研究》2008 年第 6 期。

21. 姚劲松：《新闻价值观与发展观的关系分析》，《新闻界》2009 年第 6 期。

22. 张威：《典型报道：中国当代新闻业的独特景观》，中华传媒网学术网，http://academic.mediachina.net/article.php?id=4121。

23. 赵国政：《试论新闻传播主体与其客体的价值关系》，《新闻界》2008 年第 1 期。

24. 庄曦：《试论新传播环境下的典型报道》，《新闻记者》2004 年第 6 期。

五、译著

1. ［美］E. M. 罗杰斯：《传播学史——一种传记式方法》，殷晓蓉译，上海译文出版社 2005 年 7 月版。

2. ［德］恩斯特·卡西尔：《人论》，甘阳译，上海译文出版社 1985 年 12 月版。

3. [美]赫伯特·甘斯:《什么在决定新闻》,石琳、李红涛译,北京大学出版社 2009 年 9 月版。

4. [美]哈罗德·D. 拉斯韦尔:《世界大战中的宣传技巧》,张洁、田青译,展江校,中国人民大学出版社 2003 年 10 月版。

5. [美]梅尔文·德弗勒、鲍尔·洛基奇:《大众传播学绪论》,杜力平译,新华出版社 1990 年版。

6. [美]梅尔文·门彻:《新闻报道与写作》,展江主译,华夏出版社 2003 年 8 月版。

7. [英]托马斯·卡莱尔:《论英雄、英雄崇拜和历史上的英雄业绩》,周祖达译,商务印书馆 2005 年 3 月版。

8. [美]威尔伯·施拉姆、威廉·波特:《传播学概论》,陈亮译,新华出版社 1984 年版。